D1665991

Klassieke verhalen uit Vlaanderen

Klassieken uit Vlaanderen deel 1

Klassieke verhalen uit Vlaanderen

samengesteld door
Lut Missinne
&
ingeleid door
Anne Marie Musschoot

Meulenhoff Amsterdam / Manteau Antwerpen

© 1995 A. Manteau nv, Antwerpen en Lut Missinne
Omslagillustratie *Bloemen en kralen* (1917) van Leon de Smet
Omslagontwerp Amber/Dirk Gijsels
NUGI 300

Voor België
Uitgeverij A. Manteau nv, Antwerpen
ISBN 90-223-1396-4
D 1996 0065 2

Voor Nederland
Uitgeverij J.M. Meulenhoff bv, Amsterdam
ISBN 90-290-6010-7

INHOUD

INLEIDING

Er kan geen twijfel over bestaan: in Vlaanderen zijn wel degelijk verhalen geschreven die de benaming 'klassiek' verdienen, die blijven aanspreken om hun intrinsieke literaire waarde en die ook voor jongere schrijvers van vandaag thuis blijken te horen in een traditie waarbij zij aansluiting vinden. Het is inderdaad geen toeval dat Stefan Hertmans teruggrijpt op Maurice Gilliams, dat Tom Lanoye, samen met Walter van den Broeck, zijn bewondering heeft uitgedrukt voor Gerard Walschap en dat echo's van Cyriel Buysse zijn te horen in het werk van Monika van Paemel. Het gaat hier telkens om een vorm van 'herkenning', waarbij de jongeren zich bewust 'in-schrijven' in een traditie en de ouderen een inspirerende voorbeeldfunctie vervullen.

In de geschiedenis van het proza in Vlaanderen tot op vandaag kunnen drie grote vernieuwingsgolven worden aangewezen. De eerste valt samen met het algemene renouveau van het artistieke leven in België in het *fin de siècle* van de vorige eeuw en werd in literair opzicht gerealiseerd door de generatie van *Van nu en straks*; de tweede hangt samen met de doorbraak van het modernisme in de jaren '30 tijdens het interbellum; de derde werd tot stand gebracht onder de onmiddellijke invloed van de oorlogservaringen die in de jaren '40 het literaire klimaat ingrijpend hebben gewijzigd.

In deze bloemlezing, die door Lut Missinne werd samengesteld, worden de eerste twee van de genoemde 'scharniermomenten' in het proza zichtbaar gemaakt. Het zijn overigens fasen in een ontwikkeling die niet alleen kenmerkend is voor het Nederlandstalige proza maar alleen kan worden begrepen in haar internationale context. Tegelijk wordt in deze keuze van 'klassieke' verhalen 'uit Vlaanderen' echter ook duidelijk dat, bij alle rijke verscheidenheid van dit proza en met de nodige voorzichtigheid en zin voor nuancering, toch sprake kan zijn van een 'typisch' Vlaams karakter: een karakter dat zijn eigenheid ontleent zowel aan de gedreven en spontane vertelkunst als aan een onmiskenbare sensualiteit.

In het proza van het *fin de siècle* van de 19de eeuw zijn verschillende tendenties en tegenstellingen aanwezig die, in Nederland meer dan in Vlaanderen, sterk polariserend hebben gewerkt. Een eerste tegenstelling zou uiteindelijk tot een breuk leiden in de redactie van *De nieuwe gids*: in hun discussies over kunst en maatschappij stond het pleidooi voor een volledig onafhankelijke kunst – de *l'art pour l'art*-opvatting – lijnrecht tegenover de visie dat de kunstenaar zich niet kan en niet mag afkeren van de maatschappij en ook steeds een ethische dimensie heeft. In de redactie van de eerste reeks van *Van nu en straks*, die nochtans was samengesteld uit de onderling zeer verschillende persoonlijkheden August Vermeylen, Emmanuel de Bom, Prosper van Langendonck en Cyriel Buysse, hebben de – zeker aanwezige – meningsverschillen niet tot een definitieve breuk geleid omdat daar de band met de Vlaamse Beweging voor een gemeenschappelijk doel zorgde. Hun uitgesproken individualisme werd in harmonie gebracht met het gemeenschapsgevoel, erfenis van een door de Vlaamse Beweging opgelegde traditie. August Vermeylen, de geestelijke leider van het tijdschrift en de gelijknamige beweging, heeft er zelf op gewezen dat de redacteuren van *Van nu en straks* waren verenigd door 'eenzelfde messianisme', een toekomstverwachting die terug te vinden is in enkele van hun opstellen: 'Herleving der

8

Vlaamsche poezij' van Prosper van Langendonck, 'De kunst in de vrije gemeenschap' van August Vermeylen en 'Rythmus' van Alfred Hegenscheidt. In Vlaanderen heeft de discussie over kunst en maatschappij dus geen fundamentele verschilpunten opgeleverd. Kenmerkend is hier de positie van iemand als Karel van de Woestijne, die zich als scheppend kunstenaar, als dichter en als prozaschrijver, hyperindividualistisch profileerde maar die in zijn kunstkritische opstellen en in zijn journalistieke werk de betrokkenheid van de kunstenaar op de maatschappij nooit uit het oog heeft verloren.

In de kunstopvattingen van de Van-nu-en-straksgeneratie tekent zich echter nog een andere tegenstelling af. In de zojuist genoemde opstellen van Vermeylen, Van Langendonck en Hegenscheidt komt immers een visie naar voren die aansluiting vindt bij wat in Nederland een 'geestelijke' kunst wordt genoemd, een visie die ten grondslag ligt aan de poëtica van het symbolisme en die zich sterk afzet tegen de positivistische en materialistische grondslagen van het realisme en, in het verlengde daarvan, het naturalisme. De opstellen van de Van-nu-en-straksers kondigen, in de woorden van Vermeylen, alle drie 'een nieuwe grote "golving van het leven"' aan, waarbij 'de bestaande orde in het niet verzinken en een nieuwe synthesis dagen zou'. De grondslag van die beschouwingen was, nog steeds in de formulering van Vermeylen, 'de al-omvattende idee van het Leven (met een hoofdletter!) als immanente beweging van zelf-organisatie'; en aan de kunst die de uitdrukking is van dit alles-omvattende leven, ligt het organiserende principe van 'de Rythmus' – dat is: het Mysterie, of God – ten grondslag. Zij vertolken dus een 'geestelijke' kunst, die verwijst naar een hogere, diepere, of metafysische werkelijkheid. Het is een opvatting die hen tevens verbond met de literatoren die in Nederland opkwamen voor een geestelijke kunst: Albert Verwey en Frederik van Eeden, maar ook kunstenaars als Jan Veth en zelfs de theosoof J.L.M. Lauweriks.

Deze 'zucht naar harmonie en synthese', die 'metafysische kunst', heeft bij Emmanuel de Bom en bij Vermeylen zelf, maar even later vooral bij Karel van de Woestijne, geleid tot een hoogtepunt van symbolistisch proza, waarvan het meest bekende voorbeeld ongetwijfeld *De boer die sterft* is. We kunnen hier zonder aarzelen spreken van de typisch Vlaamse variant van het symbolisme, die men trouwens ook aantreft in de vroege schilderijen van Karels broer Gustave van de Woestijne: het sterk aardse, tellurische karakter van uitbeelding en personages krijgt een algemeen menselijke dimensie en wordt verbonden met een bovenaardse, metafysische werkelijkheid. *De boer die sterft* is een allegorisch verbeeld visioen van de stervende mens in het algemeen, waarin het sterven, het afscheid nemen van het aardse leven, wordt voorgesteld als een afscheid nemen van de vijf zintuigen, die worden verpersoonlijkt door vijf vrouwen. Het sterven is een af-sterven, een proces van ver-sterven, gevolgd door het nieuwe zien, door een intrede in de wereld van de zuivere geest. Kenmerkend is verder dat de bundel waarin het verhaal is opgenomen, *De bestendige aanwezigheid*, door zijn structuur zelf in de vorm van een tweeluik al de dualiteit van de twee polen uitdrukt: zintuiglijkheid staat er ook formeel tegenover onthechting.

Ook de realistisch-naturalistische tendentie is in het proza van *Van nu en straks* nadrukkelijk aanwezig. *De biezenstekker* van Cyriel Buysse, niet gepubliceerd in *Van nu en straks* maar reeds in het juninummer 1890 van *De nieuwe gids* (*Van nu en straks* begon pas in 1893 te verschijnen), wordt algemeen beschouwd als de doorbraak van het naturalisme in Vlaanderen, een doorbraak die in 1893 werd bevestigd met de publicatie van *Het recht van de sterkste*. Buysse zelf zou het verhaal later nog voor toneel bewerken als *Driekoningen-avond*. In eigen tijd werd het 'afschuwelijk, afgrijselijk' gevonden. Het grote publiek had (nog) last van 'grove' en 'lelijke' dingen en het ging inderdaad om een zeer somber verhaal, waarin de verdierlijking wordt aangetoond van een verpauperde plattelandsbevolking die leeft aan de rand van de samenleving. Schokkend voor de eigentijdse lezer was juist de uitbeelding van dít milieu. Buysse vroeg aandacht voor mensen die in de marginaliteit leefden: 'een gedeelte van ons Vlaams volk dat tot dus toe nagenoeg onbekend bleef', noemde hij het zelf, maar het werd hem niet in dank afgenomen. Op de kritiek als zou hij opzettelijk 'pornografische toestanden' hebben getekend (naar aanleiding van *Het recht van de sterkste*) antwoordde hij, zoals het een naturalist past: 'ik ben eenvoudig niet achteruitgeschrokken voor de waarheid'.

Buysse is de literatuurgeschiedenis ingegaan als naturalist, maar die karakteristiek is slechts ten dele, met name op een klein deel van zijn vroege werk, van toepassing. Hij zou, na 1905, alleen nog klassiek realistische verhalen schrijven, gesitueerd in zeer diverse milieus maar voornamelijk in de gegoede burgerij. De sombere visie van de naturalist, waarin de mens wordt getekend als het weerloze slachtoffer van het Noodlot en van een kwaadaardige, geheime almacht, heeft hij verlaten voor een veel milder, door humor en ironie getemperd 'klassiek' realisme.

Ook bij Streuvels is het naturalisme beperkt. Het sombere fatalisme en determinisme zijn kenmerkend voor zijn eerste vier bundels, waarvan *Lenteleven* en *Zomerland* (beide verschenen in 1900) de meest bekende zijn. Een aantal ervan, waaronder 'Het einde', werd voorgepubliceerd in *Van nu en straks*. De visie van de jonge Streuvels is somberder, want uitzichtlozer dan die van Buysse. Het menselijke bestaan is volgens hem verbonden met de grond en met de onafwendbare kringloop van de seizoenen; de mens is slechts een nietige, vergankelijke stip in een alles-beheersende natuur. Hij wordt gezien in het teken van verval, noodlot en dood, de arbeid ervaart hij als een vloek, die hij gelaten draagt.

Niet alleen de vroege naturalistische schetsen uit zijn Van-nu-en-straksperiode, maar ook het geheel van Streuvels' creatieve werk, wordt gekenmerkt door een overwegend grimmig, fatalistisch en weinig troostrijk mensbeeld. Zijn bekentenis van onmacht om een verklaring te vinden voor de gang van het leven en voor de wetten van de natuur en de kosmos doet vaak agnostisch aan. Toch is juist Streuvels diegene die bij uitstek de synthese van de Van-nu-en-straksbeweging in zijn werk heeft gerealiseerd. De beschrijfkunst van deze onbarmhartig realistische toeschouwer was niet louter picturaal maar ook visionair; zijn natuurbeleving en zijn visie op de mens zijn sterk verinnerlijkt en, paradoxalerwijze, aan het tijdelijke onttrokken. Ofschoon ze naturalistisch is van oorsprong en ook steeds realistisch is gebleven, vindt Streuvels' kunstopvatting toch duidelijk aansluiting bij de nieuwe, 'vergeestelijkende' traditie. In zijn werk zijn beide tendenties verenigd.

De vierde grote prozaïst van de Van-nu-en-straksgeneratie, Herman Teirlinck, debuteerde als dichter. Hij zou in het spoor van Emmanuel de Bom (*Wrakken*) het genre van de in de grote stad gesitueerde psychologische roman verder ontwikkelen en in de jaren '20 definitief op de voorgrond komen met tal van expressionistische toneelexperimenten. Zijn 'grote' vitalistische en existentialistische proza volgde pas in de jaren '40.

Inmiddels bleven Lode Baekelmans en F. Toussaint van Boelaere in de schaduw van de prominente Van-nu-enstraksers het meer anekdotisch-realistische genre beoefenen, terwijl het succes van Streuvels ook een bloeiende regionalistische verhaalkunst meebracht. Bij Ernest Claes en Felix Timmermans ontstond een echte heimatkunst. Timmermans' *Pallieter* (1916) kan echter, als een uitdrukking van een met volle zinnen beleefde levensvreugde, worden gezien als een voorloper van het vitalisme. Ook in zijn hoofdwerk, *Boerenpsalm* (1935), heeft hij het uiterlijk beschrijvende realisme verlaten en aansluiting gevonden bij de verinnerlijking die het proza van het modernisme zal kenmerken.

Het proza van Paul van Ostaijen en diens vriend Gaston Burssens – die een geheel parallelle ontwikkeling heeft doorgemaakt – markeert in het proza in Vlaanderen een absolute breuk: Van Ostaijen keerde zich in zijn grotesken resoluut af van het beschrijvend realisme of van een min of meer objectieve weergave van de buitenwereld en koos voor het projecteren van een innerlijke idee of visie op die buitenwereld. Hiermee heeft hij de weg vrijgemaakt voor alle verdere experimenten, van de muzikalisering van de vorm bij Maurice Gilliams in de jaren '30 (een lijn die doorloopt tot Claude van de Berge en Stefan Hertmans), tot de extreme abstrahering in het werk van Ivo Michiels in de jaren '60.

Een aantal schrijvers, zoals Richard Minne en Joris Vriamont, namen tegenover dit modernisme een eerder ambigue houding aan. De doorbraak van het modernisme heeft zich overigens in het proza anders en later gemanifesteerd dan in de poëzie. In de poëzie loopt de eerste golf van vernieuwing, ingezet in 1916, door tot 1925-1930, gevolgd door een periode van stabilisering tussen de twee wereldoorlogen, waarna een tweede vernieuwingsgolf doorbreekt in de jaren '50. In het proza doet de explosie van de modernistische vernieuwing zich pas voor in de jaren '30, maar de tweede golf volgt in het Zuiden reeds in de jaren '40 met Johan Daisne en Louis Paul Boon.

Alle modernistische kunst onderscheidt zich van de voorafgaande door een verschuiving van (uiterlijke) waarneming naar verinnerlijking, naar het zoeken naar, het doordringen tot de essentie, de abstracte, onderliggende idee. De modernistische schilderkunst, met haar verschillende richtingen en -ismen, vervormt de werkelijkheid en wordt zelfs non-figuratief. De ontwikkeling in de literatuur vertoont dezelfde beweging: modernistische literatuur is een koel doordachte, constructieve kunst, géén directe expressie of belijdenis van persoonlijke emoties, maar een uitdrukking van ideeën, van problemen, van een visie op de werkelijkheid. In de Nederlanden wordt de 'nieuwe' literatuuropvatting vooral uitgedragen door de redacteuren van het tijdschrift *Forum* (1931-1935), die de literaire waarde van een werk afmeten aan de graad van menselijkheid, aan de persoonlijkheid of de 'vent' áchter het werk. Voor de roman of het verhaal impliceert dit dat alle aandacht gaat naar een individu dat zich bezint op zichzelf en dit steeds in het besef dat het in morele zin met een gemeenschap verbonden is. De modernistische roman is dus in eerste instantie een bezinning op de algemeen-menselijke conditie, volgens de maatstaf van de persoonlijkheid die haar kracht ontleent aan haar innerlijk. De modernistische auteur peilt naar de diepte, naar het eigen ik, zoekt naar de essentie: de nieuwe roman is een 'analytische roman' (de term wordt gehanteerd in de Franse literatuurgeschiedschrijving en ook deze traditie is inderdaad een internationaal verschijnsel), die het individu ontleedt mét diens innerlijke conflicten én diens conflicten met de buitenwereld. Er zijn dan ook twee varianten: de psychologische roman en de ideeënroman of probleemroman.

Centraal in de modernistische roman, of in het algemeen in het proza van het interbellum, staat dus het individu en diens verhouding tot zijn omgeving. Dit individu is meestal een burger: de roman blijft bij uitstek het genre van de burgerklasse, dat is een klasse die een relatieve welstand heeft bereikt. Deze burger-held is echter een problematische held of antiheld: hij ervaart een tweespalt tussen zijn idealen en de werkelijkheid. In de bekende formulering van Willem Elsschot: 'tussen droom en daad staan wetten in de weg en praktische bezwaren'. Deze 'dubbelheid' ligt ook ten grondslag aan de uitsplitsing in twee persoonlijkheden: de Laarmans- en de Boormanfiguur, of de dromer tegenover de doener in de romans van Elsschot. In veel Vlaams proza uit die periode is ook sprake van een nederlaagcomplex: de opstandigheid wordt gekanaliseerd, de 'held' komt tot rede en 'past zich aan'. Een bekend voorbeeld hiervan is te vinden in

'De jazz-speler' (1928) van Maurice Roelants, maar ook Gerard Walschap heeft vele varianten van opstandigheid beschreven. Een ander terugkerend thema is de nostalgische terugblik op de jeugd, in wezen een vlucht uit de werkelijkheid. In deze retrospectieve verhalen wordt ook vaak gebruik gemaakt van de ik-vorm. Men heeft dan ook gesproken over de roman als 'ontwerp van een ik'.

Met Roelants en Walschap zijn de voornaamste vertegenwoordigers van het modernistische proza in Vlaanderen al genoemd. Ze zijn, samen met Vestdijk en Bordewijk in Nederland, ook de vertegenwoordigers van respectievelijk de psychologische roman en de probleemroman.

De publicatie van Roelants' debuutroman *Komen en gaan* staat in de literatuurgeschiedenis bekend als een 'mijlpaal' in de ontwikkeling van het proza in Vlaanderen. Met *Komen en gaan* introduceerde Roelants de analytische roman in de Franse stijl en maakte daarmee een einde aan de suprematie van het regionalistische proza. Anders dan Walschap, die de roman vooral beschouwde als een feitenrelaas, verkoos Roelants ethische, filosofische en maatschappelijke problemen aan de orde te stellen via de analyse van het eigen bewustzijn. Hij schildert, in de vorm van een monoloog, zijn problematische verhouding tot zijn milieu en zoekt in zijn persoonlijke problematiek steeds naar het wezenlijke en het algemene. De handelingen die door Roelants' personages worden verricht, zijn beperkt: centraal staat niet het uiterlijke gebeuren, maar de innerlijke psychologische verwerking ervan, de 'roerselen van het hart' of het zieleleven. Het verhaal verloopt, geheel in overeenstemming met die introversie, traag, analytisch, bespiegelend.

Dat Roelants met *Komen en gaan* de eerste zuiver psychologische roman in Vlaanderen zou hebben geschreven, is een voorstellingswijze die teruggaat op Vermeylen maar die inmiddels voor nuancering vatbaar is gebleken. Er kan bijvoorbeeld worden gewezen op tal van 'voorlopers', onder wie Emmanuel de Bom, Cyriel Buysse, Stijn Streuvels, Herman Teirlinck en Willem Elsschot zeker niet de geringsten waren, en bovendien is gebleken dat het publiceren van de roman door de tijdgenoten zelf niet echt als een revolutionaire daad werd ervaren. In 1966 werd deze 'mythe' dan helemaal ontluisterd in een speciaal aan Roelants gewijd nummer van het tijdschrift *Mep*, met de – toen nog jonge – beeldenstormers Jan Emiel Daele, Paul de Wispelaere, Hedwig Speliers, Herman J. Claeys en Herwig Leus. Zij hebben er ietwat onheus op losgemept maar hun slopingswerk heeft niet kunnen verhinderen dat de literair-historische betekenis van Roelants pal overeind is gebleven. De historische betekenis van Roelants ligt hoe dan ook in het feit dat hij de wegbereider is geweest van het introspectieve proza van Gilliams en ook een voorloper was van Marnix Gijsen, die al debuteerde als expressionistisch dichter maar pas op rijpere leeftijd, na de Tweede Wereldoorlog, aan zijn vruchtbare carrière als prozaschrijver zou beginnen.

In verteltechnisch opzicht is een scherper contrast dan dat tussen Roelants en Walschap nauwelijks denkbaar: bij Roelants de quasi-afwezigheid van een handelingsverloop, bij Walschap een snel zich ontwikkelend feitenrelaas in tornadostijl. Walschap kwam herhaaldelijk op tegen wat hij het 'geliteratureluur' of de mooischrijverij van (sommige van) zijn voorgangers noemde maar aarzelde ook niet zich rechtstreeks te beroepen op de verteltraditie van Cyriel Buysse. Voor Walschap was de roman 'een verhaal en niets anders'. Toch gaat het in zijn proza juist om veel meer dan om een louter verhaal. Het is bijvoorbeeld veelbetekenend dat hij debuteerde met *Waldo* (1928), een allegorische roman rond een rusteloze zwerver, een 'wandelende jood', die op zoek is naar zichzelf en naar zijn eigen waarheden. Op die zoektocht ontmoet hij verschillende figuren die, net als in *De wandelende Jood* van August Vermeylen, voor bepaalde ideeën staan. Het verhaal wordt nog lyrisch en wijdlopig verteld en wortelt in het humanitair expressionisme: het situeert de mens als sociaal en ethisch wezen tegen een brede, kosmopolitische achtergrond. De slotsom van Waldo is ook die van Walschap op dat moment: hij wordt verlost van zijn beredeneerde twijfel en keert terug tot God, maar formuleert een fundamentele kritiek op de dogmatische houding van de toenmalige kerk. In Walschaps ontwikkeling leidde die zoektocht, het afwijzen van *alle* dogma's en het opteren voor de twijfel, uiteindelijk tot een luidruchtig beleden geloofsafval, o.m. in het pamflet *Vaarwel dan* (1940), dat in Vlaanderen heel wat stof deed opwaaien. Zijn breuk met het dogmatische katholicisme van die tijd was eerder ook al zichtbaar in zijn werk, met name in *Een mens van goede wil* (1936) en in zijn hoofdwerk, de vitalistische roman *Houtekiet* (1939). De hoofdfiguur is hier een bandeloze vrijheidszoeker, die een heidense, vóórchristelijke gemeenschap sticht maar via de liefde een hogere, geestelijke waarde ontdekt. Vrijwel álle hoofdfiguren bij Walschap zijn geobsedeerde, niet aflatende waarheidszoekers. Zij zoeken, net als Waldo, naar 'het waarachtig leven' van 'vrede, rust, geloof, geluk voor zichzelf'; ze worden echter ook, net als Thijs Glorieus in *Een mens van goede wil*, gedreven door een passie voor rechtvaardigheid. Thijs stelt zich met een argeloos kinderlijk idealisme ten dienste van de maatschappij. De verhaalkunst van Walschap heeft dan ook een apologetisch en bevlogen karakter: hij vertelt niet alleen, hij betoogt en beredeneert, hij belijdt en getuigt, hij overtuigt en bezweert in een soms hectische, steeds meeslepende stijl.

Naast Roelants, Walschap en Gilliams hebben nog verschillende andere auteurs, elk met hun eigen stem, bijgedragen aan de vernieuwing van het proza in Vlaanderen. Raymond Brulez stond, evenals Elsschot, Minne en Vriamont, enigszins apart in het literaire landschap. Hij debuteerde in 1930 met de autobiografische ontwikkelingsroman *André Terval* en liet drie jaar later de fantastisch-wijsgerige verhalen *Sheherazade of de literatuur als losprijs* verschijnen, waarin hij fantasie en werkelijkheid, heden en verleden in elkaar laat overgaan. Brulez vertelt in een licht-ironische trant, met een geheel eigen, geamuseerde toon en met grote zin voor relativering. Bij Lode Zielens primeert dan weer een geheel andere invalshoek. Hij zet, net als zijn tijdgenoot Marcel Matthijs, de lijn van het sociaal-realisme voort, die over Walschap heen teruggrijpt op Buysse en zijn wortels heeft in het geëngageerde 19de-eeuwse realisme van een P.F. van Kerckhoven en een Eugeen Zetternam. Het is een traditie die in onze eeuw zijn absolute hoogtepunt zou bereiken in het naoorlogse proza van Louis Paul Boon.

Bij Filip de Pillecijn wordt weer de tegenovergestelde pool belicht: hij beweegt zich weg van de werkelijkheid en vlucht in een romantische droomsfeer of in een geïdealiseerde, onbereikbare wereld. Het geheel van zijn werk vertoont zowat alle kenmerken van de neoromantische stroming: niet alleen de 'typisch' romantische motieven als eenzaamheid, een onbestemd en vaag verlangen naar geheimzinnige verten, maar ook de keuze voor de 'nieuwe' historische roman die gesitueerd is in een vaag en ver verleden. In *Monsieur Hawarden* vormt de relatie tussen heden en verleden zelfs de kern van het verhaal.

De vernieuwing die Maurice Gilliams in het proza tot stand heeft gebracht, is vergelijkbaar met de revolutionaire betekenis van Paul van Ostaijens grotesken: hun experiment was zo extreem dat het in eigen tijd niet werkzaam kon zijn en zonder directe invloed bleef. Hun literair-historische impact zou pas later ten volle aan het licht komen. Gilliams' proza blijft echter, hoe dan ook, moeilijk te 'plaatsen': hij schrijft introspectief en retrospectief, in de ik-vorm, waarbij de waarnemingen van dat eigen ik tot in de fijnste nuances worden geanalyseerd. Het is autobiografisch proza dat in internationaal perspectief verwantschap vertoont met het werk van Rilke en Proust, dat echter ook kan worden gesitueerd in het verlengde van de – te weinig bekende – experimentele prozastukken van Karel van de Woestijne (bijvoorbeeld in *Afwijkingen*) of van een tekst als 'Tussen vuur en water' van Paul van Ostaijen, maar dat voor het overige een volstrekte eigenheid vertoont. Het 'traditionele' realistische verhaal noemde Gilliams 'worstenvullerij'. Een verhaal met een begin en een einde vond hij vervelend. Gilliams deed dan ook afstand van de 'klassieke' literaire procédés en goot zijn wezenlijk existentialistische thematiek – centraal staat steeds de vraag 'wie ben ik?' – resoluut in een nieuwe, aan de muziek ontleende vorm. Hij 'versnippert' en versplintert het verhaal in fragmenten die elkaar afwisselen en doordringen, waarmee hij componeert als met de thema's van een sonate of een fuga.

Van naturalisme en symbolisme tot anekdotisch realisme en extreem modernistisch experiment: de hier gepresenteerde teksten kunnen alvast duidelijk maken dat de 'klassieke verhalen uit Vlaanderen' van *Van nu en straks* tot de vooravond van de Tweede Wereldoorlog, een breed spectrum van formele en inhoudelijke vernieuwingen bieden die de internationale tendenties op de voet volgen maar ook steeds weer de eigen stem van de individuele auteurs laten horen.

ANNE MARIE MUSSCHOOT

De papegaai

Wanneer er geen flesjes te vullen of pillen te draaien waren, stond de spichtige apotheker achter de glazen voordeur te staren naar de koepeltoren en naar de lucht. Het grijze mannetje pluisde dromend aan zijn geitenbaardje, peinsde zonder samenhang en was gelukkig in zijn afzondering. Hij had kind noch kraai, enkel een lelijke vrouw en een vieze hond. Zijn hond lag lui op de sofa der achterkamer, en zijn vrouw dribbelde door het huis of beknorde de meid.

Alleen in zijn apotheek was hij veilig voor beiden. Zijn vrijheid in de zaak had hij bedongen bij zijn huwelijk.

Zijn vrouw, vijftien jaar ouder, had een gerimpeld, steenrood gezicht, een onfatsoenlijke snor en grijze haren. Haar kin was versierd met een bosje stekelhaar. Als maagd op leeftijd had zij hem verleid door haar bruidsschat, die hem toeliet de oude zaak over te nemen en te tronen midden van oude potten en nieuwe specialiteiten. Zorgvuldig verborg hij zijn weerzin voor zijn achterdochtige wederhelft en hij verdroomde zijn lege uren.

Mijnheer Quadghebeur was een zachtzinnig man die zijn hel op aarde had. Niet dat zijn vrouw hem het leven zuur wist te maken. Zij kon enkel zeuren met zalige overtuiging. Hij vond afleiding in zijn avondbezoek bij de kaartspelers in de estaminet 'Het Anker' op de Melkmarkt, in het straatleven en in geestelijke ontroering hem verschaft door de lectuur van zijn dagblad, van de werken van Victor Hugo of oude jaargangen van 'Le Magasin pittoresque'. De rest van zijn tijd verdroomde hij of frutselde in zijn winkel.

De jaren waren als doffe, eenkleurige paarlen, onbemerkt aan zijn levensdraad geregen. Buiten de lang begraven studentendolheid had hij weinig vreugde kunnen krabbedieven. Te schuchter en te fatsoenlijk om zich een kleine afwijking aan zijn huwelijkscontract te veroorloven, bekloeg Mijnheer Quadghebeur de mislukking van zijn leven. Zijn medelijden met zijn eigen geval was hem een zoete troost.

Stilaan had hij een aardig verzet gevonden in het eeuwig tegenspreken van zijn vrouw. Dat was zijn wraak op haar lelijk gelaat, op haar zeuren, op haar ouderdom en haar centen. Dreigde zijn geniepige aanval tot krakeel, dan vluchtte de apotheker naar zijn heiligdom en genoot daar van zijn sarren.

Met opgewekte zin volgde hij dan het spel van de straat, van gaande en komende mensen. Hij zag de dame, die rouwkronen verkocht en uit eerbied voor haar beroep steeds in het zwart gekleed was, eventjes komen loeren naar de toren en naar het bedrijf. Zij was een klein, vinnig weduwvrouwtje. Wanneer zij terug in haar winkel ging, zuchtte de apotheker opgemonterd en ging, uit louter lust, in een mortier stampen.

Terwijl hij zijn mengsel fijn maalde, oordeelde hij telkens dat een zaak van rouwkronen uitmuntend paste naast een apotheek. En de gazettenwinkel voltooide de eenheid van levend rumoer, ziekte en dood.

Zo gingen de dagen zonder lichtspoor na te laten, zonder gebeurtenis of avontuur.

Maar eens in de nawinter zaten de echtgenoten in de huiskamer, zonder onderwerp tot dispuut. De tafel was gedekt... Madame zat voor het vuur in een leunstoel en geeuwde. Mijnheer had lusteloos zijn avondblad neergelegd en lurkte aan zijn pijp. Nu en dan keken zij elkaar aan.

Eindelijk werd het Madame te machtig en zij sprak.

– Ik geloof dat uw klok weer achter blijft.

– Er is in heel de stad geen uurwerk te vinden dat beter gaat.

– Och kom!

– Het heeft zo juist half negen geslagen!

– Het is zeker negen uur.

– Gelijk moet ge toch hebben.

Quadghebeur begon op te leven. Hij zag de witte kousen van zijn vrouw en de mansbottines met uitgerafelde elastieken die hem een voortdurende bron van ergernis waren. Zij volgde zijn ontstemming met genoegen, zijn pijp zonk neer en met de linkerhand schoof hij zijn solideeke over en weer.

– Laat mij gerust, zei hij.

– Ik mag toch wel spreken!

– Maar laat mij met vrede...

– De avonden duren zo lang, kloeg nu Madame, en gij zijt toch mijn man.

– Dat ben ik, bromde Quadghebeur wanhopig.

– En een man dient toch om wat verzet te hebben.

– Spreek met de meid of preutel tegen de hond.

– Wat ben ik ongelukkig, zuchtte Madame, ongelukkige vrouwen die met een apotheker trouwen.

– Ongelukkige apothekers, sarde Mijnheer.

– Ik wou... ik wou...

– Dood zijn, zeker, grimde Quadghebeur, en liet zijn gele brokkeltanden zien.

– Neen, dat plezier gun ik u niet... ik zou op Blijdenberg begraven worden... ik wou... ik wou...

– Wat dan?

Madame zocht een uitvlucht, – Mijnheer werd ongerust door de niet uit te spreken wens.

– Ik wou dat ik een papegaai had!

– Een papegaai?

– Ja, een papegaai, ging zij triomfantelijk voort, een beest om tegen te praten... dat zou mij troosten... Een vrouw die haar man niet mag lastig vallen om een woordje te wisselen, zou een papegaai moeten hebben.

– Nu zijt ge van Lotje getikt, oordeelde de apotheker verbluft.

– Koop mij een papegaai.

– Geen kwestie van, weigerde Quadghebeur zonder bedenken.

– Gij gunt mij niks... wat kan het u schelen!

– Ik houd van de rust!

– Dan zal ik ten minste aanspraak hebben.

– Heel de dag dat gekrijs te moeten horen... Ik houd van geen beesten.

– Ik wel... ik heb altijd danig veel van beesten gehouden.

– Gij, gij kunt noch dieren noch mensen verdragen.

– Daarom plaagt gij mensen.

– Wie bij de hond slaapt krijgt altijd vlooien!

– Treiter!

– Dat heb ik meer gehoord!

– Krijg ik een papegaai?

– Neen!...

Hij zei het kordaat, zegevierend, blies lustig zijn lucifer uit waarmede hij zijn pijp had doen branden. Dan nam hij zonder verwijl de wijk naar zijn winkel.

's Anderendaags aan de ontbijttafel herbegon de strijd, ging 's middags voort en 's avonds, en de volgende dagen. Telkens na de formele afwijzing zocht Quadghebeur zijn heil in de vlucht. Beiden hadden nu een prikkelend spel, een specerij om het leven te kruiden. De papegaai werd een wonder levend ding in hun bestaan. Madame eindigde met oprecht te verlangen naar de krijsende vogel, de apotheker haatte het beest met diepe weerzin.

De lente bracht heldere blauwheid achter de toren en joeg zoele gulpen binnen wanneer de voordeur geopend werd. De gebuurvrouw uit de kronenwinkel vertoonde zich vaak op de drempel, en de mijmerende apotheker stampte nu ijveriger in zijn mortier dan ooit te voren.

24

Zekere morgen stond een zinken kooi met koperen banden in het venster der eerste verdieping van de overbuur, de instrumentenmaker. Een spierwitte kaketoe met gele kuif kreet oorverdovend.

Wat burenverdriet, – dacht Quadghebeur verachtelijk en sloot zijn deur om het maar niet meer te moeten aanhoren. Toen hij zorgvuldig pillekes stond te draaien, schoot hem iets vreselijk grappigs in de zin. Wat moet dat spoedig iemand vervelen! Last en lawaai... Gaf ik haar maar een papegaai om haar te straffen!

Terwijl zij een appelsien aan het nagerecht schilde, begon Madame het terrein te verkennen.

– In de muziekwinkel hebben ze een papegaai.

– Muziek past bij muziek!

– Het zijn toch schone vogels... zij hebben schone koleuren en kunnen leren spreken...

– Dat heeft Plinius al gezegd!

– Wie is dat, Plinius? wantrouwde Madame.

– Dat is 'n volksvertegenwoordiger.

– Die ken ik niet, weifelde zij en hield haar echtgenoot in de gaten. Nu hij zo vreemd sprak, maar niet scheen aan te vallen werd zij schuw.

– Koop een papegaai, manlief!

– Welk dier wenst ge van de vierhonderd soorten?

– Ik weet het niet, twijfelde zij, ik ken geen papegaaisoorten... zijn er vierhonderd...

– Ja!

– Dat is danig veel, prevelde zij verslagen.

– De geleerden hebben ze geteld... Begrijpt ge nu waarom ik zo maar niet ja kon zeggen?

– Maar een is mij genoeg... en 't is mij gelijk van welke soort... als 't maar 'n schone is.

– Ge zult er een hebben... morgen al...

Met kwalijk verholen leedvermaak beloofde hij en toen haar verbazing hem haast deed gieren van plezier, hulde hij zich in een rookwolk en trok naar zijn observatiepost aan de voordeur.

's Anderendaags, na het ontbijt, ruilde hij zijn solideeke tegen een hoed en ging... Buiten krijste de kaketoe tot boosaardige vreugde van Quadghebeur.

De jolige zonnewarmte bedwelmde spoedig de huismus. Zwetend kuierde hij nu langs de Schoenmarkt, over het Groenkerkhof naar de papegaaienwinkel der Reyndersstraat.

Een tijdje lang verlustigde hij zich voor de uitstalling. In kooien zaten kleine, witte en zwarte hondjes, een paar dwergaapjes, tamme witte muizen met rode oogjes, en papegaaien!

In het halfdonker winkeltje, waar het rook naar de dieren, rumoerden en gilden de vertegenwoordigers der vierhonderd soorten. Overal stonden of hingen vogelkooien, zodat men nauwelijks keren kon... En elk dier had zijn eigen, voortreffelijk geluid, zowel parkieten als papegaaien. Er waren grijze jako's met rose staarten, witte inka-kaketoes met rode koppen, geelgekuifde kaketoes, geelkop-amazones met blauwpuntige vleugels en een paar rode vlekken tussen de groene veren, – kleurige groenvleugelara's met rode borsten, blauw en groene vlerken en staart, met wondere, zwarte kringen op de slappe oogzakken, en verder bonte, makke lori's.

Quadghebeur werd het benauwd midden van de snaterende bende. Hij gaf zich zonder verweer over aan de vogelhandelaar, wiens ogen verstopt zaten achter een blauwe bril.

Hij kwam tot bezinning, toen hij aan het terras van een koffiehuis aan het Groenkerkhof achter een koele dronk gezeten, zijn koop onderzocht.

Voorzichtig opende hij het deurke van het kleine papegaaienkot, stak een klontje suiker, dat hij op zak gestoken had, aan het diertje toe. Gedwee nam de groene vogel de lekkernij, ging daarna weer lusteloos met ingetrokken kop dik in de veren zitten dutten. Quadghebeur probeerde nu het beest op te wekken en werd zo stout dat hij begon zijn kopje te krauwen.

Pootje voor pootje kwam de papegaai uit de kooi, de zwarte tong beweeglijk in de scherpe snavel. Maar hij frazelde slechts ingetogen woorden, schreeuwde niet zoals de kaketoe uit de muziekwinkel... Met teleurstelling dacht hij dat zijn vrouw werkelijk plezier ging beleven aan de papegaai. Hij zag reeds haar lelijk, rood gezicht vertrekken om kozende woordjes te fluisteren, hij dacht aan heur snor en haar mansbottines, en zijn dag was vergald.

– Mijnheer, mijnheer, uw papegaai vliegt weg!... Quadghebeur schrikte op, zag in de richting die de voorbijganger aanwees. Levendig snaterend zat de vluchteling in de kruin van een boom... Daar helpen geen zoete woordjes, bedacht Quadghebeur, het ergste is dat het beest toch krijsen kan. Wat nu aangevangen... Hij zat te kijken naar de vogel, zag de mensen afdruipen wijl de papegaai ongehinderd op zijn tak bleef zitten, en riep eindelijk een fluitende kwajongen om een boodschap.

De jongen ging Madame verzoeken ijlings naar het Groenkerkhof te komen.

Intussen wipte de lorie van tak tot tak en van boom tot boom, vloog toen op een vensterbank van het postkantoor, weer wat hoger op langs de gevel tot aan een uitsprong onder het uurwerk.

Haastig kwam Madame over het plein... Van verre zag de apotheker de witte kousen zijner egade, nam de lege kooi en ging haar tegemoet.

– Wat is er gebeurd, hijgde zij.
– Och, niks bijzonders.
– Waarom laat gij mij dan zo ijlings roepen?
– Om de papegaai!
– Hebt ge er een gekocht?

27

– Ja!

– Een schone?

– Ja!

– Maar, maar het kot is leeg...

– Ja!

– Waar is koko?

– Ginder op de post, lachte hij met dubbel genoegen.

– Hebt gij hem laten vliegen?... Och wat vent!...

– Laten vliegen en laten vliegen is twee, meende hij toch te moeten verklaren, hij was weg voor ik het verhinderen kon... en 'k wou u maar laten zien dat ik er eerlijk een gekocht had.

Zij jolde van ergernis en droefheid, keek nog eens naar de vluchteling, schreed dan met grote stappen huiswaarts. Maar ditmaal schold zij niet en zei geen woorden die hem prikkelden. Zij weende...

Quadghebeur verloor hierdoor zijn zelfgenoegzame zekerheid, hij liep naast haar en was verbouwereerd. Hij smakte de kooi tegen de keien, poogde haar maar bij te houden in haar gang.

Voor de eerste maal kende hij geen leedvermaak en werd hij week. Hij zag niet meer het hatelijke van haar wezen, vergat haar ouderdom, dacht niet meer aan haar geld, noch aan haar witte kousen en uitgerokken bottines.

– Mathilde, fluisterde hij, wij gaan direct 'n schonere papegaai kopen!...

– Ge zijt wel goed, Isidoor, nokte zij, met vreesachtige zachtzinnigheid, ik dank u... maar ik moet nu voor het eten gaan zorgen.

Quadghebeur en zijn vrouw werden een diepe ontroering gewaar nu zij, na jaren, elkaars voornamen opnieuw hadden genoemd.

De apotheker aarzelde, gaf haar de hand, en zei dan langzaam:

– Ga maar naar huis, Mathilde, ik ben seffens terug... en 't zal de schoonste uit de winkel zijn!...

RAYMOND BRULEZ

De projectielantaarn 'Aladin'

Een mooie vrouwenhand, elegant niettegenstaande de vergroting van het close-up, manipuleert een browning-bijou. Deze welverpleegde vingertoppen, die het met arabesken versierde ivoren kolfje aarzelend overglijden, geven het plastische beeld van de laatste psychologische stuiptrekkingen der heldin vóór haar desperate daad: heerlijke rebellie van de maagdelijke Greta Brenn, die zich niet door ontaarde ouders aan een rijke, maar wanstaltige en liederlijke bankier wil laten verkopen. De aangrijpend gekromde wijsvinger haalt krampachtig het metalen cédille van de fatale trekker over...

Dan verheft zich nog, van op een kroosbevloeid vijvervlak, schitterwit klapwiekend een majestatische zwaan; die niet een allegorisch beeld is voor deze meisjeszuil ontdaan van stoffelijke banden en opstijgend naar Empyreïsche rust, maar wel een soort sluitvignet van de film en tevens het handelsmerk der firma 'Swann Vitascope Distributing C° Ltd.'

– Welnu, wat denkt ge van die nieuwe uitvinding, die reliëffilm? vroeg Van Pubbel, de directeur van de bioscoop 'Apollo', aan zijn operateur die de afgerolde banden wegsloot.

– Dat valt nogal mee! De illusie der derde dimensie wordt door die projectielantaarn 'Aladin' nogal goed vóórgegoocheld; al is het misschien een beetje veel gezegd, zoals het reclameprospectus beweert, 'dat de toeschouwers zozeer betoverd worden dat zij geneigd zijn naar de voorgestelde

29

voorwerpen en personen te grijpen...' Van dergelijke geestdrift is er in de zaal niets te bespeuren geweest...

– Nu, 'k betwijfel ook dat het zo'n furie zal worden als destijds voor de klankfilm. Maar men moet wel enkele duizenden over hebben voor de laatste technische verbetering. Salut... Tot morgen! 'k Ga m'n tournee doen...

Meneer van Pubbel inspecteerde zelf iedere avond, na de laatste vertoning, de zaal, uit vrees dat, niettegenstaande het 'Streng verboden te roken', smeulende sigaretstompjes onder de zetelrijen brand zouden stichten.

In een hoekje van een eerste-rangsloge ontdekte hij die avond een jonge dame welke, blijkbaar in gedachten verzonken, staarde naar het witte scherm dat, met zijn afgeronde hoeken nu geleek op een groot uitgewist mementoblad.

– Mevrouw, pardon, zei Van Pubbel, de laatste vertoning is ten einde...

– U zijt wellicht de directeur van de Apollobioscoop?

– Ja: Honoré van Pubbel, om U te dienen...

– Ik zal van uw bereidwilligheid gebruik maken... Ik verwachtte U. Gaat U even zitten...

De directeur voldeed aan die wens, alhoewel hij het een beetje kras vond dat in zijn eigen zaal een onbekende voor gastvrouw speelde.

– En wat kunt U wel van mij verlangen?

– Laat ik me eerst even voorstellen: ik ben de materialisatie van Greta Brenn...

– Ah, U zijt de filmster Eveline Marchand? Uw treffende gelijkenis met de heldin van '*Haar Laatste Toevlucht*' was me inderdaad opgevallen. Tot uw kledij toe die zo precies dezelfde is... Ik ben zeer vereerd!...

– U begrijpt me verkeerd! Ik ben niet de filmster die de hoofdrol speelde, maar ik ben de materialisatie van de heldin zelve, van de geestelijke conceptie van de cineast Kurt Friedländer, dus...

Ze is gek, dacht Van Pubbel en hij herinnerde zich meteen dat het raadzaam is, wanneer men met krankzinnigen omgaat, te gebaren alsof men aan hun dwaze divagaties geloof schenkt. Hij liet haar dan maar ook verder raaskallen...

– Ja, dit moet U natuurlijk enigszins vreemd voorkomen, meneer Van Pubbel. Doch denk eens na. Wat gebeurt er al niet in spiritistische bijeenkomsten? Een half dozijn geheel overtuigden verzamelen zich in een lichtloze kamer. Ze schakelen hun handen op een tafelblad tot een rond snoer van bleek koraalvlees en daar gulpt zo maar meteen uit mond, oren en flanken van het medium een gewillig ectoplasma dat zich naar believen verstoffelijkt, niet alleen tot levenloze voorwerpen zoals: een benauwde anjelier, een geurig kistje sigaren of een welluidende gitaar, maar zelfs tot gecompliceerde, verheven levende organismen zoals: Bidd-Boda of Napoleon Bonaparte!...

Welnu, zijn in uw bioscoopzaal al deze vereiste voorwaarden niet, in versterkte mate zelfs aanwezig? Volslagen duisternis, honderden mensen geboeid door één begeerte: dat de held of heldin eens in levende lijve hun bestaan zou doorkruisen; en ten slotte als medium: een nieuw projectieapparaat dat, ik zeg het U in vertrouwen, niet anders is dan de technisch verbeterde constructie van Aladins toverlamp! Is het dan zo wonderlijk dat, gehoorzamend aan de roep van al deze fluïdistische factoren, het astraal ik van Greta Brenn zich verstoffelijkte en thans tot U spreekt?...

– Ik zal uw oorsprong en identiteit niet in twijfel trekken, mevrouw; maar dat belet niet dat U hier in deze loge niet kunt overnachten. Dat is formeel verboden door het politiereglement op de openbare vermakelijkheden... Zodus zou U goed doen naar een hotel te willen uitzien. Ik kan U bij voorbeeld aanraden...

– Meneer Van Pubbel, hebt U verantwoordelijkheidsbesef? onderbrak de onbekende.

– Eh, zeker mevrouw!...

En inderdaad, wie zou dit durven betwijfelen? Weigert de

directeur van de Apollobioscoop niet geregeld de Russische bolsjewistische filmen en heeft hij ook niet besloten die zogezegde 'wetenschappelijke' propagandafilm voor Naaktcultuur niet in het openbaar, maar alleen voor enige vrienden, trouwe klanten en leden der magistratuur te vertonen?...

– Ja? Welnu, ik maak daar beroep op. Gij zult U aan de morele plicht niet willen onttrekken die gij op U geladen hebt met de film 'Haar Laatste Toevlucht' door de projectielantaarn 'Aladin' te laten afrollen en aldus aan mijn astraal wezen een aards leven op te dringen... Ik ben zonder middelen van bestaan...

– Wat heeft die een zonderlinge manier om me te laten verstaan dat ze door mij wil onderhouden worden!... dacht Van Pubbel. Zoals ieder man die zijn oerinstinct eerbiedigt, permitteerde de heer directeur zich af en toe wel een vluchtig en voorzichtig verdoken buitenechtelijk avontuurtje. En hij vroeg zich reeds af of artikel 389 van het Wetboek, dat het overspel van de man straft 'wanneer het onder het echtelijk dak geschiedt', wel toepasselijk zou zijn op de glazen koepel die de bioscoop 'Apollo' overwelft... Want waarlijk, al had ze een slag van de molen, die vrouw was toch een beeldschone zottin! Van Pubbel aanschouwde met de ontroering van het mogelijke bezit dit verfijnd, aristocratisch smal, ovaal gelaat dat van een diafane huiverige blankheid was. De levensgloed scheen uitsluitend geconcentreerd in de mond: rood, vreemdsoortig, exotisch vlindertje dat zijn spits uitlopende vleugels juist symmetrisch openvlerkte en in de zwarte ogen, waar een diep donker wachtte, dat evengoed kon uitslaan in flitsende toorn of overglijden naar vochtig glanzende tederheid...: voorlopig één roerend-smeekend 'souls-appeal'!

– Met andere woorden, zei Van Pubbel, U wenst dat ik, als een goede vriend, voor U zou zorgen...

– Ja... Maar laten we eerst goed de voorwaarden onzer

liaison vaststellen: Ik moet U verwittigen dat ik, als gemateraliseerde verschijning, een heel wat meer ingewikkeld wezen ben dan een op natuurlijke wijze geboren mens. Ik ben helemaal niet in staat een menselijk beroep uit te oefenen, hulpelozer dan een onttroonde vorst, die ten minste in zijn goede jaren de voorzorg nam een civiel stieltje bij te leren van tramconducteur of beroepsdanser. Ik zit als het ware vastgeklemd in celluloïde kluisters; in die zin dat ik alleen zulke fysische daden kan verrichten, die ook in de filmband opgenomen werden. Bijvoorbeeld: Ik kan wel een brief schrijven, maar geen postzegel er opplakken. Ik kan duikelen vanop de hoogste rots in de speelse branding, doch mijn laarsjes niet zelve uittrekken. Ik kan sierlijk met een waaier wuiven (en het is een verrukkelijk poëem deze zachte, van ontroering trillende vlerk onder mijn geheimzinnige glimlach!) doch valt hij ten gronde, zo kan ik hem niet oprapen. U begrijpt: alle triviale bewegingen die de regisseur onexpressief of overbodig achtte en daarom niet opnam, zijn mij ook in het werkelijke leven ontzegd... 't Is U meteen verwittigen dat er van de finale grove wellust, waarop jullie mannen zozeer gesteld zijt, in onze verhouding geen spraak kan zijn...

En daar ze onmiddellijk merkte hoezeer deze restrictie meneer Van Pubbel ontnuchterde, vergoelijkte ze:

– Ik kan U echter wél bieden de ganse scala van mijne blikken: vanaf de meest sfinxachtige sereniteit tot de meest dionysische uitgelatenheid! En dan zou ik U, af en toe, wel eens 10 seconden lang zoenen; doch ik denk dat ge minder zult verlangen naar dit lippencontact dan naar de tweede component der Liefde: het ontvangen mijner fantasie...

– Uw fantasie? Wat bedoelt U daarmee?

– Wel, ik zou U leren uit welke gezichtshoek en onder welke belichting men ieder ding, wezen of gebeurtenis moet beschouwen om – laten we maar zeggen – de poëtische essentie eruit te winnen...

Ze nam van het tafeltje dat in de loge stond het onderleg-schijfje waar men het bierglas op zet.

– Hier hebt U, b.v. een tamelijk laag-bij-de-gronds voor-werp. Zoals U weet, schuift het tussen het harde bierglas en het even harde marmer van het tafelblad een viltachtige laag geprest bordpapier, die in haar poreusheid tevens het over-schuimende vocht opneemt. Door zijn logische conceptie en constructie, doordat het alle versiering vermijdt (want die fraaie, blauwe letters, die daar van links naar rechts in groot-te verminderen, dienen niet om het begoochelend perspec-tief te beelden van een wegrijdende trein, maar wel om de voortreffelijke smaak van een bepaalde consumptie te ver-heerlijken), doordat het dus volkomen en uitsluitend aan zijn doel beantwoordt, vormt het, naar de theorieën der heren Berlage en Henry van de Velde, – het toppunt van de plas-tische schoonheid!... Doch let nu goed op wat ik ga doen!... De onbekende vrouw hief behoedzaam het witte cirkeltje tussen de beide handpalmen, prevelde even: 'Plus est en vous...' en slingerde het toen de ruime bioscoopzaal in. Spiralend steeg de discus naar de hoogte, beschreef er ijzing-wekkende looping the loops, dubbelzinnige parabolen, ver-meed, zoals het hoort, alle hyperbolen, kreeg even een klas-sieke bevlieging voor een perfecte volute, vlocht volken-verzoenende 'achten' tussen de wimpels en vlaggen die aan de koepel prijkten, als goedkope versiering en ter bevorde-ring der 'in de lucht hangende' paneuropese idee, en daalde toen, een meesterlijke paraaf voltooiend, als een harmloze boemerang terug in de hand zijner meesteres.

Deze schifte nu met de welgemanicuurde nagels de ge-makkelijk deelbare bordpapieren laag tot een dozijn door-zichtige schijfjes die ze de lucht inkaatste, alwaar ze, een oog-wenk, onbeweeglijk bleven als een reusachtige struik Judaspenning...

– Bravo!... juichte Van Pubbel, maar ik zie niet goed de toepasselijkheid...

– Ach, mijn vriend, gelieve dit alleen maar als een klein paradestukje te aanschouwen en daarbij nog te bedenken dat, zoals Jean Cocteau terecht waarschuwt, het ware schouwspel al binnen vertoond wordt. En wat de toepasselijkheid betreft... Uw leven ligt, zoals dit onderlegschijfje geklemd onder de stoffige piramide der banale alledaagsheid en conventie. Onder mijn impuls zou uw persoon – overdrachtelijk gesproken natuurlijk – geslingerd worden doorheen ruimte en tijd en sterellipsen beschrijven waarbij de evoluties van dit papieren schijfje slechts een petieterig gefladder zijn. Geloof in mij! Betrouw in mij! Volg mij!... Ik ken aan de kust der Noordzee, verscholen tussen wilde duinen, een grootscheeps aangelegde haven die de Goden niet lieten gedijen en nu de melancholische bekoorlijkheid der verlatenheid bezit. Zij lijkt wel een schaaldier dat met de voelsprieten van zijn staketsels, waar alleen de facettenrijke oogjes van de vuurtorens nog leven, de eenzame zee betast. Een enkel, trouwens modern ingericht hotel staat er langs de lege dijk. De hele winter door logeren er een dozijn koppels: gepensioneerde Indische ambtenaars, Engelse officieren die ter plaatse de herinnering hoeden aan een nutteloze maar romantisch bewogen zeeslag, en af en toe schuchtere vrijers. Wij zouden daar het dertiende paar uitmaken en het gelukkigste zijn!...

Heel de dag zou ik aan uw zijde vertoeven. Ik zou U de schoonheid leren in deze lege door stortzeeën bezegende loodsen van het havenhoofd en uw extase zou er uitbreken in een door de echo goedgekeurde jubel...

In oranje avonden zwemt gij de zee in tot ge enkel nog zijt: het hoofd van Johannes de Doper op de zilveren schaal van het kalme water. En dan zou ik op naakte voeten voor U dansen op het eeuwige ritme der brekende branding!...

Arme Greta Brenn! Alhoewel ons de structuur van uw ectoplasmische persoonlijkheid niet bekend is, toch vermoeden we dat ook in uw hart zekere vezels smartelijk krampachtig moeten schrijnen nu ge U, schijnbaar opgetogen, maar in de grond zo deerlijk hulpbehoevend, aanbiedt voor deze – we zullen de verhouding maar bij haar ware naam noemen, nietwaar, psychische prostitutie! En ach, waar alle lichamelijke besmeuring, hoe weerzinwekkend ook, zich toch laat reinigen of helen, blijft daar helaas steeds onuitwisbaar de profanatie van de haard eener Ziel!

Arme Greta Brenn! Margaritas ante porcos! Terwijl ge, lieve sloor, uw verbeelding afslooft om de elkander beglijdende golven te versieren met de fraaie gestalten van Amphitrite, Aphrodite en andere vriendelijke of vreselijke Godinnen meer – op gevaar af dat de zee ten slotte gaat gelijken op een latafeltje bestapeld met postuurkens – terwijl ge met kunst- en vliegwerk tracht de bewondering, de sympathie en de offervaardigheid van dit heerschap te wekken, zit die kerel geduldig te wachten tot de lyrische onstuimigheid uwer poëtische vaart gaat luwen, om het dan aan uw ongezond verstand te brengen dat ge feitelijk aan een verkeerd adres zijt. Want wij kennen de vent van ouds! Zoiets past niet in het verstarde kader van zijn onbenulligheid. Wat heeft-ie 'zakelijk' aan deze ontvluchting, aan dergelijke Tantalus-wittebroodsweken? Veel geldverteer en geen genot!... En durft ge naïef, maar danig zelfbewust en overmoedig schepsel waarachtig daar niet verklaren:

– Meneer Van Pubbel, ik zou voor U zoiets zijn als het Ideaal!...

Het ideaal? Eilieve, het ideaal van de directeur van de Apollobioscoop is: zijn compagnon Vercammen uit de zaak te wippen en anders niets... Om maar een einde te maken aan dit onderhoud, dat al lang genoeg geduurd had, besloot de ongeduldige Van Pubbel:

– Ik zal het U maar rechtuit zeggen, mevrouw. Het spijt me, maar ik kan niets voor uw voorstel voelen. Misschien ware dat iets voor een of ander jonge modernist van de Filmliga. Ik wil, bij gelegenheid, wel eens informeren. Maar ik heb mijn reputatie, mijn stand, de goede gang van mijn onderneming in acht te nemen. Hoe verheven platonisch U onze liaison ook denkt, toch zou ze door mijn medeburgers onvermijdelijk verkeerd begrepen worden en, vergeet het niet: ik heb vrouw en kinderen...

– ... die ohne mich verderben!... persifleerde ze schamper...

De vrouw stond recht, stelde de arabesken fries van de astrakan kraag tegen haar blanke halskolom, klemde het handtasje vast tussen de bovenarm en de edele welving van de rechterborst, sloeg de panden van de mantel kruiselings over elkaar.

Met een Ter Braaks misprijzen beet ze hem toe:

– Burger!...

En verwijderde zich snel naar het rode lichtbankje dat in gele lettertekens de UITGANG wees. Even dacht de onthutste Van Pubbel nog haar terug te roepen om iets voor te stellen, b.v. in 'intermède' optreden met goocheltoeren of als 'fine diseuse'; doch daar waaiden de donkere fluwelen voorhangen reeds uiteen, de automatische glazen deuren vlogen open als onder de drang van een machtige fluïdistische stuwing. Zonder in de gang een blik te gunnen aan de plakbrieven die reeds reklaam maakten voor het programma van de volgende week, liep Greta Brenn de straat op...

De volgende avond, de voorstelling kon zo wat een half uur begonnen zijn, en Van Pubbel was juist bezig met het kasboek na te zien, drong plots een geweldig lawaai vanuit de zaal tot in het bureau van de directeur. Gewoonlijk diende dit om de onhandige of verstrooide operateur erop attent te maken dat het lichtbeeld slecht gesteld was, dat bijvoorbeeld de scheiding tussen de filmprentjes zich op de middenhoogte van het scherm aftekende en, ten gevolge van deze hinderlijke cesuur, de spelers hun eigen hoofd met de voeten betrappelden. Soms ook was het een protest van eigenzinnige toeschouwers die niet akkoord gingen met de politieke of morele tendens van het vertoonde. De baas begaf zich naar de projectiekluis om te zien wat er scheelde. Doch toen hij daar binnentrad, leek het rumoer gestild.

– Wat was dat? vroeg hij.

– 'k Begrijp er zelf niets van! Nu is het over. Maar let eens op de scènes waar Greta Brenn optreedt!...

Van Pubbel loerde door het vierkante kijkgat naar het scherm.

De liederlijke bankier, de randen van de glanzende hoge hoed nog bestrooid met de confetti's van het nachtlokaal en eindjes serpentins gesnoerd rond zijn pierewaaiersmantel, reed, verdwaasd schuddebollend, in zijn luxueuze limousine naar de kuise heldin. Nu vertoonde zich het arm, maar net interieur van Greta Brenns woonst...

– Daar is het spook weer!... Genoeg!... gilden in de zaal hypermotieve toeschouwers die zich onlekker voelden. Op het scherm was Greta Brenn niet te zien. *Doch in de plaats van haar gestalte gesticuleerde een spookachtig silhouet, zoiets als een witte schaduw?...*

– Zet de boel stop! beval Van Pubbel. Ik ga het publiek verwittigen dat er een defect is aan de filmband en dat de entrees terugbetaald worden.

Toen de zaal leeggelopen was, kwam hij weer bij de operateur die nu de laatste rol eens liet doorlopen om te controleren of het raadselachtig fenomeen tot het einde toe zich voordeed.

– Is er daar een wetenschappelijke verklaring voor? vroeg de directeur, die het onbehaaglijk gevoel had dat hier onheimelijke factoren in het spel waren.

– Verdraaid mysterieus hé! Nu 't moet wel 'wetenschappelijk' kunnen uitgelegd worden. U gelooft toch niet dat Greta Brenn de... plaat gepoetst heeft,... uit de film weggelopen is, omdat uw publiek haar niet aanstond?...

Hij toonde een strookje uit de film.

– Ziet U, dat effect kan men natuurlijk verkrijgen met de film te retoucheren, en de persoon om zo te zeggen weg te krabben. Maar d'r ware meer dan 24 uur met zo'n business gemoeid en wie zal zich daar op toeleggen om zo'n akelige grap uit te meten?... Trouwens het celluloïd vertoont geen spoor van beschadiging. Nu is het ook mogelijk dat de gevoelige laag slecht gefixeerd werd en te lijden heeft van het nieuw soort gloeilamp dat in de projectielantaarn 'Aladin' gebruikt wordt. Maar dan zou gans het beeld zich moeten uitwissen en bleef de schade niet uitsluitend beperkt tot één personage. Blijft dan nog de hypothese dat het lichaam van Eveline Marchand, die de rol van Greta Brenn vertolkte, speciale radiaties uitzendt die...

Een knal!...

– Pataat!... schertste de operateur die meende dat een triviale uitdrukking volstaat om een dramatische situatie te neutraliseren.

Hij stampte snel op het uiteinde van de afgelopen filmband die doorgescheurd was en opvlamde. Doch ook de projectielantaarn was gedoofd!... De gloeilamp versplinterd tot gruizelementen!...

– Verdomd, dat mankeerde er nog aan!... vloekte Van Pubbel. De fabrikanten van de 'Aladin' krijgen morgen hun smerige camelote terug. 'k Meende waarachtig dat het een revolverschot was!...

– Wel, een revolverschot was er ook bij! Deze reliëffilm is tevens klankfilm en op het einde pleegt die spookmeid zelfmoord...

Adembeklemd kwam een ouvreuse meneer de directeur verwittigen 'dat er iets raars moest gebeurd zijn in een eerste-rangsloge.'

De twee mannen vergezelden het bleke, ontdane meisje. Op de pluchen rand van de loge, nevens het kleine aureool van een wit kartonnen schijfje, rustte het hoofd der schone onbekende, die gisteren na de vertoning achtergebleven was.

Uit de linkerslaap welde een bloedstraal die, zoals een beekje zijn loop zoekt in lage terreinbeddingen, gleed tussen de bleke wang en het juweelloos oorlelletje, langs de helling van de hals en verdween onder de zijde welving van het decolleté.

Met een zaklampje zocht de operateur het wapen op de duistere vloer. De ouvreuse was blij dat ze die akeligheid niet lang moest aanschouwen, want de directeur vroeg haar dadelijk naar het politiecommissariaat te gaan. Meneer Van Pubbel suste zijn geweten. Hij had natuurlijk niet kunnen vermoeden dat al die onzin zo bitter ernstig gemeend was. En dan, zelfs indien die geheimzinnige vrouw haar voornemen had laten kennen en moeten dreigen met 'Uw geld of mijn zelfmoord!' dan ware dat toch een soort chantage geweest, nietwaar?...

De plaatselijke pers liet na te herinneren aan de zelfmoordepidemie die het verschijnen van 'Die Leiden des jungen Werthers' volgde, toen romantische jongelui zich in hetzelfde kostuum en dezelfde omstandigheden als Goethes held het leven benamen.

De ware eenzelvigheid van het slachtoffer heeft men nooit kunnen vaststellen. In voorbedachte radeloosheid had zij, die wij de naam Greta Brenn niet zullen ontnemen, alle naammerken uit haar linnen en zelfs het firmalintje uit haar zijden mantel verwijderd. Haar handtasje borg in de zachte nog onbezoedelde gemsleren voering slechts een spiegeltje, juist groot genoeg om afzonderlijk in zijn ovale rand, het beeld te vatten van de rode opensplijting van een mond of de donkere ontluiking van een oog.

De eeuwige brief

Toen ik een goede vriend mijn deelneming in zijn rouw had betuigd, want zijn moeder was gestorven, ontving ik onderstaand antwoord dat mij nu eens tot een angstig, dan weer tot een mild nadenken stemde. Het heeft mij enige inspanning gekost om in de benauwende atmosfeer, die deze brief om me heen had geschapen, te ademen. Het was een atmosfeer die men aantreft rond een vriendentafel als men bridge speelt en het is laat geworden en dikke rook van sigaren in de stille kamer hangt, en waar dan plots een moord zou zijn gebeurd: 'Ik dank u, mijn vriend, voor een schrijven dat ik in normale omstandigheden – en gij weet dat mijn levensomstandigheden nooit erg normaal zijn geweest – zeer op prijs zou stellen en het thans ook nog doe, maar niet in de mate van een mogelijkheid die mij, zo al niet onmogelijk schijnt, toch overbodig is, of althans mij overbodig lijkt. Laat u dit niet zo paradoxaal voorkomen als het er de schijn van heeft. *Mijn moeder was een heilige vrouw/ O daar ligt blijdschap in die rouw*, heeft de dichter gezongen, of ongeveer. Of er blijdschap in mijn rouw is zou ik niet durven zeggen, maar wel durf ik beweren – er is inderdaad veel durf nodig om iets te zeggen dat moreel in strijd is met de spreekwoordelijke goedheid der doden en daarom is het misschien beter dat ik 'durf' door 'moet' vervang – maar wel dus moet ik beweren dat de dood van mijn moeder, hoezeer ik er ook onder lijd, mij een zucht van verlichting heeft doen slaken. Ik weet dat u dit van mij zal verwonderen en ik weet ook dat ge mij dit kwalijk zult nemen, echter geloof ik alleen zo lang en zo erg tot ge deze brief tot ongeveer over de helft zult hebben gelezen.

Onder het schrijven heb ik voortdurend het gevoel tot mijzelf te spreken en ik moet mij inspannen om mij het beeld van mijn beste vriend voor ogen te houden, niet omdat ik u niet in alle oprechtheid wil schrijven maar om u niet al te zeer te kwetsen met uitdrukkingen die ik tegenover mijzelf verantwoorden kan maar die ik tegenover u zo mild mogelijk, zo weinig koud mogelijk, zo waar en daarom misschien zo verontschuldigend mogelijk moet afronden.

Gij hebt mijn moeder niet zo goed gekend en de enkele malen die ge met haar in betrekking zijt geweest zal ze u wel als een goede en intelligente vrouw zijn voorgekomen. En dat was ze ook en niet alleen schijnbaar. Maar deze deugden alleen bepalen niet gans haar voorbije wezen. Mijn moeder, die veel heeft geleden, althans zich verbeeldde veel te hebben doorstaan, wat voor een prikkelbare en geprikkelde natuur als de hare hetzelfde is, is haar gehele leven altijd een weinig, zoals de volksmond zegt, overspannen geweest, wat een nadelige invloed op haar hart heeft gehad, zodat men misschien officieel mag zeggen dat ze aan een hartkwaal is bezweken. Maar zo eenvoudig, eilaas, is haar dood niet geweest. Zo eenvoudig als haar dood had kùnnen zijn, zo gecompliceerd, ik zou haast zeggen zo dramatisch-, ja tragisch-gecompliceerd is haar einde geweest.

Toen mijn moeder 30 jaar oud was beweerde ze nooit de 40 te zullen halen; als ze er 40 was zou ze het nooit tot 45 brengen, dan nooit tot 50 enz. tot ze tenslotte de 70 heeft bereikt. Zonder haar pessimistische natuur zou ze, evenals haar moeder en haar grootmoeder, ongetwijfeld 80 zijn geworden. Maar haar zwartgalligheid heeft haar leven vergald en haar hart ondermijnd. En misschien ook haar geest. Enkele maanden vóór haar dood vroeg ik aan de dokter of ze soms niet aan ouderdomsnevrose leed. De dokter bekeek mij medelijdend en zijn blik scheen mij te vragen of ikzelf misschien nevropaat was. Maar zijn mond vroeg mij of er soms niet al genoeg ziekten bestonden om er zo nog maar één meer uit te vinden. In elk geval was mijn moeder wantrouwig tegenover alles en iedereen geworden. De hartversterkende medicijnen gooide ze stiekem onder haar bed maar voortdurend vroeg ze naar slaapmiddelen. De dokter schreef haar gewoon ouwels met natriumbicarbonaat voor en toen zij ze als slaapmiddel had ingenomen, sliep ze inderdaad rustig. Indirect gaf de dokter mij dus gelijk.

Mijn moeder is tot haar 60ste jáar ongeveer, trots haar neurasthenieke neigingen, een zeer zachtzinnige vrouw geweest. Daarna is ze trapsgewijze kwaadwillig en op haar ziekbed is ze onverholen kwaadaardig geworden. Ze leed echter niet aan vervolgingswaanzin en toch gebeurde het dat ze plots haar bed uitwipte, het venster opende en tot de voorbijgangers riep dat men haar wilde vermoorden. Ik heb altijd geloofd, en geloof het nog, dat de vrees voor de dood haar niet meer menselijk humeur aanwakkerde en dat die pseudo-vervolgingswaanzin geveinsd was om haar kwaadaardigheid op een voor háár verontschuldigende wijze lucht te kunnen geven. Vergis ik mij? Ik geloof het niet. Want ook haar kinderen spaarde ze niet. Wij stonden haar bij met raad en daad, vooral met daad, want raad nam ze wel aan maar volgde hem nooit, ook al ging het met hem om haar leven. Zij veinsde de raad te volgen en waar dan het resultaat achterwege bleef stelde zij ons aansprakelijk voor gevolgen die zelf de gevolgen waren van haar veinzen.

Ik geloof dat ik u al gezegd heb onder het schrijven voortdurend het gevoel te hebben dat ik tot mijzelf spreek. Dat heb ik nu meer dan ooit. En ik deins er voor terug in schrikwekkende bijzonderheden te treden waarvan ge toch niet zoudt geloven dat ze werkelijk zijn gebeurd. O, ik weet wel dat gij, mijn beste vriend, u inspannen zoudt om mij toch te geloven, maar zoveel nutteloze energie kan ik van u niet verlangen. En toch kan ik niet nalaten u met één voorval – het minst erge, omdat gij uw goede wil om mij te geloven geen te groot geweld zoudt moeten aandoen, – mijn beweringen te illustreren. Ik weet dat ge niet dikwijls de krant leest maar er werd rond de verkiezing van Roosevelt in de VS van Amerika zoveel drukte gemaakt dat gij er ongetwijfeld iets moet hebben over vernomen. Gij weet dus, veronderstel ik, dat Roosevelt tot President der USA werd verkozen. Mijn moeder vertelde het mij op haar ziekbed voor ikzelf het nieuws had gehoord. En, ging zij verder, mevrouw Roosevelt heeft een prachtig diner gegeven. Maar stel je voor, aldus mijn moeder, de grote Amerikaanse pers staat op stelten omdat er geen sla was. Er was in dit diner een tekort aan vitamines, schrijven de kranten op de *eerste* bladzijde; en op de *tweede* vragen de bladen zich af wat er met de dollar moet gebeuren, terug naar de goudstandaard of verder devalueren. En of ge het gelooft of niet, besloot mijn moeder, ik ook vind de slakwestie overwegend interessanter. – Ik nam deze gelegenheid te baat om tijdens deze ogenblikken waarop ze helemaal door haar onderwerp scheen in beslag genomen, haar de door de dokter voorgeschreven pillen te doen innemen – en ze nam ze ook werkelijk, zonder haar aandacht van het geval Roosevelt te wenden, in haar mond, maar tegen de avond vond de zuster ze onder haar peluw.

Dit voor u waarschijnlijk nietszeggende voorval was voor ons, haar kinderen, een vreselijk intermezzo, waaruit bleek met welk doordacht cynisme onze moeder haar dood koelbloedig voorbereidde om ons – al geloof ik het zelf niet, al *wil* ik het zelf niet geloven, maar ik kan niet nalaten het neer te schrijven – haar kinderen, met het verdriet van haar dood te straffen, wij die, dat weet gij zo goed als wij, haar nooit een strohalm in de weg hadden gelegd, wel integendeel. Maar waarom, zult ge vragen, waarom zou uw moeder zich op haar kinderen hebben willen wreken over iets dat haar niet werd aangedaan, over iets dat ze zichzelf niet eens heeft kunnen inbeelden? Waarom? Ik geloof het te weten en ik durf het u niet zeggen. Ik durf het niet eens aan mezelf zeggen. Ik durf er niet eens aan te denken al is, eilaas, de drang tot dat denken sterker dan mijn wil.

Een paar dagen na het voorval Roosevelt is ze, tijdens een onbewaakt ogenblik, dat niet eens twee minuten duurde, uit haar bed gegleden en heeft ze het vuur aan haar nachtjapon gestoken. Aan de onmiddellijk opgebelde dokter verklaarde ze spijt te hebben over die daad alleen terwille van de pijn die haar de brandwonden aan haar onderlijf veroorzaakten. Nog een paar dagen later is ze dan gestorven.

Misschien begint gij, mijn beste vriend, nu ook te vermoeden wat ik u niet heb durven zeggen. Spreek er met uzelf niet over en denk alleen aan mijn moeder zoals gij ze hebt gekend. Ikzelf weet dat ik over enkele jaren haar als een heilige zal vereren.'

CYRIEL BUYSSE

De biezenstekker

Als Cloet die zaternamiddag, om vier uur juist de zware hekken van de Gentse gevangenis zag opengaan, en eensklaps, na een tiental schreden, weer in vrijheid was, trok hij haastig, door het daglicht verblind en reeds aan eenzaamheid en duisternis gewend, de brede straatweg dwars over en verdiepte zich in de kronkelende tuinen, die daar, aan de overzijde van de stadsgevangenis, de ganse lengte van de eenzame, regelrechte laan begrenzen.

Het was een sterke, stoere kerel van goed vijfenveertig, met grijzende knevel en haren, met fors afgetekende trekken, met strakke, onheilspellende oogopslag. Tien maanden was hij daar opgesloten geweest. Een messteek, in een gevecht aan een makker toegebracht, was de oorzaak van de wettelijke vervolgingen geweest. Een ogenblik had hij gehoopt op vrijspraak; maar een buurman – Rosten Tjeef – had bezwarend tegen hem getuigd, en hij was eindelijk veroordeeld geworden.

Dat was nu ook de vierde maal dat hij in de gevangenis gezeten had, telkens voor vechten.

Somber, zonder de minste zweem van vreugde op het gelaat, stapte hij met wijde, vlugge tred en opgestoken schouders, in de mistige winterlucht tussen de donkere struik- en boomgeraamten. Hij droeg een klein, in een rood zakdoek omwonden pakje aan de linkerhand; in de rechterhand hield hij zijn stok. Hij had een donkerkleurige broek aan, grove schoenen met spijkers, een blauwe kiel, een zwarte pet.

47

Aan het uiteinde van 't plantsoen draaide hij links om, en sloeg, door de woelende een reeds verlichte voorstad, de eenzame weg naar Wilde in.

Gedurende ruim een halfuur ging hij aldus met snelle, grote passen. De avond was van lieverlede gans gevallen, en langs de lijnrechte, met bomen bezoomde steenweg die hij thans door de weiden volgde, blonken hier en daar, op grote afstanden, eenzame lichten. Vóór een dezer hield hij stil. Daar stond, terzijde van de weg, een klein, landelijk herbergje. Zonder aarzelen, als vanzelf, stapte hij er binnen.

– Nen dreupel, bestelde hij kortaf, zijn vijfcentstuk rinkelend op de schenktafel werpend. En, terwijl een jong meisje, spoedig opgestaan, hem bediende, keek hij schuins, met zijn vorsende blik, naar 't vergaderd gezelschap: drie mannen en een vrouw, die op stoelen rond een tafeltje gezeten, kaart speelden.

Hij ledigde zijn glas in één teug, mompelde iets binnensmonds als groet, opende de voordeur en vertrok. En eerst toen hij een tiental schreden ver was, dacht hij aan de datum van de maand en dat die lui wellicht onder elkaar Driekoningenavond vierden. Deze gedachte, die hem plotseling zijn eigen gezin voor ogen toverde, ontrukte hem een doffe vloek en deed opnieuw, terwijl hij nog de stap verhaastte, een vruchteloos verjaagde foltering in hem opbruisen.

Gedurende de drie jongste maanden had zijn vrouw hem in de gevangenis niet eenmaal meer bezocht. Waarom? Dát wist hij niet. Hij had doen schrijven en geen antwoord ontvangen. Hij had aan andere bezoekers van zijn dorp, die hij kende, naar haar gevraagd, en deze hadden hem ontwijkend, en met een zonderlinge glimlach, scheen hem, gezegd dat het er goed, heel goed mee ging. Wat school daarachter! Wat had het te beduiden?... Lang had hij alle mogelijke oorzaken nauwkeurig onderzocht; hij kon tot geen besluit komen. Maar eens was hem, als een schicht een argwaan door het brein gevlogen. Zou ze misschien... in zijn afwezigheid... O, hij durfde zijn veronderstelling niet voltooien, zó wild voelde hij zijn hart van wraaklust kloppen, zó hels vlamden zijn ogen, zó fors krompen zijn handen, als klauwen ineen.

Wat ervan was zou hij eindelijk weten. Met anderhalf uur was hij thuis, met anderhalf uur zou hij horen en zien. En sneller nog, en sneller, als had hij de ruimte willen verslinden, stapte hij door.

Hij kwam in een klein dorpje: Keuze. Gejoel en zang weergalmden in de huizen, een geur van vers gebakken pannekoeken walmde bij tussenpozen in de koude lucht; en langs de donkere, bochtige straatjes gingen arme kinderen, van deur tot deur, met fijne stemmetjes hun liedje zingend:

’t Is vanavond Driekoningenavond
En ’t is morgen Driekoningendag.

Somber stapte Cloet steeds voort. Die vreugde vergramde hem, die fijne reuk van vers gebak, waarvan hij zijn deel niet zou hebben, folterde zijn maag van uitgehongerde gevangene. En aan ’t eind van ’t dorpje, op ’t ogenblik van de steenweg te verlaten om de landweg door de velden in te slaan, hield hij voor de tweede maal stil en trad werktuiglijk de deur van de aldaar gevestigde herberg binnen.

– ’Nen dreupel... Evenals in ’t eerst kroegje wierp hij zijn muntstuk klinkend op de toonbank en werd hij door een vrouw, die even het kaartspelen staakte, met ontzagvolle beleefdheid bediend. De drank, ditmaal, bracht hem een warmte aan het hart, en, in plaats van zijn leeg glas neer te zetten, keek hij strak naar de fles en zei, na een korte aarzeling, de hand vooruitgestoken:

– Schijnkt ’em nog ne kier vul.

Zij schonk, hij ledigde zijn glas, betaalde en vertrok.

Thans was hij volop in het vlakke veld. De landweg, zeer modderig en somber, door sloten en bomen omzoomd, liep kronkelend door de landouwen. Hier en daar een haag, een paal, de hefboom van een boomgaard. Somtijds, wat terzijde, de vage silhouet van een hoeve, met fijne, als het ware door de gesloten blinden barstende streepjes licht; nu en dan, op de weinig bevolkte gehuchten, wat gejoel van viering in de arme huisjes, wat reuk van vet en van gebak in de lucht, en steeds de kleine kinderen, die voor de deurtjes, in de kille winteravondstilte zongen:

'␣t Is vanavond Driekoningenavond
En 't is morgen Driekoningendag.

In het Kapelletje... Ditmaal aarzelde Cloet niet meer. Hij stapte rechtstreeks binnen en dronk twee borrels aan de schenktafel.

– Fijnen dzjenuiver, hè? pochte de waardin.

Hij gaf geen antwoord maar bekeek haar strak. Hij was daar slechts een klein halfuur van Wilde meer, en het woord lag hem op de tong om iets over zijn huisgezin te vragen. Hij deed het niet. Hij wierp tien centen op de tafel en verdween.

Het sloeg juist zeven op de kerktoren toen hij aan de eerste huizen van Wilde kwam. Hij nam een zijpad en, langs het beekje heen, de omtrek van het ganse dorp makend, kwam hij aan 't straatje waar hij woonde. Met zware tred stapte hij de stronkelige, ietwat klimmende steeg op. Thans voelde hij geen kou meer. Het vuur, dat hem eerst 't hart verwarmde, brandde nu ook in zijn hoofd en gloeide op zijn wangen. Hij voelde zich krachtig, moedig, vastberaden; een soort van glimlach zweefde op zijn ruw gelaat. Een ogenblik krompen zijn vuisten in elkaar en kwam er een verwensing op zijn lippen: hij trok het huis van Rosten Tjeef, de verklikker, de vijand voorbij. Maar die herinnering duurde niet lang, vóór 't derde deurgat van een reeks gelijke huisjes hield hij stil, hief ruw de klink op, en was in zijn woning. In een oogwenk stond hij in 't midden van de keuken, de blik gevestigd op zijn vrouw.

50

Zij zat, omringd van alle vier haar kinderen, aan tafel, voor het avondmaal. Het licht van de lamp viel haar vlak in 't gezicht, en zij had juist, uit de grote aarden papschotel, die midden op de tafel stond, haar eerste lepel pap geschept, toen hij van achter 't schut te voorschijn kwam.

Zij had volstrekt niet op zijn komst gerekend. Zij leefde in de waan dat hij, volgens zijn straf, nog wel ruim een maand in de gevangenis moest blijven. En stom, als had zij ineens de spraak verloren, en bleek, als zou ze plotseling in onmacht vallen, staarde zij hem verwilderd aan, werktuiglijk de lepel in de kom leggend.

Hawel?... woarom 'n zijt-e sedert drij moanden nie meer gekomen? was hij op 't punt haar te vragen; maar plotseling, een stap naderend, keek hij haar met vervaarlijke ogen aan.

— Stoa ne kier rechte, beval hij met ruw-gebiedende stem. Een hevig rood had de huid boven haar juksbeenderen gekleurd, en op dit onverwacht bevel, scheen zij heel en al 't hoofd te verliezen. Zij maakte een beweging op haar stoel maar stond niet op. De kleinen, gapend en verschrikt, staarden hun ouders roerloos aan.

— Zijt-e duef dan?... riep Cloet met nog vervaarlijk gelaat. En eensklaps, rond de tafel gaande, kwam hij zelf naar haar toe.

Als onder een zweepslag sprong zij overeind.

— O 'n doe mij toch gien lied! kreet zij, bevend de handen uitstrekkend.

Cloet was als versteend blijven staan, het van woede fonkelend oog op haar lijf gevestigd. Dat lijf was zwaar en rond van zwangerschap.

— Wie heet er da gedoan? vroeg hij.

Zij stem klonk niet luid, niet onnatuurlijk, en met de hand naar haar lichaam wijzend, was hij opnieuw een stap vooruitgetreden.

Het scheen als wilde zij iets zeggen, doch de woorden verkropten haar in de keel. Zij slikte droog-hikkend en bleef roerloos, met een onuitsprekelijke angst op het gelaat, haar man aanstaren.

– Ik... vroag... ou... wie dat er da gedoan... hee, herhaalde hij luider, met een soort van hardnekkigheid ieder woord afkappend, en, als onbewust, steeds nader komend.

Stom-hijgend, met zware ogen, zag zij hem nog, gedurende de tijd van een seconde aan, en wat er toen gebeurde ging met de vlugheid en de wreedheid van een bliksemslag.

– O gij nondemilledzju! schreeuwde hij eensklaps. En tegelijk, terwijl zijn stok en pakje kletterend tegen de muur aanvlogen, kreeg ze zijn volle, zware vuist vlak in 't gezicht, stortte zij huilend achterover en sprong hij vloekend en brullend, met handen en voeten op haar.

Met de linkerhand had hij haar bij de keel gegrepen, als om haar te worgen; met de andere, gesloten vuist sloeg hij haar gestadig, uit al zijn macht in 't gezicht, en met de knieën, waarmee hij haar tegen de grond gedrukt hield, stampte en schokte hij haar 't lichaam ineen, zoals de slachters doen met een gekeeld zwijn.

– Wie heet er da gedoan, nondedzju! huilde en huilde hij steeds opnieuw, met toenemende woede. En zonder haar zelfs de tijd te laten van te antwoorden, sloeg en sloeg hij voort, als om te doden.

Terstond was zij overvloedig begonnen te bloeden, en zonder de minste poging om zich te verdedigen, slaakte zij enkel, midden in de razende vermaledijdingen van Cloet en het verwilderd angstgeschrei van de rechts en links vluchtende kinderen, een akelig en aanhoudend gehuil, een 'oeijoeijoeijoei' van haast onmenselijke smart, 't onnoemelijk gekreet van het geslacht dier, dat, met zijn bloed, zijn leven voelt heenvlieden.

Maar eensklaps vloog de deur open en Rosten Tjeef, de buur, gevolgd door drie of vier andere mannen ijlden binnen.

– O helpt toch moeder! trekt er hem toch af! snikte smekend het oudste meisje.

– Cloet! Cloet! gilde, verwilderd, Rosten Tjeef. En, met een soort van weerzin, doch door de anderen naar voren geduwd, vatte hij de vechter bij de arm. Noodlottige beweging. Cloet keerde zich om, herkende zijn vijand, vloog overeind; en zijn aard van woeste vechter kwam eensklaps met ontembaar geweld te voorschijn: hij nam het broodmes van de tafel, zwaaide 't glinsterend in de hoogte, sprong toe, en Rosten Tjeef stortte, met een straal dampend bloed uit de mond, op de vloer achterover.

Op dit ogenblik greep een worsteling aan de voordeur plaats. Enkele buren, bij het gedruis van de vechtpartij aangehold, werden heftig achteruitgedreven, en twee gendarmen, in uniform, met het geweer over de schouder, kwamen binnengestormd. In een oogwenk hadden zij Cloet, eensklaps stom en roerloos ontwapend, geboeid en gevangen genomen.

– Alla! al gauw om de paster en om de dokteur en alle man uit den huize! riep, op gebiedende toon, de oudste van de twee.

Joelend, in een getrappel van voeten, verdrongen zich de enkele nieuwsgierigen die toch binnengeraakt waren. De kinderen huilden steeds vervaarlijk, en de moeder, naast de haard achterovergevallen, herhaalde onophoudelijk haar akelig gegil, haar 'oeijoeijoeijoeijoei' van stervend dier. Twee mannen hadden Rosten Tjeef onder de schouders opgetild. Hij was niet dood.

– Veuruit, schelm! sprak de brigadier. Cloet, tussen de twee gendarmen, werd met geweld buitengeduwd. De brigadier hield het nog bloedend broodmes in de hand.

Met vaste, snelle tred en door een joelend gepeupel gevolgd, trokken zij naar de dorpsgevangenis, die zich op de binnenplaats van het gemeentehuis bevond. De zware poort stond reeds open. Dreunend werd zij achter de twee gendarmen met hun gevangene en enkele nieuwsgierigen weer dichtgegooid. De buitengesloten menigte liet een gejoel van opstand en misnoegdheid horen.

53

Haastig, zonder een woord, openden de gendarmen de ijzeren deur, en na de deur het hek met ijzeren staven. Zij deden de gevangene de boeien af.

– IJ̈elt ou zakken uit! beval de brigadier.

Cloet, gebogen en als het ware verkleind, haalde een knipmes, een tabakszak en negen centen te voorschijn. De brigadier nam deze voorwerpen in zijn bezit en betastte dan nog zelf de zakken van de moordenaar, die hij omkeerde. Toen ging hij weg. Het ijzeren hek werd weer gesloten, de ijzeren deur gegrendeld, en in het somber hok, achter de dikke, zwarte staven, bleef Cloet als een wild beest alleen.

Buiten, achter de hoge, zware poort, weerklonk opnieuw het woest, opstandelijk gejoel van 't toegestroomde volk.

Ditmaal, en hoewel Rosten Tjeef niet dodelijk gewond was, werd Cloet tot vijf jaar gevangeniszitting veroordeeld. En toen hij na dit tijdsverloop, evenals de laatste keer, op een koude winteravond in zijn huis terugkwam, vond hij, naast zijn vrouw en kinderen, een onbekend, vijfjarig knaapje aan de avondtafel zitten: het kind dat zij, vier maanden na zijn misdaad, op de wereld had gebracht.

Hij vroeg niet wie dat knaapje was en viel nu ook niet als een razend beest zijn vrouw op 't lijf. Hij gaf geen antwoord op de schuwe welkomgroeten van zijn huisgenoten en keek ook niemand aan; maar na zijn pakje boven op de schoorsteenmantel en zijn stok in de hoek, achter het schut geplaatst te hebben, nam hij de papschotel van tafel, ging ermee vóór de haard zitten, plaatste ze daar op zijn knieën en begon, uitgehongerd, te eten. Hij was vergrijsd, verouderd. De vrouw en de kinderen, roerloos en bleek, keken tersluiks, in 't flauwe schijnsel van het lampje, naar zijn brede rug en dikke schouders; en in het doodstil, met schrik bevangen keukentje, hoorde men enkel nog het regelmatig slurpen van zijn lippen en het geborrel van de druppeltjes pap, die na elke schep, in de papschotel neervielen. Toen hij gegeten had stond hij gebogen op en trok, steeds sprakeloos, in 't nachtvertrek. Toen zijn vrouw, bevend, na een halfuur bij hem kwam, om, zoals vroeger zijn rustplaats te delen, vloog hij plotseling overeind en gooide haar met een enkel woord weer buiten: – Hieruit, nondedzju!

En zo, van stonden af, richtte hij opnieuw zijn leven in. Hij at, hij sliep alleen. Nooit sprak hij met iemand van zijn huisgezin, en gans de dag, te fier om te gaan bedelen of te stelen, wrocht hij met de hardnekkigheid van een wroetdier op zijn land, waaraan hij alleen het bestaan wilde verschuldigd zijn.

Deze onverwachte, vreemde handelwijs had weldra op zijn vrouw diepe indruk gemaakt. Slordig en soms aan de drank verslaafd, had zij reeds, in de graad van zedelijke daling, tot welke zij geraakt was, tevens de verzuiming van haar plichten en zijn vreselijke wraak vergeten; en, hoewel ze stellig, bij zijn terugkomst, nieuwe mishandelingen verwachtte, toch hoopte ze, dat men, door elkaar goed te verstaan, nog in vrede zou kunnen leven. Cloets kalme, maar onverwinbare hardnekkigheid, had spoedig deze hoop verijdeld, en zulke toestand, onheilspellender voor haar dan de losbarsting van zijn woede, deed haar in bestendige onrust verkeren. Beurtelings, maar tevergeefs, had zij het mogelijke tot verzoening aangewend. Noch het door de kinderen ergens gebedeld vlees bij het zo mager dagelijks eten, noch de liters bier en jenever 's avonds, noch de steeds welgevulde tabakspot, niets had de oude vechter uit zijn staat van sombere teruggetrokkenheid kunnen doen komen. Vrouw Cloet begreep tenslotte dat alles vruchteloos zou blijven, en van lieverlede verhaalde haar schrik, in haat veranderd, zich op de aanhoudende oorzaak van de onenigheid, op Julken, het schuldeloze kind der zonde, dat ze reeds niet lijden kon.

Heel plotseling en onverwacht barstte 't op een avond los. Vrouw Cloet en haar kleinen gebruikten 't avondmaal aan de gemeenschappelijke tafel; Cloet, somber en afgetrokken, zat, als naar gewoonte, eenzaam in de hoek van de haard.

Sinds enige ogenblikken bekeek vrouw Cloet haar jongste kind met bars gelaat. Haar wangen blaakten, een kwaadaardige vlam schitterde in haar strakke ogen; zij had gedronken. En eensklaps, zonder reden in woede losbarstend, sloeg zij heftig met de vuist op tafel.

– Wilde verdome ophauen van azue in de pap te zieveren! schreeuwde ze de kleine dreigend toe.

Verschrikt sprongen alle kinderen op en staakten zij het eten. Niemand had iets misdaan en de onthutste verwondering van 't jongste knaapje was zó groot, dat het onschuldig naar de anderen keek om te zien wie er beknord werd. Cloet, in zijn hoek, had nauwelijks eens opgekeken en was weer aan 't eten gegaan; doch die blik was aan zijn vrouw niet ontgaan en zij meende er een zwijgende goedkeuring in te lezen. Er was een ogenblik volkomen en benauwde stilte.

– Komt alhier, sakerdzju, riep zij eensklaps tot de kleine. Als versteend bleef Julken zitten. Roerloos van angst zagen de anderen toe. En in de doodse stilte van het keukentje hoorde men niets meer dan het luider wordend tikketak van de klok en het slurpen van Cloets lippen in de houten lepel.

– Wilde verdome komen! gilde zij half opstaand.

Een beweging op zijn stoeltje, 't geluid van kleine klompjes op de vloer, en 't kwam, het stond vóór haar.

– Doar, Goddome!

En zij gaf hem een oorveeg, volop in 't magere gezichtje.

Het knaapje begon niet onmiddellijk te huilen; het viel, half achterover, zijlings tegen de tafel aan, en bekeek, verdedigingshalve de handjes uitstrekkend, met een uitdrukking van onuitsprekelijke schrik, zijn moeder. Het scheen haast niet te begrijpen wat met hem gebeurde, en eerst op een nieuw, dreigend gebaar van vrouw Cloet vluchtte het vervaarlijk gillend weg, en ging zich, bevend en snikkend, in de verste hoek van 't keukentje verschuilen. De andere kinderen, stom van angst, zagen steeds roerloos en met wijd opengesperde ogen toe, terwijl Cloet, gebogen in de hoek, met

nog toenemende onverschilligheid zijn afzonderlijke pap-
kom ledigde.

Tot nog toe had 't arme kleintje, weliswaar zonder moederlijke liefkozingen, maar ook zonder erge mishandelingen,
haast gelukkig geleefd. Het was een bleek, blondharig
knaapje, met lichtblauwe oogjes en schier onafgetekende
wenkbrauwen, volkomen verschillend van Cloets andere
kinderen, die kersrood van wangen en gitzwart van haren
waren. Langzaam, moeilijk, was het opgegroeid. Op twee-
jarige leeftijd wist men nog niet of het alleen zou kunnen lopen. 't Was wel, in uiterlijk opzicht, 't verworpelingje van
de natuur, het kind der zonde, zoals men zich deze soms
voorstelt; en de dorpelingen, steeds bereid om bijnamen te
geven, hadden hem met een woord dat dáár, te Wilde, al de
overige van die aard omvat, herdoopt: zij noemden hem de
'biezenstekker', dat wilde zeggen het arm, misvormd en achterlijke kind van een onbekende vader.

Bij de dieren, als zo een mismaaksel voorkomt, wordt dit
gewoonlijk, in plaats van verdedigd, door de kloekere individu's van 't ras mishandeld en verdrukt. Hetzelfde had hier
met het kleintje plaats. De moeder, meer en meer aan drank
verslaafd, en door de onverschillige, medeplichtige houding
van Cloet aangemoedigd, werd alle dagen bozer en onmen-
selijker; de oudere broers en zusters, natuurlijk wreed van
aard zoals bijna alle beschaafde kinderen, vonden in 't voorbeeld van hun ouders een al te gunstige gelegenheid om hun
broertje onophoudelijk en ongestraft te tergen. Op korte tijd
werd 't leven er een hel voor 't knaapje. Eerst mocht hij met
de anderen aan tafel niet meer zitten. 'De zwijnen eten na de
mensen', zei vrouw Cloet. En hij kreeg, alleen, de slechte,
koude overschotten. Zijn klederen hingen in flarden; zij
werden niet vernieuwd. De broers en zusters gingen naar
school en kregen 's zondags centen, hij niet; en op zekere
morgen duwde zijn moeder hem een korfje in de hand en
zei:

– Goat en verdient ouë kost, 'k 'n wille gien luioards mier kwieken. Hij was toen vijf jaar oud.

Hij wist zelfs niet, het arme kleintje, hoe hij doen moest om te bedelen. Hij dwaalde de ganse dag rond in het veld, en 's avonds, uitgehongerd, kwam hij met enkele, ergens uitgetrokken worteltjes en rapen thuis.

– Wátte! es da alles wa da ge gekregen hèt! riep de ontaarde moeder woedend. En een wortel bij het groen grijpend, sloeg zij hem die vloekend in 't gezicht.

Hij leerde schooien; hij leerde langs de straten van het dorp, met zijn koffertje aan de arm, van huis tot huis rondgaan. In 't begin kreeg hij weinig. Hij was te klein om bij de bel te komen, hij klopte zachtjes, met de vuistjes, op de zware deuren.

– Wa wilde, ventje?

... – Ha 'k en weet-e 'k ik niet... Hij stond en draalde.

– 'Nen boterham?

– Joa.

– Hoe hiet-e gij?

– Julken.

– Julken wie?

Hij gaf geen antwoord.

– Julken Cloet?

– Nien, nien.

– Hoe dan?

– Julken Biezenstekker.

Men had hem zo zijn bijnaam leren zeggen, en toen hij de dorpelingen 't laag vermaak gegeven had die door hemzelf te horen uitspreken, kreeg hij zijn boterham.

Cloet, intussen, veranderde van houding noch gedragslijn, bleef steeds de ruwe, eenzelvige bruut, de vijand en de schrik van zijn gezin. Vruchteloos had zijn vrouw opnieuw beproefd hem te doen spreken. Halsstarrig in zijn dreigend pruilen verdiept gaf hij geen antwoord, scheen zich niets van zijn gezin meer aan te trekken, liet voelen of hij daar enkel nog was om te eten en te slapen. En werkelijk, men zag hem anders niet dan gebogen over zijn schotel, in de hoek van de haard, met de rug naar de anderen. Die stelselmatige handelwijs bracht zijn vrouw tot wanhoop. Na hem tot een zeker punt met haar verzoend te hebben, voelde zij zich eensklaps door een onbekende hinderpaal gedwarsboomd, en in haar ergernis vermengde zich van lieverlede een soort van hartstocht, van weerbegeerte naar die man, die zij bemind had en bedrogen. Toen verergerde nog 't lijden van het kleintje. Zij voelde, ondanks alles, dat deze vervolgingen aan Cloet behaagden, dat zij daardoor als 't ware nader tot hem kwam; en telkens, na elke nieuwe mishandeling, zag zij de ruwe vechter in de ogen, om op zijn gezicht de goedkeuring en 't ogenblik van de verzoening te bespieden. Nutteloze pogingen. Cloet, steeds onveranderlijk, bleef, als een veeleisend afgod zitten in de hoek van de haard, scheen te horen, noch te zien, maar woonde onverschillig alles bij, alsof hij naar iets wachtte. Midden in zijn ellende, toch, had Julken nu een vriend gevonden, die hem hielp en liefhad: Rosten Tjeef, de buurman, de vijand van Cloet.

Hij woonde – weduwnaar met drie kinderen – aan de bocht van 't steegje, in een klein huisje dat alleen stond; en soms, op 't uur van middag en van avondmaal, als het verdrukte knaapje daar voorbijgedrenteld kwam, riep hij het heimlijk binnen. Het was een groot, kloek man met geelros haar, vol gele sproeten in 't gezicht en grote, blauwe glimlachende ogen. Vroeger, terwijl Cloet in de gevangenis zat, en hij zelf nauwelijks genezen was van zijn messteek, kwam hij soms, 's avonds, in het huis van Julkens moeder. Sinds Cloets terugkomst was hij weggebleven.

Julken vond daar de zorgen en de liefde die hem thuis zozeer ontbraken. Hij kreeg er goed, warm eten, en ook al enige centen soms, 's zondags. De kinderen deden hem geen kwaad, en Rosten Tjeef, die hem vaak liefkozend op zijn knieën nam, zei dat hij hem 'voader' mocht heten, zoals de anderen. Dit alles gebeurde met grote omzichtigheid, om de argwaan van de Cloets, de vijanden, niet op te wekken.

Op zekere avond zat Julken in de verste en somberste hoek van 't keukentje naast Siesken op de vloer. Siesken, dat was het glad, zwart hondje, met zijn wakkere oogjes en zijn krulstaartje, onlangs door Jan, Cloets oudste zoon, van een boerenhof meegebracht. Beiden, hond en knaap, kenden en beminden reeds elkaar, en die avond had Julken heimelijk een van Rosten Tjeef gekregen vijfcentstuk te voorschijn gehaald, en vermaakte zich in volle stilte, in volle eenzaamheid, met het hondje ernaar te doen happen en springen. Vrouw Cloet, met haar eten bezig, gaf voor het ogenblik geen aandacht op de kleine; Cloet en de andere kinderen waren nog niet thuis. Maar eensklaps gaat de voordeur open, en Cloet, de spade op de schouder, stapt lomp binnen. Julken hield juist het vijfcentstuk omhoog, en, door de komst van Cloet, die hem steeds een geheime schrik inboezemde, verstrooid, verloor hij, niet langer dan een seconde, Siesken uit het oog. Noodlottig ogenblik. Siesken, dievenvlug, knapte 't muntstuk in zijn bek, liet het klinkend op de vloer neervallen, sprong er weer op af, met zijn beide uitgestrekte voorpootjes. Cloet en zijn vrouw, alle twee, keken om.

– Wa es dátte? vroeg de laatste, op hatende toon. En plotseling toesnellend, raapte zij 't vijfcentstuk op. – Van wie hèt-e da gekregen?

Julken wist dat hij dit zorgvuldig verzwijgen moest. Rosten Tjeef herhaalde 't hem elke dag, en zonder bepaald te begrijpen waarom, voelde hij er ook wel de noodzakelijkheid van. Tot nog toe had hij zich nooit verraden, maar op dat ogenblik, ontsteld door die dreigend-hatende, op hem gevestigde blikken, keek hij onthutst en bevend op, werd bleek, vergat 't verbod en zei, vol bange naïeveteit:

– Van voader...

Vrouw Cloet, verbaasd en niet begrijpend, staarde haar echtgenoot aan. Cloet, bewegingloos, met de spade op de schouder, keek naar Julken.

60

– Van wie, zegde? vroeg zij opnieuw, met ruwe stem.

Julken, meer en meer onthutst en te weinig behendig om nog zijn eerste gezegde te verbeteren, opende wijd zijn blauwe oogjes en antwoordde, alleen de woorden wijzigend:

– Van Rosten Tjeef...

De moeder, als had zij een slag in 't gezicht gekregen, sprong achteruit, en Cloet, 't gelaat veranderd, schoot toe.

– Van wie? vroeg hij op zijn beurt, eensklaps zijn maandenlang stilzwijgend brekend.

– Van Rosten Tjeef, hernam de kleine bevend.

Cloet, als versteend, staarde meer en meer de kleine aan, bekeek zijn haar, zijn ogen, scheen één voor één, met klimmende ontsteltenis de trekken van zijn aangezichtje te ontleden. Een ogenblik benauwde stilte heerste. De moeder doodsbleek tegen de muur achteruitgedeinsd, met van schrik wijd uitgezette ogen, hield de beide vuisten op haar mond gedrukt.

En plotseling keerde Cloet zich tot haar om.

– Wiens kind es dat? vroeg hij.

Zij gaf geen antwoord, maar nog bleker, met nog wijder uitgepuilde ogen, deinsde zij voortdurend zijlings achteruit.

– Wiens... kind... es... dat? raasde hij dof, met op elkaar geklemde tanden ieder woord afkappend, en met zijn rechterhand, die vrij was, ruw haar vuisten van vóór haar mond wegtrekkend.

Zij verroerde zich niet, sprak geen woord, als met stomheid geslagen.

– Wiens kind es dat, nondedzju! brulde hij, haar eensklaps als waanzinnig, bij de keel grijpend en haar ruw tegen de muur duwend.

– Rosten Tjeef...

Hij had haar 't woord om zo te zeggen uit de keel geduwd, het was haar ontsnapt, werktuiglijk, instinctmatig, om onder zijn klauw niet te stikken.

Hij liet los en keek haar aan, verbaasd, verstomd, moed-

willig ongelovig bij 't aanhoren van die bekentenis die hij ge-
provoceerd had en waarvan hij de slag verwachtte. En plotseling zonder een woord, gooide hij zijn spade rinkelend op
de vloer en sprong hij haar, als een wild beest, op 't lijf.

Ditmaal zou het op leven en dood zijn. Zij was, langs de
muur, zijdelings achterovergevallen, dwars over een stoel,
die krakend achteruitvloog. Thans sloeg hij niet, hij kneep
en duwde. Bij de keel, bij de boezem, in de lendenen, greep
hij het vlees met volle, ruwe poten vast, en trok, en duwde
en stootte, als om haar van elkaar te scheuren. En opnieuw
wendde zij niet de minste poging tot verdediging aan; opnieuw uitte zij enkel, in 't midden der vermaledijdingen van
Cloet en het afgrijselijk geschreeuw van Julken, niets dan
haar haast onmenselijk gehuil, haar 'oeijoeijoeijoeijoeij' van
stervend dier, waarin zich, af en toe, onder het vlijmende van
de pijn, oorverscheurend scherpe kreten mengden.
Eensklaps sprong Cloet, aan het toppunt der woede gestegen, overeind en vatte zijn spade in de hand. Hij ging zijn
vrouw vermoorden. Reeds hield hij 't wapen in de beide
handen opgeheven, reeds raakte 't koudblinkend staal haar
keel, toen een vervaarlijk visioen: de herinnering aan zijn vijf
jongste jaren van folteringen in de gevangenis, hem als een
nachtmerrie vóór de geest kwam spoken en met bovenna-
tuurlijke kracht zijn arm weerhield. Vloekend gooide hij de
spade ver weg, vloekend wrong hij zijn vrouw een laatste
maal de keel toe, sprong naar de deur, rukte die open en verdween.

Acht dagen bleef hij weg, acht dagen gedurende welke niemand hem zag, noch van hem hoorde spreken. En toen hij
na dit tijdverloop terugkwam, ging hij weer naar zijn hoek,
zette er zich, zonder een woord, gelijk een dier, te eten, en
weer begon 't zelfde akelig leven als van vroeger. De weken,
de maanden verliepen. Een benauwende drukking, een gevoel van diepe haat en van oneindigheid hing over 't huis-

gezin. 's Nachts na het vreselijk toneel dat hij had bijgewoond was Julken in stuipen gevallen, en sinds die tijd, verzwakt en ziek, verliet hij 't huis niet meer. Hij was om zo te zeggen doorschijnend van magerte geworden, hij at bijna niets meer, en van tijd tot tijd kreeg hij zijn kwaal terug. Het waren vreselijke aanvallen, die hem ineens overweldigden, en te midden waarvan hij soms schreiend opsprong, en verwilderd, met bevende handjes, met draaiende oogjes, met vervaarlijk gewrongen gezichtje vóór zijn ouders of zijn broertjes stond, hen smekend hem toch zozeer niet te mishandelen, hem toch niet te doden. Maar zijn hartscheurend smeken werd, zelfs niet aangehoord en toen de crisis over was viel hij weer, dieper dan ooit, in zijn staat van wanhopige verlatenheid.

Alsdan, in dat gefolterd hartje, groeide van lieverlede een uiterste hartstocht, een laatste genegenheid op, waarin zich al zijn tederheidsvermogens verzamelden: zijn liefde voor Siesken, het zwart, glad Siesken met zijn krulstaartje, dat nu de gewone en trouwe gezel van zijn ellendig leventje geworden was. Uren lang zat hij stil, doodstil in de sombere hoek van 't keukentje, met 't hondje in zijn armen. Hij sprak, hij fluisterde ertegen; Siesken was hem als een jonger broertje, dat onder zijn bescherming stond. Siesken had het koud, het moest verwarmd worden; Siesken had honger, het zou te eten krijgen; Siesken had slaap, hij zou het te slapen leggen. En sussend en kussend streelde en wiegde Julken het hondje, tot hij onder het al te vlijmend contrast met zijn eigen lot in stille tranen smolt.

Die toestand in het huisgezin kon echter zo niet blijven duren. Aan alles, tot in de geringste dingen voelde men voortdurend dat de spanning tot het toppunt was gestegen, dat er een verandering, een einde aan moest komen.

Sinds een paar dagen was vrouw Cloet gans zonderling, gans anders als gewoonlijk. Zij ook at haast niets meer. Een aanhoudende koorts, door drank en gejaagdheid veroorzaakt, deed haar wangen gloeien, en, vreemdst van al, sinds twee dagen had zij Julken niet meer mishandeld, hem geen enkel hatend woord meer toegesnauwd. Zelfs die avond had zij hem om zes uur een lekker, warm bord pap doen eten en hem daarna te slapen gelegd. Cloet en de overige kinderen waren nog niet thuis.

Vrouw Cloet, alleen in de keuken, ging naar de eetkast, haalde er vlug een verborgen fles uit te voorschijn, ontkurkte die en dronk. Even bleef zij roerloos en als 't ware duizelig midden in de keuken staan. Dan ging ze langzaam, doodstil en langzaam naar de voordeur, waarvan ze de grendel toeschoof. Enkele ogenblikken gewacht, nog eens even geluisterd, nog eens aan de hals van de fles gedronken, dezelfde weer weggezet, en zacht, op haar kousen, duwde zij de deur van 't nachtvertrekje open.

Dit was een zeer klein kamertje, nog lager gebalkt, nog somberder en akeliger dan het keukentje. Er was maar één klein venstertje, van buiten toegeblind; drie bedden, laag en breed, maar kort, vervulden bijna heel de ruimte, en, op de onderste trede van de korte, steile trap, die naar de zolder klom, stond een klein, half uitgedraaid nachtlampje, waarvan het vale, van beneden komend schijnsel, al die droevige dingen beschemerde.

Vrouw Cloet nam 't lichtje in de hand en tilde het omhoog. Zich met de linkerhand aan de trap vasthoudend, boog zij het lichaam sterk voorover. De vale gloed verlichtte haar ontsteld gelaat, en tevens in het naaste bed, het uitgemergeld, ingesluimerd gezichtje van Julken. Zij zette 't lampje hoger op de trap en kwam twee stappen nader. Thans stond zij in 't smal gangetje tussen de twee eerste bedden. Opnieuw bleef zij even luisteren, roerloos, hijgend, met vurige wangen en verwilderd uitgezette ogen.

Alles bleef stil, hij sliep steeds voort, het bleek, ontvleesde hoofdje opzij gezakt, met een gejaagd en flauw, ternauwernood hoorbaar ademzuchten door zijn witte lipjes. De handjes lagen boven op de deken, en heel het lijfje was zó mager, dat het nog nauwelijks, midden in het brede bed, een kleine hoogte vormde.

Langzaam, de handen achter de rug en 't oog halsstarrig op de knaap gevestigd, had vrouw Cloet het dek van 't tweede bed tot zich getrokken. Zij tilde 't omhoog en spreidde 't zachtjes, met eindeloze voorzorgen, als om de kleine warmer toe te dekken, boven dit wat reeds zijn tenger lichaampje bedekte, uit. Zij hield haar adem in, en haar aangezicht was plotseling lijkbleek geworden. Enkel de huid boven de juksbeenderen bleef roodgloeierig en de ogen blonken met een ongewone, vervaarlijke glans. Aan de handjes gekomen trok zij de dekens weer hoger, keek even schichtig om, kwam een laatste stap nader..., en eensklaps, pijlsnel, viel de deken boven 't hoofdje en zijzelf boven op de deken...

Neen, zij had niet met voorbedachte rade een kindermoord beraamd; maar die onverjaagbare gedachte dat Julken ziek en flauw was, dat een tikje, een niets hem zonder pijn noch worsteling zou doen verdwijnen en dat ze dan weer rust zou hebben, die gedachte had haar dagen en nachten achtervolgd, en werktuiglijk, zonder haast te weten wat zij deed, was zij te werk gegaan, had zij eens 'geprobeerd'. Maar op dat ogenblik, toen zij, in al haar verwachtingen bedrogen, eensklaps onder 't dek het half gestikte knaapje met de uiterste kracht van de strijd om 't leven voelde spartelen en worstelen, toen sprong zij verwilderd weer op, en liet, een kreet van afschuw slakend, alles los.

Verbaasd, alleen snakkend naar adem en niet begrijpend wat er met hem omging, had Julken het dek weggeworpen en staarde hij verschrikt zijn moeder aan. En eerst na ettelijke ogenblikken, kreeg hij als 't ware een onduidelijke gissing van 't gevaar dat hem bedreigd had. Zijn gezichtje betrok, hij sprong overeind, kroop schreiend uit zijn bed, en kwam, hoe langer hoe meer verschrikt, achter zijn moeder in de keuken. Siesken ontwaakt, sprong onmiddellijk op hem toe en kroop in zijn armen.

Vrouw Cloet, middelerwijl, was machteloos-hijgend op een stoel ineengezakt en staarde met zwart-fonkelende ogen Julken aan. Een wilde woede bruiste in haar op; blijkbaar worstelde zij razend tegen de zwakheid die haar overviel; en plotseling door de behoefte van iets te verdelgen overweldigd, sprong zij als een tijgerin op Julken, rukte hem 't hondje uit de armen, sloeg het vloekend met de kop tegen de muur, gooide 't neer en verpletterde 't op de vloer onder haar voeten. Zinneloos van smart en schrik, met een kreet waarvan niets de wanhoop kan weergeven, was Julken toegesneld en had zijn huilend lievelingetje in de armen genomen. Zijn geschreeuw, zijn gebaren, de gefolterde uitdrukking van zijn gezichtje waren zó vervaarlijk, dat de ontaarde moeder zelf, als bang, achteruitweek.

– Ho, ho, mijn Siesken! Och Hiere toch mijn oarm Siesken! mijn Siesken! mijn Siesken! kermde hij. Tranen rolden overvloedig langs zijn magere wangetjes, snikkende zuchten verkropten in zijn keeltje, als ware zijn mondje te klein geweest om ze alle te uiten. Het was midden op de vloer op de knieën gevallen, met het steeds huilend, bloedend, stervend hondje in zijn armen. En hij kronkelde zich, hij legde zijn hoofdje op de vloer, hij strekte de armpjes uit, hij overkuste, overstreelde, overweende in een uitbarsting van onbeschrijflijke wanhoop zijn ellendig makkertje, onophoudend, met hartbrekend gesteun herhalend:

– Ho, ho, mijn Siesken! Och Hiere toch mijn oarm Siesken! Cloet, de andere kinderen kwamen binnen. Een nieuw gehuil van smart steeg op toen deze laatsten 't hondje zagen, en Cloet, zelf verontwaardigd, scheen op 't punt zijn vrouw op 't lijf te springen. Somber en hijgend, met brandende wangen en zwarte ogen, was deze in de verste hoek van de keuken achteruitgedrongen. Siesken, een weinig gesust, werd in zijn mandje neergelegd. Een van de pootjes was gebroken, het bloedde uit zijn bekje, en zijn buikje was gezwollen. Het huilde niet meer, het kermde nog in stilte, met uitgedoofde oogjes en rillingen over de huid, gelijk een mens.

Het leefde nog drie dagen, gedurende welke Julken hem geen ogenblik verliet; en toen vrouw Cloet de vierde morgen ontwaakte, vond zij, in het keukentje, bij de haard, Siesken dood en Julken in bezwijming naast elkander liggen.

Siesken werd in de mestput geworpen; Julken in zijn bed gebracht. En, zonderling toeval, als men het jongetje uitgekleed had, zag men dat het met een dik gezwollen buikje lag, juist als had Siesken hem bij 't sterven zijn kwaal overgedaan. Enige dagen verliepen; Julken beterde niet. Een hevige koorts had hem aangetast en hij ijlde. De dokter, de kosteloze armendokter werd geroepen. Rust en voedsel, beval hij; veel voedsel: bouillon, wijn, eieren. Hij sprak alsof die dingen maar te nemen waren. Ook de pastoor kwam. Het knaapje had een flesje medicijn gekregen en was een weinig beter. De pastoor gaf hem een 'zantje' en sprak hem van de hemel.

– Zal ik doar mijn Siesken zien, menier de paster? vroeg eensklaps Julken. En toen de geestelijke, met de zin van 's knaapjes vraag bekend gemaakt, hem zei dat de hemel niet voor honden, maar voor engeltjes geschapen was, keerde Julken zich, als moede, naar de muren en deed zijn oogjes toe. Op bevel van de priester toch werd Zulmatje, Cloets jongste meisje, gelast Julken gezelschap te houden en zorg van hem te nemen. Het was een tamelijk braaf meisje, zachter van aard dan Cloets andere kinderen, en weldra waren zij en Julken goede vrienden. Sinds 's knaapjes ziekte, overigens, en vooral sinds de pastoor, die de echtgenoten tot verzoening wilde brengen, daar bijna dagelijks kwam, scheen er meer vrede, meer eenheid in 't gezin te heersen.

Julken, in het brede bed, lag met de oogjes open. Het meisje, aan zijn sponde, breide.

– Zulmatje, hau ne kier op mee breien.

Het meisje staakte.

– Wa hee menier de paster nou gezeid, Zulmatje?

– Hij hee gezeid dat hij wel hoopt as da ge zilt genezen en as ge stirft da ge zilt in den hemel zijn.

– Heet hij van Siesken nie gesproken?

– Nien hij.

Een ogenblikje stilte. Het kind, sprak naar de balken van de zoldering starend, scheen over iets te peinzen. Dan vroeg hij weer:

– Zulmatje, doe ne kier de soarzen wig.

Het meisje gehoorzaamde, en starend bekeek Julken nu zijn uitgemergeld lichaam. Aan de armpjes, aan de beentjes was bijna geen ziertje vlees meer. Men kon de ribben tellen, en de gewrichtsverbindingen leken op knokkels en builen; alleen het buikje bleef rond en dik, van dag tot dag meer opgezwollen. Dan sprak het jongetje heel stil en triestig, met zachte, doffe oogjes.

– Zulmatje, 'k zoe zue geiren voader nog 'ne kier zien.

– Joa moar Julken, voader 'n es nie thuis, hij es op den 'travaux'. Zij bedoelde Cloet, sinds een paar weken in de aardwerken. Doch 't knaapje schudde zijn hoofd:

– Ouë voader 'n es de mijnen nie, Zulmatje. Mijn voader weunt in de stroate en es wel thuis, moar hij 'n mag hier nie komen.

En dan zwegen zij alle twee, in hun schuldeloosheid overdenkend hoe het kwam dat zij een zelfde moeder en verschillende vaders hadden.

De nacht was vroeg gevallen. Het had een ganse dag gesneeuwd en van vóór vijf uur waren in het dorp de straatlantarens aangestoken.

Vrouw Cloet was heel alleen in haar keuken. De kinderen hadden vroeg geavondmaald en waren gaan slapen; zelfs

Julken, die de ganse dag gewoeld had, was met de avond stil geworden en sluimerde nu ook. Zij was daar even nog gaan zien.

Vrouw Cloet, heen en weer lopend in de keuken, maakte 't eten voor haar man klaar. Heden juist was het werk aan de sluizen van Lauwegem voltooid en kwam hij thuis. Het zou een lekker maal zijn: vers gekookte aardappelen met varkensvlees, zijn lievelingsgerecht. Het was de pastoor die het haar zo had aangeraden. Hij had met Cloet gesproken, en deze, hoewel weinig tot verzoening gestemd, had niet bepaald alle gedachte van toenadering van de hand gewezen. Hij was nu ongeveer drie maanden weg; die avond van de terugkomst was een goed gekozen ogenblik.

Zij kwam tot bij de haard en hief, buigend, het deksel van de kokende ketel op. Met een korte, ijzeren vork prikte zij er twee, driemaal in, om te zien of de aardappelen nog niet gaar waren. En weer zich oprichtend wendde zij luisterend het hoofd om, naar de ingangdeur. Een dof gejoel en voetengetrappel in de sneeuw, greep dáár voor de drempel plaats; en eensklaps, terwijl ze naar de deur ging om die te openen, weerklonk een fijn, slepend gezang van kinderstemmen:

't Is vanavond Driekoningenavond,
En 't is morgen Driekoningendag.

Verwonderd bleef zij stilstaan. 't Was inderdaad Driekoningenavond, en terstond herinnerde zij zich een dergelijke avond, zes jaar geleden nu, als Cloet, pas uit de gevangenis gekomen, haar bijna vermoord had. Thans zou het heel anders zijn. Dat lied klonk nu wel meer als een zang van verzoening, van verlossing in haar oor. Zij luisterde er tot 't einde toe glimlachend naar, en dan, de voordeur openend, reikte zij aan een van de zangertjes, een mooi, twaalfjarig meisje met diepe, zwarte ogen, een cent toe.

Glimlachend kwam zij weer in de keuken. Maar, op het ogenblik van nog eens 't deksel van de ketel op te tillen, kwam het haar voor als hoorde zij een zwak en vreemd geluid in 't nachtvertrekje. Had het liedje wellicht een van de kinderen ontwaakt? 't Was niet te hopen, want zij moest met vader alleen zijn.

Stil, op haar kousen, duwde zij 't deurtje open. Neen,... neen, alles was er rustig: Jan en Pol lagen te snurken, Marie en Zulma sliepen met hun gezichtjes naast elkaar; en eenzaam in zijn brede bed lag Julken, die de ganse dag gewoeld had, ook kalm en onbeweeglijk. Vrouw Cloet draaide 't nauwelijks brandend lampje nog wat lager, week achteruit en trok het deurtje toe. Zij was ternauwernood in de keuken weer of een nieuw gejoel greep aan de voordeur plaats, en 't zelfde fijn, slepend gezang weergalmde:

'T Is vanavond Driekoningenavond,
En 't is morgen Driekoningendag.

En nogmaals bleef zij, als begoocheld, luisteren, en gaf, na 't einde van 't liedje, aan de zangertjes een cent.

Thans waren de aardappelen gaar. Zij nam de ketel van boven de haard weg en ging er, in het achterhuis, het water afgieten. In 't keukentje teruggekeerd hing zij hem nog een poosje boven 't vuur, het oog erop gevestigd. En, wijl ze daar onbeweeglijk te wachten stond, wendde zij nog eens, met een soort van angst, het hoofd naar 't slaapkamertje om. Had daar opnieuw geen vreemd geluid weerklonken? Waren de kinderen dan tóch wakker? Zij nam voorgoed de ketel van het vuur, plaatste die op de hete as, en ging nog eens in 't kamertje. Het lampje, waarvan zij de pit ietwat opdraaide, verlichtte spookachtig haar verbleekte gelaatstrekken. Zij keek naar Jan en Pol; zij sliepen. Zij keek naar Zulma en Marie; zij sliepen ook. Dan wendde zij zich om tot Julken. Hij lag, steeds rustig na die dag van grote woeling, als verzonken in het lage, brede bed. Het hoofdje was van 't hoofdkussen gegleden; de handjes, als om zich te verweren, hielden de deken vast, en 't mondje, dat halfopen hing, scheen iets te willen zeggen, iets te vragen.

Vrouw Cloet, gebogen kijkend, kwam nader met het lampje.

– Sloapt-e? vroeg ze stil en als het ware onwillekeurig. En vlug, aan een vreemde ingeving gehoorzamend, greep zij een der handjes vast.

Verbaasd, verschrikt, deinsde zij achteruit. En plotseling terugkomend, legde zij haar hand op 't voorhoofdje. Haar ogen gingen wijd open, een doodse bleekheid overdekte haar gelaat, en één enkel, in haar keel verkroppend woord ontsnapte haar:

– Dued...!

Zij had de tijd niet aan haar gevoelens lucht te geven. Iemand had op de voordeur geklopt en toen ze die geopend had, stond Cloet vóór haar.

– Hij es dued! herhaalde zij werktuiglijk, terwijl haar man binnenstapte.

Cloet, onthutst, staarde haar even roerloos aan.

– Wie es 't er dued? vroeg hij eindelijk, als 't ware met weerzin.

Sprakeloos, haar ogen in de zijne, wees zij met de hand naar 't kamertje. Cloet, bewegingloos, volgde met de blik de aangeduide richting. En na een ogenblik somber nadenken, gedurende hetwelk 't besef van de gebeurtenis tot zijn geest van bruut doordrong, zette hij zijn spade in de hoek van 't schut en keek schuins, met begerige ogen, naar de dampende aardappels.

Zijn vrouw, verbaasd bij zulke diepe onverschilligheid, staarde hem wachtend aan. Maar ziende dat hij naar de haard ging om zichzelf van eten te bedienen, haastte zij zich voor en diste hem zijn maaltijd op.

Er ontstond een lange stilte. Cloet had zich aan tafel gezet

en was begonnen te eten. Het oog strak op zijn bord gevestigd, at hij onverpoosd, met volle mond, gelijk een uitgehongerd dier. Hij scheen de tegenwoordigheid van zijn
vrouw zelfs niet op te merken, hij haalde krachtig adem door
de neusgaten, en telkens wanneer hij iets nodig had: wat roggebrood, een mes, een lepel saus, keek hij herhaaldelijk en
schuins naar de verlangde voorwerpen, vooraleer die te nemen. Bevend, roerloos, sprakeloos stond zijn vrouw aan de
overzijde van de tafel.

'Gij, de eerste, zult hem aanspreken en u niet laten ont-
moedigen indien hij uw poging tot verzoening niet dadelijk
beantwoordt' had de pastoor haar bevolen. En angstig, tevens met de gedachte aan het dode kind en de begeerte tot
verzoening bezig, wachtte zij naar een gunstig ogenblik om
het gesprek weer aan te knopen. Maar dit ogenblik kwam
niet, en, door haar gevoelens overweldigd, kon zij niet langer het stilzwijgen uitstaan.

– Me zillen hem toch moeten afleggen, niewoar? vroeg
ze schuchter, met dof-trillende stem, naar 't slaapvertrekje
wijzend.

Hij mompelde iets dat zij niet kon verstaan, en maakte
zonder het eten te staken, een beweging met de schouders,
alsof het hem niet aanging.

Onthutst, verschrikt, zonder haar vraag te durven herhalen, staarde zij hem aan. En na een ogenblik, in haar vrees
van hem mishaagd te hebben aan 't gesprek een andere wen-
ding gevend:

– Menier de paster hee hier gisteren geweest, en hij hee
gezeid dat hij ou wirk kan geen in zijnen hof, as g'anders nie
te doen 'n hèt.

Opnieuw knikte hij met het hoofd en bromde iets binnensmonds, steeds etend en de blik halsstarrig op zijn bord
gevestigd. En, in de drukkende stilte die nu weer heerste
ontstond er voor de derde maal een dof gemurmel aan de
voordeur, zodra gevolgd van 't slepend, steeds herhaalde
liedje:

't Is vanavond Driekoningenavond,
En 't is morgen Driekoningendag.

Noch hij, noch zij keken op, spraken geen woord. Alleen
Cloet, steeds etend, loerde sinds een poos rechts en links over
de tafel, alsof hij naar iets zocht. En eensklaps zelf de stilte
brekend vroeg hij, doch zonder haar aan te kijken:

— Hèt-e gien bier?

Zij had er. Een volle kruik stond in de eetkast, die zij, in
haar ontzetting, vergeten had op te dissen. Spoedig haalde zij
die te voorschijn en schonk er hem een volle pint uit.
Benauwd door zijn droog eten, ledigde hij die in één teug.
Hij was klaar, hij stond op.

— Goat-e sloapen? vroeg zij dof.

Hij knikte met het hoofd en duwde de deur van 't nachtvertrekje open. Zij nam het lampje mee en volgde hem.

— O! zeg, moen w' hem toch nie afleggen? snikte zij.

— 't Es mij gelijk! klonk ruw zijn antwoord. En met plom-
pe stap, zonder zelfs naar 't dode kind te kijken, klom hij de
zoldertrap op. Stom van angst en gruwel bleef zij hem steeds
volgen.

Sinds hij van vrouw gescheiden leefde sliep hij alleen op
de zolder.

Het bed stond daar omhoog, onder de pannen; en alvoor
hij de tijd had haar te vragen wat zij er kwam doen en, mogelijk, haar heen te zenden, ging zij vastgeraden op de sponde zitten en zei, strak op hem starend:

— Menier de paster heet 't mij g'hieten.

Hij zei geen woord, maar keek haar vorsend aan en een
zonderlinge vlam schoot uit zijn grijze ogen. Krachtig ademend ontdeed hij zich van zijn kleren. Groot en kloek, ge-
bogen-vierkant van schouders, keerde hij haar de rug toe.
Haar japon viel neer, zij gleed onder het grauwe dek en blies
het lampje uit. Alles was pikdonker. Cloet, al tastend, kroop
in 't bed, en voor de eerste maal sedert zes jaren sliep hij met
zijn vrouw.

ERNEST CLAES

Wannes Raps

Nu zullen ze ginder in Averbode, bij Peer de Smid, bij Jan
van Gille of bij Mieke van Drisken Didden, als ze dit boekske zullen lezen wel zeggen: 'Wat è gedacht toch van Nest
oem over zoê iemand as Wannes te goan vertelle, as er zoe-
veul ander goei mense zèn woar dat èm in de boeke van
schrijve...' en ze zullen de kop schudden en het niet kunnen
verstaan.

Want ik weet het, Wannes Raps, zo goed als zij, dat gij in
uw leven meer drupkens klare gedronken hebt dan paternosters gelezen, dat ge meer uren in de herbergen van
Averbode en Testelt hebt gezeten dan minuten in de kerk,
dat ge vloekte gelijk ene uit het Walenland en de hazen en
konijnen niet gerust kondt laten, – och here ja, dat er veel
betere mensen zijn dan dat gij er een waart. Maar ik weet
ook, Wannes, dat er nog veel grotere loebassen en schobbe-
jakken onder de zon rondlopen, al drinken die dan minder
drupkens en zitten ze meer bij de pastoor of in de kerk, dat
dan absoluut nog niet zo zeker is. Neen, gij waart nog geen
van de ergsten, daar waren aan u ook nog goede kanten, en
moest er t' onzent iemand durven zeggen dat Wannes Raps
zaliger een slechte mens was, dan zouden ze allemaal, allemaal zonder uitzondering, van aan Peer Pastrij, tot aan
Treske Bek verklaren: 'Da's nie woar, ne slechte mens es
Wannes noeit of ze leve nie geweest!'

En waarom nu van Wannes Raps gaan vertellen als de

mens toch al zo'n tijd van jaren dood en begraven is? – Wel, noch om 't een noch om 't ander, maar het is dat ik daar heb zitten peinzen over dat arme leven van Wannes zaliger, en dat hij zo'n schoon dood gestorven is...

Ik geloof dat er in Averbode of Zichem nooit iemand geweten heeft van waar dat Wannes Raps eigenlijk kwam. Als ze er hem somtewijlen naar vroegen, dan antwoordde hij kortweg, zonder iemand in de ogen te zien: 'Van doar achter ieverans ut de Kempe', en hij wees met zijn duim over zijn schouder in de richting van de Westelse bossen. Het gebeurde wel eens, als hij een half stukske in zijn kraag had en arm zinnen kreeg over 't een of 't ander, dat hij plots rechtsprong, en met een vloek en een halve traan in zijn keel riep: 'Ik hèm gedome noeit gien voader of gien moeder gehad!' Dat was schrikkelijk triestig, en toen ik dat Wannes op een avond eens had horen zeggen, ben ik naar buiten getrokken en heb aan de gevel van de schuur een kwartier lang staan bleren uit puur compassie. Victalis, die er al zijn leven plezier in gevonden heeft mensen te treiteren, zei zo op een keer bij de smid, terwijl Wannes achter de stoof in zijn eigen te prakkezeren zat: 'Wannes es oan 't zuke van wie dat èm voêrtkomt.' Maar toen vloog Wannes met zo'n koleire recht, en zou Victalis zeker de kop hebben ingeslagen met het deksel van de stoof, zo Jef van Laar hem niet juistekens bijtijds had tegengehouden.

Neen, ik geloof dat Wannes Raps zelf niet wist van waar hij kwam, en ook dat hij zich daarvan volstrekt niks aantrok. Als bestedeling was hij in zijn kinderjaren bij een arm geitenboerke van de Veelse hei aangekomen. Vandaar was hij later in de streek van links naar rechts verzeild, nu een maand bij de ene, dan drie weken bij de andere; hier acht dagen bij het hooi aan 't helpen rond Sint-Jan, en daar een week aan 't manden maken, ieverans in een schop achter het huis, tegen dat ze de patatten gingen uitdoen. Wannes heeft veel zwarte sneeuw zien vliegen, veel honger en kou geleden, maar hij heeft het nooit aan zijn hart laten komen, en aan miserie die voorbij was dacht hij niet meer. Langer dan een achttal dagen kon hij het nooit ieverans uithouden, zijn onrustig gemoed dreef hem altijd aan van her naar der, van het ene werk naar het ander. Hij moest in Gods vrije wereld kunnen ronddolen waar hij wilde, en die wereld was voor hem het land van Scherpenheuvel naar Messelbroek en Testelt, van Veerle naar Meulstee en Diest, en midden daarin Averbode, Oxlaar en Zichem. In die streek was er dan ook geen wegelke, geen huis of geen mens, geen bos of geen beek, die Wannes niet kende. Daar heeft hij heel zijn leven rondgelopen, en hij is nooit verder geweest dan de tribunaal en het prison van Leuven. En iedereen kende daar Wannes, de kinderen zowel als de oude mensen, iedereen zag hem gaarne, en daar was geen huis waar hij niet mocht binnengaan en zijn benen onder de tafel steken, of waar hij 's nachts niet gerust in de schuur of op de schelf mocht kruipen om te slapen. Ik geloof niet dat Wannes ooit van zijn leven ieverans iets meegenomen heeft dat het zijne niet was, dat hij een mens uit de streek opzettelijk bedrogen heeft, of 't zou dan moeten zijn in prutserijen gelijk dat overal wel eens gebeurt. Zo hij alles bijeen zevenentwintig keren te Leuven in 't kot heeft gezeten, is dat telkens geweest voor een onnozele haas of een simpel konijn, voor het vissen 's nachts op de vijvers van 't een of 't ander kasteel, en één keer om bij de garde van Meulstee, die hem er ingelapt had met het stroppen zetten, in zijn koleire een ruit te hebben uitgeslagen. En wildstropen is toch maar een klein zondeke, en daar is niemand langs onze kanten die er een mens scheef voor zal bezien. De juge van Leuven en de andere heren van de tribunaal waren natuurlijk goede kennissen van Wannes en zagen hem gaarne komen, omdat hij nooit ontkende wat hem ten laste werd gelegd, alleen over het getàl hazen en konijnen niet t'akkoord ging met de boswachter, en op het einde, als alles afgelopen was en hij wist hoeveel dagen hij te zitten had, aan de juge elke keer zegde: 'Menhiêr de zuus, *gij* zij ne goeie mens, en ge kunt er gedome oêk niks oan doen da ge me kondannere moet, moar oan die lorejas van ne garde meugde zegge da 'k êm nog es de kop afsnij.' Ze wisten wel dat hij dit niet zo wreed meende en hij heeft er ook nooit een uur langer om gezeten. Op het gezicht van de heren van de tribunaal kon iedereen ten andere goed lezen dat het tegen hun goesting was dat ze Wannes veroordeelden. Daar was niemand over verwonderd als Wannes, tegen dat de soep uitgeschept werd, of 's avonds de pan patatten in 't midden van de tafel werd gezet, binnengeschoven kwam om mee te doen. Ze zegden: dag Wannes en maakten dadelijk in de rij een plaatske voor hem open. Aan de andere kant moesten ze het Wannes ook geen twee keren vragen als er 's nachts bij een ziek paard of bij een zeug met kurres moest gewaakt worden, als er een koe moest kalven, als er naar de heksenmeester van Tongerlo moest gegaan worden of bij Mie Broos om zalf. Ge mocht Wannes daarvoor een druppel betalen, meer niet. Was er iemand ziek, dan kondt ge er op rekenen dat hij op een avond met een portie paling, met een konijn of een koppel patrijzen afkwam, en ge moest hem daarvoor niet bedanken, dat was er niet bij verstaan. Als er gendarmen voor 't een of 't ander achter hem zaten, zou er geen enkele boer aan gedacht hebben Wannes te verraden. Ter kontrarie, ze zouden allemaal de gendarmen wat blauw bloemekens op de mouw gespeten hebben en verklaard dat ze van niks wisten, dat ze Wannes niet kenden, of hem in geen dagen gezien hadden. Het leek juist of hij in al de huizen van de familie was, en hij zelf maakte ook geen verschil tussen de armsten en degenen die er beter voorzaten, integendeel, hij zou zich nog eer neergezet hebben voor een telloor botermelk met brokken, dan daar waar er spek op de tafel kwam. De moeders of de vaders moesten soms wel met strenge blikken kijken naar de bengels, die er toch zó gaarne bijzaten als Wannes van zijn strooptochten aan 't vertellen was, omdat hij er af en toe enige van die nondedjukens tussenlapte dat de heiligenprentjes boven het schap er van reierden. Maar eigenlijk gezegd slechte klap, dat moest ge van Wannes niet vrezen, en hij kon dat ook van anderen niet uitstaan. Toen hij gestorven is waren er tussen Veerle en Scherpenheuvel zeker al weinig staminees waar Wannes niet een resem krijtstreepkens tegen de balk of op de binnenkant van de kleerschapdeur achtergelaten had, voor drupkens jenever en kapperkens bier die hij geproefd en vergeten had, maar ik ben er toch zeker van dat ze dat allemaal zonder hartzeer uitgeveegd hebben en op de koop toe nog een weesgegroet zullen gelezen hebben voor zijn eeuwige zaligheid. Want alleman zag hem gaarne, en op een drupke min of meer komt het dan ook niet aan.

Het staat me precies voor of ik Wannes moet gekend hebben van toen ik op de wereld kwam. Mijn verste herinnering uit mijn kinderjaren is: toen ik mijn eerste broek aankreeg, op een zondagmorgen onder de vroegmis. Moeder paste mij een afgelegde fluitjesbroek aan van mijn oudere broer, en juist kwam toen Wannes binnen. Zo me dat altijd sterk bijgebleven is, dan komt het zeker doordat Wannes zijn haar vol hooisprieten stak van op de schelf te slapen en wij allemaal begonnen te lachen. Natuurlijk ook wel om het groot plezier van die eerste broek.

Wannes was bij ons thuis als iemand van eigen volk. Hij moest nooit vragen of hij mocht bijschuiven aan tafel of rond de haard, en op de schelf had hij zijn vaste plaats. In een bed heeft hij nooit of ze leven geslapen, en wanneer hem dat soms ieverans aangeboden werd, weigerde hij vlakaf. Als zijn broek of zijn kamizool wat al te ver op waren, vonden ze thuis wel iets dat er nog door kon voor Wannes. En van zijn kant heb ik hem honderden keren bij het vuur zien zitten om de koeiketel af te stoken, of wierp hij het mest uit de stal, of schilde de kemp in de winter, of poolde de bonen en de erwten. In zo'n groot huis als het onze was, kon een man meer er dan ook gemakkelijk bij. Wannes Raps deed vele stielen. Zijn grootste liefhebberij was toch het vissen, en ik geloof dat het door hem is dat ik het ook zo gaarne doe. Wat een schone keer ben ik met Wannes tegen de avond mee het broek ingelopen, als ik van moeder mocht, en ook al zonder dat ik mocht. Dat waren uren om nooit in uw leven te vergeten. We trokken dan door onze hof de beemden in, naar de Dulp, de Letsgracht of de kuilen van het broek. De witte nevel kroop uit de grachten en voren omhoog, spreidde zich uit over de beemden, als een levende geheimzinnigheid die al verborg wat er op de grond gebeurde, en ging daar ergens een mens door, dan was het juist of er een kop over de bleke vlokkigheid gleed, want van de rest van zijn lijf was niets te zien. Uit die doezelige smoor piepte soms een vogel vlak voor uw voeten op, of aan een gracht pletste een kikvors ineens in het water, en dan schoot er iedere keer een koude angstschok tot in mijn hart. Ik hield me dicht bij Wannes, die geen bakkes opendeed en scherp voor zich in de nevel loerde, met somtemets een onverstaanbaar gemompel. In de voortijd, als de vis paaide, kwam er nog bij dat het heel gevaarlijk was, omdat de gendarmen en de gardes heelder nachten rondtrokken langs de beken, en snapten ze der ene, dan was het proces-verbaal en de netten kwijt. Het is anders nooit plezieriger dan in die dagen. De vis ligt gewoonweg in hopen te kletsen en te spartelen rond de blaren van de boterstannen en in het kruid, en ge hebt er maar uw schepzak onder te steken of uw werpnet over te gooien om op de weerdij van een half uur een portie vis in uw maal te krijgen. In de diepe stilte van de voorjaarsnacht hoort ge op het donker water telkens, dichtbij en verderaf, de korte klets van een visstaart, uw gehoor staat er op gespannen, ge ziet niets, maar ge raadt de plaats. Soms roetst er een snoek of een baars door, en dan is het een moment of er een ongeluk in het water gebeurd. Als het niet te donker is, ziet ge de waterkrinkels hier en daar stillekens wegzwalpen, en van tijd tot tijd een geluidloze waterrat van de ene oever naar de andere oversteken, een driehoek trekkend met twee eendere golfstreepkens. Ge ziet het kruid roeren van de vis die er in te morrelen ligt, en ge zijt daar al zo fel mee in de weer, dat ge vergeet uit te kijken of er geen gevaar dreigt. Iedere keer dat Wannes zijn schepzak ophaalde, kauwde hij er met de hand eerst het kruid en het slijk uit, vloekte soms als een paling hem bijna tussen de vingers wegslipte of een baars hem zijn stekels in de duim stak, en mompelde ondertussen: 'Ut oe oêge zien of er niemand nie afkomt!' Meer zei hij niet. Hij gooide de vissen in het gras naar mij toe, en het was telkens een nieuw genot de koele gladde huid tussen mijn vingers te voelen eer ik ze in de maal stak. 'Dees es weer ne schoêne, Wannes!' Hij deed of hij 't niet hoorde.

In mijn bange verbeelding zag ik soms door de grijze smoor van alle kanten gendarmen en gardes op ons toesluipen. Als ik dan zei: 'Wannes, me doecht... da'k doar iet huêrde!' hield hij plots op, keek scherp in het rond, legde zijn oor tegen de dijk, en mompelde: ''t Es niks, snotneus!' In de palingstijd trokken wij er op af met het kruisnet of de poorkuip. Dat is veel rustiger. Ge zit op de rand van de beek of de kuil, en om de vijf minuten trekt ge het kruisnet omhoog. Ge ziet eerst de vier zwarte beugels uit het water oprijzen, dan de vier hoektippen van het net, dat diep inzakt naar het midden, het water druppelt uit de mazen tikkelend terug, en als het bijna boven is hoort ge plots het slaan en spartelen van een karper of een paling, die dan eerst tot het besef komt dat hij er aan is. Met alle voorzichtigheid greep Wannes de rand van het net, schuddelde langzaam de vis naar zich toe, en liet hem in de mand glijden die ik vasthield. Met het poren moet ge maar optrekken zodra ge beet gewaar wordt aan de trossel, en ge klatst dan de kronkelende paling met een rappe behendige zwaai in de kuip, die aan een spar veruit in het water steekt. Veel rustiger, en dan had Wannes de tijd om een pijp te smoren en zo de muggen van zijn kop te houden. Hij baadde soms tot aan zijn hals in de kuilen om 's nachts zijn fuiken te leggen, en als het gebeurde dat hij die 's morgens niet meer vond, dat er een andere vandoor was met zijn lauwen en zijn netten, dan kon hij een dag lang zo ongenadig te keer gaan dat niemand hem durfde aanspreken. Hij lapte dat trouwens anderen ook wel eens.

Als Wannes op hazen, konijnen of fazanten uitging, nam hij gemeenlijk niemand mee. Hij hield er vooral niet van om met de andere stropers mee te trekken, met de Wizze, Dik Vernelen of Victalis. Het bracht hem waarschijnlijk meer op wanneer hij alleen ging, en hij betrouwde ook die mannen niet genoeg. Het liefst van al was ik bij Wannes wanneer hij thuis in de schop of in het bakhuis zat manden te maken. Dat was eigenlijk zijn serieuze stiel, en als ze aan mij in die jaren plachten te vragen: 'Wa goade loater weurre?' dan klonk het zonder aarzelen: 'Mannemoaker lak as Wannes!' Ach, wat hebben ze me thuis als kind een schone keer geplaagd met die spotnaam 'onze mannemoaker'. Wannes zat daar plat op de grond, de grote wissen lagen links, de kleine rechts. Hij maakte eerst de bodem, werkte daar de dikke wissen in, en vlocht daarna zo vlug en zo behendig de dunnere twijgen er tussen dat ik er met stomme bewondering zat op te kijken.

Had er ieverans een paard een maleur gekregen, en hielp er geen meesteren of overlezen meer aan, dan kwamen ze Wannes roepen om het af te steken en te villen. Hij verkocht het paardenvlees aan de arme heikrotters, met het paardenvet in varkensblazen leurde hij enige dagen rond, en de beenderen lagen akelig wit te drogen op het dak van het karhuis bij Rikus en Hanomes. Het was daar dat Wannes zijn getuig staan had om te 'slachten'. In de voortijd leverde hij aan de arme mensen, die het vroegen, voor niet een jonge geit. Ze maakten die vet tegen Sint-Jankermis, en dan kwam Wannes ze slachten en nam het geitenvel mee als betaling. Dit moest voor hem nogal een goeie inkomst zijn, want rond die tijd deed hij acht dagen lang niets anders dan de herbergen aflopen en druppels drinken. Een van de ongelukkigste tijdstippen uit Wannes' leven is geweest toen in Averbode de fanfare 'De Sint-Jans-Vrienden' werd opgericht. Bekanst in alle huizen hadden ze een muzikant, soms wel twee of drie, met een bugel, een tuba, een piston of een trombon, en dat was iets waar Wannes op geen manieren tegen kon. Kopermuziek werkte op zijn gehoor lijk op dat van de Averbodense honden. Die eerste weken van de fanfare kenden de muzikanten nog niets anders dan do-re-mi's en 'lessen' uit hun muziekboekske. Het waren allemaal boerenjongens met een straffe asem, van pianissimo, of 'zutekens spelen', hadden ze volstrekt nog geen verstand, en de noten kwamen er niet uit als eigenlijke muziek, maar wel precies of ze vermoord werden. En juist in de huizen waar Wannes het meest zat ging het er 't geweldigst toe. Bij Peer Gijskens, bij Rikus van Janomes, bij ons, was het slag over keer iedere avond concert, een getoeter van noten als blaasbalgen, zodat de moeders allemaal last hadden om de koeien gemolken te krijgen, dat de vaarzen er uitzagen of ze lopig waren en de mensen zelf in een krikkele toestand verkeerden. Als Wannes daar dan in een hoekske bij zijn borrelke zat, was het genoeg dat er een van ons zijn instrument van de muur nam om Wannes te doen rechtvliegen.

'Beginde gedome weer met da smerig getoeter!'

'Joa moar Wannes, ik moet toch mèn les lière... 't es merge repetiese...'

'Goat in oeve nest ligge of stekt oeve kop in nen iêmer botermelk... gedome zè snotneus!'

'Ja moar Wannes...'

'Valt doêd...'

En Wannes stond op en trok er vandoor.

Ik heb hem een schone keer thuis zien in het bakhuis zitten terwijl onze Lowie op zijn trombon, onze Frans op zijn alto en ik op mijn trommel in de hof aan 't repeteren waren, 's zomers in de maneschijn. Wannes vloekte dan aan een stuk door: 'Miljaar-miljaar-miljaar!!!' dat het bakhuis er van daverde, hij hield zijn handen tegen zijn oren, uitte de schrikkelijkste verwensingen tegen alle muzikanten en tegen alle instrumenten, terwijl ondertussen ons moeder, die daar ook zat met het een of het ander handwerk, paternosters bad voor de zielen van het vagevuur, en Max, onze hond, buiten voor zijn kot met zijn snuit naar de maan aan 't joenkelen was – 'Ajoe-oe... ajoe-oe-oe...' – in veel hoger noten dan onze Frans of onze Lowie uit hun instrument konden halen.

'Trees, schreeuwde Wannes dan wanhopig tegen moeder, woaroem sloagde ze gedome toch gien maleur!'

'Wa kan ik er oan doen, Wannes joeng!' zuchtte moeder.

'Stampt dan hun histremente kapot!!...'

'Die koste veul te veul geld, Wannes, en ze zèn nog niet hiêlegans betoald...'

'Ze moeste gedome pinnekensdraad in hun derme krijge!'

En daar het avondconcert voortduurde begon Wannes met een ander soort vloeken, die onmiddellijk het gewenste gevolg hadden: moeder vloog buiten om ons te verbieden nog verder te spelen.

Zo doolde Wannes op die avonden rond op zoek naar een rustig plaatske waar hij geen muziek moest horen. Hij kon soms naar een instrument zitten kijken met ogen zo vol ingehouden haat, dat de muzikant vreesde dat hij het wilde verdestruweren. Maanden lang heeft het geduurd, totdat de eerste fut er bij de fanfaremannen wat uit was, en zij alleen nog speelden een uurtje voor de wekelijkse repetitie. Om Wannes in zijn volle element te zien moest ge hem tegenkomen als hij 's achternoens een paar keren de herbergen van Averbode had afgedaan en dan 's avonds bij de smid, bij Peer Gijskens of Rikus van Janomes, in goed gezelschap viel. Dan raasde en wauwelde hij voor tien, zong en schreeuwde en trakteerde voor alleman, zonder er op te peinzen of hij wel de centen bezat, en als iedereen zijn liedje gezongen als

84

Tist Haas het evangelie van Sint-Jan had opgezegd, kwam er eindelijk wat kalmte en begonnen ze te vertellen over heksen en spoken. Meteen werden ze ernstig, de gezichten kregen een andere uitdrukking, en dan vroegen ze aan Wannes om zijn *Peerdenpaternoster* te lezen. Dat was iets heel curieus. Want die peerdenpaternoster van Wannes had macht tegen heksen en spoken en zelfs tegen de duivel. Wannes kon van die dingen vertellen waarbij een mens grauw werd van schrik. Hij had eens vier nachten achtereen, terwijl hij op de konijnenloer lag, een doodskop over de weg zien rollen, elke keer op dezelfde plaats. Daar was op een nacht eens een kat met hem meegelopen van Wolfsdonk tot Meulstee, hij had er met zijn mes naar gekapt, ze geraakt, en twee dagen daarna kwam hij in een huis waarvan iedereen wist dat het wijf een heks was, en Wannes zag dat ze een lange snee over heur kaak had. Hij had eens te middernacht, aan het begin van de Westelse dreef, een pater zien van het Smisbos afkomen, een paardenhacht achter zich aanslepend, en toen Wannes de eerste woorden van zijn peerdenpaternoster uitsprak, had de helse verschijning een schreeuw gelaten 'dat de klokken van 't Averbodes klooster er van geluid hadden'. Het schromelijkste van Wannes zijn overkomenissen was toch zijn ontmoeting met 'de Grune Joager'. Wannes was op een vroege uchtend een haas uit een strop aan 't doen, in de Westelse bossen, toen er plots naast hem een man stond, helegaans in 't groen gekleed, met een groene bril op, en met een gezicht zo wit als de dood. Hij keek Wannes bezig zijn zonder een woord te spreken. Wannes was koud geworden tot in het merg van zijn ruggengraat. Hij meende te gaan lopen, maar durfde niet. Dan vroeg hij aan de vreemde wat deze, gedome! van hem wilde. Geen antwoord. De groene brilogen in het kalkwitte gezicht stonden strak op Wannes gericht, en geen spier van zijn wezen vertrok. Wannes stopte toch de haas onder zijn kiel, en sloeg de richting in van de zandbaan. De Groene kwam achter hem aangelopen, onhoorbaar, zijn voeten maakten geen geluid als ze voortbewogen over droge blaren of takken. Wannes vond de zandbaan niet. Ze lag niet waar ze altijd gelegen had. Hij vond geen enkel pad meer in het bos, hoe langer hij zocht hoe meer hij verdwaalde, en altijd sloop de helse jager achter hem, geluidloos, met zijn groene glasogen piet op Wannes gericht. Wannes liep zo de hele dag in het bos rond, met de dood op zijn lee van schrik, hij zweette en hijgde dat zijn tong hem op zijn kin hing, en hij kwam iedere keer opnieuw op hetzelfde punt uit. Hij dacht dat hij er deze keer zeker aan moest. Toen hoorde hij ieverans diep in het bos een klok luiden, en toen schoten de woorden van zijn peerdenpaternoster, die hij de hele dag vruchteloos geprobeerd had op te zeggen, hem weer te binnen. En met een grote schreeuw was de Groene verdwenen, 'en et stoenk èn uur in 't rond noar solfer en pek'.

Of er ook schrik uitgestaan werd als er 's avonds een kleine jongen alleen ieverans door het bos moest! Of er ook weesgegroeten gelezen werden om die verdommense 'Grune' maar niet tegen te komen!...

Zo had die peerdenpaternoster van Wannes Raps voor ons een geheimzinnige kracht gekregen tegen alle onwarige machten die er 's nachts dwalen door bossen en heiden, die de stallen betoveren en de mensen beheksen. Als ge u door Wannes daarmee liet overlezen, dan moest ge niet vervaard zijn dat er u in de donker iets vreemds zou overkomen, ieverans op een kruispunt van twee banen, in een holle weg, langs een kerkhof, of van dwaallichten, pleuddens en doodskoppen.

Als ze dan lang aangedrongen hadden spreekte Wannes eens op de grond, dronk eens aan zijn druppelke, rochelde door zijn keel, en terwijl ze ineens allemaal doodstil zwegen en ook hun klak afnamen, begon hij:

's Voaders 's Zoêns 's heiligen Gîestes
Oamen.

86

Onder Pontius bij Pilatus
Gekruist gestorven en begraven
Twee, te weten 't kwaad schuwen
Zonden verliezen deugden oefenen.
Drij, berouw belijdenis
Biecht en voldoening.

Hoctus Boctus

Ne kalversteert die gekrokt is
Nen hond die gene steert en heeft
Is onbekwaam om zijn gat te bedekken.
Vrienden ik laat u zeker weten
In 't land van Ribbedebie
Waar de kiekens door hun gat schreeuwen,
De hanen met hun steerten bassen
En de keezeboterhams op de wissestruiken wassen.

Daar kwamen twee rabouwen aan
die vroegen de dubbele week.
En ik zei neen en ik dubbelde mee
En ik won er zeven tonnen schuld mee
Maar ik had ze wel.
Toen kocht ik daar een klein klaar blind peerdeke
Maar 't zag wel.
Ik meende zeven uren voorweerts te rijen
En ik reed er acht achterweerts.

Toen kwam ik door een groene hei gegaan
Daar vond ik een boebele kerke staan.
Daar was een hulzepaap aan 't misse lezen,
Ze luidden er met de schuurpoorten
En ze wierpen het wijwater met de vleugelgeer

Van achter op mijnen hiel.
Ik meende dat er zeven tonnen botermelk

Uit de toren viel.
Al ik dat vernamp
Toen was 't tijd dat ik uit die kerk kwamp.

Toen kwam ik daar bij een oude vrouw
En ik vroeg daaraan of ze mijn
Klaar blind peerdeke niet gezien en had.
Ze peisde van ja maar ze zei van neen
En ze wist het wel te wijzen.
't Lag in een droge gracht verdronken
Waar in zeven jaar geen water meer in gestaan en had.
En ik wette mijn meske op mijne schoen
Om mijn klein klaar blind peerdeke de huid af te doen.

Haat
Kwaad
Kwelliaat
Botermelk en rapzaad.
De hoop die sprak
Dat ze van ze leven geen betere zuip gegeten had.
Lauwel en Pauwel en Zwerte Peer
Menheer

Toen klopte ik op die helse deur
En d'r kwam ne kleine duvel veur
En ik vroeg met fatsoen
Om mijn wandeling eens mogen voort te doen.
Hij was er heel over kontent
Maar daar was nog altijd ne kleine duvel omtrent.
Toen kwam ik op de helse plein
Daar lag niets te branden als
Solfer pek en vernijn.
Toen kwam ik op de salette
Daar lag Lucifer zo ziek te bedde.
Toen kwam ik door een appeleer gegaan
Daar vond ik ne kleine duvel staan

Al met een pan
Die zei: ik bak vandaag koeken voor alleman
En ik kreeg daar ene van.
Hij zag zo grauw en zo vuil en zo zwert
Ik kreeg er een walging van aan mijn hert

En ik keerde mijn hert wederom
En ik gaf de duvel zijne koek weerom.
Mijn meemaat die er van at
Kreeg oren gelijk een kat
En een steert aan zijn gat
Waar de duvel op zat
Die al dat koekenbeslag uit at.

Als ik thuis kwam vond ik het al zo verkeerd
Mijn vrouw vond ik geregeld in twee rollebuizen
De maan scheen al zo zeer in de messing
't Kalf lag in de wieg
De hond die baste
Dat ik zou gaan zuipen hebben
Zutem zatem zagemeel.

Haat
Kwaad
Kwellitaat
Botermelk en rapzaad.
De hoop die sprak
Dat ze van ze leven geen betere zuip gegeten had.
Lauwel en Pauwel en Zwerte Peer
Menheer.

's Voaders, 's Zoêns 's heiligen Giêstes
Oamen.

89

Bekanst in één asem zegde Wannes dat op, zonder iemand te bezien, en hij deed hier en daar zo'n wonderlijke gebaren met zijn handen en zijn kop dat sommige vreemde woorden daardoor nog een geheimzinniger betekenis kregen. Als hij ophield was er geen een die zijn mond durfde opendoen. Daar hing een mysterieuze angst in de kamer, iets dat ze niet zien of horen konden, maar dat ze toch tastbaar gewaar werden in de donker daarbuiten, tegen de zwarte ruiten van de vensters. Zij zuchtten stillekens in hun eigen, trokken eens aan hun broek, zetten hun klak weer op en keken met vreemd bange blikken naar Wannes, die bleef zwijgen en hun nu als een heel ander mens voorkwam. De Spin dacht er met schrik aan dat het zo'n ijle eenzame weg was langs de Meulevijver om straks naar huis te gaan. Feelke van Nettekens zat te zweten en te reieren alsof hem iets overkomen ging. En bij het eerste woord dat er iemand sprak schoten ze wakker uit de angstige spanning en ze waren blij als er weer over gewone dingen geklapt werd.

'Moar, vroeg Jan van Gille dan, zaa 't toch serieus woar zijn dat er èn hel bestoat?...' Hij zei dat op een toon alsof dit vraagstuk hem erg temteerde, want Jan van Gille, die vroeger zo wat de socialist had uitgehangen en naar geen kerk ging, was alleen opnieuw katholiek geworden uit schrik voor de hel. Wannes bekeek hem bij die vraag met een koppel ogen die Jan deden koud worden, en antwoordde dan: 'As ge 't soems nie geluêft, Jan, dan zal 'k oe gedome es loate zien dat er èn hel is...'

En ze waren een beetje bang dat Jan zou aangedrongen hebben.

'Ik geluêf da ge moar ne gemaane mens zijt, Jan, van zoê iet te vroage, sprak daarop Peer Gijskens, dat er èn hel en nen duvel bestoat dat wèt toch iederiên.'

De Spin was lelijk op zijn ongemak. Hij trok aan zijn pijp alsof hij er de ziel wilde uitzuigen. Hij had al zo dikwijls gevochten in zijn leven, hij had zo dikwijls slechte liekens gezongen, dat hij over die kwestie van hel en duivel absoluut niet gerust was. De Spin keek rond met een wanhopige smeekbede in zijn ogen, of misschien de ene of de andere niets in zijn voordeel zou zeggen.

'Moar 't moet anders uêftig ziêr doen,' meende Panneke pastoor, 'zoê altijd branne... Ik hem es ne moêr woater over mène voet gegote... en van toen weet ik èt.' Wannes liet ze maar lullen en zat voor zich naar de grond te kijken, spuwde naast zijn stoel en floepte zijn drupke jenever leeg. En als ze op zo'n avond naar huis gingen langs de Meulevijver, door de zandbaan, over de Dijk, dan was er geen enkele die in de donker niet stillekens mummelde van

Hoctus Boctus
Ne kalversteert die gekrokt is
Nen hond die gene steert...

om alle vreemd gedoe van de nacht zo ver mogelijk weg te houden. Van al de mannen uit die tijd is er alleen Victalis, die de peerdenpaternoster van Wannes Raps nog kent, en ik heb hem van Victalis geleerd.

Het best zal ik me Wannes toch altijd herinneren zoals ik hem honderden keren hier of daar achter de stoof of neven de haard heb zien zitten, met zijn benen overeengeslagen, zijn armen over zijn borst gekruist, en zijn kop naar de grond gebogen. Uren en uren kon hij daar zo zitten, zonder naar iemand of iets te kijken, zonder iets te vragen of te horen. Om het half uur zei hij tegen de herbergbaas: 'Nog nen druppel!' en als de jenever ingeschonken was, greep hij het glas met drie vingers langs boven vast, sloeg de inhoud in-eens in zijn keel, kuchte van de deugd die het hem deed, en liet zijn kin met de grijze baardstoppels weer op zijn borst zakken. Heel de wereld scheen hem dan vergeten, hij zat daar over zich zelf gebogen te prakkezeren, murmelde soms iets onverstaanbaars tussen zijn tanden, schudde wel eens eventjes zijn kop, maar was totaal onbewust van wat er rond hem gebeurde of gezegd werd. Waaraan zat Wannes dan zo te peinzen? Dacht hij aan zijn triestig leven, aan zijn oude dag, aan al de miserie die hij in zijn arm zwerversbestaan had doorgemaakt? Zat er in Wannes dan toch misschien iets meer dan ze allemaal meenden?...

Och, ik zie hem zo nog zitten, daar achter de kachel, die achternoen in de maand december. Ik was alleen thuis met moeder, en Wannes was zo ietwat na het eten binnengevallen en had zich neergezet bij het vuur. Daags tevoren was hij uit het prison van Leuven gekomen waar hij weer eens veertien dagen geklopt had voor het stropen. Moeder plaatste een tas koffie op de tafel naast hem, maar Wannes keek er niet naar. Dan ging ze achter in het huis haar werk voortdoen, en ik zat met hem alleen. Het was buiten een ellendig winterweer, het waaide en het regende, en voor ons huis goesde de wind door de natte bomen. Ge zaagt de kale velden van de Worp bloot liggen onder de dwaze wolken die de ene over de andere door de lucht schoven. Juist zo'n weer om binnen te zitten en triestige gedachten te krijgen.

Ik had niets te doen en ik keek naar Wannes. Hij zag er toch zo ongelooflijk armhartig en verlaten uit, docht me, zijn oud rimpelgezicht was mager en flets geworden, zijn haar kliste onder zijn vuile klak uit lijk proppen van een borstel, zijn kiel en zijn broek waren versleten tot op de draad, zijn scheve mond met de paarse natte lippen had een plooi van onzeggelijke hopeloosheid. En als ik in zijn ogen kon zien, las ik daarin een oneindige droefenis. Mijn hart deed er zeer van. Zou Wannes nu misschien zitten peinzen aan zijn vader en zijn moeder? Zou Wannes nu misschien op de wereld niemand hebben die van hem hield?...

'Wannes joeng, drink moar es oan oeve kaffee.'
Hij hoorde het niet.
'Wilde misschien ne boterham hèmme, Wannes?'
Maar het was of ik tegen een muur sprak.
'Mee è stukske spek, Wannes?'

Ik wilde hem toch zo gaarne laten zien dat ik zijn vriend was.

'Wannes, zei ik ineens en ik kwam vast bij hem staan, Wannes joeng, ik zal voer aa iederen oavond drij onze-voaders leze...'

Nu ging zijn gebogen kop ietwat omhoog, zijn waterige ogen keken me aan met zo'n enelijke goedheid en treurnis...

'Ge zijt è goe menneke, gij.'

''k Zal der... 'k zal der wel vijf leze, Wannes joeng.'

Zijn hand streek eens over mijn haar en hij zei:

'Ik zal veur aa nog es è schoên kernijnke vange... en met de kermis krijgde vijf cens.'

En dan zakte zijn stoppelkin weer op zijn borst en keken zijn ogen stommelings naar de grond, naar de verre herin-neringen van zijn verlaten leven. Toen zag ik ineens dat Wannes zijn voeten bloot in zijn ruige schoenen staken, waaraan zelfs de nestels ontbraken, en ik schoot dadelijk naar een lade in het kleerschap, waarin de afgedragen kousen wer-den gestopt. Ik zocht er twee sokken uit die er nog min of meer door konden, de ene was een grijze en de andere een zwarte, ik werkte Wannes zijn zware schoenen van zijn voe-ten en begon hem zonder een woord te zeggen de kousen aan te trekken. Als 't gedaan was keek ik naar hem op... Wannes, arme oude loebas van 'n Wannes, – waarom ston-den toen die tranen in uw rooie jeneverogen...

Ik heb al gezegd dat Wannes Raps nooit zijn knieën zeer ge-daan heeft op de rand van de kerkstoelen, dat hij meer drup-pels gedronken dan paternosters gelezen heeft, en zeker, dat wil ik van hem op geen manieren schoon klappen. Maar toch kan er niet gezegd worden dat Wannes zich van Onze Lieve Heer niks aantrok. Hij geloofde aan God zo zeker als aan weer en wind, en al kende hij alleen maar zijn onze-vader, en al stelde hij van de schone dingen die daarin staan belan-ge niet alles in de praktijk – hoeveel zijn er die dat doen? –

hij bad dat gebed toch menens, uit de grond van zijn hart, en nooit ofte nooit heeft hij daarmee gelachen.

Als Wannes zo in de ronde bijzat aan tafel, en wij in stilte het gebed zegden, dan nam hij ook zijn klak af, maakte een groot kruis, en begon hardop: 's Voaders, 's Zoêns 's Giêstes Oamen, Onze voader die in den hemele zijt... Hij zei dat zin voor zin, op een toon of God de Heer daar ieverans vlak voor hem stond te luisteren, hij deed met zijn rechterhand alle soort gebaren en schudde nu en dan zijn kop. Dat was iets zo komiek dat wij geweld moesten doen om ons lachen in te houden, en van moeder een voor een, naar gelang ze iemand zag lachen, een klets tegen de kop kregen, omdat we niet serieus waren onder het bidden. Als Wannes na het avondeten zijn aarden pijpke gesmoord had, zei hij goeie-nacht en trok de schelf op. Wij slopen achterna om in de schuur te luisteren hoe hij daarboven in het hooi nog eens op z'n eentje hardop begon: Onze Voader die in den hemele zijt... Dat vergat hij nooit.

En het was op een kerstmisavond dat Wannes zo thuis eens met ons allemaal rond de haard zat. Het was een wrede winter, het had dagen lang gesneeuwd, dan was er een felle vries gekomen en de sneeuw kraakte gelijk glasscherven onder de voeten. Daarna hoorden wij het als er mensen over de steenweg voorbij gingen. Die avond waren we allen in de kerk van Zichem te biechten geweest, en we zaten nu ondereen te vertellen wie wij allemaal in de kerk gezien hadden, bij welke priester, pastoor, onderpastoor of pater we onze zonden hadden afgelegd, en regeleerden wie er 's anderdaags naar de eerste of de tweede mis zou gaan.

Mijn zusters waren nog volop hemden en boordekens aan 't strijken. En zoals dat gemeenlijk gaat, werd er over niets anders gesproken dan over dingen in verband met de kerstnacht, kerstliekens en legenden uit de oude tijd. Moeder had de kerstblok in de haard gelegd, en we zaten daar zo goed en warm bijeen dat we vergaten hoe schromelijk koud het buiten was. Ge moet dat beleefd hebben in een boerenhuis om te weten hoe schoon het is. Onze ogen stonden op de vlammekens in de haard die likten over de stompe dennenstronk, waarvan kool en as zouden dienen om land en stal en huis te zegenen, daar waren lange pozen van stilte dat er niemand sprak, en tegen de achterwand van de kamer schoven de kalme schaduwen van onze koppen weg ende weer.

Wannes had daar de hele avond gezeten zonder zijn mond open te doen. Voorovergebogen op zijn stoel, lijk het zijn gewente was, loerde hij in het vuur, smoorde zijn aarden pijpke en scheen niets te horen van wat er werd verteld. En daar begint me Wannes ineens te schreien, eerst twee stille tranen over zijn oude gerimpelde wangen, en dan snikken dat hij deed, zo juist lijk een klein kind dat een groot verdriet in zijn hart heeft en het niet meer kan inhouden. We zaten stom geslagen, en begrepen volstrekt niet wat er met Wannes opeens aan de hand was. Het viel al stil in huis, en wij keken naar zijn ruige kop en naar zijn scheve mond.

'Wannes joeng, vroeg moeder toen meewarig, es er iet?'

Hij schudde van neen, en toen moeder nog eens aandrong of hij misschien ziek was, zei hij tussen twee snikken:

'Neie Trees, dàt es 't nie... moar 't es gedome van mèn iêrste communie leên da'k nog t' Ons Hiêr geweest zèn.'

Al wisten we nu wel dat Wannes naar geen kerk ging, die onverwachte bekentenis trof ons toch diep, vooral in de stemming waarin we verkeerden op die heilige kerstmisavond. Wannes kwam ons ineens voor als zo hopeloos diep gevallen, zo ongelukkig en zo vreemd ver van ons af. Wij zuchtten, en zwegen. Moeder wist ook niet wat te zeggen, ze had dat antwoord niet verwacht. Ze liep door de kamer, trok een schuif open, verzette een tas op de tafel, en kwam dan ineens bij Wannes staan.

'Wannes, zei ze, merge vruug goade gij mee ons mee noar de kerk... en ge goat bij de pastoêr te biechte...'

Wannes scheen daarover na te peinzen, veegde toen met

zijn klak zijn tranen weg, stond recht, en zei op een toon precies of hij half kwaad was:

'Wette wa!... Ik gèn merge noar poater Bernardus, te Diest bij de Kruishiêre...'

Want volgens Wannes was er maar één goede pastoor op de wereld. Hij was te Veerle door de veldwachter eens gepakt geworden terwijl hij de visvijver van de pastoor aan 't leeg maken was, hij had daarvoor acht dagen kot gedaan te Leuven, en sedertdien was Wannes begrijpelijkerwijze over de pastoors niet goed meer aan te spreken.

Maar lange, lange jaren geleden was hij op de Meulsteesteenweg eens ziek geworden. Hij was op de grond ineengestuikt, en terwijl hij te krozen en te kreunen zat kwam daar een Kruisheer van Diest langs gegaan, pater Bernardus. Hij had aan Wannes gevraagd wat hem scheelde, had hem recht geholpen en tot in het naastbijzijnde huis geleid. Daar had hij Wannes in een bed gestopt, de mensen opgedragen hem goed te verzorgen, een dokter van Diest doen komen, en alle kosten betaald. Sedertdien had Wannes die Kruisheer nooit meer teruggezien, hij wist alleen dat hij pater Bernardus heette, maar diep in zijn ruwe hart had hij zijn leven lang een warm dankbaar gevoel bewaard voor die goede priester, de enige waarmee hij ooit in aanraking was gekomen. En als er soms over pastoors gesproken werd en er iemand ook Wannes zijn gedacht vroeg, antwoordde hij altijd hetzelfde: 'Doar es er moar iêne goeie!' en dan wisten ze wel wie hij bedoelde.

'Noar poater Bernardus!' riep hij nog eens, en daar het voor moeder eender was bij wie hij te biechten ging, zei ze daarop niets meer.

En och here, Wannes wist niet dat die goedhartige pater Bernardus al wel twintig jaar dood en begraven was.

Met de versleten kleren die hij aan het lijf had kon Wannes niet naar de kerstmis gaan. Vader was juist in het voorjaar gestorven, al zijn goed hing nog op dezelfde plaats in het kleerschap, en moeder haalde daar nu het beste van weg om Wannes fatsoenlijk voor de dag te doen komen. We stonden er fel van te zien, want tot hiertoe had moeder geen stukje van die kleren willen weggeven, noch aan familie noch aan anderen. Wannes ging ermee naar de schuur, trok daar het nieuwe goed aan, en kroop ermee in het hooi. Neen, ook die nacht wilde hij niet in een bed slapen.

En rond middernacht is Wannes wakker geworden. Hij keek eens in het donker zoldergewelf boven hem, waar door een glazen dakpan een blauwig-bleke manestraal schuins neer stak, zocht zijn gedachten bijeen, en werkte zich dan onder het hooi uit. Terwijl hij sport voor sport van de leer afdaalde werd hij gewaar dat hij duizelig was, zo ijl in zijn kop, en een ogenblik meende hij terug te klimmen om weer in het hooi te kruipen. Maar nee, dat kon nu niet. Hij moest toch naar pater Bernardus, en t' Ons-Heer gaan. Naast de schuur hoorde hij de koeien in de stal zwaar asemen, – hij wist dat ze nu allemaal rechtstonden omdat het de heilige kerstnacht was.

Wannes trok de schuurpoort open en vóór hem lag de klare winternacht. Het was eenderlijk wit over de wereld, en de sterren en de maan stonden aan de hemel met groot open ogen, lijk verwonderd over wat er met de droeve aarde gebeurd was. Een wonderlijk blank en blauwig manelicht met een weerschijn van de witte sneeuw, en tot een stuk over de velden van de Worp en de weiden kon Wannes zien, en daar verder vervloeide het in een doezelig onvatbaar nachtgrijs waarachter de rest van het land verborgen lag. De eikenbomen stonden langs de steenweg als armelijke verlaten herinneringen, die niet meer uit de voeten konden, en hun kale takken waren krom en stijf verwrongen van de kou. Een stilte lijk of er nievernans geen levend wezen meer op de wereld was. Toch... het was precies of van onder de sneeuw een zacht, bijna onhoorbaar suizen en zuchten opsteeg. De nacht stond vast op zijn hoogtepunt en duurde langzaam voort.

En door deze nacht is Wannes dan zijn allerlaatste gang gegaan, naar pater Bernardus, naar Ons-Heer.

De felle kou beet hem in zijn gezicht en in zijn handen, het merg van zijn gebeente scheen te bevriezen, en al de warmte was ineens uit zijn lijf. Het uur van de nacht zelf scheen versteven te liggen, niet voort te kunnen van de al te geweldige vries, die Wannes in zijn neusgaten stak als naalden en hem de eerste moment de hand voor de mond deed houden. De ijzige lucht sloeg hem zo rauw in zijn longen dat hij in een hoest schoot en zijn lippen ervan verkleufden.

Ach ja, hij werd nu wel gewaar dat hij een oude mens geworden was... En had hij nu maar een drupke jenever, dan zou 't wel gaan. Maar dat kon niet, hij moest t' Ons-Heer gaan en nuchter blijven. En meteen had Wannes zo'n gevoel of hij nu nooit ofte nooit geen drupke klare meer zou kunnen drinken, en daar kwam een grote droevigheid in zijn hart, iets lijk compassie met zichzelf. Hij zette zich in gang, voorovergebogen, met de handen diep in zijn broekzakken, zijn armen vast tegen zijn lijf gedrukt en zijn kop tussen zijn schouders. De bevroren sneeuw knerpte onder zijn zolen en hij ging midden over de steenweg, over het platgelopen paardenspoor. Zijn voeten schenen vanzelf voort te bewegen, zonder dat hij er iets voor moest doen, en het docht hem dat het wat beter ging nu hij op weg was.

Boven de Vinkeberg stond de ijskoude maan tegen de matblauwe hemel. Ze hing vast in de lucht op haar eigen te witblinken, en zo dichtbij dat ge Manneke Maan met zijn bussel hout er klaar zaagt instaan. De sterren waren wat bleek in haar heldere glans, behalve één die als een rood koolke vuur er niet zover vanaf stond.

Het was doodstil over het sneeuwland. Wannes keek twee drie keren achter zich, daar hij dat zo ongewoon vond, en hij dacht halvelings aan zijn peerdenpaternoster. De donkere bomen langs de steenweg loerden hem na. En koud, zo ongenadig koud dat het was. Daar wou maar geen warmte in hem komen met het gaan, zijn kin beefde ervan, en het was juist of er een stuk ijs op zijn blote borst lag.

Aan Rikus van Janomes draaide hij de zandbaan in, neven de Meuleberg. Hij ging langs het lemen kot van Boon, langs de haag van Bernardes' hof, langs de vervallen hut van Laar, en aan Betteke van de Grune zag hij een lichteke pinken aan het vensterke in de achtergevel. Hij keek ernaar met weemoed. In al die huizen, bij al die goede mensen had hij zich zo dikwijls gewarmd in de hoek van de haard, had hij mee aan tafel gezeten, zich nooit verlaten gevoeld. Maar zijn voeten schoven voort, altijd voort, lijk of ze hem van hun eigen verder droegen naar waar hij zijn moest. En die vreemde droevigheid werd groter in zijn hart, omdat het juist was of hij nu nooit ofte nooit langs Betteke van de Grune en die andere niet meer zou komen.

En zo kwam hij over de Horeblaas, tussen de bossen naar Meulstee opper. Boven op de dennenboomkens was de sneeuw vastgevroren aan de spelden, en het was precies of daar stonden een hoop triestige pekens bijeen met hun witte kletskoppen scheef tegen mekander gesteund om af te loeren wat er beneden op de grond gebeurde. De maan scheen er schuins op neer, en het was hier nog stiller. En nu schoot het Wannes weer ineens in zijn gedacht wat hij doen ging. Hij moest zijn zonden gaan biechten, al de zonden van heel zijn lang leven die daar als een afgrond in zijn ziel lagen moest hij nu gaan bekennen, al zijn vloeken en verwensingen, het stropen en het vissen, het nooit naar de kerk gaan, het liegen tegen de gardes en tegen menheer de juge van Leuven, en zo dikwijls een stuk in zijn kraag gehad... Het duizelde Wannes in zijn kop, en hij vroeg zich met schrik af hoe hij dat zou gedaan krijgen. Kon hij maar bij pater Bernardus geraken, die zou hem wel helpen, die zou het wel allemaal goed maken, en verstaan dat Wannes toch in de grond van zijn hart niet zo'n slechte mens was en eigenlijk nooit was kwaad geweest op Onze Lieve Heer.

Pater Bernardus...

En hij ging en hij ging zijn lange gang door de klare winternacht die de heilige kerstnacht was, zijn voeten droegen hem verder, stap voor stap over de knersende sneeuw, en hij kreunde van tijd tot tijd van de bijtende kou en van die pijn in zijn arme oude borst. – Nu was hij heel alleen op de eenzame wereld.

Te Meulstee, aan de brug van de Dulp, stond hij stil. Links lag de donkere kerk, zo gesloten als een kist. Hij hijgde en kroosde, en was uit de asem. En terwijl hij zo stil stond meende hij precies achter zich iets te horen dat hij al lang halvelings had waargenomen. Hij keek over de donkere weg terug, lang, en zag niets...

Toch was daar iemand. Het was die Ene, die de vreselijkste Troostengel van God is, en die langzaam, langzaam achter Wannes kwam aangestapt... Maar hij zag hem niet. En almedeen kwam daar aan die brug over Wannes een grote angst, dat hij misschien tot bij pater Bernardus niet zou geraken, dat hij daar misschien aan die brug zou gaan dood vriezen, en al die zonden, die schrikkelijke zonden, die niet vergeven waren! Met al zijn kracht kreeg hij zijn voeten weer los uit de sneeuw en vooruit, maar hij wankelde nu, hij zwijmelde van links naar rechts, en meende elk ogenblik neer te vallen. Pater Bernardus!... Pater Bernardus!... O God, de benauwenis die zijn arm hart ineenwrong!...

Hij sukkelde door het dorp, en als hij de laatste huizen achter zich had keek hij voor zich de weg op.

...En daar was het nu, daar sloeg er opeens een onzeggelijke warmte in Wannes zijn hart, en hij lachte, lachte zo juist lijk een kind lacht dat heel blij is. Want ginder naast de weg, op de eigenste plaats waar hij zelf eens ziek neergevallen was, zag hij pater Bernardus. Op de rand van de steenwegsgracht zat hij, zo doodgewoon te wachten, en al was het nog wel honderd meters van hem af, Wannes kon duidelijk zijn schoon wit gezicht zien, en zijn lippen zien bewegen terwijl hij in zijn brevier las. Het was ook ineens veel lichter geworden.

'Pater Bernardus!...' meende Wannes te roepen, maar het wilde hem niet door de keel van al te grote blijdschap. Hij stak zijn armen vooruit en kon opeens weer vlugger gaan. Pater Bernardus knikte al van ver, hij had Wannes herkend, en toen deze voor hem stond sloeg hij zijn verguld kerkboek toe en zei:

'Dag Wannes!' – Nog juist dezelfde stem van dertig jaar geleden.

'Dag poater Bernardus... ik zèn gedome zoe blij!'

Pater Bernardus stond recht, hij deed ongezien van Wannes een teken naar die Ene, die stillekensaan nader en nader gekomen was, en die nu verder achterbleef.

'En waar trekt ge zo naartoe, Wannes, in de nacht?'

'Poater Bernardus, 'k zal oe ged...' – de vriendelijke ogen keken juist in de zijne en hij hield het lelijke woord in – '...'k zal oe goan zeggen... ik, kwamp justkens noar aa oem te biechte... moar ik hèm er toch zoê'ne schrik van.'

Hij klopte Wannes op de schouder, en daarmee werd het hem zo deugdelijk warm alsof het in de volle zomer was.

Ze stapten nu neven mekaar door de sneeuw, en pater Bernardus had zijn arm onder Wannes zijn arm gestoken. Al de muugte was medeen uit hem weg.

'En wat hebt ge zo al op uwe lever, Wannes?... Pasen gehouden ieder jaar?'

'Noeit ofte noeit... en noar giên kerk geweest... moar ik hèm er zoê spijt van!... Wa zulde nie zegge as ik in oeve biechtstoel zit...' Wannes zuchtte, en pater Bernardus klopte hem weer eens glimlachend op de schouder. Het was anders niet om te lachen, dacht Wannes.

'Gevloekt?'

'Wel honderdduzend kiêre... alle tien woorden tenminste hèm ik er gedome iêne tussegelapt en liever ne groête as ne kleine... en geloge tege de gardes en de zanderme... en be-

101

kanst nen halve valsen iêd gedoan tege menhiêr de zuus van Leuve... en zoe dikkes zat geweest... moar ik hèm er gedo... ik hèm er zoê spijt van en noeit zal 'k èt niet miêr doen...'

'En is er nog iets, Wannes?'

'Anders... anders... ik weet het allemoal nie miêr en me dunkt dat et zoê al erg genoeg es... Moar toch... Onze Lieven Hiêr hèm ik alle ze leven geire gezien...'

Daar struikelde hij juist tegen een steen, en gelukkig dat pater Bernardus hem vasthield. Hij werd gewaar hoe zwaar hij op zijn arm woog.

'En zijt ge nu op niemand meer kwaad, Wannes?' – Waarom lachte pater Bernardus toch zo...

'Neie... 't es te zegge' – en Wannes bleef ineens staan – ''t es te zegge, as ge Jefke de Boshuêr oeit ieverans tege komt meugde d'em van mij poart tegen zèn schene stampe!' Pater Bernardus lachte nu hardop, en Wannes moest toen ook lachen.

'Of liever, loat èm moar loêpe... 't es oêk maar nen arme sloeber.'

'Wannes, kent ge de Aktes nog?'

'Neie, poater Bernardus.'

'En de Twaalf Artikelen.'

'Oêk nie, poater Bernardus.'

'Wat kent ge dan nog?'

'Alle ze leve mènen onze voader gekend, poater Bernardus, zoe goed as de pastoêr van Zichem of Averbode... Wil ik èm es oepzegge?'

'Zeg hem eens op.'

En Wannes nam, zoals altijd, zijn klak af, maakte een groot kruis: 's Voaders 's Zoêns 's heiligen Giêstes Oamen, en begon op zijn oude manier: Onze Voader die in den hemele zijt...

Ze waren nu boven op de Langeberg gekomen, dan het Grasbos voorbij, en over de witte diepten langs de Demer daaronder hing de maan bijna niet hoger als ze zelf stonden.

De boomstammen trokken zwarte balkstrepen over de weg.

En terwijl ze nu afdaalden naar Diest en de eerste huizen al gewaar werden, stonden ze ineens stil.

'Poater Bernardus, vroeg Wannes toen met een kleine bange stem, poater Bernardus, as ik naa strak alles zal gebiecht hemme, peisde... peisde da'k dan toch nog in de hel zal moete?...'

Toen legde pater Bernardus zijn twee handen op Wannes zijn schouders, keek hem vlak in de ogen, en antwoordde vriendelijk:

'Nee Wannes, daar is geen kwestie meer van.'

'Joa moar... zijde der wel hièl zeker van?'

'Zo zeker, Wannes, mijn goede broeder Wannes, zo zeker als dat we deze nacht voor altijd bijeen zullen zijn... Ga nu maar gerust t' Ons-Heer.'

En pater Bernardus deed een teken aan die Ene, die achteraan kwam en nu vlugger naderschreed, en hij ging langzaam weg, langzaam boven over de ijle witte wereld naar het Licht.

Wannes zag het niet. Want hij voelde zich opeens zo licht als een vogelke, daar was zo'n onzeggelijk geluk en vreugd in zijn oud hart gekomen, dat hij zijn armen had willen uitslaan en eens zingen van 'Mie Katoen', zoals bij de smid of Jan van Gille als hij goed gezind was. En daar zag hij plots voor zich iets zo schoon, zo schoon dat zijn blikken er stijf van stonden en hij zijn asem inhield. Hij zag een land van bloemen en zon en groenigheid, zonder einde, en de mensen die er door wandelden lachten allemaal vriendelijk op hem als oude kennissen, en de hazen en de konijnen liepen er zo maar voor 't pakken met heelder dozijnen, en vijvers met snoeken en karpers en paling... en ieverans of nieverans geen gardes of gendarmen...

Hoor!... daar begonnen ineens al de klokken van Diest tegelijk te luiden, te galmen met klare klank door de witte winternacht, dat het opsloeg tegen de heuvels ommetom en hoog tegen de lucht tot aan de sterren. Luiden, luiden, luiden maar... de blanke klokken van Sint-Sulpicius en Onze-Lieve-Vrouwekerk, van het Begijnhof en de Allerheiligenkapel, van de Kruisherenkerk en van het Nonnenklooster, luiden allemaal zoveel ze konden, om dat heel kleine Kerstekindeke dat deze nacht weer eens geboren was tot troost van al de mensen die goed van wil zijn... en daar was Wannes toch ook bij.

En luisterend, met zijn ogen wijd open naar dat enig schone land, schreed Wannes verder... en ging... en ging... ... ...
... ...
De mensen die 's morgens naar de eerste mis gingen bij de Kruisheren, hebben Wannes Raps gevonden, dood gevroren, op twee meter afstand van de kerk. Hij was tegen het muurke ineengezakt.

Verder was hij niet geraakt.

Wannes...

Ons moeder zaliger heeft me indertijd voor u dikwijls een paternoster doen bidden, en ik denk wel dat u dat op de ene of andere manier zal goed gedaan hebben.

Maar ik ben er anders heel zeker van dat gij recht naar de hemel zijt gegaan, Wannes. Dat ze een arme dompelaar als gij waart naar de hel zouden sturen, of jaren in het vagevuur doen wachten, – nee, daarvoor heb ik een veel te goed gedacht van Onze Lieve Heer.

Ja ja, ik hoor nu ginder, in Averbode, Peer de smid, Victalis of Jan van Gille in hun eigen al zeggen: 'Nest joeng, ge goat toch nog al wijd... van Wannes zoê moar nen heilige te moake...' En ze denken aan al zijn borreltjes en zijn vloeken, aan hazen en konijnen, aan... Luistert eens hier, smid, Victalis of Jan, iemand die zó veel afgezien heeft in zijn leven als Wannes Raps zaliger, die och arme nooit een eigen bed of een eigen thuis gehad heeft, die nooit vader of moeder heeft gekend, die meer honger – van dorst spreek ik niet

– geleden heeft dan ooit iemand aan onze kanten, luistert eens hier, smid, Victalis of Jan van Gille, zo'n mensen komen niet in het vagevuur, voor zo'n sukkelaars bestaat er geen hel en ik ben er van mijn kant heel gerust in dat Wannes daarboven elke avond ieverans in een hoekske van de hemel zit, met zijn aarden pijpke in zijn scheve mond, en dat Sinte Peter, Sint Isidorus, Sint Amandus en Sinte Pater Bernardus met nog een paar andere heiligen van jaren al, rond hem staan en zeggen: 'Toe Wannes joeng, zeg èt nog moar es oep!' en dat Wannes dan begint van:

Haat Kwaad Kwelliaat,
Botermelk en rapzaad
Lauwel en Pauwel en
Zwerte Peer...

ja, heel zijn peerdenpaternoster, en dat Sinte Peter en Sint Isidorus dan lachen dat ze der hun buik moeten van vasthouden... En wie zal zeggen dat daar in de hemel ook niet hier of daar een drupke te krijgen is!...

De hemel is toch de hemel!

En wanneer ik somtemets voor mijn eigen of voor anderen iets te vragen heb aan de goede heiligen van Onze Lieve Heer, en ik eerst met schoon manieren al de grote mannen heb aangesproken, de apostelen en de belijders, de martelaren en de profeten, waarvan de namen in de almanak staan en die hun plaats hebben tegen de kerkpilaren, dan denk ik daarna ook altijd aan de mensen van Zichem en Averbode die, naar mijn gedacht, zo zeker in de hemel zijn als die andere, en dan vraag ik

aan ons Moeder zaliger,

aan Pastoor Munte zaliger,

aan Maseur Valentine zaliger... en ja, ook aan Wannes Raps zaliger dat ze me zouden helpen en bijstaan...

... en kom ik daar later eens aan bij Sinte Peter, en doet hij mijn boekske open om me al mijn grote en lelijke zonden voor te lezen, – och Wannes, kom gij dan, na ons moeder, ook voor mij getuigen: 'Sinte Peter, da's er iêne van Everbeur woar dat de beste mense van hiêl de wereld woêne... da's Nest Claes die over mij zoe schoên in de boeke hee geschreve... loat den dieje moar binnekome!...'

Wannes gedome, dan kom ik er...

's Voaders 's Zoêns 's heiligen Giêstes Oamen!

MAURICE GILLIAMS

Monsieur Albéric

Toen ik op het instituut viool begon te leren moest ik 's morgens en 's avonds bij Monsieur Albéric, in de 'pianohokjes', gaan studeren. De muziekleraar was een blinde; hij droeg een zwarte bril met kleppen van gevlochten zilverdraad, zodat we zijn ogen niet konden zien. Naïef fluisterden de jongens onder elkaar: wie of er reeds achter zijn bril had mogen kijken? Maar de grote, opgewonden Bloem stelde een einde aan onze dwaze kletspraat en brutaal riep hij voor ieder die het horen wilde, dat enkel de lievelingen die ogen te zien kregen.

Monsieur Albéric was een aartslelijke, dertigjarige man. Hij stak vol scrupules en zijn enig verzet was een glaasje bier, dat hij tersluiks bij Arthur-de-portier ging drinken. In de kapel zagen we hem iedere morgen ter H. Tafel naderen en als we na het morgeneten, in het *pavillon de musique* binnenkwamen, geurde zijn adem naar leverworst en look.

Op het gelijkvloers waren vijf pianohokken; boven bereikte men er evenveel, die op een krakende houten gaanderij uitgaven; daar gingen de grote jongens studeren. Als we in het heiligdom onze intrede deden, stonden de deuren vierkant open; elke jongen stapte als een gevangene in de voor hem bestemde studiecel en Monsieur Albéric, als een cipier, kwam er met een zware sleutelbos de deur van sluiten. Oefeningen, toonladders en arpeggio, in verschillende toonaarden tegelijkertijd op de vele piano's gehamerd, op

107

violen van de snaren gewrongen, brachten een chaos van klanken teweeg, een kakofonie waar les werd in gegeven. Het was aangrijpend onze blinde leraar te horen die aan de zijde van een beginneling de maat als het ware uit de grond wilde stampen. Inmiddels wist hij nog naar een leerling te luisteren die, in een ander hokje, zich bezighield de muziek van een hem opgelegd 'morceau' te verknoeien. Het ons vertrouwde, onveranderlijk vermaan van onze leermeester *étudiez votre leçon!* bracht geen verandering in de oorverdovende sfeer waarin we ons bevonden. Somwijlen kwam Monsieur Albéric met stommelende voeten de houten trap opgeklommen, en driftig op een der glazen deuren deed hij zijn sleutelbos rinkelen; doch dapper, onder en boven in het gebouwtje, werd alsmaar door gemusiceerd.

Na de les, een kleine troep gekalmeerde springbokken, passeerden we onze leraar, aan de open deur die op de speelplaats uitgaf, en vele malen werd er een *bonjour* of een *bonsoir Monsieur Albéric* gemompeld. Van ieder herkende hij de stem, en we werden één voor één bij onze naam genoemd.

De plotseling ingevallen stilte had dit armtierig wezen ontzenuwd, alsof het, enkel geholpen door een aanvurende koorts, vermocht zijn besluiteloosheid te overwinnen. Transpirerend, met een verlegen beverige lach op het pokdalig gelaat stond Monsieur Albéric voor de gapende leegte van de verlaten speelplaats. Hij talmde een poos, nam zijn horloge en betastte met de vingertoppen de sterke wijzers en de hobbelige cijferplaat. Eindelijk viel de deur achter ons dicht. We konden maar niet te weten komen wat hij uitrichtte als we van hem weg waren. Hij bleef alleen met de slapende, versleten piano's die als doodmoeë, afgereden rijtuigpaarden in de hokjes stonden. Het popelend leven van onze leraar zat opgesloten tussen de lelijke naakte muren, die hij niet zien kon, geheel en al óór. En voor het zinken, met lijntjes doorgroefde leitje, ging hij eenzaam gebogen zitten componeren, terwijl hij misschien op een vies eindje sigaar kauwde.

Olivier Bloem was mijn boezemvriend. Hij was een sterke, mannelijke natuur, zodat ik me bij hem steeds veilig gevoelde voor de onopgevoede ruwe jongens, als er alleen ónze instituten bevolken. Bloem had eigenlijk zijn 'kliek', die hij aanvoerde en waar ik geheel vreemd voor bleef; doch als hij zijn zwaarwegend heerserschap moe werd, kwam Olivier Bloem tijdens de speeluren stil naast mij lopen.

Op de promenade waren we steeds samen. Ik had een stok gevonden. We snelden vooruit en op een eenzame plek, waar we in het leven nooit meer zouden wederkeren, hebben we de stok in het zand geplant, met een blad uit mijn cahier eraan vast waar de mysterieuze beginletter van onze voornaam met potlood stond op geschreven. Nooit heeft Bloem er veel van begrepen ofschoon hij graag dit spelletje meespeelde, waar ik op indringende wijze van genoot. Menig spoor van onze passage hebben wij op de barre vlakte, in de bossen achtergelaten; en op de onberoerde waterpoelen wierpen we menig blaadje papier, als een vaarwel, als een bitter geslaakte klacht vanuit onze slavernij, aan de onbekende gericht die dààr zeker nooit kwam zwerven. We zagen een herder met zijn kudde schapen, een die eigenlijk nergens naartoe wilde, die bleef dwalen over de heide, lijk de wind, de regen en de sneeuw. Of we ontdekten een wrak woonwagentje in een dreef, een mager paard, een hond, emmers, ketels en drogend wasgoed. Als het 's nachts stormde lag ik vaak aan het woonwagentje te denken: het kon opgenomen en in een wervelwind van de aarde weggevaagd worden, zoals de vurige wagen en de paarden van de profeet Elias.

Op het privaat van de slaapzaal was de nacht wonderlijk om te horen. In de hoogte tochtte een tuimelraampje; ik liet het steeds openstaan en beluisterde het vage suizen van de kleine, slapende provinciestad. Ieder halfuur kon men de torenwachter op zijn hoorn horen blazen. Ik dacht aan het stadswapen met het springend hert, op de muren van de grande-étude-zaal; de houtgravuren in de boeken van mijn vaders bibliotheek hadden mijn verbeelding gerijpt en het viel me niet moeilijk om van romantische landschappen te dromen. De nachtkou zeeg door mijn nachtgoed. Ik werd bedroefd. Ik begon aan Antwerpen, aan mijn thuis te denken.

Toen we voor de promenade onze schoudermantel gingen halen, was Bloem mij onopgemerkt achternagekomen. Wij bevonden ons in de magazijnachtige kleedkamer, in een van de nauwe gangetjes met kleergoed, waar bij pozen een jongen van tussen de overjassen en kostuums te voorschijn kwam.

Toen we goed en wel alleen waren, fluisterde Bloem mij vertrouwelijk in het oor, dat de knechts Monsieur Albéric uit het 'pavillon de musique' hadden weggedragen.

– Bah, wat een kreng, sprak hij met walg terwijl zijn hand een bruusk gebaar maakte alsof hij een borrel door het keelgat goot.

– Luister, zei hij aan poos: je moet niet zo dikwijls bij Monsieur gaan studeren; hij valt van de een verliefdheid in de ander.

We bleven niet langer tussen het kleergoed lanterfanten en in gedachten verzonken verscheen ik naast Bloem op de speelplaats, waar de jongens in rijen gereed stonden om het instituut voor de zondagse promenade te verlaten.

Het was een onweerachtige namiddag. De surveillanten zouden ons vandaag niet al te ver laten gaan en zodra wij de stad buiten waren gekomen, werden de rangen ontbonden. Bloem liep zwijgend aan mijn zijde. Langzaam stapten de jongens voort. Misschien konden we nog geruime tijd wandelen aleer het onweer losbrak. Het voetengetrappel op de steenweg was niet bij machte de nijpende stilte van het wachtend landschap te overstemmen. Ik had er geen idee van hoe lang we reeds onderweg waren. Men had ons de steenweg doen verlaten, en we waren links afgezwenkt om reeds de terugtocht aan te vangen langs een stemmige, met wagensporen doorgroefde bosweg. Weldra kwamen wij op de vlakte, waarvan ik me niet herinner er voordien te zijn geweest. Een lucht met dreigende wolkengebergten was inmiddels komen opzetten en daaronder woeien de doorzichtige nevelflarden, als vliedende schoorsteenrook. Er begon iets over de grond te ritselen. Hoog in de lucht naderde een sterk metalen geruis. Het was de wind die ons in minder dan geen tijd met geweld overviel en onze troep waaiende cabans als bij toverslag aan klapperende vledermuiswieken deed gelijken. Plotseling sloeg een nijdige, dichte regen op ons neer. Het was angstwekkend donker geworden en we waren als gehuld in een zonderlinge nacht, waar de stalen regen door glinsterde en ruiste. Toen ging er een jongen aan het draven; hij werd door twee andere jongens gevolgd en opeens sloeg de gehele verschrikte troep op de vlucht, de bossen in waar de geselende regenslag door de dennenkruiden werd gebroken. Onder de doornatte, zwaarwegende caban deerlijk in onze bewegingen gehinderd, zwierven we doelloos rond zonder ons om het geroep van de surveillanten te bekommeren. Toen ontlaadde het onweer zich in een krakende donderslag. Het bos had een paar seconden in een verblindend licht gestaan en onder de geweldige losbarsting van lang aanhoudend dondergerommel was de nacht weer rond ons heen dichtgevallen. In paniekstemming stoven we in alle richtingen uiteen. Het begon nu zwaar en als het ware met opzettelijke traagheid te regenen. De kap van onze schoudermantel diep over het hoofd getrokken, voorovergebogen zwierven we door het bos; ieder trachtte zich naar de ingeving van zijn instinct te redden uit die onverwachte lentestorm. Eindelijk hadden we de bosrand bereikt, en een uitgestrekt, doezeliggrauw weiland doemde voor ons op, waar runders in de plassende zondvloed neergevleid lagen. Met een ruk keerden de voorste jongens zich om, terug het bos in; er ontstond een vleermuisachtig gewarrel van schoudermantels, van tegen elkaar aanbotsende lijven. De surveillanten schreeuwden boven het onweer uit en spanden zich wanhopig in om ons vanonder de bomen terug op de open weide te krijgen. De jongens, in woede ontstoken, gingen te keer alsof er een oproer ware uitgebroken. Enigen weerden zich hardnekkig en in een razende jacht scheidden ze zich af van de hoofdgroep, die hulpeloos in de weide was terechtgekomen om er het ergste af te wachten. Een surveillant snelde de weglopers achterna, die weldra uit het gezicht verdwenen waren.

De regenvlaag nam af in geweld; een laatste, verre bliksemschicht reet de hemel open; we kwamen in groepjes bijeen, willoos en uitgeput. De runders klaverden overeind; in een aureool van blauwe smoor gehuld kwamen ze beurelend op ons af gewandeld.

Onze troep stond door overstroomde weilanden ingesloten; hand in hand vormden we kettingen en we moesten door uitgestrekte waterplassen waden. Bloem was al die tijd geen stap van mijn zijde geweken, zijn arm rustig en beschermend om mijn schouder geslagen. Zo bleven we naast malkander tot we in een kasteeldreef van een onbekend landgoed uitkwamen. De surveillant trachtte zich te oriënteren; hij ondervroeg de jongens van de streek, maar niemand herkende de omgeving. We waren verdwaald.

De frisse geur van jong, nat eikenhout kwam ons toegewaaid. Onze aandacht werd afgeleid door een ruiter; hij sloeg een zijweg in en we zagen hem op zijn stormende schimmel ver weg hollen, naar een verschiet waar, achter de bossen, een hoog oplaaiende brand woedde.

Eindelijk vingen we de thuismars aan, met bemodderde schoenen loodzwaar aan onze natte voeten, als een koortsige bende van verslagenen. Op de steenweg stapten we weer in het gelid. De avond begon vroeg te vallen. Bloem liep in een van de laatste rijen terwijl ik aan het hoofd van de troep als een slaapwandelaar voortstapte. Ik had een blad uit mijn zakboekje gescheurd en, zonder er naar te kijken, onder mijn caban verborgen, er kabbalistische tekens op gekrabbeld.

Het was, misschien, totaal onleesbaar wat ik schreef, het had geen zin en ik wist zelf niet wat ik ermee beduiden wilde.

Als kind drukte ik mijn lippen op een steen en ik was zo dwaas mijn vernederingen in het diepe binnenste van de steen te willen fluisteren. Nadien sloeg ik hem met hamer-slagen brokje bij brokje tot puin en onder mijn stampende hielen werden de monsters van mijn gedachtenpijn vergruizeld, die de steen in bewaring had ontvangen. Zou ik deze landschappen later nog komen doorgedwaald? Het papiertje ontglipte aan mijn vingers. Het dwarrelde weg, gedragen op de wind, naar het onbekende, vreedzame en eeuwige doel, waar het in nacht en kou rust zou vinden.

Geheel de week was ik niet bij Monsieur Albéric gaan studeren. Toen ik genezen was, heeft hij me met blijde verwondering ontvangen. Hij opende voor mij zijn eigen werkhokje op de gaanderij en ik voelde me de eerste ogenblikken ongemakkelijk tegenover zijn vriendelijke bezorgdheid voor mijn zwak gestel. Bij het venster stond een met ordelijk gestapelde cahiers beladen tafeltje. Waar onze 'problèmes' met dunne, verbleekte inkt geschreven stonden, waren thans de puntjes van het brailleschrift geprikt. Aan de stoelleuning hing een bruine rozenkrans.

Ik opende de vioolkist. Met hoge schouders van bedeesdheid was mijn leraar in de deuropening blijven staan; hij beluisterde mijn handen en vroeg naar de viool waarvan hij met spitse vingers de snaren stemde. Hij probeerde een paar akkoorden en verstrooid bleef hij op een antwoord wachten, dat nergens vandaan kon komen. Ik durfde me bijna niet verroeren want telkens als ik een beweging maakte, docht het me dat er op zijn gelaat iets veranderde; hij scheen te glimlachen naar een verre geesteswereld, waar het in dit moment heel lieflijk voor hem moet zijn geweest.

– Monsieur Albéric, aarzelde ik te fluisteren; en ik voegde er geniepig een paar vriendelijke woorden aan toe, nu het beeld van Bloem in mijn gedachten te spotten stond met deze miserabele spookgedaante.

– Moniseur Albéric, gevoelt u zich onwel? vroeg ik geveinsd.

Hij opende zijn mond, zijn purperen lippen trilden; enkel zijn vunze adem kwam tot mij. Na een poos stak hij het instrument vooruit; waar hij de vioolhals losliet was een langzaam wegzoelende zweetvlek. Toen deed hij een stap in mijn richting en ik hoorde zijn onvaste, hese stem tot mij spreken; maar het ging alles zo vlug en onverwacht dat ik zijn woorden niet begreep. Hij boog zich naar mij. Hij had een rode zakdoek bovengehaald, dopte ermee achter zijn bril, – en toonde me zijn afschuwelijke martelaarsogen: karmijnen streepjes, als steekwonden van een lans, zonder oogappel meer, zonder leven dan een zenuwachtig bewegen van de op elkaar gedrukte, vochtige oogranden. Hij liet de bril weer op zijn aardbeiachtige neus vallen; en alsof hij met elke voet een ontzettend zwaar gewicht van verdriet voortsleepte, heeft hij zich verwijderd. Zijn sleutel knarste in een slot. Beneden stond hij weer lijdzaam de maat uit de grond te stampen.

Ik had geen lust tot studeren; ik gevoelde me ondragelijk ziek en weerspannig worden. Op dit ogenblik was ik in staat het instituut in brand te steken. Ik heb de viool op het tafeltje achtergelaten, onder het crucifix met de palmtak. Het hokje was open gebleven. Toen ik, reeds beneden, langs de deuren sloop en Monsieur Albéric mijn ontsnapping gewaar ging worden, ben ik buiten gesprongen.

Op de verlaten speelplaats bleef ik rondwandelen tot de jongens uit de klassen kwamen; in rijen schoven ze naar de refter voor het avondeten.

De verwachte

Zou ik dood zijn? Morgen, 17 mei, word ik begraven. Vergadering ten sterfhuize te 14.30 uur.

In mijn zwijgende aanwezigheid werd dit eergisteravond tussen mijn broer en de begravenisbezorger vastgesteld. Met de laatste heb ik medelijden. Hoe spijtig voor hem, dat hij zijn honorarium niet vooraf heeft geëist. Want ik hoop vastelijk niet begraven te worden; tenminste deze week of dit jaar nog niet. Ten ware mijn lijkbidder, als hij mij uit mijn kist zou zien verrijzen, mij uit woede de godsklop zou geven. Hij is niet sympathiek. Niet omwille van zijn beroep, dat een even grote som humor als treurnis biedt, maar om zijn uitzicht. Hij is te groot, te vlezig, te brutaal. Een zeer flinke beenhouwer ware hij geworden. Als 'het' lukt, wat ik vastelijk verhoop dan wil ik hem gaarne vergoeden. Om mijn geval zal zeker publiciteit worden gemaakt en als hij handig is, kan hij in de toekomst een aardige duit verdienen. Ik zal hem voorstellen, dat ik zijn naamkaartje opstel, desnoods met een rijmpje:

> Laat u begraven door Leon Geysen,
> als gij wilt kan hij u doen verrijzen.

Maar zover ben ik nog niet, wat me wel weemoedig maakt. Zoals ik hier proper opgebaard lig, geschoren en gekamd, doch zonder bril, is dood zijn niemendal. Sterven zonder pijn, lichamelijke noch geestelijke, is evenmin lastig. Doch begraven worden in mijn geval, onbeweeglijk, doch niet onbewogen, zal erger zijn. Doch zo ver is het ook nog niet; ik denk er zelfs niet aan.

Ik ken niet de minste schrik. In de treurige ogen van mijn bezoekers lig ik ijzig stil, rustig zoals alleen de dood ons absoluut rustig kan maken. Ook in mijn eigen ogen, dieper nog, in mijn scherp bewustzijn, voel ik me sereen. Ik ben overtuigd, dat over het strakke masker van mijn gezicht een superieure glimlach ligt. Heb ik de pater dominikaan, die me steeds heeft willen bekeren, niet horen fluisteren tot mijn zuster, dat ik een schone dode ben?

Maar ik leef. Ik weet dit zeer zeker. Kan een echte dode, in zijn gestolde hersenen immers het besluit nemen na zijn verrijzenis op te schrijven wat hij ligt te denken?

Ik kan nog denken. Ik zie mij weer lopen door het duin, met mijn hond. Dit is een herinnering. Tevens stel ik me voor, dat ik één van deze avonden opnieuw bedauwde meidoorn zal ruiken. Ik zie ook mijn gestalte in een zetel van deze plaats zitten en ik zal roken en Radio-Brussel zal de 'Pavane' van Ravel spelen. Mijn zintuigen leven, mijn verbeelding bloeit. Neen, het is niet waar, het mag niet waar zijn, deze beelden zijn geen stervende herinneringen, die traag vervloeien uit mijn stollende hersenen. Een ware dode schept niet meer en ik schep wel. Zie, ik sta op het strand; over de zee trilt een waas, ik haal muziek uit dit waas en uit die muziek tover ik een vrouw en ik noem ze Venus. Kom, Venus, en ga zitten in het zand, achter mij. Schik uw haar, dat door het water lichtjes werd verward. Ik kijk weer over de zee, het waas is weg en tussen twee baren spoelt het lijk van een visser aan. Zijn ogen zijn uitgegeten door de krabben en de garnalen, zijn vingeren zijn reeds half weggevreten. Rijs op, visser, ik maak u twee blauwe ogen, schud uw handen, vezels vallen los en gave vingeren groeien weer aan. Sta recht en reik mij uw hand, uw linker. Want uw rechter leg ik in de smalle linker van Venus. Hier vóór de zee huw ik u samen, schoonheid der zee en dood der zee. Gaat en vermenigvuldigt, uit uw bloed verwacht ik Eeuwigheid.

Doden kunnen levenden bevruchten, maar een dode, die zichzelf weet fantaseren, leeft, feller zelfs dan het merendeel der gewone levenden.

Morgen vóór 14.30, moet ik echter verticaal staan, buiten mijn kist, want vóór dit uur mogen de schroeven niet toe. Het staat in mijn testament.

Dit is geen gril geweest, maar een erfelijke traditie. Ginds, aan mijn linkerzijde, staat mijn bureau. Want ik wens afgelegd te worden, waar ik steeds heb gewerkt. Mijn zuster en mijn broer hebben alles gelaten zoals het was. Alleen de blauwe en rode zetels heb ik ze naar de eetkamer hiernaast horen verslepen. Het moet daar nu donker zijn met de rolluiken neer. Ik hoor bijna geen straatgeruchten; geen kinderstem, geen dagbladroep, geen fietsbel. Het zal nu late namiddag zijn. Hier binnen voel ik de rust van vele zondagen, wanneer iedereen op de dijk loopt, naar de vespers is of de voetbalmatch.

In de tweede schuif links liggen de testamenten van vader en al zijn vaderen. We kennen ze tot 1604. Allen hebben formeel vermeld, dat hun kist slechts op het allerlaatste ogenblik dicht mocht. Er moet vroeger een schijndode in de familie geweest zijn. Bij mijn wete was het niemand van onze onmiddellijke voorgangers. Geen enkele is trouwens jong gestorven. Ik ben thans vierendertig en ook met mijn testament was er geen haast. Vier weken geleden hebben we echter Tante Flora, vaders laatste zuster, begraven. Vóór de zinking heeft de notaris ons gedrieën rond de open kist geroepen en met dronken tong heeft hij ons medegedeeld, dat tante ons alleen een boomgaard vermaakte, waarvan de appelen en de peren pas drie dagen geleden op de nog bloeiende boom waren verkocht aan een ons onbekende fruithandelaar, die plots soldaat is moeten worden en uitstel heeft gekregen om zijn schulden te betalen.

Eigenlijk hadden we niets verwacht. Toch heeft het mens ons vermaakt in al de betekenissen van het woord. Haar testament is namelijk in gewesttaal opgesteld en behalve de passus over de boomgaard, is het louter niets dan een soort van postuume monografie over het bereiden van diverse confituren, volgens Tante Flora's eigen formules: weinig moeite en veel suiker. Wij hebben een hele reeks vruchtennamen bijgeleerd, zodat we de avond, die volgde, meer spraken over klapsen, williams, yorks en duchesses d'Orléans dan over de gebruikelijke levensanekdoten van de overledene. Het meest had mij echter de slotzin van haar traktaat getroffen: de raad van elk van ons geen dag langer te wachten om zelf onze laatste wil voor eeuwig op gezegeld papier vast te leggen. Heeft het mens een voorgevoel gehad? Voor mij althans?

De volgende morgen ben ik, zoals het mijn gewoonte is, na de begrafenis van een familielid, over mijn voorouders beginnen mediteren. Ik ben weemoediger geworden dan na vorige bijzettingen en gans de dag heb ik me van dit gevoel niet kunnen ontdoen. 's Avonds had mij een droge treurnis te pakken, te licht om naar bed te gaan, te diep om langs de zee te lopen. En ik heb me vóór de schrijfmachine gezet.

Ik laat een klein fonds over aan mijn hond. Als hij me overleeft, dan moet hij geschonken worden aan de huisbewaarder van het Museum voor Letterkunde. Zo gauw het dier tekenen van blindheid krijgt, moet het worden gedood door de Rijksveearts. De conservator van bedoeld Museum moet het doen opzetten en het met zijn kop in de richting van de deur stellen, alsof het elk ogenblik verwachtte me te zien binnenkomen.

Mijn boeken schenk ik aan mijn broer, al mijn overig bezit aan mijn zuster.

Mijn geld mogen ze verdelen of wegsmijten.

Maar, laatste zin, het deksel van mijn kist mag er niet eerder op dan op het klassiek moment, als de lijkdragers met hun vieze, vroeger zwarte uniformen mij onder de pelder schuiven om me buiten te dragen. Zo lang mogelijk moet mijn blij en goed lichaam, deze enige, diepe vriend, die na drie dagen over aarde liggen onmogelijk helemaal kan dood zijn, de vertrouwde atmosfeer van mijn doorrookte werkkamer blijven ondergaan. Deze zelf moet blijven, zolang ik niet weg ben, zoals ze was, wanneer ik er droomde, praatte, floot en sliep. Vooral de ruggen van mijn boeken mogen niet gedoken worden. Ze moeten mij blijven bezien, zoals ze het nu doen, samen met de portretten van vader en moeder. Deze hangen echter te hoog. Ik zie ze niet.

Vader, vriend, wij zijn beiden verdronken, gij op zee, ik in de badkuip. Nooit zijt ge ergens aangespoeld. Gij zijt op zee gebleven. Ik ben beschaamd over mijn dood. Gij, die me altijd begrepen hebt, gij zijt de enige aan wie ik het durf vertellen. Luister door de grote wateren, die u zingend doorspoelen. Het badwater ruiste lauw en gemoedelijk als branding in Mei. Het gasbekken kiste profijtig, de spiegel boven het lavabo sloeg aan zoals altijd en in mijn hand hield ik het plezierige, gladde stuk zeep. Plots gleed mij dit uit de vingeren, ik voelde één kramptrekking aan de maag, mijn hoofd zakte in het water. Ik heb nog wat vocht willen uitspuwen en mijn ogen hebben nog even de regenboog weerspiegeld van het blauwe, troebele zeepsop. Toen ik opnieuw tot het leven ontwaakte, trok een man een kam door mijn haar: onze gebuur, die nachtwaker is. Op de fontanel van mijn hoofd, waar mijn kam ook altijd blijft haperen, heeft hij wat harder moeten trekken. Gij hebt wellicht sirenen gezien, vader, toen gij loom onder water zijt gegleden? Ik zag niets meer onder het laken. Pas, toen het donker was, is uw dochter, mijn zuster, gekomen en snikkend heeft ze mijn oogleden naar beneden geduwd. Wellicht dacht ze ook aan u.

Alleen door mijn linkerwimpers sijpelt wat schemer.

Mijn moeder heeft mij nooit ontroerd. Ik heb haar niet gekend. Mijn leven was haar dood. Ware ik er niet gekomen, dan zat zij misschien in deze zelfde kamer te borduren of tegen de papegaai te spreken, die vader uit Lobito heeft meegebracht. Arme vrouw, ben ik geen nutteloze geboorte geweest? Ik ben immers weer niemand meer. En wat heb ik in dit leven uitgevoerd? Mijn dagen met gewilde fantasie gevuld?

Een stilte als deze heb ik zelden gekend. Nu ken ik ze sedert twee nachten en één volle dag. Ze maakt mij eenvoudig gelukkig. In de eetzaal hiernaast wordt zacht gevezeld door mijn zuster en haar man. Er is een derde stem, die me vreemd lijkt en niet te onderdrukken zakelijk. Ga maar voort, kerel.

Hierbinnen is het goed, gezellig zelfs. Ik hoor niets, maar niets meer. Op straat moeten ze vermoeden, dat hier een lijk ligt. Of is het reeds zeer laat? Het is een angstige wellust niet te weten, niet te moeten weten hoe laat het rééds is, of nog màr is. De bel van de voordeur is afgelegd. Zoals ik...

Slechts twee bijzonderheden beginnen mij te vervelen.

Als de deur van deze kamer opengaat wemelen de vier kaarsen, die aan mijn schouders en mijn enkels hun stijve vlamtranen verheffen. Wanneer de tocht ze beroert heb ik de indruk, dat ze plots aan het snotteren gaan. Ik houd van koud verdriet.

In mijn testament ben ik toch iets vergeten. Met mijn kist hadden ook mijn ogen moeten openblijven. De enkele bezoekers, die gekomen zijn om te kijken en die zwegen, heb ik niet kunnen herkennen. Als ze de toer van mijn lichaam doen, werpen ze slechts schaduw af. Eén troost heb ik: gedurende mijn omgang met hen hebben ze waarschijnlijk niet méér gedaan. Gaarne had ik gezien wie gekomen is en hoe ze reageren. Vergeef me deze kleinmenselijke nieuwsgierigheid. Eenmaal buiten mijn kamer hoor ik ze fluisteren, daar waar ze vroeger niet luid genoeg konden roepen om onzin te verkopen. In mijn zuster en mijn broer heb ik echter het volste vertrouwen. Hun snikken zijn gewaarborgd.

Ik weet niet hoeveel bezoekers gekomen zijn, want ik vermoed, dat ik een paar uur heb geslapen. Waar zijn ze nu en wat denken ze over mij? De collega's, het stel onvermijdelijke buren, die nog mijn lege vuilnisbak niet binnen haalden om mij tegen een proces-verbaal te vrijwaren, de tros voorzitters en bestuursleden van de maatschappijen, waarvan ik naar het schijnt de werkzame en verkleefde secretaris ben; en de enkele vrienden, waarvan ik onbetwistbaar hield. Zijn ze nog vriend of zijn ze het reeds niet meer? Deze nieuwsgierigheid, die alles en iedereen in haar netten wil trekken en zowel voldoening als een obsessie is, betekent ze niet andermaal, dat ik niet dood ben?

Ik weet mijn glimlach in mijn roerloosheid zonder hem te voelen en opnieuw denk ik aan de stem van de dominicaan, die naar vele doden gaat kijken: 'Hij ligt schoon'.

Uit. Daar zijn ze weer. De trap kraakt en wat volgen zal, ken ik van buiten. Een stap doet even de vloer trillen, zodat in mijn lenden, die helemaal doorgelegen zijn, de rust wordt verstoord. Op haar tenen gaande, komt mijn zuster eerst binnen, steekt de waskaarsen aan, die flikkeren, en dan wordt er een tijdje gezwegen. Niet lang. Een nieuwe stap naar het tafeltje en op dit ogenblik vloek ik in mijn verbeelding om wat volgen zal. Ik hoor dorre blaadjes tegen een glas tikken en van een palmtakje kriebelen enkele druppels op mijn voorhoofd. Het water heeft een verflenste geur en bezorgt mij stijve vlekjes op de huid. Hierop voel ik een laatste blik wegen, niet al te zwaar; drie stappen naar de deur doorschokken opnieuw mijn lenden en de kaarsen worden uitgeblazen.

— Nijp ze toch uit, zuster, want ik blijf alleen met mijn gestoorde kalmte en wat walgelijke smook.

Nacht moet het nu zijn, want sinds lange tijd is niemand me komen bezoeken. De rook van de waskaarsen is wat opgetrokken en ik ruik jasmijnen. Wie heeft deze gebracht? Kom, het moet gedaan zijn met die vragen. Rustig kan ik mijn gevouwen handen vermoeden, handen, waarin ik gelukkig niets te houden heb. Dank u, broer, daarvoor hebt gij gezorgd... Ik voel ook het laken effen gespannen, als een duinhelling, naar de kruin van mijn samengeduwde voeten. Ik lig met mijn gezicht naar het venster en vermoed boven mijn hoofd, op het hoge schap, de ouderwetse borden met hun versteende taferelen. Ben ik niet een figuur uit zo'n tafereel aan het worden? Het moet een schoon genot zijn, zolang het bord, dit broze bord, niet breekt, een eeuwige idylle te spelen, zonder dat het leven voortschrijdt, zonder dag van morgen, zonder nacht van gisteren...

Thans ben ik heel zeker, dat ik hier te glimlachen lig; met de lach van iemand, die moe wordt, maar onder zich een zachte stede weet, even vóór slaap of droom. Ik neem een besluit: dit uur en de volgende zijn voor mij, de dode is eindelijk alleen met zichzelf. Buiten ruist het; het moet een zachte meiregen zijn. Het suizen maakt me loom en even ben ik angstig. Mijn grenssluimer mag geen uitdoven zijn, geen blind worden van mijn zintuigen. Ik wil niet sterven.

Wil ik waarlijk niet sterven? En waarom niet? Dwaze vraag. Zelfs moest ik willen, zou ik het kunnen? Zo is het: ik wil alleen niet levend begraven worden. Plots betrap ik mij er op, dat een begin van wreveligheid mij besluipt. Mijn roerloosheid begint mij te vervelen. Waarom kan ik nu niet opstaan, het laken van mij afwentelen en traag beginnen kloppen, of zingen bijvoorbeeld, om mijn zuster en mijn broer niet te verschrikken? Het gaat niet, neen, mijn mond blijft toegeknepen, mijn vingeren kleven in elkaar, bewegen gaat niet, mijn linkeroog kan niet méér open, mijn bloed vloeit als het vloeit, onder een dikke ijskorst. Ook mijn stem blijft lam, ik kan niet roepen, ik ben ijl, ik moet roerloos blijven, bij gebrek aan zwaarte lijkt het mij.

Slechts in mijn hoofd leef ik nog. En een andere vraag wordt nu in mijn brein geboren: zou ik durven sterven? In mijn leven heb ik alles gedurfd, maar dit alles bewoog zich steeds naar een verandering, naar iets vers, naar iets dat lokte en dit lokken was niets anders dan het leven zelf. Zou ik nu met mijn zelfde wil, met mijn zelfde zucht naar avontuur durven zwerven in de richting van de dood? Alles heb ik gedurfd, zo lang er één laatste kans tot slagen bestond. Ik dacht zelfs aan deze kans niet, omdat leven zelf alle kansen inhoudt. Is het soms dit verstijfde, thans nutteloze lichaam, dat mij, niettegenstaande zijn onbruikbaarheid, toch nog tegenhouden kan om de sprong te wagen aan gene zijde? *Gene* zijde, vroeger misschien met *ee*.

Angst blijft mij vreemd. Als dood zijn het einde van al ons bewustzijn betekent, dan hoeft geen schrik te worden uitgestaan; en wanneer de dood een nieuw leven inluidt, een herboren worden, zij het in een andere wereld, moeten wij dan ontzetting kennen? Altijd heb ik gaarne gereisd, liefst zo ver mogelijk. Vóór elke afvaart was ik kinderlijk gelukkig, het nieuwe zong bedwelmend zijn ongebonden lied in mij. De reis naar de dood vindt me slechts onverschillig. Het loont de moeite niet te durven voor een loos gewin. En waarom durven, om misschien nooit meer te kunnen durven?

Willen sterven, mogen sterven. Moet ik in deze ure van absolute inkeer geen derde vraag stellen? Mag ik sterven?

Laat mij eerst denken aan de anderen. Aan mijn verder leven zullen noch moeder, noch vader vreugde hebben. Integendeel. Als zij in die andere sfeer aan het wandelen of het dromen zijn, zouden ze me dan niet liever naast zich hebben? Is dood zijn soms niet wachten op degenen, die nog leven?

In de ogen van mijn zuster en mijn broer ben ik reeds weg. Hun grootste verdriet is geleden. Morgen, bij mijn laatste afscheid, zal het nog eens zeer diep in hen schrijnen, het diepst. Deze nacht blijf ik nog bij hen, ik hoor ze niet meer, wellicht slapen ze reeds. Hun hart klopt nu in de rust. Na mijn begrafenis, zonder mijn lijk in huis, zal ik opnieuw in hen aan het leven gaan, in herinneringen. Als ze de rolluiken opdraaien en het licht zal op mijn schrijfmachine, mijn boeken, mijn pijp, mijn zetel, mijn papieren en mijn kleeren vallen, dan word ik in hen de goede afwezige. Een hogere kalmte zal in hen dalen, de kalmte van mijn bestendige afwezigheid. De hoop, maar ook de angst voor een terugkeer zal niet meer bestaan. Maar het kisten, het ogenblik: 14.30 uur, dit moet hun gespaard blijven. Het zou ook moeten aan mijn vrienden bespaard worden. Ik zie ze huiswaarts keren, te voet of met de trein. De meesten zijn niet in het zwart. Ze zwijgen en hebben verdriet. Liet ik hun genoeg na om ze te troosten? Nooit heb ik de indruk gehad, dat Vondel, Shakespeare, Karel van de Woestijne, zelfs Gezelle gestorven waren. Van mensen, die nog leven daarentegen heb ik de overtuiging, dat ze reeds gestorven zijn. Ze stralen niet, ze verspreiden mist.

Veel zou ik willen achterlaten, vooral geestige dingen of weemoedige. Hierin leeft men het best voort, het scherpst en het innigst.

En ik heb bijna niets.

Ik heb geen kinderen, heb geen vrouw. Ik heb van vier, vijf vrouwen gehouden en allen waren ze verschillend. Het was telkens om hun persoonlijke bekoring, dat ik hen lief had. Geen enkele bezat wat mij weerhield eveneens tot de anderen te gaan. De Ene heb ik niet gekend. De zon bevat alle grondstoffen van onze koude aarde. De vrouw, die mijn zon zou kunnen zijn, moet dus ook bestaan. Waar is ze? Wie weet haar wonen? Wie gaat haar dan zeggen waar ik verblijf? Neen, ik alleen kan haar vinden. Zij zou alles uit mij wakker kloppen, zij zou me tot de klaarte brengen, die ik nodig heb om een volledig mens te zijn, die voor al zijn medemensen en vooral voor degenen van zijn land met geestdrift en overleg zou arbeiden; om haar, om hen, om mezelf zou ik morgen niet mogen verdwijnen.

Ik ben weer weemoedig geworden. Het regent niet meer, maar de jasmijnen geuren dubbel zoet. Ik ben niet ongelukkig. Mijn zinnen leven nog. Maar opsnuiven, murmelen, voelen met mijn vingers of mijn knie kan ik niet. In huis is de hangklok stilgelegd. Hoe laat zou het zijn? Beneden wordt plots een stoel verschoven. De kelderdeur gaat open en de trap knarst. Ik verneem vier stappen. Ze komen in de gang en de deur gaat open. Ze treden nader, maar iemand doet een paar schreden terug en knipt het licht aan. Dan komen ze beiden langs weerskanten van mij staan. Ik zie ze niet, doch het moeten, ik voel het zeer fijn aan, mijn zuster en mijn broer zijn. Ze komen me voor de laatste keer goede nacht zeggen. Konden ze maar de volle symboliek van die groet gissen.

Wat kan ik van mijn standpunt uit van hen verwachten? Zouden ze de laatste passus uit mijn testament als iets meer dan een macabere ironie of de klassieke familiegril aanzien? Ik weet onzegbaar koel, dat ik ze niet kan helpen om mij te helpen. Mijn wimpers trillen zelfs niet; ik hoor geen enkele snik althans. Wij zijn gedrieën, de drie kinderen, die vier jaar geleden ook op een avond samen zaten, toen het telegram van het vergaan van vaders schip was gebracht. Toen lag ook een dode tussen ons, zonder lichaam. Thans ligt opnieuw een dode tussen hen, met zijn lichaam, doch, zonder dat zij het bevroeden kunnen, eveneens met zijn geest. Met vrienden of vreemden zijn wij alle drie grote praters. Onder ons hebben we steeds weinig gesproken. Er zijn banden, die het schoonst glimmen in de stilte. Ze doen niets, zeggen niets.

Ik stel me even voor, dat mijn broer hier in mijn plaats zou liggen. Wat zou ik voor hem doen? Zijn hart beluisteren? Mijn horloge vóór zijn toeë mond houden? Hem inwrijven met azijn? Reukwater onder zijn neus houden?... Niets waarschijnlijk. Denken en zwijgend dromen: daar ligt nu mijn broer, gemaakt uit hetzelfde vlees en bloed als ik, het wezen, naast wie ik al de nachten van mijn jeugd heb geslapen, naast wie ik solidair heb gestaan, tegenover wie ik de troebelste ontroering van mijn gemoed heb gekend; het wezen, dat ik van me heb zien vervreemden, toen ik een andere vriend heb genomen, toen ik voor het eerst een meisje heb gezoend.

Eén van hen legt zijn lauwe hand op mijn voorhoofd. Ik sidder... Neen, hij of zij krijgen geen levend contact met mij.

– Broer, zegt mijn broer.

Rechts van mij voel ik een andere hand naderen, die even door mijn haar strijkt, zodat ik opeens week word en onuitsprekelijk, helaas, onuitsprekelijk treurig word. Dan wordt het weer stil, tot mijn zuster spreekt:

– Wisten we maar wat hij nu weet.

Hierop streelt ze mijn wenkbrauwen glad, wacht één ogenblik en duwt dan mijn linkerwimpers helemaal toe. Mijn wimpers blijven toe. Ik zie niets meer. Stilte. Een oneindige vreugde overkomt mij, mijn spieren werken dus nog. Merken ze het dan niet op? Zuster, broer! Ziet gij dan niet dat ik leef, ziet ge niet hoe mijn ooglid na twee dagen nog soepelheid kent? Trekt me recht, schudt mij, masseert mij, haalt een dokter, redt mij, laat me leven, want ik leef! Ik wil leven, ik moet!

Ze zijn weg, ik hoor tot het minste geritsel van hun stap en hun klederen, ik voel de deuren trillen, ik hoor de kruk, de toets van hun vingeren op de trapleuning, die naar boven leidt, waar ze gaan slapen. Mijn oren zien, al mijn vezelen liggen gespannen en vernemen het gerucht van elk stofdeeltje. En ik lig hier machteloos binnen het dove omhulsel van mijn huid, ik stik onder het gewicht van mijn machteloosheid. Moet ik in de holte van mijn lichaam gewurgd worden door mezelf?

Er veert nu een andere aandoening in mij wakker, een laatste hoop. Ik moet ver van dood zijn, vermits mijn hart deze geweldige kramp van onmacht kan doorstaan. Ik ben weer kalm geworden, meer dan kalm. Want ik heb nog de tijd, nog een halve nacht, een hele voormiddag, een noen.

Zo simpel ben ik niet om te veronderstellen, dat ik op

klokslag middernacht plots zou verrijzen. Wat is middernacht? Een illusie. In Oceanië wordt het binnen enkele minuten volle middag. De chef van de geesten moet boven de tijd leven en heeft geen horloge om zijn skeletpols.

Skelet. Skelet? Nu begin ik te gruwen. Ik zie mijn vlees afvallen, ik sta plots tegenover mijn eigen liggend geraamte. Ik ben in de familiekelder, naast mijn moeder. Neen, zij is mijn moeder niet, dit geraamte, deze schedel, dit bekken, die kootjes waren mijn moeder niet. Boven mij, aan de muur is zij, met haar weemoedige glimlach en haar hoog voorhoofd, dat denkt en waaronder de dromen van haar leven glanzen. Mijn moeder is niet dood, ik ben niet dood. Ik wil niet. Ik wil niet. Ik wil niet.

Op straat klinken de rappe hakken van een vrouw. Ze vertraagt, houdt stil vóór ons huis. Ik weet, dat ze het nummer tracht te lezen. Ze belt. Doch de vleugeltjes draaien los. Boven zullen ze het waarschijnlijk niet horen... Niets. Het tikken wordt dringender. Zijn ze zo moe en leeg boven? Nu wordt bij de gebuur gebeld. Ik wacht, buiten wordt ook gewacht. Een venster gaat open. Stemmen. Wachten. Met een stok wordt op de ruit van mijn broers slaapkamer geklopt. Met een schok gaat zijn venster open. Stemmen. Het venster schokt toe door mijn lenden. Stappen in huis, in de gang, op de trap, voorbij deze kamer, de voordeur gaat open. Ook mijn zuster is naar beneden gekomen.

Ze spreken met de vrouw. Ik hoor het licht aanknippen en gedrieën dalen ze het trapje af naar de kelderkeuken.

Wie mag ze zijn? Een tante, een nicht, die met de laatste trein gekomen is, om me te helpen begraven morgen? Bloemen worden zo laat niet gebracht. Ik hoor ze gedempt spreken beneden. Af en toe klinkt het timbre van de vrouw lichtjes, doch dringend in een smeektoon hoger. Ik ken haar niet. Ze moet niet al te jong meer zijn, is ook niet oud. Een paar jaar jonger dan ik. Ze vertelt met warme stem, rustig, doch ontroerd, beheerst. Er wordt een poos gezwegen, waarop ik mijn broers stem verneem, een paar woorden. De keukendeur gaat open en weer treden vier stappen naar boven. De deur van mijn kamer wordt zacht opengedraaid en er wordt licht gemaakt. Dan gaat de deur weer toe en ik herken de stap van mijn broer, die weer naar beneden trekt. Ik ben met de vrouw alleen.

Wie staat daar vóór mij in het licht? Aan wie behoren de ogen, die van mijn stijve voeten, over het strakke laken tot aan mijn gezicht reizen?

Plots word ik hartstochtelijk omhelsd. Als een flits springen de vrouwen, die mij tijdens mijn leven hebben bemind, in mijn verbeelding voorbij... Ik herinner mij niet.

Haar vreemde verliefdheid ontroert mij. Tranen lopen van haar wangen op de mijne. Eén rolt in mijn mondhoek en ik proef met het zilt van het warme vocht de zeep van het bad. Thans ligt ze te kreunen, met haar gezonde haargeur langs mijn slapen. Plots bloeit haar kreunen open als een triestige lelie, tot één lang en klaar woord:

– ... ik heb u steeds bemind... gij kent me niet... lieveling... mijn dode...

Ik ken haar dus niet en dit maakt me oneindig rustig. Ik heb er steeds van gedroomd, alleen en ver op een eiland te sterven maar toch met de hoop, dat een onbekende vrouw, enkele uren vóór mijn dood naast me zou komen staan en zeggen hoezeer ze me heeft bemind. Thans ken ik de vreemde charme van het grootse, ontroostbare, weemoedige.

Nu snikt ze in haar handen, doch ze omprangt me onmiddellijk weer in tedere vervoering. Ze zoent me op de mond, op het voorhoofd, heft me op in de hals en kust me wild in de ogen, die ze open gezoend heeft. Want ik zie haar plots vóór me, door mijn vol open linkeroog en mijn maar half gesloten rechter.

Ik ken haar niet, maar had ze willen kennen. In één blik heb ik haar gemeten.

Er zijn mensen aan wier gezicht men gans hun gestalte, hun hart en hun geest raadt.

Ze heeft opnieuw haar gezicht met de handen gedekt, snikt één keer zeer diep en dan staart ze me aan. Als ze in mijn profiel mijn open ogen ziet, deinst ze een stap achteruit, doch komt onmiddellijk weer vóór me staan en staart me onthutst aan. Dan worden haar ogen zeer groot en met een oneindig diepe wanhoop erin. Traag heffen haar vingeren mijn hoofd omhoog en nu kijken wij elkaar bovenmenselijk teder aan. Ik voel, dat ik haar zo aankijk, maar weet niet of het zo is. En zij spreekt:

– Gij zijt niet dood. Gij slaapt. Gij zijt kil, maar gij leeft. Ik heb alles gelezen wat gij geschreven hebt en ik had u lief. Waarom hebt gij zelfmoord gepleegd? Omdat ge mij, die ge zocht, onder elk woord, dat ge wakker hebt gemaakt, niet hebt ontmoet. Het is mijn schuld, ik had me op uw weg moeten stellen. Ik heb u gedood. Vergeef mij, daarom ben ik gekomen.

God, deze vrouw is krankzinnig. Heb ik me zo vergist? Heeft ze daarom mijn ogen opengezoend?

Er wordt op de deur geklopt. Zij laat mij los en gaat openen. Mijn zuster en mijn broer treden binnen.

– Zie, zegt mijn broer luidop, zodat ik even tril bij dit ongewoon gerucht, zijn hoofd ligt scheef. Hoe kan dit?

Hij springt naast mij, duwt de vrouw en mijn zuster opzij en loopt rechts van mij.

– Broer! gillen ze alle twee.

Mijn slap hoofd en mijn open ogen slaan hen met ontzetting. Mijn broer bekomt eerst, neemt mij vast en eerst met schroom, maar dan in een opperste zelfoverwinning, schudt hij mij en, mensen!, ik kan mijn vingeren bewegen, ik... ik kan roepen:

– Ik leef.

Doch onmiddellijk val ik in een cynische bezinning en met zeer duidelijke stem hoor ik mezelf zeggen, terwijl ik aan mijn zuster en mijn broer een hand reik:

– Bedankt haar... maar zij is het nog niet. Komaan, geeft me mijn kleren, mijn wekedaagse.

Het gevang in de hemel

Er was eens een man die twintig jaar in het gevang had door-gebracht. Deze man had zich zijn gevangenisleven zó aan-gepast, dat hij de dag van zijn in-vrijheid-stelling, het ge-vang, met wat men gewoon is een zwaar gemoed te heten, verliet. Hij was onderworpen geweest aan het regiem van de grote misdadigers. Wit-en-rood-gestreepte kledij, linnen gezichtvizier en aan de benen, ketenen met gewichten, pre-cies zoals men dit op kinema zeer duidelik afgebeeld ziet.

Deze man deed zijn uiterste best zich aan zijn nieuw leven te akklimatiseren. Dat ging helemaal niet van een leien dak-je. Integendeel. De man liet het zich meermaals gezegd zijn dat hij vrij was, zonder dat hem deze bevestiging bizonder scheen te imponeren. Hij zegde wel dat hij de vrijheid heel schoon vond, maar zijn aksent was daarbij buitengewoon triestig. Het liefst ging hij in het buro voor 'opbeuring van de vrijgelaten gevangenen'. Dáár voelde hij zich weer een beetje thuis. Hij moest op rij staan en werd behoorlik aan-gebruld. Mits weinig fantasie zag hij in de edele vrouwen die het werk dirigeerden, zijn vroegere gardes-chiourme terug. Deze dames konden maar niet begrijpen waarom nr. 200, tans zo en zo, ze zo vriendelik toelachte. Edelmoed wordt beloond, dachten ze. Het waren zeer eenvoudige, god-vruchtige dames uit de beste families. Daar zij spiegels voor een werktuig van de boze hielden, kwam geen hunner op de gedachte van hun fysiognomiese overeenkomst met de gevangenisbonzen. En daar zij edelmoedig waren, dachten zij ook niet daaraan dat hun oeuvre als epiloog treffend met het gevang samenklonk.

Het derven van al de gewoonten van zijn vroeger leven, op hetwelk hij niet zonder grote melancholie terugdacht, werd nr. 200 al te sterk. Hij kocht zich eerst en vooral een groene lichtscherm voor de ogen. Zo imiteerde hij zo goed het ging zijn gevangenevizier uit de goede oude tijd. Zijn grootste genot was het zwemdok. Niet om het plezier te zwemmen. Hij verafschuwde het water. Maar het wit-en-rood-gestreepte zwemkostuum was hem een grote vreugde. Hij ging zelfs niet in 't water. Hij zette zich op een bank tot de wachters hem zegden dat hij nu reeds lang genoeg daar had gezeten en dat hij kon opstappen. Hoe pijnlik het hem ook was zijn zwemkostuum te laten, toch was deze verma-ning hem zeer aangenaam. Hij had nu eenmaal de gardes lief.

Het vraagstuk van zijn huisvesting bezorgde hem slapelo-ze nachten. Eindelik had hij iets ideaals gevonden. Een kaal kamertje met een ijzeren brits en vóór het vensartje waren zowaar ijzeren stangen aangebracht! Maar hetgeen hem hier het meest verheugde was dat dit kamertje in een reusachtige huurkazerne was gelegen. Het huis was gebouwd rond een rachieties hofje. Het hofje lag heel diep tussen vuilrode mu-ren. Voor geen geld van de wereld zou nr. 200 zijn matinale wandeling, van negen tot kwart over negen, immer de ronde makend om dit hofje, hebben prijsgegeven.

Zo scheen het leven hem reeds drageliker. Toch was hij zeer gekweld. Hij bezocht eindelik een arts. Hij koos een be-paalde kliniek omdat zij veel overeenkomst had met de in-firmerie van het gevang.

Zijn malheur formuleerde hij: 'ik weet niet wat ik heb aan mijn voeten. Ze wegen me zo zwaar.' De arts was geen psy-chiater. Hij stelde zijn patiënt gerust. Natuurlik waren de en-kels een beetje zwak geworden van het eeuwige gewichten-en-kettingsleuren.

Deze mening maakte nr. 200 dubberig. Hij peinsde de ganse dag en, zoals dit nog wel gebeurt, werd zijn gepeins met een vruchtbaar resultaat bekroond. Hij had zijn kettingen en gewichten nodig gelijk een vis het water en een vogel de lucht. Kon een vis soms zwemmen in de lucht of een vogel vliegen in het water? Neen. Kon hij zonder kettingen en gewichten leven, zich ongehinderd voelen? Dat was precies zo uitgesloten.

Hij zette zich onverwijld en met noeste vlijt aan de arbeid. Hij veroorloofde zich niet de geringste buitensporigheid: geen pijp, geen sjiek. Hij potte. Onder zijn kameraden werd hij van arrivistiese doeleinde verdacht. 'De potter.' Zekere zaterdagnamiddag vroeg hij vrijaf en toog onverwijld naar de voddemarkt en het kwartier der lompehandelaars. Men kon het hem gemakkelik aanzien dat zijn innerste was vertroebeld door zware gewetenskampen. Bij elke uitstalling van oud-ijzer-handelaars hield hij stil. Hij toetste de stevigheid van de kettingen, de zwaarte van de gewichten. Hij zag er erg misnoegd uit. Maar wie hem een beetje later zou hebben ontmoet in een kraamwinkel iets afgelegen van de markt, zou hem nauwelijks hebben herkend. Zo drupte het geluk van zijn radieus bakkes. Zoals men zelfs spreekwoordelik weet doet het geluk stotteren. Wat nr. 200 deed. 'Dat zijn gewichten, dat zijn kettingen!' Meer kon nr. 200, van vreugde overmand, er niet uitbrengen. Hij betaalde geredelik de prijs die de oud-handelaar verlangde.

Nu begon er hem een nieuw leven. Van de werkdagen had hij weinig genot. Enkel 's avonds. Maar de zondag! was dat een feestdag. Van 's morgens vroeg kon hij zijn kettingen om de enkels voelen. Zondag, dat was precies zoals vroeger. Alles was er: de brits opplooien, de kamer zuiver maken, de wandeling in het hofje en dan aan de ketting liggen. Nr. 200 kon zich dikwels niet weerhouden in de handen te wrijven. Doch daar dit gebaar weinig bij de toestand paste, beheerste hij zich gewoonlik. Hij was geabonneerd op de

'Abdij van Tongerlo', een lektuur die hij sinds twintig jaar buitengewoon op prijs stelde. De afleveringen van dit tijdschrift werden 's zondags namiddag ter hand genomen.

Dit was een zeer gelukkige tijd in het leven van nr. 200. Iemand die langzamerhand zijn eigen kathedraal bouwt. Hij monkelde zelftevreden als hij aan de overwonnen moeilikheden terugdacht.

'Mais tout passe' zingt Polin. De directrice van het O.d.P.L. (Oeuvre des Prisonniers libérés) had gehoord van het leven en drijven van nr. 200. Zij droeg het geval op gezelschapsavonden voor, want het was een hoogst dankbaar thema. Levendige debatten. Papen en professoren vonden het geval zeer interessant. De papen zegden dat God de Vader hun wis en zeker deze man had gestuurd om de wangedrochten van het moderne ongeloof de kop in te drukken. En professoren van officiële en niet-officiële, katholieke en protestantse universiteiten vonden een merkwaardig bewijs geleverd tot de stelling dat de intelligiebele vrijheid het hoogste goed is en er natuurlijk van geen tastbare als absolute norm spraak kan zijn. De intelligiebele vrijheid, het begrip en de overtuiging vrij te zijn, door elk mens in zijn bloedeigen verdommenis gedragen, was hiermee bewezen. Papen en professoren droegen hun thesis met deze glansrijke bewijsvoering keizers, koningen, en staatspresidenten voor. Allen waren zonder uitzondering van mening dat dit schitterend bewijs den volke niet langer zou onthouden blijven, om het ongeloof en de verwarde begrippen van vrijheid, die helaas de zeden van het volk reeds sterk hadden ondermijnd, te keer te gaan.

Zo gebeurde dat nr. 200 als galeiboef op jaarmarkten en universiteiten verscheen. Op de jaarmarkten werd hij het gewone volk door een geletterde paap getoond en in de universiteiten toonden hem de professoren, als zegevierend bewijs dat hun theorie geen alchimisterij was, maar wel dat zij stond gebouwd op levendige aanschouwing en levende ervaring, in casu nr. 200.

De paap was een dikke, ronde vent van de orde der redemptoristen. Hij sloeg op het schild, deed de klown de
trom roffelen en sprak uitvoerig over het modern ongeloof,
het ondermijnen van het geloof en van de trouw aan vorst
en land. Hij sloeg de handen samen en riep: 'Waarom vraag
ik u. Zegt mij waarom. Kan iemand mij verklaren wat vrijheid is? Kan iemand mij een tastbaar bewijs geven van wat
vrij is tegenover God en Koning? Maar voorwaar ik zeg u:
er is een hogere vrijheid dan deze der goddeloosheid en der
vaderlandloosheid. Het is de innerlike vrijheid van hem die
daarheen streeft God te loven en de Koning te dienen. Ik heb
hier in mijn tent de voormalige galeiboef nr. 200, die iedereen kan aanschouwen mits betaling van 10 cent of 20 centimes. Militairen en kinderen betalen halve prijs. Deze galeiboef bekommert zich niet om wat uw ganse streven naar
vrijheid uitmaakt, om het verwaarlozen van de H. Godsdienst; vrijheid die ook is het zich onttrekken aan de plichten tegenover onze doorluchtige Koning en ons ditolucht
vorstehuis; vrijheid niet meer te werken; vrijheid in de velden te hoereren en wat meer als vrijheid wordt verkocht,
maar eenvoudig tuchtloosheid is. Deze galeiboef draagt de
vrijheid in zich en is dus veel rijker als gijlie allemaal, die de
vrijheid buiten u zoekt. Uit eigen beweging, uit vrije wil
wenst hij zich in de kluisters. Een bewijs dat uw gehuil, wanneer een volksmenner veroordeeld wordt, onrechtvaardig is.
Het gevang is een functie van de staat en van de godsdienst.
En bestond er geen gevang, ziet ge wel, wij zouden ge-
dwongen zijn er een te maken voor de mensen die uit vrije
wil in het gevang willen gaan, om God te loven en de
Koning door hun voorbeeld van burgertrouw te dienen.
Deze eenvoudige galeiboef heeft erkend dat het gevang een
noodwendige funktie heeft in de staat. Hij wil het gevang zo
te zeggen voeden, daarom gaat hij uit vrije wil in het gevang.
Ik vraag het u in gemoede, bestaat er een hogere vrijheid dan
deze uit vrije wil in het gevang te gaan? En een grotere?

Komt tegen 10 cent of 20 centimes in mijn tent en laat ons samen de Heer loven. Militairen en kinderen loven aan halve prijs.' En de klown roffelde allemachtig de trom.

De professoren aan katholieke, liberale en protestantse hogescholen zegden hetzelfde in meer obskure terminologie. Het voorbeeld kon in direkte samenhang met Kant's categoriese imperatief worden gebracht. 'Handel zó dat de maxiem van uw willen tegelijkertijd als princiep van een algemene wetgeving zou kunnen gelden.' Men kon geen beter toepassing vinden dan de wil-tot-het-gevang. Want, zegden de professoren, wanneer men eens van de hypothese uitgaat: het gevang = het a en amen ener algemene wetgeving, zo zal men door middel van dit speciaal geval het algemeen probleem opvolgend, spoedig erkennen dat deze hypothese feitelik een ethies axioom is, dat het zelfs door zulke primitieve mensen als in casu nr. 200, *onbewust* als richtsnoer van hun handelen wordt opgenomen. Een natuurlike wet, een ethies axioom. Zo komen wij tot een volledig-nieuw-stellen van het ethies fenomeen. Het gevang is het axiomaties centraalpunt aller ethiek. Daar het leven van de mensen in de staat van ethiese oorzaak is, – of psychoanalysties van ethies-erotiese oorzaak, – is het gevang de hechtste stut van ons statelik leven. De Hegelianen waren elke dag bezopen, zo aangenaam verraste hen het geval. Hun redelike-wereld-orde-systeem was met een slag lapidaries bewezen. Het gevang was een redelike instelling zoals alle andere. De wereld was gemaakt naar redelike orde. Kijk eens: wanneer er nu eens geen gevang was en de heer 200 wou in het gevang, dat zou tegen de rede zijn. Dit was een glorietijdperk voor de filosofen.

Nr. 200 was binnen een korte tijdspanne een beroemd man geworden. Als sociaal en filosofisch bewijsstuk werd hem veel geld aangeboden. Dit echter weigerde hij, daar het hem van geen nut kon zijn. Voor geen geld van de wereld zou hij zijn magere gevangeniskost, met anti-erotiese pigmenten, hebben geruild tegen een volledig diner. En klederen had hij weinig nodig. Op de exhibities vertoonde hij zich wit-rood. Het was hem zeer onaangenaam dat het hem niet werd toegestaan zich aldus gekleed naar huis te begeven. Eindelik zette hij het bij de paap-impressario door dat deze een foorwagen, in de aard van een gevang gebouwd, voor nr. 200 aanschafte. De verdiensten ekwilibreerden gemakkelik deze zware bedrijfsvergrotingpost. Dan beleefde nr. 200 zijn gelukkigste tijd. Onnodig te zeggen dat deze eenvoudige man, die zijn gevangenis boven een schoon hotel, zijn gevangeniskost boven een diner van af hors-d'oeuvre tot crêpe Mikado verkoos, grote indruk in het land en in de vreemde maakte. Deze beroemde man kon alle uiterlik genot bezitten, weigerde deze weelde en staafde zo de thesen van de intelligiebele en zedelike vrijheid. De resultaten waren groots: volksmenners werden ten allen kant gelyncht. Anderen waren zo te zeggen verplicht in het gevang te gaan om het volk te bewijzen dat ook hun vrijheidsbegrip op zedelike basis rustte. De gevangenispoorten stonden wijdopen: de volksopruiers waren verplicht goedschiks of kwaadschiks de konklusie uit de les van nr. 200 te trekken. Kommunisten, anarchisten en nihilisten verdwenen bij dozijnen in het gevang. Nooit stond het vorstehuis zo op fundamenten van hechte burgertrouw als tans. De godsdienst bloeide: vele missen werden gelezen voor zielerust, geboorte en afdrijven. De verscheidene kerken zagen weldra de noodzakelikheid in zich het monopolium van fabrikatie en verkoop van alle godsdienstobjekten te verzekeren, om te verhinderen dat onbeschaamde handelaars daarmee zouden woekeren. Men zag nieuwe schilden: Rooms-katholiek-kaarsefabriek; inleidende kursus over de intelligiebele vrijheid, – meisjesafdeling – door Dominee...; 'de leer van de intelligiebele vrijheid volgens het protestants geloof en de nationaal-duitse filosofie van Kant tot Hegel, uitgegeven ten behoeve van het volk en de militairen door de pruisiese staat.' De koning had de hand weten te leggen op een zeer bevredigend monopool: de postkaartuitgave van nr. 200 in zijn verscheidene extatiese toestanden: in zwemkostuum, in de foorwagen, enz. Deze verkoop vormde de voornaamste post van zijn privaat inkomen. De redemptoristen waren dáár om het gewone volk te onderrichten; de jezuïeten bewogen zich in betere sferen; zelfs onder de slimsten is er nog een dommer dan de andere. De begrippen van paap, officier en staatsbeambte vervingen zelfs bij het gewone volk de vroegere symboliese betekenis van het woord miljonair. De paap-impressario vooral was een kapitaal man geworden. Maar ook deze gelukkige tijd voor de mensheid ging voorbij. Het is nu eenmaal zo dat op onze aardkloot het goede in voortdurende strijd met het boze, – of om het religieus te zeggen, met *den* boze, – staat en meermaals schijnbaar overwonnen wordt. Dit zijn de beproevingen van Hiob en als Hiob die overwint krijgt hij het dubbele aantal koeien, ezelinnen en kamelen. God de Vader is een prakties man en hij weet waarmee hij de mensen kan plezier doen. Dit heeft de schrijver van het boek van Hiob zeer juist opgemerkt.

De boze begon zijn onheilswerk daarmee het brein van nr. 200 te benevelen. Nr. 200 dacht, gehoor gevend aan de stem van de boze: – dat alles is goed en wel, maar ten slotte toch een ellendige komedie. Deze foorwagen is feitelik een ellendig simulacre van een echt gevang. En alles wat ik doe is slechts ellendige naäperij. Ik heb goed mijn best te doen mij daarover weg te denken, mijn verlangen naar een echt gevang is sterker dan ooit. Dit alles is slechts surrogaat. – Dit zette hij de paap-impressario uiteen en dat hij onvoorwaardelik in het gevang wou. Zo iets beviel de paap niet. 'Wij hebben u nog te zeer nodig, jong mens, het volk is nog niet bekeerd van zijn dwaalleren. Wij moeten u nog tonen op vele jaarmarkten en kermissen. Wilt gij ons nu in de steek laten? Zijt tevreden met uw foorwagengevang. In een echt gevang kunnen wij u niet onderbrengen. Het zou gelijk staan

met een vruchtbaar bewijs steriliseren of het door God gezonden mierakel weigeren. Wij zijn de ontginners van de
door God gezonden mierakels. Wij zijn de gouddelvers naar
de zielen van de mensen.'

Zo werd nr. 200 afgewezen. Waarvan de boze gebruik
maakte om de arme galeiboef nog meer op te ruien.

Toen gebeurde het verschrikkelijke. De paap stond weer
op de estrade van zijn tent en orakelde:

'Laat nr. 200 buiten komen dat het volk aanschouwt deze
man, die buiten het gevang niet leven kan.'

Dat was de fatale zin. Bliksemsnel sprong nr. 200 op de
paap toe en stak hem een vlijmend mes tot het hecht in volle borst. 'Zo is 't', zei nr. 200 vol overtuiging en hij stak het
mes, bewijs van zijn misdaad, zorgvuldig door zijn gestreepte vest, want ge kon nooit weten, misschien meenden de
rechters wel eens dat er geen bewijzen van zijn schuld voor-
lagen. 'Daar deze paap mij niet goedschiks in het gevang
zendt, daar hij enkel grote woorden spreekt over mijn wil-
tot-het-gevang, ben ik wel verplicht mijn toevlucht te nemen tot afdoende maatregelen, om mijn ideaal te realiseren.'

De paap was neergeploft tegen het schild *militairen halve
prijs*, zodat het schild over de paap was gevallen. De dode
paap en het schild vormden een akelig stilleven. Hij hield het
schild omklemd, gelijk schipbreukelingen een kruiswrak.
Het was zo: 'Ziet, ik ben altijd goed voor de militairen geweest. Bewijst mij nu ook de militaire eer.' Plots rolde hij,
met het schild, onder de verbaasde menigte. Een grijsaard
opperde: 'dat heeft deze zeer eerwaarde pater wis en zeker
ook niet verwacht.'

Merkwaardig: nr. 200 werd niet onmiddellijk aangehouden. Hij was een zo beroemd man geworden en de stut van
de staat, dat gewone schabletters zich aan hem niet waagden
te vergrijpen. Hij slenterde de ganse avond de kermis langs.
Om de aandacht te wekken, voelde hij zich verplicht de dode paap in een massacre-des-innocents-kraam te brengen.

Hij vermaakte zich wel twee uur daarmee de paap met ballen te bewerpen en te laten bewerpen. Om middernacht was hij nog niet aangehouden. Hij was verplicht zich bij de politie aan te melden. De politiekommissaris deed buitengewoon beleefd, bood nr. 200 een sigaar met bandje, waarop nr. 200 afgebeeld stond, aan, maar zei dat hij het toch niet op zich kon nemen hem in te rekenen. Hij kon begrijpen: de wil-tot-het-gevang van nr. 200 was wereldberoemd. Doch zelfs nu, na de moord, kon hij nr. 200 dit genoegen niet doen. Hij had instrukties: nr. 200 moest maar terug naar zijn foorwagen.

Tot het nieuws de koning, de bisschoppen en de rechters bereikte. Deze hooggeletterde mannen begrepen dadelik de toestand. Nr. 200 had ze geholpen de echte staat te bouwen. Nr. 200 kwam verraad te plegen: hij had deze staat de doodsteek gegeven. Zijn wil-tot-het-gevang was uitstekend; die kon men gebruiken. Maar in een echt gevang verloor nr. 200 al zijn waarde ter overtuiging van de gemeente. De rechters waren verplicht hem te veroordelen. De reklame hield op. Zeker de mogelijkheid bestond hem vrij te spreken en hem weer het volk te tonen; zijn misdaad zelfs als een nieuw argument op te nemen. Het moest echter een ieder duidelijk zijn dat het volk op dit manège niet zou ingaan. Heel de grootscheepse exploitatie van het geval zonk ineen. Reeds werden oproerige stemmen hoorbaar: ja, waarom had men nr. 200, wanneer hij het wenste, niet in het gevang ondergebracht, in plaats van die aperij met die papetent? – Een aartsbisschop, beroemd Thomist, die zich vooral had doen gelden door de rooms-katholieke exploitatie van het geval door zijn regering tegenover de pruisies-protestantse te verdedigen, – (de Pruisen hadden deze zuiver religieuze zaak machiavellisties ten voordele van hun staatstheodicee uitgebuit en bijgevolg alle morele basis ondermijnd, – wat natuurlijk in de katholieke landen onder invloed van Aquino redivivus het geval niet was) – deze aartsbisschop maakte zeer klaar, – de klare bewijsvoering van een bijna tachtigjarige grijsaard, – het proces, le cas pendable van nr. 200. Nr. 200 was de oorzaak van een dreigend oproer. Door het feit dat hij, die eerst de hechtste stut van de staat en van de moraal was geweest, nu zelf zijn kleine Antikrist speelde, had hij ze, – koning, bisschoppen en rechters, die voor het gemene volk de symbolen van staat en moraal zijn, in een grotesk licht geplaatst. Hier was geen wikken en wegen van node. Cas pendable. Slechts het doodvonnis kon misschien het oproer remmen. Want een sterker mierakel als dat van nr. 200 lag niet voor de hand. Van inschaduw-stellen kon dus geen spraak zijn, zelfs niet als ze er een arme drommel voor wonnen een gezin van 14 personen plus het dienstmeisje te lustmoorden. Klaar en duidelik: nr. 200 was en bleef het mierakel. Nr. 200 had steeds de exploitatie van zijn geval hun – de wijze staatslieden en goede kerkvoogden – in de hand gelaten. Nu liep deze man, samen met zijn mierakuleus geval, naar de tegenpartij over. Stelt u voor, heren rechters, dat een rijke veebezitter uit de argentijnse pampa's zijn vee ter beschikking van Liebig stelt. Plots breekt hij zijn kontrakt en loopt naar de konkurrende firma over. Dit is voor deze firma's een kwestie van leven of dood. Maar het geval van nr. 200 is duizendmaal erger, omdat onze firma heet: godsdienst, moraal, staat en Co. Wij kunnen niet streng genoeg oordelen; moge ons vonnis een dijk wezen tegen de wassende stroom van immoraliteit. In elk geval: één wet dient onmiddellik bekend gemaakt: de doodstraf terug van kracht.

Ondertussen zat nr. 200 in voorarrest. Onnodig zijn geluk te beschrijven. Het had slechts een schaduwzijde. Hij dacht: als het de rechters nu maar niet in het hoofd komt mij niet levenslang te veroordelen. Word ik nog eens in mijn leven op vrije voeten gesteld, dan ben ik verplicht nog een moord te begaan om mijn goed recht te doen zegevieren. Nr. 200 had nog geen flauw begrip van wat men met hem voor had. Tot eens de cipier zei: 'Gij kunt er van verzekerd zijn, hou uw kop vast, want ge krijgt het koppeke.' – 'Uitstekend', antwoordde nr. 200, ''t koppeke dat betekent in ons land levenslang.' – 'Mis, het koppeke is weer het koppeke. De koning verleent geen genade meer.' – 'Dat vind ik een beetje sterk', deed nr. 200 en hij verzonk in gedachten. 'En zeggen dat de koning mij vroeger in speciaal audiëntie heeft ontvangen. En dat ik een kwartuur met de kinderen gevang heb gespeeld. De kroonprins speelde garde-chiourme. Hij deed het heel goed. Ik wenste hem proficiat. Zijne koninklike hoogheid kan altijd zijn kost verdienen, zei ik. En dat heb ik staande gehouden tegenover socialisten die beweren dat koningen en prinsen voor niks goed zijn. Ik zei: zo lang ik leef zal er een gevang moeten bestaan en de kroonprins is de beste garde-chiourme die ge u denken kunt. Nu laat de koning mij in de steek. Dat is niet schoon. Neen dat staat onze ridderlike vorst niet schoon.' Maar au fond behield nr. 200 goede moed.

Zijn toestand was echter veel erger dan hij zich dacht. 'Exemplaire straf om de revolutie in te dammen' luidde de parole. Daar was niks aan te doen. Zo maakte de justitie met nr. 200 ook kort proces. Een zwakke verdediging. Zelfs nr. 200 merkte dat op. 'Flauwe boeljon, Mr. de advokaat.' Waarop de verdediger: 'Aan uw geval is niets te verdedigen, nr. 200. Uw misdaad laat zich slechts met deze van Judas vergelijken. Judas had feitelik, gerechtelik gesproken, slechts 'n arme sloeber verraden. Maar gij hebt het ganse land verraden: kerk, vorst en staat.'

Het verdikt stond vast: doodstraf zonder genade. Nr. 200 verloor zijn geduld. Dat spelleke had nu lang genoeg geduurd. De zaak was toch heel eenvoudig. Iedereen draaide rond de pot. Hij wou zijn recht en daarom had hij de paap gedood. Vroeger hadden zij hem veel lof toegezwaaid en toen wilde hij precies hetzelfde als nu. Het was niet serieus wat ze deden. 'Neen, mijnheren gezworenen en rechters, dat is geen rechtspraak meer. Het recht is hier een maagd die verkracht wordt.'

Om deze pornografiese uitdrukking werd nr. 200 26 fr. boet geadministreerd. –

– 'Die 26 fr. wil ik gaarne betalen,' zei 200 nog, 'maar laat de doodstraf uitblijven.' Dat hielp alles niets.

Toen verscheen de biechtvader. Hij sprak volgender mate:

– Nr. 200 en mijn beste broeder Eugeen. Ik weet het: gij hebt veel misdaan in uw leven. Maar het goede door u volbracht wordt hierboven niet vergeten. Daar staat alles zo te zeggen in grote boeken opgeschreven.

– Waar is dat hierboven?

– Dáár, wees de biechtvader door de tralies naar de hemel.

– Niks te maken, zei nr. 200, daar zijn tralies. Dáár wil ik niet wonen.

– Elk mens moet naar deze opperste woning trachten.

– Als in de hemel geen gevang is, wil ik in de hemel niet wonen.

– Iedereen leeft er naar zijn wensen, maar de wensen worden er gelouterd.

– Dat zei die andere pastoor ook en daarom zou ik in een foorwagen moeten leven in plaats van in een echt gevang. Neen, met deze foorwagenshemel kan ik niets aanvangen.

Dan ging die biechtvader voort:

– Hierboven staat alles in grote boeken opgeschreven. Er is een boek krediet van de ziel en een boek debet van de ziel. En als de ziel in de hemel komt, wordt de balans gemaakt. Diegenen die batig saldo hebben, blijven in de hemel. Diegenen die tot over hun oren in de schuld zitten, gaan naar de hel. Gij kunt vertrouwen in uw kredietboek. Zeker staat er ook veel op uw debet. Daarom maken wij samen een korte historiek van uw leven. Er staat eerst en vooral een grote misdaad: smokkelen met manslag op uw debet. De manslag nog daargelaten, dat kan een malheur geweest zijn. Maar het smokkelen, d.i. diefstal tegenover de staat, is een groot zwart punt tegen u. Diefstal ten nadele van de staat is, na diefstal ten nadele van de kerk, het ergste geval van oneerlikheid. Maar later, toen gij uit het gevang kwaamt, heeft een hemelse genade u zeker getroffen, zodat gij gedurende jaren een groots werk hebt volbracht, waardoor gij kerk, vorst en staat, zonder dat u dit bewust was, grote hulp hebt verleend. Ik bedoel hiermee uw wil-tot-het-gevang, deze grote daad uit uw leven, een groots voorbeeld dat het volk van zijn dwaalspoor wist te keren. Ook dit staat daarboven aangeschreven. Met gulden letters in uw kredietboek. Deze post zal de doodslag geven ten uwen voordele bij het afsluiten uwer levensbalans. Dat zult ge binnen enkele uren zelf kunnen konstateren. Daarom wees vol hoop in de toekomst.

– Vervolgen wij de historiek van uw leven, dan zien wij hoe plotseling de geest van de boze weer van uw ziel bezit neemt en u daartoe brengt in opstand te komen tegen het gezag. Hij bedient zich van u om het gezag belachelik te maken, zodat wij reeds zien hoe daarna de wanschapenheden van het ongeloof hunne driften bot vieren. Dit is de vrucht van uw verschrikkelike daad. Uw straf is verdiend. Kon men iemand tweemaal koppeken-afslaan, het ware zelfs niet te veel. Maar doordat ge de doodstraf met liefde op u neemt, kunt gij u van dit vergrijp vrij kopen. Gij kunt, – weze het dan ook slechts stille – blijken geven van uw genoegen om, ter eerherstelling van kerk, vorst en staat in de dood te gaan. Moest gij het zover brengen op het schavot te zeggen 'dat heb ik verdiend' – en zoveel verwacht ik van uw kristelike manmoedigheid, – dan kunt ge op een schoon plaatske in de hemel rekenen. Indien ge mij plechtig belooft dit uit te roepen, dan schrijf ik u dadelik een sjek op een fauteuil in de hemel. Hier hebt ge mijn sjekboek. Ziet ge: *Administratie van hemel en hel* naaml. vennootschap. Direkteur: God de Vader. Hebt gij zo'n sjek van mij, dan kan u hiernamaals niets passeren.

– Ik wil geen fauteuil. Ik wil een gevang in de hemel, zei nr. 200 eenvoudig en vastberaden.

144

– Een gevang in de hemel kunt ge ook hebben. Wij leveren alles. Ge moet u de hemel voorstellen een heel groot magazijn. Het magazijn Wertheim te Berlijn heeft het reeds zover gebracht witte olifanten te leveren. Maar de hemel is een veel groter magazijn. De hemel is groter als de aarde en deze oppervlakte is zo te zeggen één magazijn. Daar verkoopt men alles. Ook een gevang kunt ge hebben als het u plezier doet. Met deze bon.

– Laat ze komen.

– Halt! eerst plechtig beloven dat gij op het schavot zult zeggen: 'dat heb ik verdiend'.

– Dat kan ik niet beloven.

– Dan krijgt ge geen gevang in de hemel. – En de paap deed of hij wou heengaan, zonder de absolutie te geven. Het effekt bleef niet uit.

– He là-bas, riep nr. 200, bang dat hij de kans had verkeken een gevang in de hemel te krijgen, he là-bas niet zo rap, eerwaarde vader. Laat mij toch eens tijd te prakkeseren. Ik zal dat zeggen. Van eigen dat. Dat beloof ik.

– A la bonheur. De paap haalde zijn sjekboek te voorschijn en schreef de fysies-metafysiese bon.

HEMEL EN HEL

Naaml. Vennootschap

Kapitaal: X00,000,000

Sociale zetel: Hemel   Administratie:

Direkteur: God de Vader

Bon nr. ....

Goed voor

EEN (1) GEVANG IN DE HEMEL

Afleverbaar: aan drager dezes

Gevang van..., de 25 Augusti....

De Prokurist,

Paulus-Franciscus Joostenius,

gevangenis-aalmoezenier.

145

Vol vertrouwen in de toekomst besteeg nr. 200 het schavot. Er was voor een grote menigte gezorgd. De menigte bleek opstandig. Daar hadden de bazen nu dit arm nr. 200 toe gebracht. Zij hadden hem geëxploiteerd. Er was veel sympathie voor hem.

Als de scherprechter nr. 200 op de guillotine plaatste, zei 200 die de ernst van de situatie begreep: 'een klein momentje, a.u.b.' – Hij wendde zich tot de menigte en riep:

– Ik heb het verdiend!

Hij zag de menigte stom van verbazing staan. 'O daar moet ik nog een woordje bijvoegen, zo niet verspeel ik mijn gevang in de hemel.' En hij riep luide:

– Ik heb het verdiend, het gevang in de hemel!

De scherprechter greep hem bij de schabbernak. De aalmoezenier had hem een teken gedaan. Dit nr. 200 moest een schone daad steeds verkerven door een stommiteit.

Als nr. 200 intuïtief de nabijheid van de bijl besefte, probeerde hij nog een teken te doen. Hij wees naar zijn voeten: dáár moeten feitelijk de ijzers liggen.

Als de bijl viel, dacht nr. 200: dat is een gerechtelijke dwaling.

Monsieur Hawarden

Het was een nattige lentemorgen toen monsieur Hawarden te Pont aankwam, waar hij nu verblijft in het grote, grijze, vierkante huis dat de oude rentmeester heeft verbouwd. De rentmeester en zijn vrouw schenen hem vanouds te kennen. Zij waren eerbiedig en vertrouwd en toen monsieur Hawarden bijna dadelijk alleen wenste te zijn en niets tot zich nam van het stevige ontbijt dat voor hem was klaargezet drongen zij niet aan. Monsieur Hawarden ging naar zijn kamers op de verdieping. Vier kamers had hij besproken in het holle huis. En toen hij zag dat al zijn koffers gereed stonden ging hij een ogenblik voor het venster staan. Hij zou hier blijven wonen totdat hij stierf. En hij keek rondom zich, naar zijn koffers, bezag zijn handen die smal waren en lang en staarde ver weg, over de bomen, over de vallei waarin de Amel loopt. Zeer ver weg keek monsieur Hawarden.

Hij wilde niet geholpen worden bij het uitpakken. Voor zijn huishouding zou de gezonde grijze vrouw van de rentmeester zorgen. Maar uitpakken deed monsieur Hawarden helemaal alleen. Hij sloot echter de deur niet af want hij wist dat hij onbespied was. De eerste dag was spoedig voorbij. Hij had een weinig gegeten, tegen de valavond, en zat moe in een leunstoel aan het venster. Grijs en blauw nevelde alles weg. Een stilte waarvan hij de kracht en de droefheid nooit had vermoed, omving het huis. Een paar mensen bewogen geluidloos over de weg. Monsieur Hawarden stak een sigaar op en sloot zijn ogen voor een wijle. Hij zoog de lichte rook op en zijn gelaat werd stroef en zacht als van iemand die het smartelijk genot van de berusting ondergaat. Er werd geklopt. Monsieur Hawarden dankte beleefd. Hij had niets nodig en wenste niet gestoord te worden. Toch wel, een glas water verlangde hij.

De lamp scheen over de karaf. Als dik licht is water in de schijn van de lamp. Hij dronk met korte teugjes nadat hij de sigaar half had opgerookt en ging vóór de haard zitten. Hij staarde in het vuur en liet zijn kin rusten op zijn gevouwen handen. Zo zat hij heel lang. Van een kerktoren sloeg de klok; hij ging naar het venster en lichtte het gordijn op. Veel sterren stonden aan de strakke hemel. Monsieur Hawarden zuchtte en draaide de lamp uit.

Hij bleef vele dagen aaneen op zijn kamer. Hij aanvaardde beleefd de diensten van de rentmeester en zijn vrouw en sprak woorden van lof om de spijzen. Hij dronk dagelijks meermalen koffie, sterk en geurig, en was blij toen de rentmeester hem wijn van Stavelot voorzette. Hij zei dat hij elke dag van deze wijn hoopte te drinken.

De post bracht hem een brief en veel boeken. Hij las de brief zeer aandachtig en met moede ogen. Hij vouwde hem zorgvuldig weer in de plooien, aarzelde en liet hem dan met een zucht in het vuur glijden. Het dicht opeengevouwen papier kronkelde open en monsieur Hawarden zag nog even woorden waarover de vlam zich strekte. Hij keerde zich om en ging aan het venster staan, maar wat buiten was zag hij niet. Hij las en rustte met het hoofd in zijn handen. Een fijn edel hoofd met tengere lijnen waarover het bruine haar lag dat een schemer van de eerste grijsheid aan de slapen vertoonde. Zeer dikwijls streelde hij zijn haar met zijn lange, heldere vingers. En 's avonds zat hij naar het vuur te kijken en luisterde naar wat in hem omging.

En toen hij zo vele dagen geleefd had, met haardvuur en lamp en met zijn eigen eenzaamheid, riep hij de rentmeester bij zich en, daar deze eerbiedig binnentrad en vóór de deur bleef staan, glimlachte hij zacht en zei dat hij zich naast hem zou zetten en een glas wijn met hem drinken.

Hij sprak lang met de oude man die ontroerd luisterde en knikte alsof hij reeds vroeger wist wat monsieur Hawarden hem zei. En toen hij was uitgesproken schonk de slanke, vreemde man twee kelken vol rode wijn en, vooraleer hij dronk, sprak hij:

– Zo blijf ik hier, als gij het goed vindt, mijn vriend, tot mijn laatste uur.

De oude man kon niet antwoorden. Zijn lippen raakten even aan de wijn en hij ging naar de deur. En voor hij deze sloot, zei hij zo stil, dat het was alsof hij tot zichzelf sprak:

– Dieu le veuille, monsieur.

Monsieur Hawarden stapt langzaam door de lente. Hij gaat naar Ligneuville en voor de eerste maal sedert zijn aankomst ziet hij hoe schoon het dal is waardoor de Amel stroomt. Hij gaat behoedzaam en bevreemd rondziend zoals iemand die uit een lange ziekte is opgestaan en opnieuw het leven ontdekt. Het schemerend jonge groen is nog killig aan de bomen, maar de hagen zijn reeds hevige vlekken van vranke groeite. En het water is koud en klaar en aan zijn boorden is het gras vol sterke kleur. Het loopt links weg tussen al die heuvels die getrouw rond de vele grillige valleien staan. En een bijtende reuk van groen hout waardoor de vlam speelt, een dikke rook die zich openlegt tot tedere nevel, kondigt aan dat het nu voorgoed lente is. Ook boven de huizen staat dunne rook. En stil is het overal.

Monsieur Hawarden heeft zich met veel zorg gekleed. Lang heeft hij de zuivere witte das geëffend en goed toegezien dat de hoed rijzig staat. Hij is als een amazone, met hoog gekapte laarzen van licht leder en traag openwuivende jaspanden. En de korte rijzweep schijnt een voorwendsel tot sierlijke beweging van arm en hand.

De enkele boeren die over het land buigen om het leven van de groeiende aarde na te gaan, kijken op en zeggen een paar woorden tot elkaar. Het is een volk dat gemakkelijk zijn woorden vindt en spoedig vergeet wat het heeft gezegd.

Monsieur Hawarden ziet ze niet. Hij kijkt naar het dal. Daar komen zwarte vogels boven zijn hoofd gedreven. Dat is de eerste onrust van de lente. En monsieur Hawarden strekt zich nog slanker en slaat een paar groene knoppen van het struikgewas. De zon is zichtbaar geworden, zeer zacht in de nevel. Monsieur Hawarden sluit zijn ogen en blijft staan. Een verre warmte rust op zijn gelaat en als hij zijn ogen opent zijn ze schemerachtig alsof tranen werden ingehouden.

Hij wandelt tot aan de kerk en leunt over het bruggetje over de Amel. Zijn ogen volgen het vlugge water dat onrustig de lente inloopt. Hij gaat naar de afspanning en vraagt een stoel en een tafeltje, buiten in de zonneschijn.

De moezelwijn stijgt lichtjes naar zijn hoofd. Zijn ogen glanzen en kijken welvallig naar de drank die hij tegen de zon heft. Groengeel met vonken daarin. En hij neemt diep ademend het leven waar dat hier in dit Eifeldorpje zo kalm ligt, zo onverstoord alsof nooit de onrust van de mensen hier werd veropenbaard.

Alleen de postbode is het tijdelijke in deze tijdloosheid. Hij loopt strak en goedig, de hand op de gezwollen postzak. Hij bromt een beleefde 'morgen' en groet militair. Hij is Pruisisch beambte en weet het als hij tegenover vreemdelingen staat.

Monsieur Hawardens gedachten zijn verward, hij komt zichzelf vreemd voor en kijkt zwaarmoedig naar de zachtlederen kaplaarzen die de slanke benen vormloos maken. Op een afstand ziet hij Pont liggen. Een paar huisjes maar, een klein stukje grond dat afdaalt naar de Amel. Wolken drijven erover, zijn voorbij, de hemel is nu effen en verbleekt in het stijgende licht. Over heel deze wereld is het nu lente, van zeer ver tot zeer ver. Donau en Rijn en Schelde zijn nu troebel van het zwellende voorjaar. Monsieur Hawarden kent ze en heeft zijn hand laten slepen in hun zware water. En in Holland, waar hij zo lang verbleef, rieken de velden nu naar groeiend gras en het vee staat te luisteren naar de adem van de lente. En te Parijs hangt een groene nevel over het bos en over de grote tuinen, en de boulevards maken u duizelig 's morgens van hun rillende frisheid.

Monsieur Hawarden staart nu voor zich, verloren in dit genot van de lente, zo ver weg. Voor altijd is het weg. Alleen dit blijft over, dit stukje dal en dit stukje hemel. En daar, naast de kerk, is een hoekje van het kerkhof. Ook daar wordt het gras vernieuwd.

Hij staat op, met getrokken gelaat en wijde, smartvolle ogen. Daar ligt Pont. Hij stapt vlug weg en ziet niet om. En op zijn kamer keert hij de rug naar het venster en ligt met gesloten ogen in zijn leunstoel.

Vlak bij het huis waar monsieur Hawarden zijn intrek heeft genomen woont de broeder van de oude rentmeester. Een vinnige knaap loopt er over het erfje. Hij is dertien jaar, heeft grondeloos heldere ogen en heet Alex. Hij zal monsieur Hawarden vergezellen op de vele uitstappen die het deze in de streek schikt te doen.

Kleine Alex staat in de kamer van monsieur Hawarden. Hij kijkt hem bewonderend aan. In de ogen van de rijzige man schittert een grote tederheid; hij doet de knaap bij zich komen, zo, tussen beide knieën. Hij vraagt hoe hij heet en hoe oud hij is en geeft hem lekkernij. Kleine Alex zal voortaan ter beschikking zijn van monsieur Hawarden, en morgen maken zij hun eerste wandeling als het weder goed is.

Het weder is goed, zal nog lang goed blijven, heeft de vader van Alex gezegd. Die voelt dat aan de wind en ziet het aan de kleur van de hemel. En na de middag gaan zij uit. Monsieur Hawarden gaat sprakeloos naast de kleine jongen. Zij slaan de weg in naar Malmedy. Beneden hem, altijd in de zon, loopt de Amel met hen mee. Monsieur Hawarden blijft soms staan en ademt dan diep. Scherpe zuivere berglucht. En de hars stijgt in de sparren, dat is krachtig en goed. Hij plukt een paar groene toppen en wrijft ze stuk tussen zijn vingers; hij snuift de geur van de hars en houdt de kleverige vingers uitgespreid in de wind.

Hij komt opgeruimd terug en geeft de knaap lekkernij en een glas wijn. De kleine jongen neemt de prikkelende drank zonder te verpinken. En dan zegt hij: moezelwijn is nog beter. Monsieur lacht en streelt zijn wang.

Zo worden vele dagen besteed en de vreemde man begint heel de streek te kennen. Het is als een onrust over hem dat hij er alles van weten moet. En ook over de mensen vraagt hij Alex uit.

Monsieur Hawarden gaat voorop. Zij lopen door een berkenbosje dat in zijn bleke groen staat. En de kleine jongen hoort hem zingen. Zeer zacht zingt monsieur Hawarden, als met een diepe vrouwenstem. Het is een innig lied. En plots zwijgt de vreemde en vraagt de knaap of hij geluisterd heeft en gaat dan zwijgend verder.

De zomer is zacht en droog. De mensen spreken ervan. En de vrouw van de rentmeester zegt dat het Eifelland zelden zo mals ligt als nu. De heuvels zijn wazig, helder en toch wazig, en het gras staat dik op de hellingen. 's Avonds kan men het venster open laten staan zonder dat de rug klam wordt. En het vee stapt zwaar over de weg. Bijna elke week brengt de trage postbode boeken voor monsieur Hawarden. Van Parijs helemaal, zegt hij tot de rentmeester en hij luistert naar een antwoord dat niet komt. En nu is het van Amsterdam, zegt hij soms. De rentmeester antwoordt: inderdaad, het komt van Amsterdam.

Zo gaat de tijd vlugger voorbij dan monsieur Hawarden ooit had durven hopen.

In de hei liggen ze, monsieur Hawarden en Alex. Zij zijn moe en hebben gegeten. Ditmaal heeft de rentmeester een fles moezelwijn meegegeven in plaats van Hawardens geliefde wijn van Stavelot. De ledige fles staat tussen hen; een bundel bloeiend heikruid in de hoge hals; dat heeft Alex gedaan.

De kleine jongen ligt op de rug en kijkt de hemel in. Die is ontzaglijk en roerloos. Monsieur Hawarden is een beetje duizelig. Het doorhitte kruid waarop hij ligt maakt hem week en de wijn suizelt in zijn hoofd. Hij ligt met de benen opgetrokken en denkt. Alex heeft zijn kiel uitgetrokken en legt hem over een bosje ginst. Hij heeft een hemdje zonder mouwen aan. Zijn armen zijn flink en bijna gevormd en hij strekt ze omhoog alsof hij iets zocht om zijn kracht op te beproeven.

Monsieur Hawarden heeft zijn voorhoofd met een zijden zakdoek afgewist. Zijn lokkige doffe haar ligt op het heikruid en hij opent behoedzaam zijn dunne zomerjasje. De kleine jongen is weetgierig en monsieur Hawarden weet alles omdat hij overal geweest is. Hij kan vertellen over een land waar de bomen in volle bloei staan als hier in het Eifelland de sneeuw uit de spleten van het dal aanstormt.

Alex is beu gepraat. Hij staat op en buitelt door het hoge kruid. Hij rukt aan een hoge ginststruik die door de jaren in het hout geschoten is. Hij wordt wild en trekt en als de taaie struik begeeft loopt hij trots tot bij monsieur Hawarden en zegt hem dat hij het zonder inspanning heeft klaar gekregen. Want voel maar, zijn hart klopt niet eens.

En monsieur Hawarden voelt, onder de lange spitsen van zijn vingers, het kleine onstuimige hart en komt recht op zijn knieën, wist het zweet van het verhitte voorhoofd van de knaap en noemt hem 'mon petit.'

Dan wordt de kleine jongen loom. Hij strekt zich languit naast monsieur en sluimert in. Monsieur Hawarden luistert naar zijn adem; die is rustig en gezond. En hij buigt over hem en ziet hoe effen het voorhoofd is en hoe schoon de half geopende mond meeleeft met de ademhaling.

Hij gaat weer liggen en legt de lichte zijden zakdoek over zijn gelaat. En hij neemt de hand van de kleine jongen en schuift ze behoedzaam over zijn eigen borst, op het lichte golvende hemd. Zo ligt hij stil en luistert naar de warmte van die hand op zijn borst.

De onbeweeglijke zomergloed ligt over hem. Tot door zijn gesloten oogleden, tot door de zijden doek komt de heldere hitte van de namiddag. De aarde is alleen met het licht. En woest klopt zijn hart onder de jongenshand die soms samenknijpt in de vaart van de slaap. Plots schuift monsieur Hawarden weg van de knaap. Hij staat op en kijkt star en droef in de verte. Gejaagd loopt hij heen en weer en dan komt hij terug bij Alex en schudt hem wakker.

'Viens, mon petit.'

Zij gaan terug naar Pont door het ruisende dal, monsieur Hawarden en de kleine Alex.

Nu is er ook een hond gekomen in het huis van de rentmeester. Een schone sombere jachthond met weemoedige ogen; hij heet Sopi. Hij loopt altijd mee en als hij blijft staan en strak voor zich uit kijkt, dan zegt monsieur Hawarden aan Alex dat hij stil moet zijn. En als alles luistert, klapt hij in zijn handen en gevleugeld wild steekt op uit het veld. Monsieur Hawarden kijkt ze achterna tot ze verdwenen zijn en streelt de hond.

Als zij, ver van huis, in het lommer liggen van een helling of in de schaduw van een hete rots, ligt Sopi bij hen, tussen hen. Zo heeft monsieur Hawarden hem afgericht. Soms komt Sopi bij hem in de schone kamer, als hij lang alleen zit. Dan is de rustige hond gezelschap en monsieur Hawarden spreekt met hem. Sopi kijkt hem aan alsof hij reeds alles wist wat hij hoort en wuift aarzelend met zijn staart. Als monsieur Hawarden een boek neemt en aan 't venster gaat zitten lezen, moet Sopi terug naar beneden.

Alex bewondert Sopi. Het is ook geen gewone hond. Die

is geleerd en heeft fijne manieren en krijgt beter eten dan de dagloners van het gehucht. En de knaap loopt de hond, daar naast hem, trouw in regelmaat, terwijl zij huiswaarts keren in de valavond.

Als zij thuiskomen, zegt monsieur Hawarden 'viens, mon petit.' De knaap bloost van geluk want hij is vol eerbied en vreugde telkens als hij in de grote kamer mag komen waar het zo goed ruikt dat hij lang nadien nog de hand boven zijn lippen houdt, omdat er iets zeer fijn aangebleven is van de handdruk van monsieur Hawarden en van de dingen die hij in de kamer aangeraakt heeft.

Monsieur Hawarden heeft een koffertje gehaald uit een zijkamer. En met achteloze hand neemt hij er de juwelen uit en houdt ze tegen de doffe schijn van de ondergaande zon. Over alles ligt een mat-rode glans, over het goud en over de groene en blauwe stenen. Maar de rode stenen beginnen te leven in dit angstige licht en monsieur Hawarden legt ze uitgespreid over zijn bleke hand. Het is of hij vergeten is dat de jongen hem met ontzag aanstaart.

Hij ziet hem zitten en schrikt op. En dan haalt hij uit het koffertje knoppen en spelden, met wonderbare bruine en witte stenen; allemaal hondenkoppen zijn het die erop afgebeeld staan. Grote logge koppen met hangende oren, spitse met kouwelijke neusjes, fijngesneden muilen met diepe wrede ogen. Veel zijn er, wel twintig. En naarmate hij ze ziet, noemt monsieur Hawarden hun naam. Het is alsof hij bidt, zo klankloos is zijn stem. Een ervan heet Sopi. Hij kijkt er lang naar en als hij alles terug legt in het kistje glimlacht hij treurig en vraagt: 'Zijn ze niet schoon?'

Voor alle dieren heeft monsieur Hawarden een grote vriendschap. In de stal van Alex' vader staat een os. Hij heet Fuss en ieder kent hem want hij is de grootste die men er geweten heeft. Monsieur Hawarden heeft hem, van ver zo en met bedeesde handen, gestreeld tussen zijn dorre horens.

De boer lacht fier. 'Onze Fuss heeft zijn kost verdiend. Morgen gaat hij naar Malmedy. De huidenvetters zullen een mals stukje vlees op hun tafel krijgen.'

Monsieur Hawarden antwoordt niet en gaat naar huis.

's Anderendaags staat Fuss buiten aangebonden. Hij kijkt rustig en tevreden naar de glooiing van het dal, waar de wind ligt over het gras.

Hij is bruin en ruw in het zonnelicht. Monsieur Hawarden is bij hem gekomen en geeft hem brood, zuiver tarwebrood, en Fuss eet het onverschillig op en kwijlt erbij alsof hem dit alles niet aanging. De boer komt beleefd naderbij. Monsieur Hawarden vraagt hem hoeveel hij op Fuss zal winnen. De boer trekt zijn ogen tot twee spleten terwijl hij Fuss meet en schat. 'Ja,' zegt hij, 'als alles wel gaat heb ik er misschien wel honderd mark zuiver aan.' Monsieur Hawarden haalt een kleine portefeuille te voorschijn. 'Als ik u honderd mark geef, mag Fuss dan blijven?'

Fuss blijft.

De dag druilt zeer traag naar zijn einde. Er hangt nevel in de laagte en de bomen staan levenloos in de grijze dag.

Monsieur Hawarden is moe gelezen. Hij is lusteloos en heeft Alex teruggezonden. Geen wandeling vandaag.

Hij is bleek en moe en ligt in zijn zetel. De moederlijke vrouw van de rentmeester heeft een glas melk bovengebracht en monsieur Hawarden heeft haar begrijpend toegelachen. Zwak is de mens en veel ongemak huist in ons lichaam.

En de schemering neemt ongemerkt bezit van de kamer. Monsieur Hawarden richt zich op en kreunt gelaten; hij heeft het benauwd, trekt zijn huisjas uit en maakt zijn hals vrij. Als een witte vlek zit hij in de hoek. Hij wendt zich en kan zijn rust niet vinden en kleedt zich uit. Alleen een lang kamerkleed houdt hij aan boven zijn linnen.

Hij maakt licht. Zijn ogen staan hol en mat en zijn gelaat

is alsof er schaduwen over gaan en verdwijnen. Er is een blauwe schaduw onder zijn ogen en naast de fijne, doorschijnende neusvleugels. Hij sprenkelt eau de cologne over zijn handen en gaat rusten buiten de schijn van de lamp.

Als hij de melk heeft gedronken, zo traagzaam of hij nadacht over wat hij doet, gaat hij in de kamer daarnaast. Daar staan, vol zorg gerijd, de vele schoenen die hij eens heeft aangehad; want hij draagt ze niet dikwijls. Bijna nooit draagt hij schoenen; hij loopt liefst rond in kaplaarzen van zacht leder die de benen los en vormloos laten. Kleine mannenschoenen zijn het, zoals modejonkers er in de salons dragen, en laarsjes van Russisch leder. Hij kijkt er minachtend naar en opent een van de kleerkasten die zo ruim zijn dat het is alsof een kamerdeur opengaat en er andere lucht binnentrekt.

Daar hangen de talloze kostuums die monsieur Hawarden slechts ééńmaal gedragen heeft. Want buiten de kleren die hij draagt op uitstap en op zijn kamer, gemakkelijke kleren waarvan het losse onmerkbaar is door de juiste lijn van de snit, komt monsieur Hawarden niet meer dan ééńmaal met hetzelfde pak buiten. Dan zet hij een hoge zijden hoed op.

Dat alles hangt in één van de doodse kleerkasten.

Hij onderzoekt ze, één voor één. Want aan elk is een dag verbonden. Een smartelijke dag, want er komt geen licht in zijn gelaat als hij hem overdenkt. De kleren geuren zwak en verstorven en de zijde van de voering glanst doods. Hij gaat de rij af en soms is het of hij wankelt. Hij staat erbij, tenger nu in het wijde huiskleed, en de terugvallende mouwen laten zijn opgeheven armen bloot. Die zijn zacht, zonder de schemer van haar, met blauwe schijn van aders.

Hij sluit de deur op dit verleden. De kast staat vol schaduw onder het lage gewelf. Zij heeft hem zo eenzaam gemaakt dat hij angstig teruggaat naar zijn woonkamer. Daar zijn de getuigen van het nieuwe leven rondom hem.

Veel kleine huisjes liggen langs de wegen van Monsieur Hawarden. Alex heeft hem de geschiedenis van ieder huisje verteld. De man hier is dood, geveld door een boom; hij was houthakker. De vrouw heeft gestolen. Nu staat de hut ledig. En hier zijn de mensen altijd zeer arm geweest. Deze winter zijn al hun konijnen gestorven. Daar is de vrouw krom; de jongen apen ze na. Zij kreeg te weinig te eten toen zij een klein meisje was. En veel kinderen heeft ze. Die krijgen ook allemaal te weinig eten.

Schrale mensen over de schrale aarde. Monsieur Hawarden is hier en daar binnen geweest als het donker was. Hij spreekt niet veel woorden maar de vrouw kijkt ongelovig naar het geld dat hij in haar handen liet. Het medelijden van monsieur Hawarden is soms hooghartig. Hij streelt de kinderen niet over het vunzig riekende hoofd en gaat niet zitten in de hokken waar de armoede stinkt. Maar zijn stem is zacht en niemand gaf ooit zo'n aalmoes als hij.

Gisteren is hij met Alex een nietig boerderijtje voorbijgegaan. De jonge boer keek ze aan zonder te groeten. Het was daar alsof er nooit iemand gewerkt had. Maar Alex wist dat de man veel verdriet had om zijn jonge vrouw. Zij waren reeds drie jaar getrouwd en zijn vader had gezegd dat zij het schoonste paar waren van het dorp. Nu was de vrouw ziek geworden.

Monsieur Hawarden zit naast het bed van de jonge vrouw. Hij heeft gulzig in de zomeravond geademd vooraleer hij binnentrad, want het is benauwd binnen. Maar vuil is het niet, hoewel de reuk van het bed de kamer broeierig maakt.

De boer heeft nors opgekeken toen hij binnenkwam. Maar hij was een sterke, schuchtere man en men zei veel goed van deze vreemdeling. Monsieur Hawarden zit aan het bed van de vrouw: de jonge boer kijkt besluiteloos toe en zwijgt. Hij heeft een kaars gebracht en gezegd: 'Daar helpt toch niets aan.' De vrouw kijkt naar de vreemde heer. Opgeschrikt en onderworpen is ze. Hij legt zijn arm op het hoofdkussen alsof hij geen man was en de vrouw ondergaat een gevoel van berustende vertrouwdheid. Monsieur Hawarden kent iets van ziekten, zegt hij. En zijn stem klinkt zo wonder, zo zusterlijk, dat de boer eerbiedig buiten gaat. Monsieur Hawarden bevoelt geen pols en kijkt niet naar de tong. Hij beluistert de hartklop niet onder de beschaamde borst. Hij zit daar, met de hand van de vrouw in de zijne en spreekt zacht en luistert.

Het vermoeide gelaat van de zieke wordt levendiger; er komt glans in haar ogen en monsieur Hawarden ziet hoe schoon de trekken zijn, hoe verlangend en hartstochtelijk de mond staat van de jonge boerin. Als aan een biechtvader ontdekt zij haar ziel, verwonderd dat zij zo weinig schaamte gevoelt in het aangezicht van die slanke, ernstige man.

In monsieur Hawardens gedachten komt brandend de verbeelding van de onvruchtbare drift in deze kamer. Van de woedende omhelzingen waarover niet het mysterie ligt van de voortzetting van het bloed. Het gelaat van de vrouw ligt rood in het ruwe zuivere kussen. Zij klaagt met haar ogen afgewend en drukt met een hand de trotse borst. De heiligenbeelden op de kast schijnen hulpeloos en nederig te getuigen in deze kamer waar de drift niet door onbewuste levensvernieuwing wordt aangestoken en gevierd.

Monsieur Hawarden is duizelig. Het heimwee naar het leven dat hier tot een zichzelf herhalende foltering wordt, gloeit in de hand van de vrouw en in haar onstuimige ogen. Hij spreekt en zijn stem klinkt ver; het is als een gebed waarin wanhoop en onderwerping tezamen klinken. En de jonge vrouw wendt haar gelaat naar hem toe; de tranen van monsieur Hawarden glijden verloren over haar borst. Dat is het laatste dat nog overblijft.

Daar is in de wereld veel wee dat monsieur Hawarden niet kende. Op een klein plekje aarde is de veelvuldigheid van alles wat vreet aan de ziel en brandt in het lichaam. Nu kent monsieur Hawarden ze allemaal, de mensen hier. Hij kent de armen die met hun leven naakt liggen onder het licht van de dag. Want hij die brood krijgt wordt doorschouwd tot op zijn gebeente. En wat in de grotere huizen gebeurt weet hij van horen zeggen.

Hij heeft veel gewandeld met Alex en de hond Sopi. En in de stadjes uit de streek heeft men over hem gesproken. In Malmedy en Stavelot weet men te zeggen dat het een Engelse lord is wie de liefde in het hoofd sloeg. En in St.-Vith hebben ze hem met peinzende gezichten achterna gekeken. Volle zomer is het. Nu mag het venster open blijven totdat de maan hoog staat. En dan hoort men soms jonge meisjes met lokkende stem lachen. Nu is deze avond weer alsof de ontroering van aarde en hemel verstard was tot dit uur.

De vrouw van de rentmeester neuriet beneden. Ze had een mooie stem vroeger, toen ze nog blond was en haar taille nauw snoerde. Nu zingt ze soms nog uit herinnering aan vroeger.

Het klinkt weemoedig; met de weemoed van iets dat voorbij is. Alles is vol van die hoge aanbiddende weemoed vanavond. Monsieur Hawarden heeft er naar zitten luisteren en gaat het venster sluiten. Dan is de wereld niet zo eindeloos rondom hem. Lamplicht en de schaduw van de bekende dingen doen het heimwee niet zo groot schijnen. Hij heeft getracht een boek te lezen. De woorden blijven zonder betekenis. Zij schijnen nutteloos in dit warme leven van aarde en mensen. En zijn wangen blozen en zijn vingers liefkozen zijn haar. Hij gaat voor de spiegel staan: het ligt somber en sierlijk boven het smalle hoofd. Monsieur Hawarden bekijkt zichzelf peinzend. In zijn eigen ogen staart hij en volgt de lijnen van zijn gelaat. En hij gaat naar de kamer waar de kasten en de koffers staan.

Die koffers zijn vol kleren. Zij zijn geheimzinnig in hun ongewone vorm, de vrouwenkleren uit de koffers van monsieur Hawarden. Zijn vingers gaan strelend over de stof en hij drukt ze tegen zijn gelaat: een verre geur, een herinnering aan geur. Een kleed heeft hij niet teruggelegd. Het is verblindend wit. En uit een andere koffer neemt hij linnen, fijn, zeldzaam fijn. Hij weegt het op zijn vingers en ziet trots hoe zijn bleke hand er als een donkere schaduw door schijnt.

En nu kleedt monsieur Hawarden zich uit. Hij trekt zijn mannenkleren uit. En het zacht-linnen hemd rukt hij open.

Haar borsten schijnen te leven in de magere handen. En weldra glijden de kleren over haar schouders, over de gebogen lijn van de heupen. Laag uitgesneden is de rug in het kleed. De rug is week en trots. En over de kleine voeten schuift zij schoentjes die glinsteren als van zilver en zij richt zich op en staart met vreemde ogen op haar vernieuwde schoonheid.

Zij stapt door de kamer, onzeker als iemand die na een ziekte zijn tred moet vinden. Zij gaat almaar door, vaster, trotser. En dan wandelt zij naar haar bed en ligt erop, ruggelings met de handen over het gelaat.

Pont-Ligneuville, 7 juni 1850.

Mijn lieve moeder,

Ik heb lang geaarzeld alvorens u te schrijven; jarenlang heb ik geaarzeld, maar er komt een einde aan de menselijke kracht. Ik ben nu aan dit einde, moeder.

Mijn vrienden uit Den Haag zullen u op de hoogte hebben gehouden van mijn langdurig verblijf aldaar. Ik heb veel gereisd met hen tot er een dag is gekomen waarop ik ben weggevlucht van mezelf en van hen die mij kenden. Misschien zult u dat niet begrijpen zoals u me niet begrepen hebt toen ik van huis wegging. Maar slecht ben ik niet, moeder. Voor het vreselijke dat er gebeurd is boet ik nog altijd; ik leef hier in een verlaten Waals dorpje van Pruisisch Rijnland; ik ben hier een eenzaam man en mijn naam is monsieur Hawarden. U weet niet wat het is, eenzaam te zijn zoals ik.

161

Sedert die vreselijke nacht waarop een einde kwam aan het huwelijk dat mij werd opgedrongen, hebt u mij niet meer geloofd en niet meer aangesproken. Toen vader stierf, heb ik het uit de mond van vreemden moeten vernemen. Moeder, ik weet dat mijn leven niet zo heel lang meer duren zal. Zult u mijn dood ook uit vreemde mond vernemen? Ik vraag geen gunst; het is niet de gewoonte in onze familie gunsten te vragen. Ik vraag alleen dat u mij een antwoordje op deze brief zoudt schrijven. Het leven heeft veel vernietigd, voor u en voor mij; misschien is er nog iets te redden. Ik durf nog hopen dat het gebeuren kan.

In deze verwachting verblijf ik, lieve moeder,

Uw dochter M.

De postbode neemt het schrijven mee. 'Voor Parijs', zegt hij.

Twee dagen daarna ging monsieur Hawarden naar Sankt-Vith met Alex en Sopi.

Hij stapte lichter dan ooit tevoren en in zijn ogen lag een glans, die de kleine jongen er nog nooit in had gezien. De glans die licht over het gelaat van vrouwen als uren van herinnering voor hun gedachten staan. Hij liet zijn hand rusten op de schouder van de knaap; zo geurig was die hand en zo bleek en smal, met de edele matheid van de aders.

En dan vroeg monsieur Hawarden:

– Hoe oud ben je nu, Alex?

De kleine jongen keek fier in het gelaat dat over hem gebogen was. Hij was dertien jaar voorbij. Weldra zou hij een jonge man zijn. Een krachtige jonge man, met vaste stap en helder gelaat.

– Waarschijnlijk blijf ik niet lang meer, zei monsieur Hawarden. Ik verwacht een brief en als ik die krijg ga ik weg, kleine Alex.

De knaap zei Oh! en daar lag verrassing en verdriet in.

Hij stapte vooruit alsof hij ineens koppig was geworden en niet meer spreken zou. Over smalle paden gingen ze, door

sparrenbossen die stegen en daalden en zwoel waren van onbewogen zonhete lucht. Monsieur Hawarden zag hoe veer-
krachtig de kleine jongen stapte en hoe harmonisch dit kleine sterke lichaam aan de beweging van de tred gehoorzaamde. Ja, spoedig zou hij een jonge man zijn. En hij dacht
ineens aan de broeierige kamer waar de jonge boer aan het
bed van zijn vrouw gezegd had: 'Daar helpt toch niets aan'.
Leven met de aarde, leven in een klein huis, een vaste jonge
boerin in de armen houden. O kleine Alex.

En kleine Alex keerde zich om. Hij was trots om tranen
die hij had ingehouden. En hij vroeg aan monsieur
Hawarden hoe oud hij was. Monsieur lachte. Vreemd en
zacht kon hij lachen; alleen maar met zijn ogen terwijl de
mond onbewogen en smartelijk bleef. Hij vroeg:

– En hoe oud kan ik zo wel zijn, mon petit?

– Dertig jaar, zei Alex en hij overschouwde de rijzige
man. Jong was elke beweging, jong was elk gebaar van de
hand, en de ogen, och die waren zo jong in hun bruine klaar-
heid. Maar Alex zag niet hoe naast de mond en naast de ogen
al vlekken van vermoeidheid in het fijne gelaat stonden.
Monsieur Hawarden antwoordde niet. Zij waren de sparrenbossen door en hij keek zeer ver. Het Eifelland, eindeloos
en arm, kerken die dorpjes laten vermoeden. Dertig jaar!
Ach! toen droeg monsieur Harwarden nog de kaplaarzen
niet.

Zij gingen terug: Hij ontvlucht het eindeloze en arme
Eifelland. Pont ligt in de vallei. Daar leeft de Amel in het
licht. Hij keek nog eens achter zich. Schraal en grauw en in
stilte die vreemd was van de mens, rees heide en bos naar de
wasem van de horizon.

Dertig jaar.

Monsieur Hawarden vluchtte naar zijn kamer.

En toen de nazomer kwam, onopgemerkt, maar elke avond
wat killer, elke morgen wat grijzer, zat monsieur Hawarden

nog in het huis van rentmeester Deschamps want de brief was niet gekomen.

Soms, op avonden als de kracht van de aarde in het bloed van de mensen vaart, ging monsieur Harwarden naar de koffers waarin de vrouwenkleren lagen, elk met hun eigen betekenis. Dan zat, in het grote vierkante huis van Pont, de vrouw die gezelschap vond in kleren en juwelen en sprak met haar verleden. De handen tastten naar het willige doffe haar, de ogen gleden met weemoed en trots over de lijn van borst en dij naar de zacht geschoeide voet. En zij luisterde naar wat leefde in haar.

Zij zit in haar leunstoel en legt haar hand onder de rode schaduw van een karaf wijn. Zij drinkt niet maar het is heerlijk dit te zien op het stijf glimmende witte tafellaken. En dan neemt zij een boek dat de postbode heeft gebracht zeggende dat het weer van Parijs komt. Zij leest traag en met halve aandacht. De drang van de avond in deze beklemmende nazomer is te onrustig in haar bloed om de geest vrij te laten in het beschouwen van het geschreven woord. Maar stilaan groeit het verhaal voor haar, en als een bleekrode schemer komt de blos onder haar ogen. De woorden die zij leest beven van ongeduld en verlangen. De bekoring van monden die naar lippen zoeken en van handen die omvatten en sidderen. Jeugd en het onstuimige bloed, angst en verrukking en het wegrukken in het tijdloze. En de zoete geur van haar dat los ligt over schouder en borst en de woordenloze storm van twee mensen die eeuwigheid en afgrond speuren in elkaars wezen.

Het boek blijft open liggen op tafel. De karaf laat haar rode vlek neerkomen over het blad. Maar het verhaal leeft voort in de vrouw die met gesloten ogen ligt te luisteren naar de kreet van haar bloed. De uren uit het verleden staan op in haar en geen wil kan ze terug verbannen in het onbestaande. Door alle zintuigen komen ze, zeker en overweldigend als de golfslag van de zee. De geur van een zakdoek legt een nevel rond haar, en in haar hoofd gonst de klank van stemmen, fluisterende en smekende woorden, en haar lippen zijn half geopend en zijn heet en droog van die uren uit het verleden.

Als zij haar ogen opent ziet zij haar handen, saamgedrongen, hard saamgedrongen zoals men driftig bidt of wanhoopt. En zij ontsluit ze en ziet in hun handpalm de zachte druk van een gelaat dat ze heeft omvat en zij kreunt en drukt ze tegen haar borst. Met wijdopen ogen nu, ogen die zo wild en ver kijken alsof zij niet zien en niet begrijpen, staart zij naar de linkerborst die mat welt uit de warmte van het kleed. Recht en vaal is het litteken boven de rose vlek die steunt op haar vingertoppen.

Een vingerspits gaat angstig over de kleine zachte streep. Het doet geen pijn en toch houdt zij de adem in.

Zij staat op en loopt heen en weer. Zij hoort hoe stil het is tussen de vier hoeken. En zij sluit het boek met sidderende handen.

De nacht begint en monsieur Hawarden zinkt weg in de afgronden van vruchteloos verlangen en van vreugden die niet heropstaan kunnen. Het rusteloze bloed jaagt door haar heen en zij ligt verslagen in haar eenzaamheid.

Daar is de herfst.

Monsieur Hawarden ziet hem komen met gelatenheid. Hij heeft het land om zich zien veranderen. Vanuit zijn venster ziet hij hoe de heuvels verzachten in de vroege herfst, en 's avonds als hij nog even de weg opwandelt, rieken de stallen scherper in de beweegloze nevel. Het is kermis te Ligneuville. Dan wordt er geslacht. Het is een feest van verzadiging. Het dorp is slaperig onder de rook van de huizen. Maar 's avonds is de danszaal vol licht en rook van pijpen. Weldoorvoede mannen draaien in de dans met meisjes die stijf staan van nieuwe kleren. Ook rentmeester Deschamps gaat er heen met zijn vrouw. Dit is het feest van het jaar. De aarde heeft haar bestemming vervuld, het vee heeft aan de wet van de vruchtbaarheid gehoorzaamd. Het is nu kermis en dan valt de winter in, plotseling, en de aarde verdwijnt en het leven gaat schuil tussen de muren.

Monsieur Hawarden gaat mee. De rentmeester heeft getracht hem aan te tonen dat het er boers toegaat, maar monsieur Hawarden heeft nog nooit zo'n kermis gezien en is nieuwsgierig.

En zij gaan in de avond naar Ligneuville. Rond hun tafel is er een ogenblik bevreemding. Iedereen kent monsieur Hawarden. Hij is weemoedig, slank en goedhartig. Nu zit hij hier tussen hen, en hij bestelt een fles moezelwijn. De drank is zuur maar rentmeester Deschamps drinkt ervan zonder proeven.

De dans gaat voort. Een jaar van arbeid en zorgen wordt terzij gezet. De jonge koppels zijn trots en de ouderen, bij dans en wijn, geloven nog voor enkele uren in hun jeugd.

Monsieur Hawarden ziet toe. Op het golven van de wals beweegt heel de zaal zich in hetzelfde ingehouden ritme. Zij dansen ernstig en met geluk. Het zijn nog de eerste uren van de dans en de dronkenschap van elkaars nabijheid is nog niet in het hoofd gegaan van de koppels.

Monsieur Hawarden voelt zich stilaan meegaan met het ritme van de zaal. Met lichte neiging beweegt hij zijn hoofd naar de maat en zijn rechterhand wiegt heen en weer over zijn knie.

En dan vraagt hij aan rentmeester Deschamps of hij geen meisje kent dat licht danst. De oude man trekt gewichtig de wenkbrauwen op en kijkt in de zaal rond. Er zijn meisjes van elke soort, zegt hij, en kijkt nader toe. En gaat af op een slank boerenmeisje dat haar geelblonde haar in dikke wrong achter het hoofd draagt. Zij komt bij monsieur Hawarden en bloost en glimlacht.

Die twee dansen. Zoals die twee, danst er geen enkel paar. Recht en rilde zijn zij alle twee; zij kijken ernstig weg over elkaars schouder en de handen waarmee zij elkaar aanraken zijn schuchter. Zij spreken niet. Monsieur Hawarden bloost en er ligt een zachte schittering in zijn ogen. Hij danst alsof hij helemaal alleen was in de zaal.

Het meisje kijkt hem vreemd aan; zij antwoordt niet als haar vader haar lachend uitvraagt. Zo vreemd en zo licht was het, dansen met monsieur Hawarden, en zij weet niet eens waar zijn hand haar rug heeft aangeraakt.

Monsieur Hawarden hijgt een beetje, gezeten naast rentmeester Deschamps die hem bezorgd aankijkt. Deze ziet hoe het fijne gelaat plots verbleekt, de mond staat pijnlijk. Monsieur Hawarden hoest kort en droog en in het witzijden zakdoekje dat hij voor de lippen brengt ligt een rode vlek. En op de neusvleugels die doorzichtig schijnen te worden ligt als een mist van zweetdroppeltjes.

Nog een poos kijkt hij de dans aan. Zijn ogen staan dof en verloren. Het leven rondom hem wordt luider; de meisjes lachen driester en de jonge boeren bekijken ze met stoute ogen. En warm wordt het; er ligt iets in van de lucht van stal en keuken. Monsieur Hawarden staat op en met een beleefd gebaar vraagt hij de rentmeester te blijven; hij zal het wel alleen vinden. Hij gaat stil de weg op naar Pont. Overal rondom is de herfst. De weg ligt dik van blaren; die ritselen onder de kleine voeten van monsieur Hawarden. Die blijven liggen, vereenzaamd in de herfst, in het verloren gehucht Pont, waarlangs de Amel vliet, in het land van de Eifel, arm en verloren in een grensgebied.

Het vierkante grijze huis van rentmeester Deschamps staat wat verder. Boven is licht. Dat staat doelloos tussen dal en heuvel; hei en bos en de blinde weiden en de herfst van overal.

De brief was niet gekomen.

Monsieur Hawarden was ziek geweest. Een lange, stille ziekte zonder dokter of gejammer. Avonden van verzinken in de ongenoemde pijn van eenzaamheid, en weken van vruchteloze, ingehouden opstandigheid. Hij ziet er dunner en bleker uit dan vroeger, als hij stapt door de sneeuw met Alex. Komisch ziet hij eruit, de knaap. Hij draagt een mutsje van bont en is uitgegroeid uit het dikke winterjasje. Zijn polsen zijn rood van de zachte kou die uit de sneeuw komt en ook zijn gezicht is rood en vinnig. Hij groeit snel, die kleine Alex, en als hij roept is het alsof zijn stem reeds aan het muiten is. Monsieur Hawarden luistert dan telkens en het is alsof het terzelfder tijd smartelijk en genotvol is. Monsieur Hawarden is een hardnekkig voetganger geworden. De mensen van Pont begrijpen niet dat men voor zijn plezier zo kan lopen. Geen seizoen houdt hem tegen; deze winter heeft hij heel het land afgezworven. Met Alex, altijd met Alex. Het land is nieuw onder de sneeuw. Alleen de dennen hebben hem afgeschud. En nu staan ze daar, zij alleen met het witte land. Daar zijn wegen waar geen mens de sneeuw heeft aangeroerd; monsieur Hawarden zet zijn eerste stappen met eerbied. En hier en daar ziet hij kindervoetjes die gaan van een deur naar een haag. Wonder en ontroerend is het, kindervoetjes in de sneeuw.

Alex trekt zijn spoor met uitgelatenheid: als een veroveraar stapt hij; hij gaat voorop en kijkt soms achter zich naar zijn stap in de sneeuw. En monsieur Hawarden heft zijn voeten ook in zijn spoor. Ook hij ziet om: het is alsof maar één mens zijn leven hierheen heeft gebracht. Dan komt er een nacht met nieuwe sneeuw, of de wind steekt op en legt alles weer effen. Alles weer effen.

Naar Malmedy zijn zij gegaan. Dat ligt zo sierlijk onder de sneeuw. Maar de hoogten rondom het stadje zijn onvriendelijk en vijandig in de winter. Monsieur Hawarden voelt zich beklemd en gaat naar het Café de l'Amitié waar de rijke burgerij haar stamtafel heeft.

Een paar huidenvetters zitten er te praten bij hun bier. Zij zijn nieuwsgierig en hun gesprek gaat niet buiten hun stadje. Zij buigen zeer hoffelijk als monsieur Hawarden met zijn kleine gezel binnenkomt en als hij het dunne bierglas aan de lippen zet, zegt een van de huidenvetters: 'A vos amours, monsieur Hawarden', en drinkt hem toe en is zeer tevreden.

Het gelaat van monsieur Hawarden wordt rood en onwillig. Hij betaalt, groet kort en gaat weg. Hij zal nooit meer gaan waar burgers van Malmedy zitten.

De winter is lang en zacht. In het eeuwige weerkomen van de seizoenen wordt de mens altijd nieuw. Nu zeggen ze dat ze nog nooit zo'n winter gekend hebben, zo zacht en zo draaglijk. En als de wind uit het oosten komt en over de Amel rent, dan klagen ze dat het zelden zo koud is geweest. Het is rustig nu in monsieur Hawarden. De weemoed is verdoft en gelaten. De koffers en kasten blijven gesloten. 's Avonds gaat hij aan de haard zitten met de vader van Alex; en daar komen dan ook rentmeester Deschamps en zijn vrouw. Die bespeelt het klavier en zingt en soms zingt Alex ook. Hij heeft een klare knapenstem waar, in de laatste tijd, de verdieping is ingekomen van de aankomende jongelingsjaren. Zij zijn allemaal een beetje kunstenaar in de familie en monsieur Hawarden denkt er dikwijls over na hoe ondragelijk het leven hier zou zijn, als die goede sterke boer alleen aan zijn vee zou denken.

Zo gaan de avonden en gaat de winter. Kerstdag, Nieuwjaar en Driekoningen. Licht en heldere gezichten. En over de sneeuw, de dagen mist; de regen en de dooi, en de vuile, nattige lente ligt over de heuvelklingen en de mantels waaien open over de weg; het vee beurelt geduldig en met heimwee en soms snuift een paard met opengezette neusgaten en staart wild in de verte.

Monsieur Hawarden heeft een heel jaar doorgebracht te Pont.

De seizoenen gaan en komen. Altijd dezelfde en altijd anders. Monsieur Hawarden telt af met de seizoenen. Dat deed hij vroeger nooit. Miljoenen mensen leven met een kalender; sedert hij te Pont verblijft, bekommert hij zich niet om de dag.

169

Hij is een beetje voller van gezicht geworden. Soms laat hij zijn hand gaan rond de kin waar de vroeger zo scherpe lijn van het gelaat verstompt is. En naast de ogen is de huid niet meer zo strak; licht vergeeld is ze en schemerachtig.

Hij is opgenomen in het leven van het dorp. Men spreekt niet meer over hem. En hij gaat nergens op bezoek; alleen bij de vader van Alex. De postmeester heeft hem een paar maal uitgenodigd; die heeft twee sterke en levensblije dochters. Rentmeester Deschamps heeft de uitnodiging overgebracht, onbewogen als een lakei. En monsieur Hawarden heeft met een treurig lachje neen geknikt. Hij wandelt nog veel en zeer dikwijls gaat Alex mee. Die is nu groot en sterk geworden en helpt thuis en studeert muziek. Hij bewondert monsieur Hawarden meer dan ooit tevoren, maar hij spreekt tot hem met aarzeling en eerbied. Hij voelt nu hoe zacht en edel die is, hoe voornaam zijn handen en zijn mond. Dikwijls heeft hij verlangd die handen in de zijne te houden omdat die er zo week en zo teer uit zien; en hij heeft ook dikwijls gewenst zijn mond eens heel van nabij te bekijken, als hij slaapt. Maar monsieur Hawarden slaapt niet in de hei als de warmte hem overvalt.

Donderkoppen steken op na de middag. De vrouw van de rentmeester sluit de vensters en loopt om het wijwater en de gewijde palm.

Monsieur Hawarden kijkt vanuit zijn venster en doet zijn regenjas aan. Alex ziet bevreemd op maar gaat mee. Zijn vader schudt het hoofd en zegt dat monsieur Hawarden zich een ziekte op het lijf zal halen. Het is nog de voorzomer en de stormen brengen gesmolten sneeuw mee. Zij gaan de donderkoppen tegemoet; die zetten zich open en omvatten alles. De eerste rukken van de orkaan doen hun hoofd buigen. Zij gaan zwijgend; monsieur Hawarden, de handen diep in de zakken, met een vreemde schittering in de ogen.

'Ik houd van een heerlijk onweder,' zegt hij. En Alex hoort hem zoetjes zingen; het lied suist weg in de wind.

Het onweer blijft uit. Het wordt weer heel stil en broeierig. Alles is zwart en de heide en de sparrenbossen rondom hen staan in onwezenlijke vaalheid. Monsieur Hawarden blijft staan. Van hieruit ziet hij hemel en aarde; een diepte en een verte is open. Hij vraagt aan Alex of hij bang is en legt zijn hand op de schouder van de jonge man. Hier heeft kleine Alex geslapen en zijn hand leefde op monsieur Hawardens borst. Dit doet pijn en toch is het goed. Groot en breed is die hand nu en het gezicht staat mannelijk; het is of een warm leven van hem uitgaat dat één is met het sidderen van de storm die nadert. Alex gaat op de knieën zitten. Hij vaart met zijn hand over het heikruid; als het gebaar van een omarming is het. Daar schokt de eerste donderslag en hij springt op.

Monsieur Hawarden staart in de verte. Zijn mond staat scherp; het is of zijn gezicht plots die edele, scherpe lijn terugkrijgt van vroeger. Zijn mond is lichtjes geopend en het puntje van zijn tong bevochtigt zijn lippen.

'Ah, mon Dieu,' kreunt hij.

Alex gaat bezorgd naar hem toe en legt zijn arm om de schouder van monsieur Hawarden. En nu voelt deze dat Alex groter is dan hijzelf. De hand drukt de tere schouder en de vingers omvatten de bovenarm; hoe sidderend en zwak is die.

Zij staan een wijle; monsieur Hawarden heeft het hoofd gebukt. Hoe kinderlijk de hals is. Met gesloten ogen staat hij en tracht niet te wankelen. Dan weert hij zachtjes de arm weg en zegt dat het niets is. Vóór hen wordt alles zwart. En in die diepte beweegt de regen; die komt nader en ruist en rukt over het heikruid. Zij vluchten onder een rotswand en luisteren. Monsieur Hawarden spreekt zacht. Hij spreekt altijd zacht, maar nu klinkt zijn stem zo innig, zo ingehouden. Hij spreekt over het leven dat heengaat zonder dat men het merkt, dat glijdt en onhoudbaar is. En van het leven dat zo schoon kan zijn, dat men zich zo schoon droomt.

171

Alex herkent nu het verlangen dat hij reeds heeft ondergaan in de eerste siddering van zijn jongelingschap. Het is een vreemd en zoet gevoel dat hem sterk maakt en wild; hij steekt zijn hand uit en de regen heeft opgehouden, maar zij staan nog onder de rotswand, luisteren naar wat omgaat in hen. Grote vlakken van klaarte vegen over het dal. Monsieur Hawarden zegt: luister. En hij zegt een gedicht op: van liefde en smart die elkaar aanstaren in elk leven, en van uren die zijn als eeuwigheden en als afgronden. Hij zegt de verzen op als een gebed, de handen licht in wijding geheven. Zijn ogen staan groot en smartvol en de mond is edel van de woorden die hij uitspreekt. De regen heeft opgehouden, maar zij staan nog onder de rotswand.

Monsieur Hawarden voelt hoe in de zuiverheid van de woorden zijn onrust wordt tot een zoete en zuivere pijn. En gaat voort en zegt nog andere gedichten, weemoedig en vol diepe zin, waarin de droefheid klinkt als een vertroosting. Het is alsof het verlangen van hem wijkt en hij staat in erbarming en bescherming voor 'le petit' en beroert zijn ziel. En Alex luistert ademloos en een siddering doorloopt hem die hij nooit, nooit tevoren heeft gevoeld.

Vlug verdwijnt de goddelijke troost van de schoonheid die buiten ons is.

Monsieur Hawarden ligt in zijn leunstoel; het onweer heeft de zwoelheid van de kamer niet weggenomen; door het venster komt de geur van de aarde en van de vruchtbaarheid met onweerstaanbare kracht geweld, in hem, in zijn bloed, in zijn duistere gedachten. Hij ligt overwonnen door het kreunend verlangen van zijn wezen; de arm ligt rond zijn schouder, voelbaar en warm, en de vingers op zijn arm drukken altijd vaster en inniger.

Hij ligt verslagen door dit eeuwig onvoldane, door dit weinige dat de droom schenkt. En hij springt op; lauw zijn de handen die de armleuning hebben omgrepen, en de zwoelheid van zijn kleren slaat hem in 't gelaat.

De zomeravond is vochtig; zachter dan een dauwval is de klamme lucht die de regen heeft achtergelaten. Hij wandelt de weg op; de aarde is rustig en vanuit de sparrenbossen ritselt de duizendvoudige vernieuwing van het leven. Hij wandelt heen en weer. En door het open venster van zijn dakkamer ruikt Alex de fijne doordringende geur van monsieur Hawardens sigaar.

De avond wordt dieper; de klok van Ligneuville slaat vereenzaamd. Hij ademt langzaam en zuinig de lucht in van de bossen; zijn kleren zijn week van de klamme lucht. Hij is moe, zijn hoofd staat dof, en zijn bloed is stil en zonder verlangen.

Monsieur Hawarden staat op de weg vóór het huis van de rentmeester. Daarrond sluit de wereld zich en de zomer. En de sterren staan vol berusting boven hem. Nu kan hij naar zijn kamer gaan en zijn venster sluiten op de nacht.

De boerendochters gaan kuieren in de zomeravond. Zij verwijlen graag bij de jonge mannen die ze aankijken, zo boven hun werk weg. Dan lachen ze, en worden warm en trachten lief en trots te zijn. Soms hoort monsieur Hawarden ze van op zijn kamer. Het is een lokkend gelach en de stem van Alex klinkt schuchter. En over dit alles ligt de zoetheid van de avond. En vele avonden nadat de meisjes verdwenen zijn en ademen in hun rust, elke nacht nader tot de ure waarop zij door de armen van hun man zullen omvangen worden, zit monsieur Hawarden in de moedeloze strijd zonder einde die hij deze zomer tegen zichzelf voert. Het is alsof al de vlammen van zijn verwoeste leven tot een groot vuur samengloeien. Hij is verbleekt en om de bruine ogen, die schemeren vol onrustigheid, liggen de donkere vlekken van de afmatting. Sedert weken durft hij niet meer gaan naar de koffers waar de vrouwenkleren liggen als zoveel onvervulde beloften. En de streling van paarlen over borst en rug maakt week en verlangend.

En aan die strenge avonden van buigen en kreunen onder

het meesterschap van het ontembare leven, komt geen einde.

Dan brengt de post een pak. 't Is een spoedbestelling en komt van Parijs. Monsieur Hawarden verwacht het. Zij ontvangt het met een bleke blos uit de handen van de rentmeester zijn vrouw. Haar dankwoord is haast niet hoorbaar.

Zij aarzelt voor zij het opendoet. Zij zet het dan opzij, en sluit haar venster. Op de grote leunstoel in de zon legt zij de vrouwenkleren. Broos en licht zijn zij, zacht in verscheidenheid en toch alsof zij bij elkaar hoorden. Eén voor één laat zij de kleren over zich rusten. Slank en voornaam rijst zij erin op, het verfijnd gezicht met de tederheid van de grijzende slapen, de zachte schouders.

Zij komt niet buiten, die dag.

Maar zij kijkt 's avonds lang door het venster; het is alsof er afscheid ligt in de scherming en het trage bewegen van de bomen. En zeer vroeg gaat zij te bed.

Monsieur Hawarden zit op het lang smalle wagentje dat hem naar Malmedy brengt. Daar zal hij de diligence nemen voor Spa. Voor zaken, en voor hoelang weet hij niet. Langs hier ging zijn eerste wandeling met Alex. De harsreuk is er hard en streng; lucht van hars en van weiden. Het is of in der eeuwigheid hier harsreuk en weidelucht zal zijn. Altijd, en dit karretje rijdt hier sedert honderden jaren, want hier staat de tijd stil; monsieur Hawarden rijdt erdoor en voelt hoe zijn ziel gegroeid en gevormd is in dit eenzame land.

Voor hem staat zijn koffer. Een van zijn voeten rust erop. Daar liggen de kleren in, en de schoentjes en het linnen dat is als een mist over het lichaam. Hij bekijkt zich en het is of hij alleen zijn handen herkent, want zijn gedachten zijn reeds vervreemd van de kaplaarzen en de sierlijk plooiende broek die eruit opkomt.

De boer die voor hem zit op de bok houdt gelaten de leidsels in zijn rode hand. Hij rookt en denkt niet. Hoe is het mogelijk niet te denken en niet onrustig te zijn. Monsieur Hawarden kijkt naar het land. Het heft zich, heuvel boven heuvel, onfeilbaar in de lijning. En aan het kerkje van Bellevaux tikt de boer aan zijn muts. Sedert honderden jaren doet hij dat, hij en de mensen die liggen rondom de kerkjes van het Eifelland. Straks keert hij terug langs hier, en tikt aan zijn muts en verdwijnt.

De boer is aan het terugrijden. De rook van zijn pijp hangt een wijl boven de weg. Hij spreekt soms een woord tot zichzelf. Vanop de diligence ziet monsieur Hawarden Spa.

Lang heeft zij op haar kamer rondgewandeld, haar tred geoefend en met wijze vingeren heur haar geschikt alvorens zij op straat durft te komen.

Het is haar of zij naakt loopt in de zon, door de straten waar luie mensen slenteren. En vreemd is het, tot blozens toe, dat mannen haar bezien met warme ogen. Dan kijkt ze telkens in de weerspiegelende vensters en aarzelt. Zij ziet een slanke vrouw, met trotse hals en ogen die ondoorgrondelijk zijn.

Nu zij loopt en beweegt in die vrouwenkleren, onder mensen die komen uit de wereld waarin zij thans weer opstaat, heeft zij gebaar en woord van jaren her teruggevonden. Zij spreekt vanuit de hoogte met de dienstboden en de geur van spijzen en het schitteren van gedekte tafels maakt haar hoofd licht.

Oude vrouwen zijn daar, met moede ogen, met ogen van afscheid. Zij wandelen met hondjes of kijken verdwaasd naar de speeltafels. Stemmen van jonge meisjes en jonge mannen zijn overal. Daar lopen ook eenzamen, mannen met diepe blik die alle vreugde hebben verloren in de afwachting van de dood en andere die verzadigd zijn en weten dat geen nieuwe vreugd voor hen meer bestaat.

Het is alsof die allen oude bekenden zijn, alsof die weerkomen uit een wereld die zij gisteren heeft verlaten. Geld wordt onachtzaam uitgegeven, wijn wordt onachtzaam naar de mond geheven in fijne kelken, achteloos loopt rijkdom de rijkdom voorbij. Dit is nieuw en toch zo vertrouwd. Zij zit op een terras; steels glijdt haar hand soms langs de dij waarover het zachte kleed zich strekt, en het oog blikt neerwaarts op de ongewone witte vlek van hals en borst. Zij ademt het leven in en luistert naar muziek. En als het laat wordt en de lichten schemeren onder het lover, bemerkt zij dat mannen met vage ogen denken waarom zij hier alleen zit. Vanop haar kamer hoort zij het leven van het stadje en van het hotel. Verdofte stappen in gang en trap, en deuren die zachtjes worden dichtgetrokken. Het leven heeft haar weer opgenomen.

Hij was bleek, met uitgeputte ogen in een moegeleefd gezicht. Zij had hem zien voorbijgaan als een voor wie alle wegen in deze wereld dezelfde zijn. En zij kan zich niet herinneren hoe ze elkaar hebben aangesproken.

Reeds drie dagen zijn zij bij elkaar. Hij was voornaam en had zijn geloof in de mensen verloren. Zijn ogen hadden geen kracht toen hij voor de eerste maal neerboog om haar te zoenen. Maar er gaat een wondere tederheid uit van haar mond en armen; zoiets heeft hij nooit tevoren gekend.

Zij had jaren van ingehouden zachtheid en hartstocht en van medelijden met zichzelf teruggevonden in die uren met hem. Geliefde gezichten bogen over haar, haar mond werd week van terug opgestaan verlangen. Zij was jong en onstuimig, zij was een meisje dat omarmde en hem aan haar hart drukte.

Hij had geen eerbied voor de mensen. Hij had nooit de vreugde van arbeid gekend en het leven willig en buigzaam gevonden voor het geld. En liefde had hij verwoest met vele vrouwen.

In dit avontuur bracht hij de laatste opflakkering van zijn

beugeleefde verdorvenheid. Slechts als zij er later over nadacht beseft zij hoe gemeenheid bij hem natuurlijk was. Na de eerste verwondering om haar wilde goedheid, om haar innigheid die niet alleen het lichaam wilde omvatten, bleef zij voor hem de vrouw die kwam na de andere. En 's morgens ontwaakte zij angstig en beschaamd.

Hij hield niet van wandelen. Hij slenterde maar alleen van stoel tot stoel. En in de uren dat hij haar alleen liet ging hij met lange zorgeloze vingers jetons schuiven over de speeltafel en keek naar de vrouwen en raadde wat er met hen te doen viel. Of hij hield er zijn behagen in oudere dames die met hun laatste honger naar een omhelzing rondliepen, met bedelende ogen dol te maken.

Maar zij wilde met hem wandelen. Zij had behoefte aan lucht en bomen; reeds waren er ogenblikken waarop zij de verten van het Eifelland zag en zuchtte.

Lachend was zij bij hem gekomen: monsieur Hawarden had zijn wandelpak aan; kleiner scheen zij zichzelf toe, maar zij stapte vaster in de vormloze kaplaarzen. Hij had haar verwonderd aangekeken en moe gelachen. Daar zijn wouden en stromende beekjes rond Spa. Grote bomen tussen rotsen en paden waarover lang vlak lover uitsteekt. Zij ging gelukkig aan zijn arm; haar oog zag het spel van zon door bomen en het gesuis van licht door de stammen vervulde haar. Zij zweeg en zij gingen tot hij moe was.

Hij stapte loom en krachteloos. Hij keek niet rondom zich, zon en bladeren en de warme adem van het pad bestonden niet voor hem. En zij gingen zitten in de ruisende stilte van het bos.

Met onverschilligheid sprak hij over alles, over mensen, over liefde, over kunst. En zij wist nu hoe de eenzame jaren in het Eifelland haar rijker hadden gemaakt en hoe arm de man was die naast haar zat. Zij sloeg met een takje over haar laarzen en weerde hem af als hij haar wilde zoenen. Hij beledigde haar door zijn onverschillig woord. Zij keek rondom zich, krachtig door de schoonheid van het licht en de geur van het bos. Zij zag hoe hij over dit alles heen keek met verveelde ogen. Zo zaten zij naast elkaar en zwegen. Zij wist zich ver van hem, zij wist dat de eenzaamheid terugkwam over haar. En die kleren die zij had aangetrokken uit speelsheid, omsloten haar voor altijd, dat was haar wereld en haar leven.

En hij liet zijn onvaste ogen over haar gaan. Als een prikkel was het hem haar zo te zien, zo tenger en vormloos in die mannenkleren. Hij sloeg zijn armen om haar heen en zij liet het dromend gebeuren. Maar toen zijn handen haar zochten schrok zij op; neen, dat niet! zij voelde het als een belediging. En zij worstelden, die twee, tot hij losliet en opstond en vloekte.

O de heide van het Eifelland en kleine Alex met zijn slapend handje op de borst van monsieur Hawarden. Languit lag zij te snikken, zo hulpeloos in de kleren van monsieur Hawarden. Tranen van zoveel jaren en zoveel ontgoocheling, en tranen van die laatste pijn hier nu en die laatste belediging.

Zij stond op en hij volgde haar en zei: pardon.

En als twee mensen die elkaar vreemd zijn keerden zij terug.

Zij zat naast hem; het was een zachte avond. Vele mensen zaten rondom hen; die babbelden luchtig en vervulden de avond met woorden van voornaam nietsdoen.

Haar ogen stonden hol, haar mond was vertrokken en zij zag er moe uit met het grijze vlekje aan haar slapen.

Soms keek ze naar hem, misprijzend en medelijdend. In haar herinneringen vond zij er terug zoals hij, mannen die nooit jong en fris waren geweest. Hij was alles wat zij uit haar vroeger leven had teruggevonden.

Alles scheen nu weer vervreemd rondom haar. Zij voelde hoe zij die wereld was afgestorven. Zij was verzadigd en afgemat en de schaamte was over haar gekomen.

'Dit is de laatste avond,' zei zij.

Hij zag verrast op. Duren kon het niet, dat wist hij. Wat kan er blijven duren? Van al die drukte rondom hen, van die meisjes die liepen, zich wiegend in de arm van een geliefde, en van de vrouwen die de wijzers van het horloge nagingen naar het ogenblik van hun genot, wat bleef er duren van dat alles?

Hij was nooit ontroerd bij een afscheid. Handen, borsten en monden, dat kwam en ging. Maar hij keek haar aan met onbegrijpende ogen, het was alsof hij onduidelijk voelde dat een grote smart naast hem was geweest.

'Waarom,' vroeg hij?

Zij moest weg. Haar tijd was om. En tot wanneer? Zij keek ver weg, door het donkere geboomte en zei gelaten: nooit.

En die laatste avond was voor haar de pijnlijkste die zij sedert jaren had doorleefd. Zo ledig waren die dagen geweest, zo ontzettend arm had zij alles rondom zich gevonden. En daar zat die man, zonder woorden en zonder droefheid.

En daar zij een vrouw was en neerzag op de weelde van haar vrouwenkleren, stonden haar ogen vol tranen en zij nam de hand van de man die zij verachtte en waarmee zij medelijden had. Hij zou de laatste herinnering zijn aan armen die haar hadden omsloten en aan lippen die het slaan van haar hart hadden gevoeld. Zij wist dat zij hem misprees en dat de pijn die zij door hem leed nooit helemaal genezen zou.

'Adieu, mon ami,' zei ze heel zacht.

Zij hield hem terug toen hij opstond om haar te volgen. En hij keek haar na met aarzelende verbazing.

Toen was zij verdwenen.

Monsieur Hawarden rijdt terug naar Pont. De boer heeft geen haast. De middag staat nog warm en stil over het dal. Hij laat zijn zweep bengelen waar de vliegen samenklissen. En aan de kerk van Bellevaux tikt hij even aan zijn muts.

Monsieur Hawarden heeft de ogen gesloten. De eenzaamheid heeft hem weer opgenomen. Hij laat zich voeren door een land waar de tijd stilstaat; zon en sneeuw en mist volgen elkaar op, kinderen worden geboren en mensen sterven, oogsten, vee, sparrenbossen, horizon. De boer rijdt door dit alles met zijn smal wagentje. En hier zit monsieur Hawarden en zijn voet rust op zijn koffer.

Daar staat het huis van rentmeester Deschamps. Van daaruit ziet men de Amel en de kerk van Ligneuville, en door het open venster slaat de reuk van aarde en stallen naar buiten. Het staat open. Monsieur Hawarden kijkt op. Zijn venster staat open.

Jaren heeft hij gewoond in dit grote huis, boven het dagelijkse geluk van twee brave mensen. Draag de koffer maar naar boven. Neen, dank u, verder heb ik niets nodig; misschien heeft u wel een glas fris water voor me.

De koffer staat bij de vele andere koffers. En het licht wordt ontstoken in de woonkamer. Buiten is er gepraat en gelach en dan wordt alles stil. De hele wereld legt zijn nacht rondom het huis en monsieur Hawarden buigt het hoofd in de handen en weent.

Hij was dagen lang ziek geweest.

De vrouw van de rentmeester keek bezorgd naar de ogen die hol en dof stonden en luisterde medelijdend naar de krachteloze stem.

Het duurde zeer lang eer monsieur Hawarden weer wandelen ging. De zomer was reeds voorbij en de bomen stonden zwaar in de nevel. Hij liep verloren over de mistige wegen en sprak veel tot zichzelf.

Toen hij Alex weerzag, bloosde hij. Hij nam zijn hand en drukt die vriendelijk en keek peinzend naar de sterk gegroeide jonge man. Die had klare en zuivere ogen. Bijna elke winteravond bracht monsieur Hawarden door aan het haardvuur van Alex' vader. Hij luisterde toe, rookte een lichte sigaar en keek naar de gloed van het vuur over zijn handen. Hij was nadenkend en wijs geworden en sprak als iemand die ver van het leven verwijderd staat. Soms werd er muziek gemaakt en monsieur Hawarden bespeelde het klavier. Het was jaren geleden, zei hij, maar hij wilde 't wel proberen. En stilaan kwam de vaste aanslag terug en de smalle vingers maakten hun sierlijk gebaar over de toetsen.

Die dofheid in zijn ogen verdween; hij werd weer vriendelijk en goed zoals vroeger. Maar zeer dikwijls was het alsof hij ver weg was in zijn gepeinzen en aan zijn slapen groeide de grijze vlek.

Als het opnieuw lente is, loopt monsieur Hawarden het land af. Sopi is dood; twee andere honden zijn in de plaats gekomen. En soms gaat Alex mee.

Zij gaan traagzaam door het dal. Schamele aarde van het Eifelland, weiden waardoor de beek trekt, sparrenbossen vol trouwe eenzaamheid. Zij spreken over lente en jeugd. En dan zwijgen zij. Mogen zwijgen samen met de mensen die men lief heeft, is een groot geluk. En zij keren terug en aan een kleine hoeve staat een meisje naar het voorjaar te kijken. Alex lacht en bloost en het meisje kijkt hem stralend aan. 's Avonds zegt de rentmeester lachend dat die twee wel spoedig een paartje zullen worden. Zijn vrouw kijkt even op naar monsieur Hawarden.

Die gaat in het duister zitten op zijn kamer. Hij overdenkt zijn leven. Hij is gelaten en zijn verdriet is als een kwijnende ziekte. Daar is spijt om wat in zijn leven niet vervuld werd en bitterheid om wat er in gebeurde. En ook die onvatbare pijn om het leven dat wegglijdt onder u zonder dat gij het merkt en dat u plots oud en alleen doet staan te midden van kinderen die nu jonge mensen zijn.

Jaren van eenzaamheid heeft hij hier doorgebracht. Die kleine jongen, mon petit, is een verliefde jonge man. Monsieur Hawarden ziet elk ogenblik van dit vreemde geluk in heide en bos voor zich staan van dit geluk vol onwerkelijkheid, vol verbeeldingen die nooit tot wezenlijkheid konden komen. Dit is sterker dan zinnelijk verlangen; het is de behoefte om goed te zijn met iemand en de armen te mogen leggen om een schouder. Dat is nu gedaan; nu is het laatste gedaan. En monsieur Hawarden geeft zich gewonnen en zinkt weg in de eenzaamheid.

Midden in de zomer verhuist hij. Hij gaat een eindje verder wonen, te Ligneuville. Daar is een huisje dat hem bevalt. Het staat onder de galm van de klokken en vanuit het venster ziet hij de Amel op hem toelopen.

De rentmeester heeft de schouders opgetrokken: hij voelt zich gekleineerd maar zijn vrouw heeft vergoelijkend gesproken. En zij zijn uit elkaar gegaan in vriendschap en met hartelijke woorden.

Een gezette meid doet het huishouden van monsieur Hawarden. Het is zeer stil in het huis; monsieur Hawarden zit voor het venster en droomt over het landschap weg. De dag door ziet hij naar het dal en de hemel en vindt zijn behagen in het aanschouwen van de wisselende kleuren waarin dal en hemel tezamen komen. Hij leest, rookt soms, en als de dag helder is loopt hij een eindje de weg op.

De pastoor is bij hem geweest. Een verstandig man die weet wat er in het leven verwoest kan worden. Zij hebben samen geredeneerd en zijn zeer tevreden over elkaar. Voor monsieur Hawarden is dit een nieuw en ongekend gezelschap. De pastoor spreekt over alles mee en tracht niet bij elke zin een eeuwige waarheid in het gesprek te smokkelen. Hij is van de grote stad herkomstig, maar hij heeft dit land lief en de mensen die er wonen.

De koffers en kasten staan op zolder. Die worden nooit meer opengedaan. Monsieur Hawarden durft zijn oude kleeren niet meer betasten. Maar hij kan er zich niet van ontdoen. Zo eenzaam kan hij zich niet maken. Soms zijn er nog avonden waarop het bloed in opstand komt. Zomeravonden waarop jonge mensen fluisterend gaan en rijtuigen voorbij rollen in het onbekende. Dan komen weer voor haar de nachten toen zij voor het laatst een vrouw was die hongerend in het leven stond, – en dan komt geen beschaming over haar om het gemene dat zij heeft ondergaan, om de woede zonder ziel waarmee die man is over haar gekomen. Alleen brandt haar lichaam in herinnering en zij overdenkt. Dan ligt in het nachtelijk huist te Ligneuville alleen een vrouw die de roep van de zomernacht hoort en machteloos ligt in de kwelling van haar bloed. Of de herfstavond rondom zich voelt en jammert in de laatste opstandigheid van het leven. 's Morgens luidt de klok boven haar. Dat is zo zuiver in de zuiverheid van de dag. Dan komt schaamte in haar op en zij voelt zich vernederd. Mannen gaan onder haar venster voorbij: vreemdelingen die hier rust zoeken en niet hoeven na te denken bij urenlange forellenvangst. Zij ziet ze gaan met onverschilligheid want van de man heeft zij alleen de gemeenheid gekend.

Maar de ledigheid van seizoen op seizoen is uitputtend. Monsieur Hawarden voelt zich zwakker worden. Zijn wandelingen zijn kort en traag. Soms hoest hij en een rode vlek wordt van zijn lippen gewist. Een brief voor hem. Dat is zeer zeldzaam geworden. Hij zit er lang mee in zijn handen als hij hem gelezen heeft. En zijn ogen schemeren: moeder is dood. Nog eens komt het verleden tot duidelijker verrijzenis. Met het hoofd op de tafel weent monsieur Hawarden. Moeder is dood. Al de bekende gezichten staan er rond; die waren grijs en ver geworden; die treden nu opnieuw in het licht, die staan rond het gezicht van moeder. De klokken hebben geluid en de rijtuigen reden in zwarte stoet. En hier zit een dode die vergeten is. En daar ligt het kleine kerkhof van Ligneuville. O moeder. De pastoor is gekomen; monsieur Hawarden heeft hem dringend gevraagd. En de geestelijke luistert zoals hij doet in de biechtstoel, het hoofd op de hand geleund, de ogen afgewend van de zonden die naast hem spreken. En dan neemt hij de hand van monsieur Hawarden. Beiden zijn ernstig en bleek. Monsieur Hawarden weet dat nu de rust in zijn eenzaamheid is gekomen.

Telkens als hij zit in het licht van de koorramen voelt monsieur Hawarden een zeldzame opgetogenheid. Hij heeft een stoel in het koor. De bel klinkt helder en het ernstige gelaat van de pastoor wendt zich tot hem. Het is alsof er innige samenspraak is tussen hen bei onder het halfluide opzeggen van de gewijde woorden.

Als de hete uren van herinnering over haar komen, houdt zij woedend vast aan haar gebed. De kerk is altijd open voor haar. En late wandelaars zien soms monsieur Hawarden door de poort schrijden. Dan neemt de stilte van de kerk haar op en het gekreun van haar lichaam verdooft in haar wild gebed. Zij gaat schuil onder 't stuk gegeseld lijf van de martelaars en rukt de wonden open van haar begeerte; de woorden van verlangende drift worden klachten van de ziel. Zo worstelt zij, de magere handen samengeknepen, de lippen murmelend zonder nadenken, de biddende worden stamelend zonder op hun zin te letten. Dan omvat eindelijk de stilte van het altaar en de ontfermende godslamp haar uitgeputte leven in de barmhartigheid. Met klamme handen en starre ogen staart zij weg in de duisternis en roept naar God.

In het huis te Ligneuville zit Monsieur Hawarden in zijn leunstoel. De hand die is tussen zijn hoofd en de lamp is haast doorzichtig.

Alles is nu rustig in hem. Vele seizoenen zijn gegaan en gekomen. Dit stille Eifelland en dit kerkje daar, schuin over het huis, heeft kalmte in zijn leven gebracht. Al het andere is nu zeer ver.

Te Pont woont nog altijd Alex. Die is nu getrouwd en heeft een kindje. Het leven weze hem genadig.

Monsieur Hawarden hoest veel. Hij weet wat dat bete-

kent; zonder angst ziet hij het rode schuim in zijn zakdoekje. Hij zit niet meer aan het raam. Hij ligt te bed, zonder spreken; de pastoor komt elke dag en zit naast hem. De eeuwigheid ligt reeds tussen hen. Alex wordt geroepen. Hij groet
de pastoor die uit het huis komt van monsieur Hawarden.
Eerbied ligt over het gelaat van de geestelijke; hij drukt de
hand van de jonge man zonder een woord te spreken. Alex
voelt een heilige ontsteltenis aan het bed van monsieur
Hawarden. Die murmelt zo zacht dat hij over hem heen
moet buigen om hem te begrijpen. De magere hand van
monsieur Hawarden ligt op de hand van Alex. De jonge man
is ontroerd nu hij die hand ziet, vergeeld en stijf in deze laatste streling. En hij snikt en legt zijn lippen op de edele vingers. 'Mon petit,' murmelt monsieur Hawarden.

Zijn ogen hebben een ogenblik hun schone licht teruggek-
kregen. En als Alex opkijkt ziet hij het gelaat van de vrouw,
zo vol goedheid als alleen het gelaat van een vrouw kan zijn.
Het grijzende haar boven het nog effen voorhoofd en onder
het nachtkleed de lichte welving van de borsten.

Hij vraagt niets. Zij knikt hem toe:

'Oui, mon petit.'

Zij zijn sprakeloos; haar hand raakt nog even zijn hand aan.
Dan heeft monsieur Hawarden zich ter ruste gelegd.

MAURICE ROELANTS

De jazzspeler

Kom, kom, meestal ontbreekt ons de tijd. Het leven is een vlucht in het werk, in een gemene en onproduktieve bezigheid, die ons ten slotte met wat armzalig te beheren renten in de handen laat, een vlucht in enige sociale plichtplegingen, receptie van enige bekenden, die moe zijn van de spijzen uit hun eigen provisiekast en die een hart volgen, dat zijn wensen niet meer kennen mag.

Maar wees stil. Hier is de zee. Veertien dagen vakantie. Wij willen het groot avontuur wagen: niet verroeren, ons hals over kop storten in een stilte, waarin wij de verborgen stemmen van ons verlangen horen zingen.

Wij hebben de voet gezet in het duinzand. Er was een zoet verzinken, even een fijne duizel, als de eerste maal dat uw mond de wang van een meisje heeft geraakt.

Tussen twee streuvelige duinkoppen vouwde de zee likkende vlammen van zon en olie tussen dunne waterlagen. Niet van de trage kruiven op de golven, – uit ruisende kuilen van ons heimelijk wezen sprongen plotseling sirenen op. De wind en wat zout scheerden licht over onze lippen – maar dat gaf niet de smaak van ongeproefde verten, van grond en gras, die onze tong met een vreemde wellust raakte. Wij stonden als ruishoorns, doorzongen door een grote ronk, waarin het schurend slaan der wateren klonk, het ritselen van het kiezelstuifsel langs de duinhalmen en een verre hommelende boei, die over ons hoofd haar echo's joeg in uitgeholde zandkommen. Maar kwam al dat bruiselen niet uit ons, vermengd met de processionele jubel der gewekte sirenen?

'De zee, de zee, de zee,' heb ik stil en bevend, met al de tekenen van onderdrukte aandoening gezegd tot mijn vrouw.

Zij heeft niet geantwoord. Zij droeg op haar arm ons tweejarig zoontje. Doch zij heeft zich met de schouder laten aanleunen tegen mijn borst. Meteen lag er tussen ons beiden een stromende warmte, die gemakkelijk door onze kleren drong. Wij gloeiden weldra aan elkaar, maar met dezelfde gloed als toen we pas verloofd waren, tien jaar geleden. Alleen zonk haar éne schouder zwaar neer, vermoeid door onze jongen. Ik heb hem haar afgenomen, en ben snel, voet voor voet verzinkend, tot bovenop het duin geklommen. Daar heb ik, ademloos, mijn zoon boven het hoofd getild en hem gedraaid naar de ronde horizon, als een vervoerde op- dracht aan de wijde wereld, ginder die lijn tussen wolk en water, daar die sleep van rook uit beweegloze schepen, hier die landvlakte met schuine bomen en, in die hoek, het pak blokken van een verzonken stad in dampen.

Beneden, in het duin, lag mijn vrouw achterover in een lach, die het zand als metaal deed trillen. Ik heb mij naar be- neden gestort. Ons knaapje tussen de halmen. Onze mon- den aan elkaar. De ogen toe. In ons een groot en verrukke- lijk ritme. De zee sloeg rustig haar wateren te ener zijde. Langs de andere kant hief een machtige adem de landen op. Aarde en zee balanceerden aan deze kus. Ons hart bonkte, als sprong het uit de langzame maat, die heel de wereld met een slingerslag deed wiegen. Dit vreemde geluk raakte er- gens aan een nog vreemder pijn, een onrust, – een gebied waar zich tegenstrijdige krachten omklemden, waar het stoof en hoosde van stampen en vechten. Nee, nee, wij wilden de- ze hemelse vrijheid niet verliezen, wij wilden deze opgang, deze opstand uit sleur en middelmatigheid voortzetten. Zaten ons reeds de kleine dagelijkse ellendetjes na? Worste- len nu, worstelen.

Als jonge verliefden hebben wij ons op elkaar gegooid. Was dit nog spelen? Haar schouders wrongen met liefelijke inspanning in mijn vuisten, waar zij zich omwentelde als een snel dier. De greep van haar armen om mijn lendenen omstrengelde mij als een te tedere omarming. De spieren en pezen gespannen, gans uit koorden en wissen, leunde ik tegen haar: mijn rug trilde van haar al te zoete weekheid. Ik draaide mij om in de kleine kracht van haar greep. Zij lachte eerst, toen ik haar overmachtigde. Ik weet niet of haar schater en haar adem op mijn lippen die wellustige gespannenheid van gans mijn wezen opzweepte of tergde, maar ik klemde haar zo aan mijn borst, dat zij als een appel kraakte en tezelfdertijd snerpend gilde. Ik liet haar los, een beetje boos omdat mijn groot geluk en die bezieling zich niet voluit met een even sterke kracht konden uitvechten. Haar zwakheid had mijn geweld overwonnen. En dan, ons jongetje had gehuild. Zijn mond was in het zand een snoetje van wit schuurpapier geworden.

Nee, ik ben geen dichter. Ik ben meubelfabrikant. Jaar in jaar uit broeit er in mijn hart een malaise. De meubelfabricage neemt bijna al mijn tijd in beslag, maar verslijt niet die geheimzinnige raderen, die al sinds mijn prilste jeugd in mijn gemoed en mijn ziel geruisloos en vlug omwentelen. Ben ik een uitzondering? Kan het zijn dat anderen gans hun persoon, gans het spel van gevoelens en gepeinzen in hun bedrijf inschakelen? Bij mij blijft het anders. Ik ken om zo te zeggen geen moeilijkheden, geen incidenten, geen tegenslagen dan buiten mijn beroep. Ik houd van mijn vrouw en mijn jongen. Een halve overgave haat ik met al de kracht van mijn wezen. Iedere dag bid ik de Heer mij de zekerheid te laten, dat ik aan haar trouw hart zal sterven en dat mijn zoon zal groeien uit onze vereende liefde.

En nochtans, ontstellend bewustzijn, de gedegen echtgenoot en vader, die de meubelfabrikant zo voorbeeldig in actie houden, hebben in mij de man niet gedood, de jonge man niet, de jongeling niet vooral. Het is misschien natuurlijk, dat terzijde in het hart van de maatschappelijk ingeburgerde de passies blijven branden en gisten. Doch kan ik passie noemen die jongelingsongereptheid, die eerste bewondering voor het leven, dat afwachten van grote dingen, die smeltende tederheid voor twee jongemeisjesogen, dat mengsel van platonische droom en eerste puberteit?

't Is maar, dat ik, alvorens mijn beroep van meubelfabrikant te declareren, vaak eerst dat van gepijnigd mens op te geven heb. Want tenslotte doe ik, verstandig en ordelijk levend man, daar diep in mij een altijd zestien jaar gebleven jongeling geweld aan. Ik ga naar de vijfenveertig en dag aan dag wordt de kloof breder, die mij van deze jeugd verwijdert. Natuurlijk. Of nee. Dagelijks word ik potsierlijker door niet te kunnen scheiden van die jongen, die ik eens was en voor altijd zal blijven. Er komt eens een tijd, dat ik een zestienjarige knaap zal zijn met een kaal hoofd, een rug als een tunnel, en een stram wandelstokje. Ik zal er uitzien als die oude meneertjes, die geniepig en sadistisch hun ogen deugd doen aan prille meisjes: maar ik hoop, dat de zuiverheid van mijn inzichten dan nog overeen te brengen zal zijn met mijn fierheid, zij, die mij leidt en voorkomt, dat ik voor mijn vrouw of mijn zoon zou moeten blozen.

Want ik lijd door de vreugden, die de jongeling mij heimelijk geeft. Ik vecht tegen die jonge snuiter, die mij, rijpende man, nu al vijfentwintig jaar bij de neus leidt. Hij is het, die mij in de armen van mijn vrouw heeft geworpen. Ik loof hem en ben er hem dankbaar om. Maar wat hij nu ook moge doen, hij zal er mij niet van wegrukken. Wat fluistert hij aan mijn oor? Dat ik verburgerlijkt ben en aan mijn liefde en trouw verdor. Dat ik trots alles een jonge dichter ben. Nee, nee. Ik ben meubelfabrikant, ik ben meubelfabrikant, ik ben meubelfabrikant, ik ben meubelfabrikant, ik ben meubelfabrikant, ik ben meubelfabrikant, ik ben fabrikant..., ik ben..., ik ben...

Ja zeker, ik ben altijd op tijd geweest toen ik, zestien, een meisje ontmoeten zou. Irène, uw mond is groot en de krul van uw lippen in de hoeken, die even uw veel te talrijke tanden bloot laten, – Irène, ge hebt honderd tanden, – doet er u uitzien als een wilde. Ge zijt zo geel en zo bruin als die morsige Italiaanse, die de zwengel van haar draaiorgel liet schieten om met haar blikken kroes te rammelen. En het wit van uw ogen blinkt blauw, hun appels vlammen donkerglanzend als opgepoetste kastanjes.

Irène, ja, wij volgen opnieuw de Leie. Wij gaan weg van de stad, die achter ons in de zaterdagmiddag ligt. Er knallen kogels achter de bermen op de schietbaan. Een roeier in rood en wit gestreepte trui scheert met ritmisch gelepel op een skiff voorbij. De velden gaan open. Irène, onze armen leunen kruiselings achter onze rug op onze lendenen. Een bescheiden hand ligt ter wederzijde rustig op een soepel deinend middel. Irène, achter uw oor en onder uw haar zoeken twee kuise lippen de warmte van uw hals. En ge stapt recht door, zonder u af te wenden of zonder te vrezen. Op een herfstdraad, tussen de eerste zoetheid der zinnen en de ongerepte zuiverheid, wordt een wereld van jeugdige zaligheden in evenwicht gehouden. Wat zeggen wij? Irène, ge hebt een mooie stem, Irène, zie hoe oranje die berg gewassen wortelen in de Leie weerspiegeld ligt, Irène, hoe snel verloopt de namiddag. En dan, voelen wij iets? De wind, die met de reuk van gras en klaver even aan het water heeft geraakt en ons fris en dauwend de zoelheid van onze wangen verraadt. Waar gaan wij heen, wat verwachten wij? Rondom domen de meersen. Wij volgen de kronkelingen van de rivier. Wij zijn bang voor een te vroeg vallende avond en versnellen met al onze vrees zijn haastig klimmen in knotwilgen en struiken. De hemel, de wolken, een spreeuw... Wat geeft dit al? Twee ogen dempen hun glans en licht, twee oogschalen trillen en gaan toe, tussen de zwarte wimpers breekt een traan, een voorhoofd verduikt zich aan een schouder.

Irène, wat vreemde schaamte heeft u bevangen? Hef uw hoofd op en heb voor deze wondere verrukkingen geen vrees: het is onze jeugd, die haar eerste schreden beproeft; het zijn onze lippen, die in hun eerste plooi de smaak van een mond weerhouden; het is onze eerste tederheid, die geeft en neemt; het is onze eerste vervoering, die bezit neemt van een andere droom. Het is de eerste morgen in het paradijs. Al het duister heroïsme, dat nodig is om een eenvoudig, gewoon, maatschappelijk leven zonder falen en grootheid te leiden, is ons nog vreemd. Wij bloeien nog, met taaie banden vastgehecht aan ons huis en onze jeugd. Wij liggen aan pezige wortelen open in de dag als de blanke nenufars op het grote blad. Wij weten nog niets van het fatale afdrijven, de hoge wateren, die ons weldra zullen dragen. Waarheen? Waarheen?

Irène, en gij, Clara en gij, Yvonne, en Anneke, gij, veelvuldige gezichten van mijn jeugd, ik ben hier weer. Aan u verjong ik mij altijd opnieuw. Aan u drink ik altijd opnieuw het water der bronnen. Aan u sterk ik mij altijd opnieuw om trouw te blijven aan de enige uitverkorene, aan de moeder van mijn zoon, om de welvarende meubelfabrikant niet te verraden, die man van elke dag, die vijand, die afstand heeft gedaan van de duizend passies en wanordelijkheden van het leven. Ge houdt allen van mij, ik heb u allen lief. Ik heb u allen in mijn vrouw uitverkoren. In de éne uitverkorene zijt gij allen.

Waarom verandert zij dan niet? Waarom krijgt zij niet het gezicht van u allen? Maar nee, zij blijft zichzelf. Ik ken door en door het strelend velijn van haar huid, al haar gebaren, al de opwellingen in haar hart, al de plooien van haar geest. Zij is zoals ik haar bemin. Zij vermoeit mij. Zij verdooft iets in mij. Zij drukt mij terneer. Ik kan haar niet meer uitstaan. Wij moeten vechten met elkaar, elkaar bijten.

Irène en Clara, Anneke en Yvonne, leg mij opnieuw stil met mijn wang aan haar borst als aan een warme perzik. Daar alleen heb ik het goed. Daar alleen is mijn rust en heil. Daar ben ik iedere dag de verloren zoon, die uit de zwijnenstal van de meubelfabricage terugkeert.

Maar laat ik nog beter de posities bepalen in dit klein drama, waarin ik de enige acteur ben, – dit solo-drama, als ge wilt. De Heer heeft in mij een tragische dosering van redelijkheid en fantasie gelegd en bovendien een eerlijkheid, die ik misschien verraden kan, maar waartoe ik altijd terugkeren wil. Er zijn mannen, die voorbestemd zijn om zich volledig te ontplooien als dichters, als leiders van volken en omwentelaars, als weldoeners der mensheid, als heiligen. Ik ben getekend geweest als jonge Ariël, als knaap die de hoogste vermogens van zijn ziel bezat toen hij een meisje leidde, alvorens zij vrouw zou worden. Voor immer is Ariël in mij de dichter, de veldheer, de omwentelaar, – mijn grootheid en glorie en kracht.

Doch ik ben ook gemerkt geweest om Ariël in mij te doen sterven, om mij te ledigen van dat hemels genot, om mij te ontdoen van die betoverende macht en inspiratie, – die trouwens met de dag wanhopiger gebaren doen. En het is mijn redelijkheid op de hand van de Heer te zijn, om van de vijftiende juli van het ene jaar tot de eerste juli van het volgend jaar mijn rol van vader en echtgenoot te aanvaarden, met zijn wegschuilen in het ordelijke werk. En ik sta dagelijks aan een draaisteen, die de ziel uitslijpt, de verbeelding, de gevoeligheid. Wat heb ik u lief, mijn vrouw en mijn zoon. Voor u verslijt ik in mij het hart van Ariël. Wanneer het dan weer vakantie wordt, wanneer de meubelfabrikant, de man van weldra vijfenveertig, veertien dagen verlof krijgt, richt de oude knaap zich op, gooit een jaar gewoonte, een jaar heilige, heldhaftige dorheid der ziel van zich weg, sterkt zijn vijand voor een nieuwe campagne van luisterloze welstand, tapt de mummie een heerlijk vers bloed in, tot zij weer opstaat en wandelt. Heer, wat is het dit jaar? Nimmer ben ik zo met hart en ziel naar Ariël overgelopen. Ik weet dat ik te oud word om dat zonder gevaar te doen. Bij vorige vakanties was het mij genoeg, dat ook mijn vrouw verjongd werd tot meisje. Maar nu? Maar nu? Het eerste naderen tot de zee, de grote bevrijding uit de slavernij van iedere dag, heeft mij al zo vervaarlijk opgezweept. Zelfs had ik een visioen, waarin Ariël met een toorts en een rood vaandel, – belachelijk, belachelijk, – in opstand kwam tegen een afzichtelijke bourgeois. Hij droeg het vuur naar de houtstapels van zijn vijand. In zijn gepolitoerde meubels ging hij kerven en krassen. En wat betekende die waanzin en die blasfemie: de hand, die petroleum goot op de voet van het kruis, waarop bij beurten een bourgeois zijn eigen gelaat verwisselde met dat van Christus? Wat anders, dan dat Ariël ook in opstand sloeg tegen de Heer? Want komaan, laat ik niet laf zijn en erkennen, dat het de Heer is, die gans achteraan met onbewogenheid staat toe te zien hoe ik mij uit deze beproeving zal redden. Ik heb het reeds jaren ondervonden: Hij weigert mij in mijn bestaan van huisvader een zekere grootheid, een zeker heroïsme, desnoods dat der tegenslagen en der armoe, waarmede ik veel gemakkelijker en met gelijke wapenen de jonge held Ariël zou kunnen weerstreven en, wie weet, misschien verslaan. Ik vergis er mij niet in: alle heroïsme betekent vreugde, roes, volupteit en Hij daagt mij uit om er afstand van te doen. Hij vergt van mij, dat ik duister timmeren zou aan één liefde in deze ellendige, bloeiende meubelzaak. Ach laat ik bidden. Laat ik die jonge, heidense held en die arme, rijpe man, met tranen in zijn eerste rimpels, scheiden door mijn gebed.

Ik kauw woorden in mijn mond als blokjes rubber. Errond vloeit alleen een sap met de smaak van mastiek en benzine. Bidden maar, bidden maar. Ik eindig met het gebed uit te braken. Verlokkend aldra wenken vertrouwde geheimnissen. Ik geef mij over. Nee, ik ben niet meer bedreigd. Er borrelt in mij een dol enthousiasme. Zal ik nog vrezen? Weg, gij twijfel. Ik ril van troebele, ontbindende heerlijkheden.

Mijn vrouw graaft ergens voor haar jongen een kuil in het zand. Van het terras in onze villa zie ik het strand, de dijk, een muziekkiosk, een omgezonken schuit, de strandkarretjes en cabines. Grote wolken drijven in de zon en over de zee met groene vlakken van gesmolten brons.

Met vlagen voert de wind de geur aan van garnaal en natte schelpen, van wier en vis, van zout en magere duinrozen.

Er wandelt een meisje op het asfalt. Zij draagt een raket onder haar arm. Zij glimlacht tot iemand vanuit een onhandige ernst. Maar zij bloost niet. Dan blijft zij plotseling stil staan. Zij laat gans de wereld op zich toe komen en lacht.

Gans de wereld, dat zijn zeven vriendinnetjes. Zij lopen gearmd en babbelen. Gans die horizon vol meisjes sluit in een halve boog om het ene meisje met de raket. Zij schateren. Al de voeten en de knieën dansen, doen enige charlestongebaren.

En ik, ik ook, tussen de raffiastoeltjes, laat mij even gaan op de muziek van een onzichtbare jazzband, water en wind misschien. Een heerlijke knik ritmeert mijn knieën, mijn benen slaan zijwaarts uit, mijn voeten komen zacht neer op de grond, die elastisch lijkt en saccaderend een scheut jaagt door mijn lichaam. Meisje met de raket, en gij, o alle meisjes, wij zijn jong, jong voor alle tijden. Geen oudere van jaren weet hoe wij door deze charleston onze jeugd belijden. Hij is in ons, wij zijn in hem. Dit is het ritme van deze tijd, van onze jeugd. Wat is het geweest? Welk verraad? Wie heeft die grenzeloze jeugd ineen doen storten? Mijn hart faalt nog niet, mijn adem evenmin, en, zo het waar is, dat ik zwaarlijvig ben geworden, mijn buik hindert mij nog niet. Het is ook niet het heengaan van de meisjes, dat mij alleen heeft gelaten met mijn vierenveertig jaar. Nochtans, met één slag ben ik weer vierenveertig, ouder zelfs, veel ouder, ouder door al de jaren, die ik nog te leven heb. En ik zit daar met die wiegende zee in een traan, opgeweld uit een verdriet, een wanhoop, een razernij en vooral uit een nameloze machteloosheid, die mij overvalt, ik weet niet van waar, en mij doet sidderen en wankelen.

Hoe komt de liefde van wie ons beminnen ons vaak ongelegen. Op dat ogenblik heeft mijn vrouw, teruggekeerd van het strand, haar hand op mijn hoofd gelegd. Het was alsof het die vertrouwde hand was, waarin plotseling al het wegen der jaren was samengebald. Schaamte of nijd, ik kon niet eerlijk zijn. Ik wilde die vingers aan mijn lippen nemen noch aan mijn vrouw uitleggen hoe mijn hart omsloeg en in nood verkeerde. Nochtans, zo hulpeloos, had ik alleen nog de kracht om met list haar vriendelijk gebaar af te weren. Mijn haren staan bijwijlen streuvelig en droog en doen mij dan pijn als gingen zij bij de geringste aanraking in de wortelen afknakken.

'Jo, lieveling, mijn haren zijn weer broos. Neem uw hand weg.'

De valse tederheid in mijn woorden heeft haar snel en kwetsend verwittigd. Zij heeft haar arm teruggetrokken, als had zij er de ijzige vlucht van een machinezaag naast gevoeld. Zee en wolken wentelden om voor mijn oog, want haar blik onderzocht mijn gelaat. Onderwijl kwelde zij mij met de stilte, een stilte waarin zand en water gedempt raasden. Toen zij mij genoeg had opgenomen, genoeg 'mijn humeur' aan oude ervaringen had getoetst, greep zij weer de trui, die zij bij haar komst had neergelegd, verzette een stoeltje alvorens heen te gaan, wat bij haar een teken van ordelijkheid is dat zij altijd doet, wanneer zij nog even iets zeggen zal. Wat zou het zijn? Zou zij weer met ontferming, ongevraagd, zichzelf uit het conflict schakelen, grootmoedig alle verwijten onderdrukken om mij daardoor onontkomelijk aan de innerlijke slingeringen over te laten? Wilde zij maar ergernis tonen. Bij 't eerste verwijt zou ik in staat zijn haar af te snauwen, op haar toe te schieten en de hand naar haar op te heffen, zoals de bruut die een tastbare gestalte heeft gevon-

den voor al de onrust en razernij, waardoor hij wordt be-
werkt. Wie weet hoe ik haar lief zou hebben als ik op haar,
voor wie ik al die bespottelijke tormenten doormaak, eens
en voor goed, mijn kwellingen kon wreken, indien ik met
één onrechtvaardige kastijding al die verscheurdheid van mij
weg kon werpen?

'Manlief... Ge hebt te veel in huis gezeten. In de stad. En
hier weer. Loop eens de dijk af. De Heuvelmans' zijn er.
Drink een glas bier met hen in de Bass. En ga vanavond eens
naar de Abbaye, men danst er. Ge hebt wat verzet nodig.'

Als die arme, jonge vrouw, – zij is achtentwintig, – onverschillig raad had gegeven met de superioriteit van een
wijze moeder, die haar kinderen aan 't spel zet en zeker is,
dat wat afleiding alle boze buien verdrijft, ik had mij beledigd kunnen achten en uitvallen. Maar nee, zij heeft gesproken met nauwelijks verborgen ontroering. Zij beefde uit
schroomvallige kiesheid, waarin iets was als angst, iets als een
gebed, – alsof zij wist dat het in deze spanning om een hogere vrede ging, om een liefde, om een geluk. Ontfermen,
grootmoedigheid, ge zijt de uiterste terging, de neep van
tangen, waarop men niet dan met lafheid reageren kan. Ik
heb mij opgericht, zoveel ik maar kon, al deed het mij meer
pijn dan mij over te geven aan misnoegdheid en treurnis.

Droevige toevlucht in glimlach en tederheid. Ik heb tot
mijn vrouw gelachen. Zij heeft niet geantwoord met een
traan van verlichting, – haar onrust wilde niet openbreken.
Voorzag zij dat de strijd niet zo vlug en gemakkelijk kon
overgaan? Ik heb haar aan mijn borst gedrukt. Geen warmte, geen innige stroming in onze omarming. Alleen van ver,
in het gestereotypeerd gebaar van de kus, wenkten vriend en
vriendin bemoedigend naar elkaar: – 'Er is geen gemeenschap, geen verband. Maar hoop, goede hoop. Volharden!'

En alsof wij al lang met elkaar gesproken hadden, wij, die
zonder een woord, de conflicten in de eigen ziel uitstrijden,
– alsof het waarom verborgen moest blijven en alleen het

strijdplan belang en betekenis had, zei ik met voorgewende luchtigheid: – 'Gekheid. Niet toegeven aan grillen. (Ariël, Ariël vergeef mij deze verloochening, waarvan ik geen woord geloof.) Wij zullen samen uitgaan deze middag. Met onze jongen de duinen in. Wat heb ik te maken met de Heuvelmans' en de Abbaye?'

Zal de strijd gemakkelijker zijn, geplaatst onder de ogen en aan de zijde van mijn vrouw? Wie zullen in het gelid staan, mijn lafheid of mijn moed? Maar mijn vrouw overzag de moeilijkheden met groter voorzichtigheid en ongeloof. Doorgrondt zij dieper het vunzig smeulen in mijn hart? Zij schudde het hoofd en herhaalde: – 'Ga er eens uit. Dat zal oneindig veel beter zijn.'

Maar Ariël moet mij opgestookt hebben tot een halsstarrigheid, waarvan hij de gevolgen voorzag, want het was bijna met gramschap en voorzeker met nijd, dat ik de stem verhief om snijdend en beslist te spreken, alsof mijn mond vol zure verwijten was: – 'Ik houd niet van die maniertjes van zelfopoffering. Stel u zo niet aan alsof uw genoegens niet tellen. Wij gaan samen uit. Basta.'

Arme, goede vrouw. Ik wist nochtans wel dat zij geen ogenblik aan de pose der zelfopoffering had gedacht en slechts welgemeend met mijn overstuurs gemoed en zijn broeien was begaan. Maar ik liep over van loensheid en verraad en ik zag zonder blozen of inkeer, dat onder haar beheersing haar lippen trilden en haar ogen plots vlamden, toen zij zei: – 'Doe wat ge wilt, vriend. Ge zijt oud en wijs genoeg.'

Wat zou ik gejubeld hebben, te weten dat zij mij tergde, te weten dat zij zich schijnheilig en vals die onschuldige woorden ontvallen liet, die smotsige, bijtende woorden, die schamper lachten in mijn gelaat: oud en wijs genoeg, ik, die ontbonden raak, die etter en verschroei binnenin, omdat ik, – trots mijn jaren, mijn vrouw, mijn zoon, mijn leven, – niet oud en wijs genoeg kan worden. Hoe zou ik haar liefde hebben gekwetst met een bekentenis, een biecht uit deugd en behagen en wrekende wellust, van die jonge man in mij, waarvoor zij al lang een oude verrimpelde vrouw is geworden. Hoe zou ik haar vertrouwen hebben bespot, haar edelste aanhankelijkheid hebben beledigd, door één voor één de meisjes voor haar verbeelding te laten defileren, die uit mijn prilste jeugd, van aan de Leie, tot hier op het strand, mij uit haar armen rukken. Maar nee. Gij zijt oud en wijs genoeg, had ze gezegd, met een nerveuze goedertierenheid, die als een bezwering klonk van het duister gestook in mijn wezen. En ik bleef ziedend omdat ik bij mijn vrouw geen ongelijk vond.

Op de middaguren, terwijl wij aan tafel zaten, viel er buiten een dunne, blonde regen. Hij bracht als het ware een klein bestand in het verwerpelijk conflict binnen in mij, dat ik nu eens zocht in nietig gehaspel naar buiten af te leiden en dan weer met jaloerse zorg als onontkomelijk terugdrong voor later. Wat regen, een koel bad, en al dat innerlijk schroeien gaat over, lachte ik dubbelzinnig bij mezelf en mijn oog ondervroeg met kinderlijke hoop de lucht vol water en zon. Indien het bleef regenen, kon niets mij dwingen alleen uit te gaan, zoals mijn vrouw wijselijk had aangeprezen, maar dan hoefde ik ook geen uitvoering te geven aan mijn onzinnig plan om met de familie uit wandelen te gaan. Mij wegsteken achter de zonnige regen: het was al wat ik vond om Ariël en de meubelfabrikant de tijd van een pijpebrand te verzoenen en arm aan arm te laten zitten naast een echtgenote zonder jeugd of leeftijd. O lafheid, o deugddoende lafheid.

Maar gelukkig, kort na de middag werd de regen van mijn gelaat weggenomen. En als om mij een laatste kans tot bezinning te gunnen, vroeg mijn vrouw met een zoete terughouding, die mij volkomen de vrije keuze liet: – 'Wat beslist ge nu, Herman?'

– 'Samen uitgaan, natuurlijk!' flapte ik er op losse toon uit, en de zekerheid wierp mij meteen in de zo gevreesde tweestrijd. Ik begon met mij overdadig bezig te houden. Ik zelf zette onze jongen in de wagen, deed hem met kriebelingen proesten en voerde hem, nog vóór zijn moeder klaar kon zijn, vóór de villa's buiten. Het was wellicht instinctief, dat ik in mij de vader op het eerste gelid drong. Moet het opschroeving heten? Maar uit de lach van mijn zoon vloeide een grote opgewektheid rond mijn hart, toen ik hem langs de hekken holde.

Ik was misschien drie of vier maal voorbij het huis De Kinkankhoorn gereden, toen er mij op een terras een jonge man in grijze flanellen broek en gele trui opviel. Hij lag op een ligstoel en deed niets. Aan één van zijn mondhoeken zag ik een spotlach, een superioriteit op mij, die ik onmiddellijk aanvaardde. Ik liep nog wat door, – hoe lelijk is een man op jaren, die zich nog spelend aan een kinderwagen spant, – maar het was om niet terstond te laten merken hoe beschaamd ik was. Schaamte, jawel, maar ook spijt en vooral jaloersheid, een pijnigende afgunst op die jonge man, die zijn jeugd bezat.

Toen eindelijk mijn vrouw op mij toetrad, beet ik haar toe, alsof ik met razernij mijn vaderschap afschudden kon: – 'Wat duurt dat toch altijd lang met u. En ondertussen ben ik de kindermeid.'

Zij nam mijn plaats aan de wagen over, zonder een woord, zonder een gebaar van verzet, als hardnekkig besloten om alles te verduren en bij voorbaat zeker, dat mijn drift en kwellingen zich aan haar verduldigheid zouden verslijten. Wij stapten zwijgend naast elkaar. Aan de ongeplaveide Papaverweg, die naar de duinen leidt, verzonken de wielen in het zand. Ik draaide de wagen om en trok hem achter mij. Gebogen sjouwde ik onzegbare lasten voort, gans dat verraden gezin. Ik snokte en wilde niet opzien naar de tennisbanen terzijde, waar zoevende raketten de ballen dreven en met ritmische rubberbotsen het asfalt deden kletsen. Er

200

klonk een gehelm van tellende stemmen, heldere flitsen tussen een stormend ruisen in mijn hoofd. Ik trok als een blinde, met heet bloed in mijn ogen, het duin op. Het beregende zand, de halmbossen sloegen in mijn gelaat een walm van zieke hazen en pis. Boven de duintop geworsteld, stond ik stil om naar adem te hijgen. Een hamerend gekeil van raketten klopte in mijn hart. Toen was het, dat op de wind, die koel langs mijn gloeiende nek en oren sloeg, mijn naam werd geworpen. Wie had geroepen, wie daar beneden uit de gebogen heuvels? Ik herkende al de meisjesstemmen uit de tennisbanen. Het klonk als een uiterste roep, een roep van vertwijfeling en smachten tevens, een koor van frisse stemmen: 'Zijn wij voor altijd verloren? Wij zijn verloren, verloren voor u. Verloren onze lach. Verloren uw jeugd, uw bezieling.' En dan, uit duizend meisjesmonden, mijn naam, niets dan mijn voornaam.

Of zou er in waarheid niemand geroepen hebben? Wat baat, als het hart toch omstort, als de geest toch onverbiddelijk doorschokt wordt en het uitvloeien van ziel en leven begint? Want in één oogwenk besprong mij als een kat de gedachte, de onafwendbare erkenning: ik ben een man die ten einde is. Ik ben zelfs over het einde heen. Het was een kinderlijke vermetelheid nog te geloven, dat men, éénmaal over het culminatiepunt der jaren, nog terugkeren kan. Maar zelfs dat niet, de onmogelijkheid van de terugkeer niet, zette die gloeiende band van lijden om mijn slapen. Wat is een terugkeer, nietwaar? Doch ik wist plotseling op ontstellende wijze, dat ik in het Meisje altijd iets heb liefgehad, altijd iets heb verlangd, altijd iets heb aanbeden, dat groter was dan de liefelijke gestalte, die ik aan mijn borst drukte en kuste, groter dan de vrouw en de mens. Iets, iets, iets... Heer wat is in het hart die hunkering, wat is die vaart van de geest, die zich verheft boven de stervelingen, die hemelse dronkenschap, dat wonderlijk vermogen, dat ons boven onszelf tilt?

En die roep van duizend meisjesmonden, die roep van een

verhevenheid en de schoonste ogenblikken van mijn leven, klonk allengs als een martelend verwijt: 'Ge zijt nu kleiner en ge zijt altijd kleiner geweest dan ge hadt kunnen zijn. Ge hebt niets bezeten dan de belofte van een bezit, een zoete duizeling, – geef alle belofte en alle duizelingen terug. En vervolg uw val in een suizelende bodemloosheid...'

Maar dat uiterste verzet, dat grijpen en slaan om zich heen. Ik stond bleek te worden, mijn verafschuwde vrouw begon voor mij uit een vreemde angst op haar jukbeenderen te blozen. Ik rukte mij om, – er stond, zo scheen mij, een rosse zonnebal gereed om in de zee te duiken, want alle orde en alle banden waren verbroken. Alles prijsgeven, die vrouw, die jongen, die burgerlijke welvaart van meubelfabrikant. En met een laatste smadelijk woord tot de moeder van het plots onecht geworden kind in de wagen, heel en gans opgelucht, heroïsch, sprong ik naar beneden: 'Ge hebt gelijk. Ik moet er uit.'

Maar op dit ogenblik had de heimelijke betekenis van: 'Adieu, adieu, voor altijd.' En ik zag niet om.

Als in een droom volgde ik een mij voorgeschreven weg. Naar de Bass. Ik dronk er na elkaar drie glazen zware en malse Scotch, die wel wat pafferig en log maakten, maar mijn teruggewonnen jeugd en haar verrukkingen niet deerden. Ik zag er van onder een zijden kap, waarin elektrisch licht gloeide, een zonsondergang voor prentkaarten van Italiaanse meren. Met de avond kwamen ontelbare meisjes op de dijk wandelen. Ik stond op en ging tussen de lieve kinderen kuieren. Om negen uur bevond ik mij in de Abbaye, voor een tafeltje met bloemen en lampen, naast een glimmend dansparket, op enige stappen van een negerjazz. Daar zou ik opnieuw als een uitdaging mijn zeventien jaren plengen. Hoe was ik weer jong en in een hemelse verwachting. Banjo en slagtrom, saxofoon en kwabbelend gestopte trompet ritmeerden een heerlijk sentimentele dans van Pampas en goudveld. Wie van deze jonge kinderen, die zwijgend en plechtig de ritmen vinden op haar heupen, aan haar knieën en voetjes, zou ik straks leiden langs een nachtelijke zee, die met ruisende schelpen en schuim op de vaste zandbanken slaat?

Maar tussen de paren trappelde plotseling een oude heer met een jong meisje. Hij danste met een wonderbare vaardigheid, liep van meisje tot meisje, na iedere dans, en voerde ze allen met onuitstaanbare zekerheid over de wisselende maten. Ik weet niet waarom een krankzinnige hanige haat voor die oude danser mij beving, een gevoel van eerbaarheid misschien, een doorzien van de hopeloze potsierlijkheid en de leugen van die oude vezels en pezen, die nog de gebaren deden van de jeugd. Ik had champagne besteld. Toen de kelner het ijs op mijn tafeltje zette, kon ik mij niet weerhouden hem spottend te vragen: 'Waarom gooit ge zulke oude rekels niet van de dansvloer?'

Met een kort knikje deed hij als een zwarte vogel even de staart van zijn habijt opwippen. Zonder te verpinken, uiterst beleefd en stijf boven zijn wit strikje, antwoordde hij: 'Droog hout, mijnheer. Knakt vanzelf af. 'k Hoop zelfs dat het hier niet gebeurt.' Toen schoot een rappe flits van lachende verstandhouding in zijn oogappels. Hij ging.

Ik zat met een lang gezicht voor mijn glas champagne: ik hoefde niet meer te beslissen, dat ik ervan afzag om om het even welk meisje te veroveren. Er grolde plotseling in mij een fierheid, een wrede fierheid, een fierheid zonder winst noch rust en die niet vergoedde voor het offer, noch troost bood aan het slachtoffer: Ariël. Ik ervoer waarlijk de pijnen van wat men een ziel in nood pleegt te noemen, een ziel die niet weet waar zich aan te hechten: Ariël, onmogelijke terugkeer; huisgezin, vrouw en kind, beelden geworden van een nederlaag. De champagne stond voor mij en de daver van de dans joeg er fonkelingen in van spiegels en licht en vreemde gesternten met heimelijke beloften van dronkenschap en verdoving.

Op dezelfde wijze moet het glazend donker van een rivier bedwelming en vrede beloven aan de hopeloze, die in haar strelend oog de dood ziet. Maar die uiterste lafheid bespotte ik van ver met zeker verzet. Het was alsof ik luidop tot mezelf sprak: 'Liever een fles gal dan de ellende in de drank te ontduiken...' En in mijn hoofd begon ik een versregel af te rammelen, die ik eens in mijn dagblad aangehaald heb gezien: 'Garçon, apportez-moi du fiel dans un grand verre.'

'En indien nog scherper pijn u doorsnijden moest?' daagde een stem mij uit in dit gesprek met mij zelf.

'scherper kan het niet,' zei ik en om ook op de uitdaging te antwoorden, wierp ik welbewust, ofschoon met schijnbare achteloosheid, om geen aandacht op mij te vestigen, mijn glas omver.

Nog was de bescheiden toegeschoten kelner niet klaar met het schoonmaken van mijn tafeltje, of mijn hart werd nog schamperder geperst: wanneer men het leed aanvaardt, weet men nooit waar de pijniging zal ophouden. De oude heer bevond zich in een hoekje, waar tapijten lagen en vierkante zeteltjes stonden. Twee meisjes hadden hem bij de pols en de smoking vastgegrepen en weerhielden hem. Een derde hield een open boek opgeheven en vezelde iets voor, wat de oude danser niet horen wilde, want hij trachtte zich los te wringen. Ik stond op, liep langs het vrolijke groepje, dicht genoeg om met een schuine blik bovenaan de bladzijde van het boek te lezen: 'ton corps est à toi'. Al de ontgoocheling die het potsierlijk heertje had doen lijden aan Ariël deden drie meisjes, drie beminde jeugdige figuurtjes thans schroeiend ondergaan aan de man op jaren in mij. De droom van mijn jeugd, die ik thans wilde verzaken, werd mij ruw uit het hart gescheurd want mij was de perversiteit altijd als het masker van de ouderdom en de vermoeienis voorgekomen.

Ik ging naar de lavatory. Het was me alsof het oud danseurtje naast mij in de waterbak twee niet terug te dringen tranen stond te storten en ik het met hem had kunnen doen.

Toen ik aan mijn tafeltje terugkwam, vond ik er mijn glas, dat de kelner opnieuw had volgeschonken. Ik verdronk in de walg. Desondanks schoof ik de champagne terzijde. 'Aangezien de ontbinding altijd verder kan gaan,' zei ik in het gloeiend innerlijk debat tot mezelf, 'ben ik tot het uiterste bereid. Mijn Heer, beproef mij verder als het U lust. Ik zal niet vluchten: ik zal niet drinken.'

Waarlijk, mijn uitputting was volledig, toen een neger mij eensklaps opbeurde. Te midden van een foxtrot gaf hij een heftige slag op het bekken. Hij liet het gezinder nadreunen. Het koperen rinkelen trilde tot op de uiterste vezels van mijn lichaam. Ik voelde een stond mijn miserie niet meer: het was als een lang naschilferende trompetstoot van aartsengelen, die mij uit mijzelf hief. Het moet een volstrekte dwaasheid zijn: maar te midden van al die wereldse avondherrie, die lampen, likeuren, toiletten en dansen, had ik plotseling het bewustzijn van een goddelijke aanwezigheid. Meer zelfs, onwillekeurig zocht mijn blik tussen de negers op het verhoog naar een hemels gelaat, een hemels licht, een liefde in twee ogen. De pijn van een bons sprong in mijn borst, alsof mijn hart even had stilgestaan: mijn blik bleef gebonden aan het gelaat van de neger, die over het slagwerk regeerde. Het was wat men een mooie neger pleegt te noemen: zeer lelijk door de uitpuilende jukbeenderen, de bestiale zwarte mond, de platgedrukte neus, de wijd uit het stoffig kroezelhaar staande oren. Slechts af en toe zag ik zijn ogen: hij greep blindelings naar al het gerief der batterij en hanteerde het in een zalige ingekeerdheid. Zijn langs binnen rood geworden vingers lieten met een onzeggelijke elegantie de trommelstokken dribbelen op de holle castagnetkas, de kleine trommels, de bekkens en trommelruggen. Als hij zijn ogen opendeed, gebeurde er een wonder: in het git, te midden van het gele wit, schoot een vonk van gedempt goud. Maar dat was het wonder niet, doch wel een blik, die niet van deze wereld was, de blik van een wilde, een volkomen onbevangene,

voor wie een regendrop, een grashalm, een woud, een geluid, vol god zijn en voor wie elk gebaar een offer is. Als hij
zijn ogen opendeed, gingen meteen zijn lippen van elkaar
van over een pijnlijk verrot stel tanden: de glimlach van het
afzichtelijke. Maar hij glimlachte tot niemand en hervatte
zijn spel met de slaginstrumenten in een aangrijpende ernst,
in een extase, als een opdracht, een stijgen uit de wereld, een
gebed. Ik zou niet van mijn tijd zijn geweest, indien ik niet
met al het scepticisme waartoe ik in staat was, die aandoening had bevochten. 'Deze neger veegt vierkant zijn botten
aan alle dwepen. Hij verveelt zich. Hij verdient zijn brood
en schikt zich in zijn verveling,' peinsde ik met zelfspot. 'En
dan, dan?' zei ik zelf, steeds weer overrompeld door het ge-
roffel, de slagritmen, het schurend gewrijf van stalen waaier-
borstels over trommen en schijven, al die geluiden die mij
genazen van mijn grenzeloze gemoedsvergiftiging. De extase onderwijl bleef duidelijk op het gelaat van de neger te lezen: zij stak in mij een hoop aan, die mij beven deed.

'Laat ik mij in die neger vergissen,' dacht ik ten slotte, 'wie
weet of ik het wonder, dat ik bij hem heb gezien, niet ver-
wezenlijken kan? Wie weet wat de Heer met mij voorheeft?
Als ik in de jazz die diepe sprong kan doen?'

Een smachtende accordeon-tango trok uit de lijven zoet-
gerokken lijnen en bewegingen. Ik had een prangende behoefte om te bidden, daar, op die stond. Te zeer afkerig van
alle ostentatie, maakte ik in gedachte een kruisteken en dat
gaf mij reeds sterkte om door mijn ontgoochelingen zegevierend te lijden.

Toen ik de Abbaye verliet, was het mij alsof de zeewind
vol sterren vrij door mijn lichaam waaide en ik een grote zui-
vering had doorstaan. De kuilen van de wanhoop lagen steil,
overvlogen, achter mij. Ik voelde mij manhaftig, – om mijn
eenvoudig, mijn pover groot plan uit te voeren.

Er was niets meer, dat nog onmiddellijk veel belang had: de terugkeer niet bij mijn vrouw, het wachten niet op de aftocht naar de stad. En nochtans, hoe verborgen ontroerend was ons terugzien na die volstrekte scheiding, na die verre sombere reis naar innerlijke eenzaamheden. Mijn vrouw wachtte op mij, zoals men zwerft aan een havenkaai en hoopt op iemand, waarvan men niet goed weet welke boot hij heeft genomen: liefde en geduld en angstige moed smelten in elkaar tot een smachtende roep, die alleen de zeer gevoeligen vernemen. Ook ik was opnieuw gevoelig geworden en ontfermend voor andere conflicten en aandoeningen dan de mijne. Het was bij middernacht. Jo was opgebleven. Toen ik de kamerdeur opendeed, keek zij niet op van het boek, dat zij voorwendde te lezen. Aan een vermoeide kring rond haar ogen en aan een gemaakte kalmte erkende ik onmiddellijk haar uiterste kiesheid: zij wilde doen alsof haar lectuur haar zo lang en nog altijd boeide om mij met haar bezorgde wake niet te beledigen, om mij niet te beduiden: 'Ge ziet, mijn vriend, hoe ik mijn nachtrust, meer zelfs, hoe ik mijn rust aan uw grillen opoffer.'

Ik ging naar haar toe. Ik kuste haar op haar voorhoofd, want ik moest mij zeer achteloos voordoen om niet te veel ceremoniële bewondering voor haar zelfverloochening te mengen bij mijn liefdesovergave. Zij beefde onder mijn kus. Zij sprong op uit een gekwetste overspanning. Een snel geklapper van haar wimpers maakte haar ogen angstig. Die kus op haar voorhoofd, was hij nog altijd de koele afwezigheid, de verwijdering? vroeg haar blik aan mijn gelaat. Haar wang schoof aarzelend en zonder vragen, zonder smeken vooral, voorbij mijn mond als om te weten of geen drang uit het hart ze in inniger omhelzing weerhouden zou. En het gebeurde. In die prangende omarming voer de heftige wisselstroom van onze geredde liefde, – een grote liefde zonder grote gebaren. Even voelde ik op mijn wang een traan, die tussen haar wimpers was gebarsten. Het is langs zo'n gewaarwor-

207

ding, dat men daalt tot de ruisende diepten van de ziel, waar men uit heilige gevoelens het bitterst geluk, de zaligste droefenissen heeft geperst. Hetzelfde evenwicht, dezelfde ineenstrengeling bleef duren al de overige dagen van onze vakantie, die wij niet meer gescheiden doorbrachten. Alleen begon ik misschien op het einde te verlangen naar het jaar van werk thuis. Dat was de eerste maal dat ik heimwee voelde naar mijn gewone dagtaak. Verzoend met de meubelfabricage? Ik zou toch het bouwen van een houvast beproeven.

Er zijn geen kleine handelingen als het er om gaat een hart, een leven, een liefde recht te houden. Teruggekeerd tot mijn werk, heb ik mijn positie versterkt, want iedere avond, toen de herfst kwam, ben ik naast mijn vulkachel jazzbandspeler geworden. Ik had een grammofoon: in de kleine mechaniek zitten mijn medespelers. Het is moeilijk om zich te doen begrijpen, zelfs door de personen die met ons zijn vergroeid, – dat raderwerk van duizend redenen en gevoelens is niet uiteen te nemen, zelfs als geen pudeur of voorkomende liefde er haar sluiers hebben ingedraaid. Ook heeft mijn vrouw, meestal zo inschikkelijk, kribbig geprotesteerd toen ik een ganse, geperfectioneerde slagwerkbatterij in de woonkamer heb laten brengen. Ik heb haar verontwaardiging weggelachen, – het was mij al te heilige ernst en nooddruft, om mij aan haar verzet te storen.

Ontegenzeggelijk had zij gelijk, toen zij onder mijn eerste oefeningen pruilend de woonkamer verliet; het gebom op de slagtrom, het roffelrammelen op de diverse trommels, het kletteren op de bekkens, zelfs het tinkelen op de triangel, die nochtans een instrument vol verfijnde klanken is, waren aanvankelijk kannibalenlawaai, te meer daar ik veel last had met de gesyncopeerde ritmen. Ik sloeg overigens buiten de maat, overstemde de grammofoon, en bezat nog niet het soepel nuanceringsvermogen, waarmede een bonk tot een prevelende boem wordt beheerst. En haar ontsnapte natuurlijk achter dat grotesk bedrijf de moeizame inspanning van de ziel, die zich voor grotere vluchten oefende, de ziel die zich elke dag zekerder van Ariël losmaakte, de ziel, die de meubelfabrikant staalde in zijn enige en onsterfelijke trouw, de ziel, die zich in de beperking van vrouw en kind, van huisgezin en duistere versterving, verinnigde, verdiepte en dook in God.

Doch na weinige tijd had ik de jazzband in mijn bloed: ik bracht het eraf alle slaggeluiden met gemeten kracht en sterkte in de grammofoonmuziek in te schakelen. Het waren eerst de hoekige ritmenrammelingen van charleston en foxtrot, de veel te weke melodische kronkels van java's en blues. Ik klom op tot de melopeeën van spirituals, door volle negerstemmen gezongen. Zelfs ging ik veel verder: ik speelde slagwerkimprovisaties op oude meesters als Palestrina en Bach. Het was een dag van geluk en verzoeking, toen een jong componist, waarmede ik kennis had gemaakt, zich zó door mijn jazz-executie vervoerd voelde, dat hij mij poogde over te halen om in de concertzaal op te treden.

Mijn vrouw evenwel kan zich niet onbevangen tegenover mijn zogenaamde 'zonderlinge manie' gedragen. Mijn vorderingen hebben haar van nieuwe verwondering tot scherpere ergernis geleid. Zij begrijpt mij hoe langer hoe minder, omdat zij zich niet eenvoudig aan mijn jazzmuziek overgeeft. Zij stelt zich de vraag: 'Vanwaar komt die bevlieging, waar zal zij hem brengen?' Ik zie het aan haar bekommerd gelaat, wanneer ik uit de bezieling van een mijner voordrachten ontwaak, en de ogen weer open. Ik vermag het inderdaad al spelend in de extase op te klimmen, die de jazzbandspeler uit de Abbaye of de Heer zelf mij heeft geopenbaard, – verrukking, waarin ik mijn trommen roer als geheiligde instrumenten, waaruit geheel mijn gestorven jeugd zingt en zindert, een heroïsche liefde en onderwerping, een offerande van al mijn tranen, heel dit hart van tegenstrijdige menselijkheid. Hoe zou mijn vrouw begrijpen, dat ik haar en mijn zoon in al dit slagwerk bemin, hoe dat ik er mee bid en mijn leven heilig?

Het heeft mij dan ook verwonderd noch zeer ontmoedigd, dat telkenmaal als ik mijn beminde instrumenten stem, een steeds groter wordende verbolgenheid uit de ogen van mijn echtgenote flitst. Ik ben met haar voorkomender dan ooit, ik omring haar met de duidelijke tekenen van een verjongde, opgetogen liefde. Ik geef haar geen enkele reden om mij een broeiende ergernis te laten blijken. Toch valt niet te loochenen dat zij een vreemde haat, die zij op mijn hoofd niet samen te ballen weet, op mijn jazzbandbatterij heeft overgebracht, als stak in die instrumenten een levende ziel, een boze geest, die de verantwoordelijke aanstokers zijn van wat zij bij mij als krankzinnige manie bestempelt. Wie zal mij trouwens zeggen, waar in het hart der vrouw de jaloersheid ophoudt, een onverbiddelijke hunkering om de man alleen aan zichzelf te hechten?

Maar het conflict tussen mijn vrouw en mijn jazzbandbatterij is een ander klein drama, waarvan ik hier alleen de jammerlijke uitkomst noteren wil. Op het toppunt van zelfopwinding heeft zij mijn grote trommel vermoord. Met een driftige pedaalstoot, als een ontploffing van al de echo's uit het huis, heeft zij het vel gescheurd. Schamper, woedend stond ik toe te zien, – misprijzend eerst, – maar toen ik overzag welk een misverstand haar uit haarzelf rukte, kwam over mij een gevoel van vergoelijking en vreemd beklag: hoe blind zijn onze droefenissen.

Er is in deze wereld geen bestendig evenwicht. Ik had een klein drama met mijzelf uitgestreden. De vrouw van mijn liefde, zij die er alles bij gewonnen heeft, is in opstand gekomen. De harmonie van mijn hart, die ik in het jazz-bandspel had verwezenlijkt, was haar ondragelijk. Ik ben een eerlijk man en op de hand van de Heer. Laat ik thans naar een be-

vattelijk evenwicht zoeken tussen mijn vrouw en het evenwicht in mijzelf. Vrede aan de mensen van goede wil. Maar
goede wil te betonen, altijd opnieuw, ziedaar een glansloos
heroïsme, zonder dronkenschap of belonende roes, ziedaar
een heroïsme van lange adem.

Het einde

Zeen rechtte zijn gebogen rug, veegde met de blote arm 't zweet van zijn aangezicht en schepte een asemke.

Zalia bleef met haar hoofd bij d'eerde, haar bundels binden.

De zon bakelde.

Na een tijd nam hij zijn pikke weer op en sloeg voort het koorn af, in regelmatige korte slagen; met een zwaai van zijn arm ging de pikke omhoog en met een 'zinn' kapte ze aan de voet van de droge koornstalen en deed ze vallen, bij hele armvollen, die effen aan werden weggehaakt en achteruit gebracht in gelijke hoopkes, gereed om gebonden te worden.

't En leed niet lang, hij hield weer stil, keek rond over heel die macht koorn die nog af moest en verder, over dat wemelend veld dat te laaien lag, zo eendlijk wijd onder dat onbermhertig zonnevuur. Hij had Zalia zien scheefuit loeren omdat hij niet voort wrocht, en – om een reden te geven aan zijn treuzelen, haalde hij zijn wetsteen uit de broekzak en begon traag de pikke te zoeten.

– Zalia, 't is zo onbermhertig warm... vindt ge niet?

– Ja 't, zei Zalia.

Hij wrocht weer voort, maar traag, en slap.

't Zweet liep hem bij druppels langs 't lijf en 't ging hem somtijds of wilde hij met 't hoofd voorover in 't koorn stekken. Zalia hoorde zijn asem jagen; ze bezag hem en vroeg wat er haperde. Zijn armen zonken lam langs zijn leden en pikke en haak ontvielen zijn handen.

213

– Zalia, 'k en weet niet... maar 'k krijge zo lastig mijn asem, en 't schemert vóór mijn ogen...

– 't Is van d'hitte, Zeen, 't zal overgaan; drink 'ne slok. Ze haalde de jeneverfles uit de gerskant, goot hem een teug in en bleef staan zien naar 't uitwerksel.

– Hewel?

Zeen antwoordde niet en bleef daar staan knikkebenen en glariën met de ogen strak op een auwblauwbloemke dat door 't gevelde koorn liep.

– Toe, toe, Zeen, maak gedaan! nog een beetje gepijnd, 't zal seffens beginnen koelen, en 't koorn kan tegen 't avond af zijn.

– Och Zalia 't is hier zo wreed warm en nog zo lang eer 't avond is.

– Maar Zeen toch, wat krijgde?

Zeen roerde niet.

– Zijt ge misschien ziek? Waar houdt het u?

– Ja 'k Zalia, neen, niet ziek, maar 'k en weet niet... 'k ware beter thuis.

Zalia werd ongerust, ze verstond zich niet aan zijn vreemde klap.

– Als ge ziek zijt... als ge niet meer en kunt, teure gauw naar huis; ge staat hier lijk 'n onnozelaar.

Zeen liet zijn pikke liggen en ging rechte 't veld af. Ze zag hem trage vertrekken, de oude duts, wakelend lijk een die bij dranke is en verdwijnen daar bachten de bomen. Dan nam ze weer haar stroband en bundelde 't een na 't ander, al d'hoopkes koorn, en bond ze tot schoven. Als ze zag dat hij niet terugkeerde, nam ze de pikke en de haak en ging maar zelf aan 't slaan lijk een mannemens, hardweg, met een kwaadheid, een vast voornemen: om gedaan te krijgen gelijk 't voorzien was. Hoe meer 't koorn viel hoe rapper zij de pikke deed zoeven.

't Zweet liep haar aangezicht af; ze djokte nu en dan de strooienhoed van vóór de ogen om te zien... hoeveel er nog

214

recht stond, en dan maar altijd voort. Ze hijgde er bij... Ze stond hier alleen op dat uitgestrekte veld in die hitte die lijk een zware last, op haar woog; 't was om te stikken. Ze hoorde geen ander gerucht tenzij de slag van haar staal en 't ruisen van 't koorn dat viel.

Als ze eindelijk niet meer kon, en op was, nam ze een teug uit de fles, en kreeg nieuwe krachten.

De zon was al diep gezonken toen Zalia daar alleen overeind stond op het blakke veld met al het koorn plat om haar heen. Dan ging ze aan 't binden.

De lucht verkoelde. Als de laatste schoof in zijn strooien band zat, beulde zij over dat 't ging om de bundels in stuiken te zetten. Het begon te donkeren. Ze vaagde 't zweet van haar aanzicht, trok haar blauw gestreepte jakke aan, legde de fles in haar hoed, nam pikke en haak op de schouder; en aleer te vertrekken bleef ze nog wat staan kijken op haar werk, met genoegen omdat ze 't afgedaan had gekregen. Ze had nu open zicht over de kaalgeschoren vlakte; ze stond daar zo enig, zo hoog op dat stoppelveld, 't lag alles plat, en ginder ver stonden de bomen zwart en de molen en die vent die daar ging – alles lijk met inkt getekend tegen de avondhemel. 't Scheen haar dat de zomer nu ineens voorbij was en die laffe zoelte een laatste verdossemde zucht voor 't komen van de korte dagen en de koude.

Ze ging naar huis... Zeen was ziek, en 't deed haar zo vreemd dat weerkeren van 't veld zonder hem. 't Leek haar alles zo triestig, zo schemerig doods, zo eenmalig. Of waren 't haar gedachten? Langs de oever van 't diep geholde wegelke piepten de krekels alhier en aldaar, voor en achter, een eindloos gepiep langs alle kanten in 't gers en op 't veld, overal, en 't ging lijk een lijzig weven van zachtzingende stemmekes; dat zingen op 't einde begon in haar oren te treiteren en 't werd een krijsend geritsel, een sarrend gespook, en gelach dat zeer deed om horen. Kijk, van achter die kopwilg sprong de kat op 't wegelke; ze was tegemoet gekomen naar 't veld en welgezind rullend stak zij de rug op en foefelde tussen Zalias benen tot ze een streelke kreeg; dan liep ze vooruit in grote sprongen, naar huis. De geit, die naderende stappen hoorde, stak de kop over d'halve deur en ging aan 't bleren.

De voordeur stond open; met 't ingaan zag Zalia geen steke voor haar ogen, maar z'hoorde een kreveling over de vloer. Met dat hij haar hoorde komen, was Zeen recht gekropen.

– Zeen! riep ze.

– Ja, steende hij.

– Hoe is 't?... nog niet gebeterd? Waar zijt ge? Waarom hier zo platsderm op de grond liggen?

– Zalia ik ben ziek... mijn buik en...

– G'en zijt nog nooit ziek geweest, Zeen! 't Zal nog ne keer niet zijn.

– Nu ben ik ziek, Zalia,

– Wacht, 'k ga licht ontsteken. Waarom zijt ge in bedde niet?

– In bedde, in bedde... dan is 't voorgoed, Zalia; 'k ben bang voor mijn bedde.

Ze zocht naar 't lampke aan de balk, daarna in de hoek van de heerd naar de banstdoze; sloeg vuur en ontstak licht.

Zeen zag er bleek, geel, lijkachtig uit. Zalia schrok ervan, maar:

– 't En zal niets zijn, Zeen, troostte ze, 'k ga u een beetje Haarlemse olie geven.

Ze trok hem op een stoel, haalde 't flesje, goot er enige druppels uit in een kom melk en gaf het hem te drinken.

– Doet 't deugd? – En Zeen, om iets te zeggen:

– Ja 't Zalia, maar 'k zou willen slapen, 'k krijge nu koud, en ze steken met priemen in mijn zijde – hier zie, en hij duwde erop met alle twee zijn handen.

– Ja, 't is nog best van al in bedde; 't zal morgen over zijn en ge kunt een paar dagen rusten eer we inhalen.

– Is 't al afgepikt?

– Af en gestuikt ook; als 't morgen warm weer blijft zal
het gauw droog zijn.

Zalia hief hem op onder zijn oksels en ze krasselden alzo
voort tot in de weefkamer naar 't bed achter 't getouw. Zij
hielp hem zijn vest en broek uittrekken, dekte hem onder de
sargie en trok de slaapmuts tot over zijn oren.

Dan kwam ze vuur steken in de heerd, hing de ketel met
geiteneten op; waste aardappels en ging ze schillen voor de
avondkost.

Zij had er nog geen drie geschild als ze Zeen hoorde over-
geven.

– 't Is van de olie, 't zal beteren, dacht ze, ging buiten een
ketel water putten en droeg er hem een spoelkom te drinken. Zeen lag te zuchten.

Dan kwam ze weer voortschillen. Wat later zat ze te peinzen op andere remedies: lindebloemen, zeneschokken, pe-
relgierst, sulferbloem, – toen ze, al met eens, Mite Kornelje
zag voorbijgaan. Ze sprong buiten en:

– Mite! riep ze.

– Wat is 't, Zalia?

– Mite, Zeen is ziek.

– Hoe, ziek? Al meteens?

– Al met ne keer; op 't veld al pikken.

– Is 't erg?

– 'k En weet het niet, 'k heb hem Haarlemse olie gegeven, hij heeft gespogen; hij klaagt van 't zeer in de zijde en
in de buik; hij is heel bleek – niet meer kennelijk.

Ze trokken binnen. Zalia nam 't olielampje en ze kwamen
alle twee in de weefkamer, tussen 't getouw en de muur bij
Zeens bed.

Hij lag te glarieogen naar de zoldering en te snakken achter zijn asem. Mite bleef hem bezien.

– Ge moet hem engelszout geven, Zalia.

– Kijk, Mite, daar en had ik niet op gepeinsd; ja hij moet
engelszout hebben.

217

En ze kroop op een stoel en nam een bestoven kallebasse van de bank boven 't bed, vol papieren zakjes en linnen beurzen.

Eén voor één miek zij ze open en vond er kanariezaad, potlood, bleekblauw, nagelpoer, kaneel, kandijsuiker, mollegrauw, en... maar engelszout was er niet.

    — 'k Zal er lopen halen naar huis, Zalia.

    — Ja, Mite, doe dat; en Mite liep.

    — Hewel Zeen, nog geen beternisse?

Zeen antwoordde niet. Ze nam een emmer water en een dweil en kuiste 't braaksel weg van vóór 't bed en ging dan weer aardappels schillen.

Mite kwam terug met engelszout. Treze Wizeur en Stanse Zegers, die langs de weg 't nieuws vernomen hadden, kwamen ook eens zien hoe 't ging met Zeen. Mite roerde een lepel engelszout in een spoelkom koude koffie, en ze kwamen alle vier bij 't bed van de zieke. Zeen dronk 't geneesmiddel uit zonder pinkogen. Mite wist nog remedies, Stanse wist er ook en Treze nog veel meer; — ze vroegen en taterden tegen Zeen, deden hem de tong uitsteken en tastten zijn pols; zij mieken bedenkingen over zijn jaagbalgen en zijn bleke kleur en zijn ontstoken ogen en brandende koorts. Zeen roerde niet en bleef daar liggen kijken naar de zoldering. Als hij 't gepraat moe werd, zei hij:

    — Laat mijn hoofd gerust, en keerde zijn aangezicht naar de muur. Dan gingen ze allen in de keuken.

't Geiteneten was gekookt. Zalia hing de moor met water aan de hangel en goot koffie op. De vier wijven zaten aan 't tafelke te vertellen over ziekenhistories. In de weefkamer bleef het stil.

Wat later kwam Mites meisje kijken waar moeder zolang bleef. Het kreeg een klontje suiker en bleef zitten bij moeder.

    — Zalia, hebt gij maar één lampke? vroeg Treze.

    — Neen ik, Treze, maar 'k heb nog de keerse.

– Wat keerse?

– De gewijde keerse

– We zijn nog zo ver niet; 't is maar dat Zeen daar moet in de donker liggen, en dat we alzo weg en weer moeten lopen met het lampke om te gaan kijken.

– Zeen ligt liefst in de donker. Hij is het gewend.

- Weet ge wat? Fietje zal om een lichtje lopen naar huis, newaar Fietje? – en zegt dat moeder hier zal blijven omdat Zeen doodgaat.

Fietje liep naar huis om een lichtje. De koffie was uitgeschonken en als 't eerste kommetje opgeslurpt was, gingen ze nog eens zien in de weefkamer.

Zeen beterde niet.

– We zullen moeten waken, zei Stanse.

– Zeker, meende Treze, 'k zal 't gaan zeggen aan mijn man; 'k ben aanstonds terug.

Zeg in het voorbijgaan aan Free dat ik hier ook blijve, vroeg Stanse.

We moeten wij algelijk eten, zei Zalia en ze hing de aardappels op 't vuur. Dan ging ze de geit melken en haar drinken dragen.

't Was klaar lijk dag buiten en stil, zodanig stil, met nog iets van de overgebleven hitte der zon in de lucht die bang woog.

Zalia kroop in het donker geitenhok, zette er de pot neer en begon te melken.

– Betje, Betje, Zeen is ziek; Zeen... hij zal misschien doodgaan Betje. Zalia was gewend te kouten tegen haar geit gelijk tegen een mens. De melk stroelde bij iedere trek aan de speen in 't panneke.

Zalia hoorde stappen die naderden. Treze en Mites meiske met een lanteern en Barbara Dekkers; die ook eens kwam zien.

– 'k Ben hier, zei Zalia, 'k heb gedaan, 'k kom seffens. Ze bleven nog wat kouten buiten in de maneschijn en gingen dan binnen.

219

– 't Kan gebeuren dat mijn man achterkomt, zei Treze, een mannenmens is beter dan drie vrouwmensen bij een zieke; en Virginie komt ook, 'k ben 't haar gaan zeggen.

– Wel, wel, zei Barbara, wie zou er dat gepeinsd hebben van Zeen!

– Ja, mensen, en nog nooit ziek geweest! en nu al zover in de zeventig.

Stanse stampte de aardappels; Zalia goot er een klakske melk in en plaatste ze weer over 't vuur.

– Hebt gij allen gegeten? vroeg ze.

– Ja wij, zeiden Treze en Barbara en Mite.

– Ik niet, zei Stanse.

Zalia goot de dampende aardappelpap in een tele en ze gingen bij tafel zitten. D'anderen dronken een nieuw kommetje koffie.

Ze zwegen.

De deur ging open en van bachten de lijs verscheen een grote vent met zwarte baard.

– Wat is dat hier? een hele vergâring volk; misschien voldoeninge vandage, Zalia? Kijk, 't is Barbara en Mite en

– Warten, Zeen is ziek.

- Zeen, ziek?

– Ja, ziek man, en we waken.

Warten zette grote ogen open; hij wierp het kistje dat aan een leren riem over zijn schouder hing, op de grond en ging erop zitten.

– Ha! Zeen is ziek... hij en is ook al van de jongste niet meer.

– Achtenzeventig.

Ze zwegen. 't Vrouwvolk dronk koffie. Warten haalde pijp en tabak van onder zijn blauwe kiel, en zat daar te kijken op de kuilen rook die naar de balk opkringelden.

– 'k Kome toen nog misschien van pas als 't alzo is?

– Ge kunt helpen waken, zei Mite.

– Hebt ge al gegeten, Warten?

220

– Ja 'k Zalia, op 't boerenhof.

– En de commersie? vroeg Stanse.

– Stillekes, mens.

Ze hoorden kermen in de weefkamer. Barbara ontstak gauw de lanteern en allen gingen kijken. Warten bleef zitten roken.

Zeen lag daar op een armzalig bed, laag bij de grond, achter 't getouw, diep gefokt in zijn kafzak onder een vuil deken: een mager zwart ventje, recht geleund tegen een hoofdkussen in de dansende schemering van die lanteern. Zijn ogen waren toe en zijn beenderig aangezicht zat half gedoken in de blauwe slaapmuts. Zijn asem reutelde, en iedere trek uit zijn schorre keel blies zijn magere kaakvellen op en loste door een openingske al de ene kant van de ingevallen lippen die elke keer open- en toegingen.

– Oeie, oeie, oeie! riep Barbara.

– Slecht, slecht, zei Stanse en schudde haar hoofd.

– Zijn ogen zijn toe; hij slaapt toch niet?

– Zeen, Zeen! riep Mite, en ze duwde hem bij zijn voorhoofd achterover om hem te doen opkijken.

– Zeen, Zeen, 'k ben ik het, kent ge Mite niet meer?

– Hoe..., zuchtte Zeen en zijn hoofd viel weer neerwaarts zonder dat hij de ogen opende.

– Hij heeft koorts, zei Barbara; tast eens hoe zijn voorhoofd gloeit, en hij is ontsteken lijk een vuur.

- Hebt ge hem treksels geleid? vroeg Stanse, treksels op zijn voeten? Mostaard?

– We en hebben geen mostaard; en naar 't dorp 't is drie kwart ver.

– Dan moet hij in 't gruiswater, Zalia. Stanse, hang de moor op.

– Hebt ge gruis, Zalia?

– Gruis, neen, maar er is terwe?

– En een zeef?

– Ja een zeef.

– Allo toe Warten, ziften!

Warten kwam bij.

– Zeen, hoe gaat 't jongen? O, hij is mager! en zijn asem...
hij pruttelt, da's niet goed. Hij zal 't kort maken, dunkt mij,
Barbara?

– Van de nacht nog niet, beweerde Treze.

– Warten, ga naar de zolder, neem de lamp en zift een
handvol terwe. Zeen moet seffens in 't gruiswater.

Warten subbelde blindeling de trap op. Na een tijdeke
hoorden ze boven het regelmatig, dokkend gesleep van de
zeef op de planken zoldering en de fijne stofjes meel sneeuw-
den door de gerren, wemelend rond het lampke en vielen op
Zeens bed en op de wijven overal rond.

– Zeen, hebt ge geen dorst? vroege Treze.

Zeen knikte. Ze hielden hem een kommetje melk tegen
de mond; en het vocht liep in twee witte streepjes langs de
lippen, in zijn hemdsband.

De zeef sleepte gestadig voort. De vrouwen keken naar
Zeen, dan naar malkaar en dan naar de lanteern. In de keuken steeg er een triestig gekriep op uit de moor waarin het
water warmde.

Warten kwam van de zolder met een halve emmer gruis.

Barbara goot er 't domend water op en wierp er een greep
zout bij.

Ze namen de dekens van 't bed en trokken Zeen bij de
voeten in 't gruiswater. Zeen kermde; hij scherrelde de ogen
wijd open en keek wild rond naar al die mensen.

Hij hing daar heel lang, met die zwart magere benen uit
het bed, en de knokige knieën en die weggedoken billen in
de flets ziekachtig riekende damp van 't gruiswater. Dan
zeulden ze er hem uit en staken zijn natte voeten weer onder 't deksel; hij roerde niet, maar bleef rochelen.

– Wat een verdrietige zieke, zei Stanse, zoetjes.

Mite wilde hem eten geven, eiers: 't was misschien flauw-
te.

Treze had hem willen helpen met jenever – haar man had eens...

– Is er iets, voor van de nacht?... vroeg Stanse.

– Nog een hele fles, daar in de spinde.

Zeen opende de ogen – twee groen, verglaasde ogen die niet meer zagen – en boorde de armen van onder 't deksel.

– Waarom, en doet ge de geite niet zwijgen? stamelde hij.

Ze bezagen elkaar.

– Zalia, waarom en wilt ge tegen mij niet meer spreken? en wat doen al die mensen hier? 'k Heb niemand nodig om dood te gaan! – Ik en Zalia... Ik en Zalia... Kijk, hoe schone! Zalia, de processie gaat daar op de muur... waarom kijkt ge niet... 't is zo schone! – En ik, ik alleen ben zo lelijk. Geef me mijn beste kleren, mijn trouwfrak.

– Hij doolt, fluisterde Treze.

– En wat doet die vent hier, Zalia?

– 'k Ben ik het, Zeen, ik: Warten de Brilleman.

Zijn ogen vielen wederom toe, en zijn kaken bliezen weer de asem lastig door 't spleetje van zijn ingevallen mond.

Hij rochelde en de koorts nam toe.

– 't Zal toch voor deze nacht zijn, beweerde Treze.

– Waar mag Virginie toch blijven? ze zal nog te late komen.

– Virginie dat is beter dan drie dokteurs en dan een pastoor ook, meende Mite.

– Zalia, 'k zou maar de gewijde keerse uithalen.

Zalia ging naar de koffer en haalde de keerse uit.

– Moeder, 'k ben benauwd, kloeg Fietje.

– Moet niet benauwd zijn van doo' mensen, kind, ge moet daaraan gewend worden.

– Hebt gij wijwater, Zalia?

– Ja 'k, Barbara, in 't potje boven 't bedde.

– En de gewijde palm?

– Bachten 't kruisbeeld.

In de keuken ging een kreveling, en langs 't getouw verscheen Virginie: een oud vrouwke in zwarte kapmantel gedoken; in d'ene hand hield zij een lanteerntje en in d'ander een groot kerkboek. Ze naderde stilletjes tot bij 't bed, bekeek Zeen lange tijd, nam zijn pols, en dan opkijkend, zei ze heel stil:

– Zeen is aan 't gaan... Is de pastoor geweest?

– De pastoor?... 't is zo verre, en zo late en de duts is zo oud.

– Wat hebt ge hem gegeven? vroeg Virginie.

– Haarlemse olie, engelszout...

– En met zijn voeten in 't gruiswater gezet.

Virginie bleef staan, in beraad.

– Hebt ge oliebrood? vroeg ze.

– Neen.

– Dan... 't is nu toch te late – en ze bezag de zieke weer in de ogen.

– Hij is verre, verre gezet ... meende Mite.

– Zere verslecht, zei Barbara.

Zalia zweeg; ze stond aan 't voeteinde haar man te bezien en dan de wijven die elk hun mening zegden.

– Haalt de gewijde keerse, we gaan lezen, mensen, zei Virginie; ze zette haar bril op en ging met haar boek onder 't lichtje staan.

De vrouwen knielden op lage stoelen of op de grond. Warten bleef met de ellebogen geleund op de stijl van 't bed, aan Zeens hoofdeinde.

Treze ontdeed de gewijde keers uit het papieren windsel en ontstak ze aan het lampke.

Zeen zijn borst ging op en neer en zijn keel reutelde lastig; zijn ogen stonden gebroken, staal naar de balk zonder blik; zijn dunne lippen waren bleek en zijn wezen werd blauwendig van de pijn; hij geleek geen mens meer.

Virginie las heel traag, met verdrietig slepende stem door haar neus, terwijl Mite Zeens verlamde vingers rond de keers gesloten hield. 't Was binnen en buiten overal doodstil.

224

– 'Het licht des weirelds, Christus Jezus, die door deze keirse betekend wordt, verlichte innerlijk uwe ogen, opdat gij niet in de dood mocht ontslapen. – Onze Vader...'

Ze prevelden zachtjes die 'Onzevader' en 't bleef plechtig stil met Wartens grof gemeumel alleen, en Zeens pijnlijk ademhalen... en de geit die met de kop tegen de muur bokte. En dan van langs om trager:

– 'scheidt van hier, o Christene ziele, uit dit bedroefd leven; gaat tegemoet Uwen Lieven Bruidegom, Christus Jezus, en draagt ene brandende keirse in uwe handen: Hij die u...'

Toen Barbara haar onderbrekend, toefluisterde:

– Kijk, Virginie, hoe hij verslecht; de rochel verflauwt, – sla over, ge zult te laat komen.

Treze was moe van Zeens hand en de keers te houden; ze liet enige druppels was vallen op de beddestijl en plaatste de keers erop.

Zeen snakte zich recht, stak de handen onder 't deksel en wroetelde – dan bleef hij liggen.

– Hij maakt zijn pak, vezelde Barbara.

– Hij vertrekt, meende een andere.

Virginie doopte de palmtak in 't wijwater en besproeide het bed en de omstanders; dan las ze voort:

– 'Reist henen, ó Christene ziel uit deze weireld, in den naam Gods des almachtigen Vaders, die u geschapen heeft:

In de naam van Jezus-Christus den levenden Zone Gods, die voor u geleden heeft:

In den naam des Heiligen Geestes, die over u uitgestort is.'

– Haast u, haast u, Virginie, hij asemt bijkans niet meer!

Tussen Zalia en Treze sprong de kat op het bed en ging aan 't kneden met de voorpoten op 't deksel; ze keek verwonderd naar al die vreemde mensen en rulde. Warten sloeg ze weg met zijn klak.

– 'neemt op, ó Here uwen dienaar Zeen tot de plaatse der verlossinge, hetwelk hij van Uwe bermhertigheid gehoopt heeft.'

– Amen, antwoordden ze allen.

– 'Verlost, ó Here, de ziele van uwen dienaar Zeen uit de perijkelen van de helle.'

– Amen.

– 'Verlost, ó Here, de ziele van uwen dienaar Zeen, gelijk gij Enoch en Elias van de geheime dood des weirelds verlost hebt.'

– Amen.

– 'Verlost, ó Here, de ziele van uwen dienaar Zeen lijk gij Loth...'

– 'k Brande, 'k Brande! schruwelde Warten, mijn kiel! mijn kiel en hij sprong al over de stoelen naar buiten; d'anderen er achter.

– Vlamme gevat aan de gewijde keerse! riep hij heel buiten adem.

Ze doofden 't vuur uit; trokken de kiel over zijn hoofd en goten water op zijn rug waar zijn onderkleren vunsden.

– Mijn kiel, mijn schone kiel, kermde hij altijd voort, splinternieuw, hij kost zesenveertig stuivers! en Warten bleef met zijn kiel in de handen staan kijken naar de eendelijke gaten en scheuren.

Ze raasden al overhoop en hun scherpe stemmen galmden heind en ver in de stille nacht.

Virginie alleen was bij 't bed gebleven.

Z'had de keers opgeraapt, weder ontstoken en op de beddestijl geplaatst en dan voort haar gebeden gelezen. Als ze zag dat Zeen daar zo stil lag en niet meer asemde, dan had ze hem voor 't laatst wijwater gegeven en was toen buiten gegaan.

– Mensen... Zeen is bij den Here.

't Was alsof ze door 't verschot vergeten waren wat er gebeuren moest: ze stoven inderhaast binnen, benieuwd om te weten... maar Zeen was dood.

– Stokkedood, zei Barbara.

– Den bos in! zei Warten.

– Zere! haast u! 't tabakzaad gaat bereeuwen, tierde Mite

en ze snakte twee, drie lijnwaden beurzen weg die aan de ribben hingen van de zoldering en droeg ze buiten.

Ze kermden eerst; dan trachtten ze malkaar te troosten, voornamelijk Zalia, die op een stoelke gezonken was en heel bleek zag. Dan gingen ze aan 't werk: Treze schonk borrels; Barbara hing water op 't vuur en Warten, in zijn hemdsmouwen, wette zijn scheers om Zeen de baard af te doen.

– En de jongens! de jongens die hier niet en zijn! kermde Zalia; hij had toch nog moeten de jongens zien!

– Eerst lezen, beval Virginie. Allen knielden en terwijl Warten de dode schoor, ging het:

– 'Komt ter hulpe gij, Heiligen Gods: komt te gemoet gij engelen des Heren, neemt op zijn ziele en brengt die in den schoot van Abraham.

'We bevelen U, ó Here, de ziele van uwen dienaar opdat dewijl hij nu deze weireld afgestorven is, zij bij U voortaan mag leven; en het kwaad hetgene hij uit menselijke zwakheid in de wandelinge van dit leven gedaan heeft, zulks wilt deur Uwe oneindelijke bermhertigheid genadelijk vergeven.'

Virginie deed haar boek dicht, sproeide nog eens wijwater over 't lijk, en ging biddend naar huis.

Zalia miek een kruisteken en duwde haar man de ogen toe; dan dekte zij een tafelke bij 't bed met een witte handdoek en zette er de keers op en 't kruisbeeld en 't wijwater.

Warten en Barbara namen Zeen uit het bed en zetten hem op een stoel, – wiesen hem heel en gans met lauw water, deden hem een vers hemd aan en daarboven zijn zondagse kleren, dan legden ze het lijk weer boven op het bed.

– Hij zal gauw rieken, meende Barbara.

– 't Is warm weer.

– Hij is heel krom; hoe zullen ze hem in de kist krijgen?

– Kraken.

Treze liep rond op zoek naar een kerkboek om onder Zeens kin te leggen, en een kruisbeeldje met paternoster om in zijn handen.

227

Mite nam een rode neusdoek en bond hem rond zijn hoofd om zijn mond te doen dichtblijven. Fietje zat nog altijd geknield en las onzevaders.

— 't Werk is nu gedaan, zei Barbara met een diepe zucht, we gaan nog een druppel drinken en dan gaan slapen.

— O, mensen blijft nog een beetje, kermde Zalia, 'k ga hier zo alleen zijn.

— 't Is maar, zei Mite, dat 't morgen vroeg klaar is en we hebben nog niet geslapen.

— Toe, toe, troostte Barbara, gij moet nu niet beginnen janken, Zeen heeft zijn tijd gedaan en hij is zalig gestorven op zijn bedde.

— Kwestie of we 't alzo zullen krijgen, hielp Mite.

— En Siska en Romenie en Kordula, en de jongens! die hier niet en zijn! Z'hadden vader toch moeten zien sterven... de arme jongens, ze zullen zo krijsen.

— Ze zullen 't aan tijden wel weten, zei Warten.

— En waar weunen ze nu? vroeg Mite.

— In Frankrijk, de twee oudste, — en Miel is soldaat... 't staat in hun brieven.... ze zitten bachten de spiegel.

— Geef hier, zei Treze, 'k zal ik mijn jongen doen schrijven morgen eer hij naar schole gaat.

Ze ging vertrekken.

— En ik die nu met al dat, niet en wete, waar gaan slapen, zei Warten, mijn oude polk boven 't geitekot... ge zult gij hem nodig hebben van de nacht, Zalia?

Zalia dubde.

— Zalia zou mee met mij kunnen gaan, zei Barbara.

— En 't huis allen laten! en morgen... wie gaat er naar de pastorie? — en naar de timmerman, en mijn oogst, mijn oogst! — 't Doet, 't Doet, Warten kruip gij maar op 't geitenkot; morgen kunt ge mij een hand toesteken. 'k Zal ik wel hier in 't bedde slapen; waarom niet?

— Alla kom Fientje, moeder gaat naar huis.

Ze vertrokken en Zalia kwam een eind mee. Hun kloefen trappelden zacht in het mullig zand van de dove straat; als ze al heel ver waren gingen hun stemmen nog altijd luid-op en hun gestalten leken dolende tronken.

In 't oosten hing een fijne goudrode streep tussen twee donkere wolken. 't Was danig fris geworden.

– 't Beloofd schoon weer, zei Warten en hij takelde naar zijn geitekot.

– Goênavond, Zalia.

– Goênavond, Warten.

– Slaapwel.

– Slaap ook wel en doe nog een onzevaderke voor Zeen.

– Vaneigen.

Zalia ging in huis en grendelde de deur. Binnen rook het al naar keerslucht en fletsen reeuw. Ze dekte 't vuur toe in de heerd, doopte nog eens haar vinger in 't wijwater en gaf Zeen een kruiske. Terwijl haar lippen het avondgebed pre-velden, wierp ze haar borstdoek af, haar jakke en muts en liet haar rok vallen. Dan tillebeende ze over Zeen en drumde heel tegen de muur. Ze draaide haar voeten in haar hemd en kroop voorzichtig onder 't deksel. Ze gruwde. Haar ge-dachten draaiden lijk de wind: de dochters dienden in Frankrijk en sliepen nu rustig en wisten van niets... haar oud-ste die getrouwd was en de man en de kinders – ze kwamen hun vader eens 's jaars bezoeken en dan nog... en nu gingen ze hun vader dood vinden.

Haar oogst... ze was alleen nu om in te halen. Warten zou morgen vroeg naar de pastor gaan en de timmerman – de pastoor moest hier toch geweest zijn, 't was toch een gerust-heid; maar Zeen was altijd braaf en christelijk, maar tóch... voor een schoon zitten; nu zo onverwacht sterven zonder berechting...

Waarom kon ze nu niet slapen? ze was zo moe, zo afge-mat van dat pikken, en 't was hier zo warm, laf en 't rook vreemd. Wat toch een mens gewordt als hij dood is.

Had ze nu geslapen? – 't was reeds zolang dat ze wakker

lag; en die reuk... had ze Warten liever voortgezonden en zelf op 't geitenkot gaan liggen, – hier alzo nevens dat lijk... maar 't was toch Zeen...

De keersvlam danste en 't danste al mee: getouw, de zwarte ribben en 't kruisbeeld – in donkere schaduwstrepen tegen de muur. 't Was daarvan dat ze niet slapen kon. Ze rechtte zich en blies van ver, maar de vlam danste nog meer en brandde voort. Dan stapte zij voorzichtig over Zeen en neep met haar vingers de keers dood. 't Was nu donker... Ze tord weer in 't bed, op Zeens been en 't lijk schudde en de buik rotelde. Ze hield zich tegen de muur gedogen, draaide en keerde, neep de ogen toe maar slapen ging niet. De reuk straalde in haar neus en keel en 't werd danig vervelend, onuitstaanbaar. Eindelijk moest zij weer uit bed om 't venster open te trekken. Er waaide een frisse lucht naar binnen; – ginder ver begon de hemel te klaren en ze hoorde op 't koornstik de zingende slag van een pikke en een triestig, langslepend straatliedje schuifelen. Ze waren al aan 't werk. Nu lag Zalia te luisteren naar de zoevende slag en 't ruisen van 't koorn dat viel, en dat slepend, altijd zelfde deuntje...

... De begraving, 't zou voor overmorgen zijn – ze zag reeds heel die troep mensen in de straat en dan in de kerk en dan... heel alleen, weer thuis. Zeen was dood, en zij bleef over... en haar jongens, haar jongens die nog zo lang te leven hadden, zouden ook eens oud worden en doodgaan... altijd voort... en al die miserie en dat slaven, en dan vertrekken... en Zeen, haar Zeen, die Zeen van gisteren, die toen nog leefde, en niet ziek was. Haar Zeen; ze zag hem in zijn jongde – voor veertig jaar: een snelle vent. Met die Zeen had ze zolang samen geleefd, hem zowel – beter dan haar eigen zelf – gekend... en dat hij daar nu nevens haar lag... koud... en nooit meer... dat hij nu dood was.

Dan weende zij.

HERMAN TEIRLINCK

Het Japans masker

De oude Andries is de vorige week gestorven. Hij was mij een geliefkoosde vriend. We hebben hem begraven op het kleine kerkhof, rechtover de rood-grauwe kalvarieberg, en we hebben zijn afscheid met tranen bijgewoond.

Bedaar, mijn hart, terwijl ik de goede Andries herdenk, spring niet zo pijnlijk op, terwijl ik het vredige verleden overblik...

Toen ik – nu acht jaren geleden – in dit lieve dorp wonen kwam, leefde daar, aan de kant van het groene Dwersbos, een eenzaam man. Hij sprak met niemand, kende niemand, hovenierde in zijn tuin, die vrij schoon was, kweekte kiekens, onderhield zichzelf en zijn huis. Zijn huis hing aan de zoete berm, die, van het dichte woud af, wiegt naar de Lage Delle. Het was groot, helder, fraai. Het had het uitzicht van een rijkemans buitenverblijf en dit trof mij tegelijk met zijn grote eenzaamheid.

De boeren, die hem sprakeloos zagen zijn dagen doen, en de dorpsklappeien, die door zijn stille manieren getreiterd waren, noemden hem 'de beer uit 't sjaleesken'. Hij heette eigenlijk Andries Eland.

Wat ik over zijn zonderlinge levenshandel hoorde vertellen, prikkelde danig mijn nieuwsgierigheid en niet zelden doolde ik langs het Dwersbos en het sjaleesken rond, met de heimelijke hoop de zwijgende mensenschuwer eens vlak te ontmoeten. Die kans viel me eerder te beurt dan ik dacht, en

231

de uitkomst viel geheel buiten mijn verwachting uit. 't Was jachttijd. 'k Zag mijnheer Eland in bruin-fluwelen jagerspak door het ruisende Dwersbos gaan, 't geweer omlaag. Daar hij mij niet bemerkt had, liep ik het middenheuveltje om, zeker als ik was, dat ik tegen hem, in de omdraai, fataal zou aanstoten.

Dit gebeurde dan ook, maar, in stede van een barsverstoorde jager te treffen, vond ik daar een glimlachende, bijna guitig glimlachende grijsaard. Ik bloosde verlegen, gelijk een betrapte kwajongen.

– Wel! zei mijnheer Eland, hebt ge me dan eindelijk? Het bleek weldra dat mijnheer Eland evenveel van mijn plannen afwist als ikzelf, dat hij gerust mijn verkenningstochtje had afgespied en dat hij, bij deze gelegenheid, mij in het oog had gekregen lang voor ik hem had ontdekt. Hij sprak: – Ge komt traag op het spoor, jonge heer, en gij boodt mij te veel kansen om weg te glippen. Maar hier ben ik. Wat wilt ge eigenlijk van mij?

Ik bracht stamelend een dwaas antwoord uit, voelde naderhand dat ik mij verontschuldigen moest, deed het zeer onbehendig en bleef per slot van rekening, met al mijn vakliteraire knapheid, in mijn eigen woorden steken.

Wij werden goede vrienden. Dikwijls gingen wij samen wandelen. Mijnheer Eland was inderdaad een beste man, wat stuurs op het eerste gezicht, rechtschapen en liefderijk in de grond. Hij hield echter weinig van de omgang met mensen en was daarom de stad ontvlucht. De boeren boezemden hem afkeer in.

– Ze zijn grof en onkies, placht hij te zeggen.

Eens – Andries, in geen ouderdom zal ik die zomerdag vergeten, want hij leerde mij kijken in uw ziel! – eens ontbood hij mij op een theepartijtje. Nog nooit had hij mij verder dan in zijn tuin of aan het poortje van zijn hoenderkot toegelaten. Het huis, met zijn hoge witte muren en zijn geelbruine luiken, zag er zeer geheimzinnig uit. Het was gelijk een stille vierkante kast, vol kostbare sekreten. Hoe dikwijls had ik mij afgevraagd:

– Wat is daarbinnen, en *hoe leeft hij daar?*

Hewel! daarbinnen, ik zag het toen bijna met teleurstelling, daarbinnen was niets dat mijn angst kon voeden. Daarbinnen was vrede in heldere kamers, frisheid in rijk vloeiend licht, smaak in de schikking van meubelen en ornamenten. Het was een schoon en keurig huis, zo geheel anders dan het akelig sjaleesken dat ik me voorgesteld had.

En Andries Eland woonde er alleen.

Een Japans masker hing in de hoge kamer, waar wij zaten, vlak boven de schoorsteen. Het kleurde er ontzaglijk, zelfs bij de belichting van de roze lamp, en het had, met zijn oranje kaken, zijn uitpuilende ogen, zijn grijnzende mond, zijn fijnharige knevels en wenkbrauwen, zijn helrode verwrongen oren, het had, ja, een voornaam, een *belangrijk* uitzicht. Het docht mij dat het masker bij al de rest afstak en *het* gewicht was in het leven van deze kamer. De kamer was licht en gezellig. Boven de schoorsteen woog zwaar het masker. Het brandde er met geweld en traag, traag, onverbiddelijk, gelijk een die met eeuwig vuur is bezield.

Andries, ik wil zo trouw mogelijk neerschrijven wat ge mij toen, bij dat Japans masker, hebt verteld. Maar nooit kan ik de vreeslijke eenvoud van uw woorden eerbiedigen. Gij waart een stoïeker, Andries, beladen met smart en ervaringen. Gij waart uit het leven der mensen opgegroeid tot een in stilte grootwordend mens. Uw stem had daarom een klank zonder weerga, als kwam ze niet uit uw mond, niet uit uw geest, mijn sterke vriend, maar uit het reine en definitieve wezen van uw ziel.

Andries sprak:

– Ik heb, evenals gij, mijn jongen, eens in mijn jeugd getracht naar een zoete haard. Niet alle verlangens worden ingewilligd. Men werkt soms met eigen handen aan het gebouw dat op eigen geluk moet instorten. Mijn eenzaamheid, die ik nooit hoopte, heb ik feitelijk gewild. Laat ons daar zo weinig mogelijk woordekens rond hangen... Ik beminde een meisje dat ik op een jachtgoed ontmoette. Ze heette Eline en ze was schoon, althans voor mij meen ik dat ze zeer schoon was. Ik werd spoedig bij haar thuis ontvangen en maakte kennis met haar moeder, een blinde goedige weduwe, en haar zuster, iets jonger dan Eline, naar het mij toescheen. Ze was inderdaad jonger, doch groter ook, meer ontwikkeld en wilder van uitzicht. Ik geef toe dat ze schoner was. Men noemde haar Bruintje, hoewel ze, bevalliger, Veva heette. Maar Bruintje paste haar vrij wel. Ze had donker haar, krullend en weelderig, donkere ogen, kastanjekleurig, zachte wangen, waarvan de matte blos als 't ware door een taangrauw floers heenklaarde, heel donzig. Eline was helderder, blonder, blauwer, roziger. Hoe dikwijls heb ik die twee in het stille moederhuis bespied!

– Ze hadden elk een verschillend gedoe. Het was in hun bedrijf opvallend hoe die twee van mekaar verschilden. Eline had een zachter gemoed. Zij was goedig en toegevend, luier ook in de handel – ik bedoel die luie gelatenheid, welke bij zieke of ongelukkige mensen zo aandoenlijk is. Nochtans was Eline niet ziek, niet ongelukkig. Ze beminde mij en scheen wel niets hoger op prijs te stellen dan mijn liefde. Ik gunde haar die vurig en zij was dankbaar, grondig dankbaar – maar zonder gretigheid en zonder schittering... Bruintje was levendiger. Het docht mij dikwijls dat zij jonger deed dan paste bij haar leeftijd. Ze was speels soms als een kind. In alles was ze gejaagd haar zuster voor. Haar lach was het lieve geluid van het stille huis, haar ogen waren het veranderlijk licht van het schemerig huis. Ze viel alles leutig aan en iedereen guitig in de rede. Zij was rap en vlug. Ze kon tegelijk haar moeder verstrooien en haar zuster opwekken. Haar moeder was een oud en gebroken mensje, blind. Ze zat steeds onder de wijde schouwmantel te dromen in haar duisternis. Bruintje verkwikte haar met haar zotte praatjes, maakte haar lustig, bracht een gulden klaarte in de ogen van de blinde vrouw. Maar zij scheen alles zo los te doen, zo *onachtzaam*. Het kwam mij soms voor dat zij daardoor minder verdienstelijk was. Eline zorgde voor alles zo ordelijk, gaf in elk harer inzichten de volle maat van haar goedheid, de gansheid van haar *bewuste* edelmoed, Bruintje liet zonder aandacht haar hart opklinken. En het klonk heerlijk inderdaad, vol lust en vol leven, het huis omschaterend met geluiden van vreugde. Maar 'wilde' dat hart waarlijk zo troostend zijn?...

– We gingen dikwijls samen uit wandelen. Eline leunde op mijn arm. We spraken zachtjes of we zwegen liefst, luisterend naar onszelf en voelend onze eensgezinde gedachten. Als een gretig, lief dier liep dan Bruintje voor of achter ons, plukte bloemen, zong, riep ons de aardigste grappen toe, ontdekte plots wat vogeleitjes in een nest en stond daarbij, stralend van bewondering, in haar handen te klappen. Ze stoorde ons nooit en haar vrolijkheid was onuitputtelijk. Ze begeleidde met een wondere blijdschap het vredig geluk van onze dromende liefde... En toch, zo dacht ik vaak, ze doet het misschien alleen voor zichzelve, want geen ernstig inzicht richt haar leute?... Zo zijn wij: de uitslag van wat is en gebeurt is ons niet vertrouwbaar, zolang ons de oorzaak niet helder wordt en rein toeschijnt. En weet onze geest wel degelijk de *ware* oorzaak van het wezen te onderscheiden? Er kunnen voor ons, helaas, geen mirakelen meer zijn...

– Eens, na een dergelijke wandeling en na het avondmaal, dat wij tezaam, al rustend, bij moeder namen, merkte ik plots dat Bruintje over haar bord zwijgend was geworden. Mijn verbazing was zo groot dat ik sprakeloos toekijken bleef, en die verbazing klom als ik het hoofd van Bruintje langzaam, langzaam lager zag zinken en daar, in haar wijnbeker, ik zweer het, een traan viel, dik-druppend, eenzaam, geweldig. Het was waarlijk een geweldige, een vreeslijke en onmogelijke traan. Ik pinkte zelf, mij zelf bedriegend, radeloos. Maar het was een traan. Hij viel toen, ja, als een onverklaarbaar geheim, als een zware nacht in mij... Seffens was Bruintjes hoofd weer recht. Ze zei wat en zette zich dadelijk zo gulhartig aan het lachen dat ik mij zeer angstig voelde worden. Eline zag rustig. De blinde moeder was stil...

– Het geval bedaarde nadien in mij. Had ik slecht gezien? Was 't een zenuwschok? De dagen die kwamen brachten mij een grote kalmte, want niet eenmaal veranderde Bruintjes lustig gemoed. Ik beloerde haar nochtans, ik waagde 't dikwijls haar na te gaan, wanneer ze alleen de tuin inliep. Achter dichte heesters, achter de haag of vanuit het prieelken spiedde ik haar af. Ik zag niets. Ze was het Bruintje van vroeger. Ze bleef het eendere Bruintje, het grappige, speelse, kinderlijke Bruintje... tot op die dag – tot op die vreeslijke dag...

Andries, gij hebt het gezien, hoe bang ik werd toen ik voelde dat ge die dag oproepen moest. Ge wachtte een lange poos en de kamer spookte heimelijk. Het verleden kwam aan op uw woorden, wiegde dreigend boven ons hoofd, terwijl gij nu wachtte en de ogen sloot, terwijl uw handen stil lagen over de tafel, terwijl uw voorhoofd groot werd en wit in de ruimte, Andries...

Ik had die handen willen grijpen, opdat ze lichter zouden worden, en uw voorhoofd, ik had het willen bedaren in zijn bleke groei.

Maar ge hebt simpellijk en kalm uw verhaal doorgezet.

– Op het einde van die dag, die geweest was een zoele zomerdag zonder zon, – wij dachten allen dat er onweer zou van komen – op het einde van die dag voer een melkachtige mist over de velden en omsloot het huis. Eline had de thee gezet. Bruintje was uit naar het dorp om suikergebak. We zaten te wachten en de avond viel dikker met de zwaardere mist. De blinde moeder vroeg hoe laat het was. Ik bemerkte dat Eline rustig het uur zei. 'Omtrent zeven, moeder', zei ze. Maar het was goed over acht. Eline bekeek me en schudde even rustig haar hoofd. Het werd al later, en de blinde moeder vroeg van her hoe laat het was. Hoe rustig toch kon Eline blijven. Ik, ik hield het niet vol. Ik nam mijn hoed op en vertrok naar het dorp...

– Het dorp lag niet veraf. De pasteibakker bij wie ik aanlandde, legde uit dat hij de juffrouw anderhalf uur geleden bediend had en dat ze tamelijk haastig de weg huiswaarts had ingeslagen. Nu begon voor mij een gichtige tocht. Ik sprak iedereen aan en niemand bracht mij op het spoor van Bruintje. Een oude houtraper verzekerde mij dat zij het dennenwoud was ingegaan, maar dat scheen me te onzinnig en ik liep rond, tastend in de witte nevel, waarbinnen de zomeravond een lichte rozigheid zweven liet. Dat duurde vrij lang. Toen, op voorhand het spoor opgevend, trad ik toch het dennenwoud in... Het docht mij dat ik een ongehoorzaam kind opzocht en ik beloofde haar, in mijn gedachten, een duchtige vermaning. Hoe dikwijls liep ik het bos op en neer?... Plots stond ik voor Bruintje. Het was alsof ze uit de aarde was gestegen. Ze stond vóór mij, de haren los, de wilde ogen schrikkelijk open, de wangen doodsbleek en de mond als een duistere holte, angstig gapend. Ze slaakte een woeste gil en begon te lopen, het woud door, gejaagd vluchtend van mij, die haar aanriep tevergeefs. Tot thuis liep ze zo eer ik haar kon inhalen. Bij het tuinhek greep ik haar bij de arm.

– Bruintje! Bruintje-toch!
– Ze hijgde onmenselijk.
– Laat los! Laat los, kreet ze, raak me niet aan!
– Maar Bruintje, ge zijt buiten zinnen... Bedaar toch, kind... Komaan!...
– Ik wilde haar omhelzen. Met een wip was ze uit mijn armen, vloog over het smalle grasperk en was het huis binnen. Ik bereikte de drempel der huiskamer. Ze lag reeds aan moeders voeten, gebroken, de handen wringend en luid we-

nend, kapot... Ik hoop nooit meer de aandoening te ervaren, welke mij toen in de keel klokte. Eline had droevig opgekeken naar mij. De blinde moeder streelde met beide haar magere handen in Bruintjes los haar. En Bruintje snikte. Ik zei even, zeer stil, als tot mezelf: – Wat gebeurt hier toch! – Ik hoorde niets dan het snikken van Bruintje. Ik zag haar schouders opschokken. Ik zag moeders vingers aaien, en dan, daarboven, de rustige, bijna heldere droefheid van Eline. Ik werd buitenmate zenuwachtig. Ik beefde, geloof ik... Langzaam ging Eline de lamp hoger draaien en bekeek mij opnieuw met ogen die niet meer wilden vragen en klaar baadden in hun treurnis.

– Bruintje, vroeg ik koortsig, wat moet dat alles betekenen?

En niemand zei daarop wat. Het was of niemand mij wilde meehelpen.

– Bruintje, ik bid u, zeg toch wat er is!

Ik kwam vooruit. De lamp had een grote klaarte. Ik kon er niet toe komen neer te zitten, en ik wachtte zo, sidderend van ongedurigheid, recht in de klaarte van de lamp. Toen, na een lange stond, werd Bruintje kalmer en richtte zich op. Maar haar gelaat wendde ze steeds af van het mijne. En ze vertelde nu van een man, die ze ontmoet had op de weg en die ze had horen vreselijk spreken tot haar. Hij had haar bedreigd en ze was weggevlucht door het woud. Ineens had zij hem niet meer gezien, maar ineens weer, daar stond hij voor haar. Tot aan het tuinhek had hij haar achtervolgd. Ik riep:

– Maar dat was ik! Ik heb u in het bos gezien, van mij zijt ge weggelopen en ik heb u tot hier gevolgd!...

Ze schudde het hoofd zonder naar mij op te blikken. Ze herbegon haar zonderling verhaal. Ik vroeg hoe die man er uitzag. Ze aarzelde even en beschreef hem dan, bijna nauwkeurig, zodat er geen twijfel kon bestaan: *ik* was die man zeker niet... Het werd mij duidelijk dat Bruintje ziek was, gehallucineerd wellicht, uit haar zenuwen geschokt, en ik besloot liefst niet op het voorval in te gaan. Maar de grote droefheid van Eline, die heldere droefheid, die rustige, klare smart kon ik uit haar ogen niet weren, wat ik ook in 't vervolg van de avond daarvoor beproefde. Zonder al te grote verwondering kon ik, na een paar uren, het spektakel bijwonen van Bruintjes herstelling. Ze schonk verse thee, at van het lekkere suikergebak, en legde een grote lust aan de dag om gelijk voorheen nieuwe grapjes te vertellen. Moeder monkelde zacht... Maar toen ik rijsjes voor middernacht, mijn overjas vroeg om te vertrekken, sprak Eline traag en ernstig.

– Blijf Andries, ik ben wezenlijk bang, slaap hier deze nacht.

Ik bleef, maar ik kon niet slapen. Ik had op de tweede verdieping een kleine kamer, die uitzag op de tuin. Ik zat een lange tijd bij het venster. De mist was opgetrokken en de hemel, met sterren bespikkeld, glansde paarsblauwig. Ik droomde daar, eindelijk het incident met Bruintje tot zijn blijkbaar echte, zeer geringe betekenis herbrengend, en ik dacht aan mijn huwelijk met Eline. Dit was mij steeds een geliefkoosde bezigheid en weer hield zij zoetig mijn gepeinzen bezig...

Toen, schielijk, sprong ik recht. Het geluid van een ruw toegesmeten raam brak door de wijde nachtstilte. Glasschervels stortten in regenend lawaai neer op de stenen van het voorhof. Ik boog voorover uit het venster en zag daar stil de schervels voor de drempel blinken. Niemand was op het voorhof. Ik hoorde binnenshuis een lange, lange schreeuw. Dan in 't gekletter van deuren:

– Moeder! Moeder!... Ho! Ho!... Andries!...

Het was de stem van Bruintje.

Ik stormde mijn kamer uit, ijlde de trap af, snelde naar de kamer der meisjes. Ze stond open. Het was er donker. Ik stak licht aan. Eline lag op haar bed, de armen uiteen, de borst doorboord, roerloos, wit, in een bloedplas.

– Eline!

Nog opende ze traag haar ogen. De eendere klare droefheid was er, iets weker misschien, maar eindeloos. Ik sloot
met stukken bedlinnen haar wonde en wilde ze verbinden.
Eline zei heel duidelijk:

– Neen, Andries...

Ze hief haar rechterhand op naar haar borst, liet ze weer
neervallen, onmachtig. Ik zag haar ogen weer toegaan. Ik zag
vier dikke tranen in de hoekjes groeien, helder als haar smart
zelf, en wegrollen, fluks. Ze zuchtte eenmaal.

– Goede God! kermde moeder achter mij.

Zij stond daar met Bruintje. Helaas! waarom verging de
wereld toen niet?... Ik sprak, de keel toe, hees en zacht tegelijk:

– Eline is dood!

En Bruintje zonk ineen, knielde precies, stortte dan voorover op haar aangezicht.

Andries, Andries, gij die deze droeve wereld hebt verlaten,
mocht gij dit lezen, hoe minachtend keekt gij wellicht neer
op mij!

Ik herinner mij goed hoe gij, na zelf bemerkt te hebben
dat uw stem zonk, ze ineens opwierpt en met een lichte
glimlach beproefde te omhangen. Gij hadt de moed te vragen:

– Mijn jonge vriend, verveel ik u?

Een zonderlinge stilte kwam druppelen in uw kamer en
gij schonkt de thee, die zeker al heel lauw moest zijn. Dan
hebt ge weer doodeenvoudig het eendelijk verhaal herno-
men.

– Eline werd begraven. Ze lag heel schoon in haar witte
kist. De lui van het dorp – want allen hadden haar lief – gingen mee tot op het kerkhof. Bruintje en ik stapten vooraan...

Hoe gebeurde het dat ik, na de pijnlijke plechtigheid,
weer wilde in haar kamer gaan? Het was mij alsof ik voor de

eerste maal de kamer bezag. Ik zag het bed, het mahoniehouten tafeltje, de twee Empire-stoelen, het vergulde klokje, de marmeren wastafel, en, voornamelijk, aan de muur, het Japans masker – een grijnzend hoofd, dat daar hing en dat (ik voelde het toen zeer diep) met zijn monsterogen de vreeslijke gebeurtenis had afgezien. Bruintje stond in het deurgat.

– Ik zal, zei ik, het masker meenemen...

Bruintje vroeg:

– Is daar een masker?

Ik nam het en toonde het haar. Ze vond het vrij lelijk.

Ik nam het mee.

Een lange tijd werd besteed aan de opsporing van de moordenaar. Er werd vooral naar gestreefd om de man te vinden, die Bruintje bij het dennenwoud had aangevallen. Geen spoor daarvan. De zaak werd geklasseerd.

Mijn jonge vriend, hoe snel varen de doden!...

Een vol jaar ging om. Tracht nu niet de diepten van mijn menselijk hart te doorgronden, maar aanschouw in eenvoud het geduldige werk van de grote Natuur. Dertien maanden na het afsterven van de dierbare Eline, was ik verloofd met Veva, haar zuster.

Ik noemde haar niet meer Bruintje. Het docht mij al te zeer dat deze wilde benaming *mij* niet, maar aan Eline behoorde. Veva werd mij liever dan ik het zeggen kan, en Veva was even lustig, even levensgretig en kinderlijk als ooit Bruintje mij had toegeschenen.

Ik klaag niet uitermate over mijn lot. Het is mijn *lot*. Ik denk dat de baan van iedereen is aangewezen en dat men die belopen moet. Alle bespiegelingen daaromtrent zijn overbodig. Wees niet bang als ik u dit zeg: *mijn lot is mij dierbaar.* Zijt ge bang?

Op een avond nam ik naar het huis van Veva het Japans masker mede. Ik was zeer vrolijk. Ik deed het – hoe zeldzaam toch! – ik deed het om de vrolijkheid. Wat dreef mij, zult ge zeggen?... Wat drijft ons naar de dood in dit wonderbaar leven!...

Ik kwam aan met een hoofd vol lachen en zottigheid. Ik besloot zelfs heel lichtjes en haast onhoorbaar de trap op te klimmen. Ik stond voor de deur der huiskamer en moest geweld doen om niet in een brede schaterlach uit te schieten. Had ik maar gelachen!... Maar, wezenlijk, ik lachte in het geheel niet. Ik hing het masker voor mijn aangezicht, trok mijn vilten hoed voorover en klopte zachtjes aan.

– Binnen!...

Het was de lieve stem van Veva. Nog klopte ik. En Veva kwam de deur opendoen. Door de ooggaten van het masker zag ik zeer duidelijk Veva staan. Zij hief haar hoofd, deinsde achteruit...

Wat een prachtige grap, dacht ik, en, ja, ik kon niet langer mijn lachen inhouden.

– Wie is daar? vroeg de blinde moeder.

Maar Veva week, bracht haar beide handen over haar boezem, slaakte een hese gil, en viel, de handen naar mij opreikend.

– Laat af! Laat af! kreet ze, ik... ik... ik...

Het masker had ik schielijk afgeworpen. Ik snelde naar haar toe. Ze herkende mij niet meer. Ze was wild en onverkennelijk als in het dennenbos.

– Ho! Ho! riep ze, gij hebt het gezien, spaar me... spaar me... ik wist toch dat gij het gezien zoudt hebben....

Wat wilt ge nu? Eline is dood...

En mijn lach was bij haar verhuisd. En zij lachte en spuwde naar mij, en zo meteen vielen haar donkere haren open over haar schouders, gelijk een woeste nacht.

Het masker

De vriezige schemering streelde de lucht vol dunne zeep-belkleurige schijven, en daaronder in de duisterende stad steeg de vastenavondviering tot haar volle zwier. 't Was toen dat Jo Duim met een kruiwagen, waarop druipend wasgoed woog, van de blekerij naar huis reed. Onderweg kwam ze honderden dansende en zingende zinnekens tegen, in kleurige en koddige kleren gestoken, en met de raarste kartonnen mombakkesen voor 't gezicht. 't Was een gewedijver van dop-, wip-, worst- en kapneuzen, en om ter vieste te doen met schreeuwende kindergezichten, negersnuiten, chinezentronies, beestensmoelen, oude-wijvenportretten, pierrot-, kwezel- en doods- en gulzigaardskoppen. Er was uitzinnig trommelvliesberstend gehuil en getier, 't krioelde en 't wriemelde kleurig dooreen, dicht lijk paling in een mand. 't Golfde over en weer lijk de baren van de zee, en 't volk perste tussen de straten lijk 't vlees in een worst. Men kost over de koppen lopen. Men danste achter harmonies en harmonica's, of achter zijn eigen gezang. 't Schoof herberg in en herberg uit. Char-à-bancs propten van joelende maskaraden, koolwagens rammelden van trossen dansende zinnekens. Uit open rijtuigen fonteinden serpentijns en wolkte confetti. Er wierd koeksen-bijt gedaan, centen en pepernoten te grabbelen gegooid, liefst in de open deuren, zodat de klissen straatjong het huis binnenbotsten en daar in de corridor of winkel, holderdebolder overhoop vielen en vochten en ruiten braken. En 't geluid van mirlitons, ratels, klepperkens, horens, harmonica's orgels, en 't getier en 't gezang, 't perste lijk de te dichte mensen tussen de smalle straten en 't barstte boven de daken in de heilig-schone lucht lijk uitwaaierend vuurwerk kapot.

Jo Duim had daar, als ze nog jong was, ook gaarne aan meegedaan. Nu was dat voorbij, maar ze lachte nog smakelijk met de grappen en de zotte doening van de vastenavondvierders.

Maar een ding kost ze niet uitstaan, dat was dit gemeen uitschelden dat de zinnekens tot de ongemaskerden deden.

Ze vreesde er tegen te komen, die haar zouden omringen, en 't leven van haar ouders oprakelen, dat, spijtig genoeg, niet deugdzaam was geweest. Ze kookte al van woede op voorhand, en ze zou zich verweren! Want ze was sterk, Jo Duim, ze droeg een zak patatten op haar rug lijk een zaksken pluimen. Ze was een wijf met vuisten en met wil, maar toch die vrees van de zinnekens, alleen om 't verwijt van haar ouders, verslapte haar wil, en maakte haar twijfelend en onhandig.

En daarom deed ze een omweg langs een stillere straat.

Ze reed rap naar huis om dan bij haar zachte vriendin Philomène Donckers in vrede met de kaarten te spelen, toen er vanuit de donkere stilte en de mysterieuze schemer der hoge, grote kerk een maskaraad kwam toegeschoten, in zwarte rokken, zwarte kapmantel, en kartonnen mombakkes met gepuiste, geverniste patatneus.

Seffens begon het zinneken met gemaakt schrille stem Jo Duim uit te schelden, vinnig, rad, en ratelend, als een draaimolen van kleine meskens; dat haar moeder wegliep met een krijtleurder, en haar vader in 't gevang had gezeten, en allerlei dingen die men voorzichtig en angstig in het donker houdt. En tot snijdende pijn van Jo Duim kwamen er enkele mensen rond staan, die dan nog leedvermakig lachten, wat Jo helemaal vernietigde.

Deze sterke vrouw was het hart in, ze sloeg er wit van uit, als het wasgoed op haar kruiwagen; ze dacht aan haar ongelukkige moeder, ze deed haar ogen toe, als kwijnde ze weg. Maar er ratelde vuur in haar, er kookte iets, en de tanden klampten op elkaar, het bloed botste, en ineens herwon zij haar kracht, en pardaf! ze pakte een paar natte hemden van de kruiwagen en ze sloeg ze al vloekend op het kartonnen bakkes, dat het er lijk een spijs van indeukte. Met een kreet en een wip was het zinneken een andere straat in, en verdween in de mengelmoes der joelige maskaraden.

Jo Duim reed kwaad naar huis, beefde nog over heel haar struis en spierig lichaam, en kost geen beet eten van ontroering.

Als ze het wasgoed op de zolder, aan ijzeren draden gehangen had, was ze haastig het geval aan Philomène Donckers te vertellen.

Philomène was er zichtbaar van aangedaan en troostte Jo Duim met te zeggen dat dit zinneken die woorden niet ongestraft in heur graf zou dragen.

Dit gezegde was voor Jo als een zalf. Och die Philomène, zo braaf van hart en vroom van zeden, had toch altijd zulke amandelgoede woorden opzij voor haar vriendin.

En toen begosten ze weer met de kaarten te spelen voor Engelse vijgen. Ze waren vriendinnen geweest van op de eerstecommuniebanken en waren het nog.

Tussen twee kaartspelen moest Jo er toch telkens nog eens op weerkomen en Philomène beloofde dat zij eens stollesteren zou wie die slang kon zijn.

'Ewel', zei ze. 'Jo, ik heb een fijn plan om dit serpent te ontdekken; laat mij doen; eer het veertien dagen verder is weet ik het.'

En Jo is verblijd weggegaan in de zoete hoop van wraak.

De andere morgen met Aswoensdag ging zij met Philomène naar de kerk een kruisken op haar voorhoofd laten stemperen.

En pas was Jo Duim in huis of geburen kwamen haar roepen, dat Philomène doodgevallen was, toen ze aan 't sterfputteken de koffiebeurs omkeerde.

Op ne weerlicht stond Jo bij haar vriendin, weende en wrong de handen.

Ze had haar beste vriendin verloren, haar toevlucht en haar troost. En na veel gelamenteer kwam Jo op haar zelve, en verzorgde en lijkte haar dode vriendin.

En daar lag nu Philomène op haar smal wit bed, met het kruisken pekzwart op haar wit, glad voorhoofd, want dit had Jo er bij het wassen voorzichtig op gelaten, als christelijk mens.

'Daar gaat Philomène beter mee in de hemel', dacht Jo.

Philomène had in de dode handen gewijde palm en een koperen paternoster. Haar klein spits gelaat, dat anders effen was en kinderroos, zag nu geel en mat als een winterpeer, maar haar pinnekensneus had zich nog verscherpt en blonk als gepoetst.

Jo Duim zat nevens haar innig te bidden, en ze herdacht haar vriendin, die gisteren en deze morgend nog zo vis-levendig was.

Ze dacht aan haar zacht gemoed, aan haar deftigheid, gesprekzaamheid en milde vriendschap.

Jo weende bij momenten stillekens, bad oprecht voor Philomènes zielezaligheid, en waakte gans de nacht bij de dode.

De rosse stekelharige schrijnwerker Verdikt kwam de andere dag tegen de avond met de kist van wit hout.

Jo hielp Philomène er mee inleggen. 't Was alsof ze heur eigen benen vasthad.

'Ach,' zuchtte ze, 'haar kop ligt zo hard, zou ik er niets zachts ondersteken?'

'Wat kan mij dat schelen?' baste de schrijnwerker met een taal zo stekelig als zijn haar. 'Dood is dood en ik ben haastig, 'k moet nog naar ne souper van schellevis!'

Hij zette het deksel op de kist, en zocht naar de nagelen.

Jo Duim liep naar beneden en vroeg aan Philomènes sukkelige broeder, of hij niets had om onder zijn zuster haar hoofd te leggen.

'Zoek maar boven in de kast', zuchtte de vent en begon vanher te snikken.

Jo ging terug naar boven en zocht in de oude, eiken, achteroverhangende kast.

Uit een hoedendoos haalde zij een wollen jakke, en viel toen bijna van haar zelve, van wat zij daar zag. In de hoedendoos lag het mombakkes met de gepuiste, geverniste, ingedeukte patatneus.

Jo ratelde een vloek.

'Wat is 't?' vroeg de schrijnwerker verbaasd, gereed de nagel in de kist te kloppen.

Jo kreeg plots een gedacht, een vreselijk wraakgedacht.

'Haal een glas water of ik sterf!' kreunde ze.

De schrijnwerker ritste naar beneden, en Jo klauwde rap het mombakkes vast, opende de kist, en zette het masker op Philomènes dood gezicht.

Ze deed de kist weer toe.

'Z' heeft als een huichelaarster geleefd, zo moet z'ook in 't graf! en in 't laatste oordeel verschijnen!'

De schrijnwerker kwam rap terug met water.

''t Is al over', zei Jo.

'Hei da's goe!' zei hij, 'want koude schellevis is slechter dan zeep!' En met grote rapte sloeg hij nagelen in de kist.

F.V. TOUSSAINT VAN BOELAERE

De dode die zich niet verhing

Op geen honderd stappen van de Vuylbeek, diep in het bos, onverwacht een open ruimte. Juist in 't midden van de lege plek wast een reusachtige eik, de zware takken wijd uitgespreid. Naast hem, in een kring van enkele meters breedte, groeit verder geen boom, zelfs geen heester; alsof uit ontzag voor de koninklijke eik, de natuurkracht zich tot op een eerbiedige afstand had ingetoomd. Overal rondom de boom is de grond, met zijn mos en zijn mager gras, bedekt met een dichte laag herfstbladeren: rood, bronsgouden en geel tapijt, door donkergroene vlekken en strepen beklad. Over die bonte kleurigheid straalt thans de namiddagzon: zacht beweegt en broeit het gulden schijnsel: hier en daar schittert koel een puntje licht, net als een weggeworpen korreltje kristal. Over de lege plek, van de rand der clairière af, wassen stam naast stam, steil boven het veld der struiken en der varens uit, en tot in de verre diepte, popels, abelen, en essen. Onder hen, op de eerste bomenrij, eenzaam, rijst, fijn en subtiel, een hoge zilverbeuk: zijn kruin, in de zachte gloor der zon, steekt als een licht-gouden vacht tegen 't ver azuur van de hemel af. Onverstoorbaar heerst de stilte.

Aan de voet van de eik, klein en ineengedoken, als een kleermaker op zijn werktafel, zit Maurisken. Naast hem liggen zijn schoenen: twee brokken uitgehold roszwart leer: en tot een tasje opgehoopt, zijn gore sokken van grijze wol, met bruine sajet gestopt. Aan weerskanten één blote voet, die

vochtig rood gloeit; de dikke teen echter teerrose...
Maurisken kijkt vóór zich uit.

Dan heft hij de ogen langzaam op naar de gouden kruin
van de zilverbeuk: – zo ijl en zo fijn die boom tegen 't glo-
rend azuur van de hemel. Een dunne glimlach komt om
Mauriskens grauwe lippen zweven. Want meteen zag hij
zich plots zélf op de schoolbank terug; hij hoorde de lijzige
stem van zijn eigen onderwijzer, en herinnerde zich hoe, onder het ronken van die stem, zijn ongedurige verbeelding
hem dan telkens vér weg voerde. Hij zou toen, tegenover
déze boom, zeker hebben gedacht, met de snelheid van de
bliksem: Jaso en het gulden vlies. Zo fijn en rustig blonk de
gouden kruin van die boom. Maar, beter nog, – zong het als
een lied in Mauriskens geheugen na, – véél beter nog: Zeus
en Danaë; en die regen van goud in de schoot der voorbeeldige vrouw – naakt en zo schoon van vormen zoals nooit een
vrouw op deze aarde is geweest. Haar zaligheid, als die regen
over haar komt; die diepzachte glimlach op haar gelaat; de
verre blauwe ogen – glaukopis, glaukopis! – en de brede
blanke schoot: verheft hij zich niet, onbewust?

Maurisken strekt de benen uit. De zonnestraal verwarmt
zijn blote voeten, schuift verder over zijn benen, zijn borst.
Welligheid... 'De laatste,' denkt Maurisken vréémd. 'Wie
was 't weer?' grinnikte hij dan met een vlugge gedachten-
sprong, 'wie wàs 't weer? Perseus, meen ik. Maar eigenlijk
ben ik het vergeten.'

Hij beschouwde 't warme kruipen van de zon over zijn lichaam. Zijn hoofd blééf in de schaduw, koel.

'Perseus, of een ander,' grinnikt hij van her, 'Perseus, of
een ander. Bij mij heet de vrucht der zonde Thanatos...
Thanatos, *la mort;* Thanatos, de dood.'

Uit zijn binnenzak, de enige die nog gaaf was, want zijn
kleedsel leek tot de draad versleten, haalde hij tegelijk de
koord te voorschijn. Zij was drie meter lang, en splinternieuw. Maurisken bekeek ze met grote voldoening. Zij was

immers van de beste kwaliteit die in de winkel op de Hoogstraat te krijgen was. Zijn laatste geld had hij er aan besteed. Een beetje te dik misschien, maar dat gaf niet: ze was soepel en sterk; geen vrees dat zij onder het gewicht zou breken. Gewicht? Hij woog amper tweeënvijftig kilogram, gans gekleed. En gekleed was hij thans maar half meer: geen hemd aan zijn lijf, sedert lang; en nu zonder sokken en schoenen. Die lagen daar vuil en morsig naast hem. Maar de koord leek, welbeschouwd, wonderwel op die soort touwen, waarmee hij, toen hij nog een kind was, op de speelplaats van de meisjesschool, mee koord mocht dansen. Hij speelde inderdaad meest onder de meisjes, want de jongens op de andere koer waren te brutaal; hij, achtergebleven jongen, klein van gestalte, het hoofd te zwaar. Als kind viel het niet zo zeer op, dat hij ondergroeid was: hij zag er toch zo fris en zo gezond uit. Men raadde zeven jaar, terwijl hij er al negen was, maar daarmee was het uit.

Doch de koord leek, aan de andere kant, óók op het zeel dat zijn vader gebruikte om hem, in de klas, te kastijden als hij zijn les niet goed wist op te zeggen, of een enkele keer niet stil op de bank kon blijven. Zo vernamen 't de andere jongens dat hij een verneukeling was, die daarom van zijn vader slaag kreeg. Zolang had zijn moeder dan gesmeekt, dat hij eindelijk op de andere speelplaats mocht, buiten hun bereik; maar met de meisjes moest hij daar meespelen, 't was anders weeral mis; hoe hij ook onder de vernedering leed. En meer dan eens, op de straat, door de jongens uitgejouwd werd. Hij voelde 't onrecht, zijn hart was er telkens door beklemd, gelijk een harde gebalde vuist in zijn borst; maar moeders zorg omringde hem van mildheid; vader was eigenzinnig en brutaal.

Duidelijker dan ooit herinnerde het zich Maurisken: met zo'n touw had hij jaar in jaar uit koord gedanst. Onwillig telkens eerst, maar het moest ten slotte toch, 't liep anders weer verkeerd; maar dàn met groeiende nijd. En zo dikwijls als hij het durfde, want hij rekende 't sluw uit, naderde hij, terwijl de koord het hardst draaide en de tippen van zijn voeten hartstochtelijk de grond raakten, onopgemerkt het een of het ander meisje, als zij maar groot was en krullend blond haar had, – en met eens kreeg ze de koord op het hoofd, of tenminste dwars over de rug. Ze kromp ineen en liep dan huilend weg. 'Welk genot zou ik in die gruwelijke plagerij toen wel hebben gevonden, en gezocht?' vroeg Maurisken zich af. 'Sadisme zeker,' besloot hij. Hij kon om die heldendaden niet glimlachen. Doch berouw of weerzin voelde hij al evenmin. Het leven leert u, de hardheid te betrachten. Het hardst is hij, die met onverschilligheid zijn eigen daden gadeslaat; en als 't kan, verricht.

Zijn vader ging naar een hogere school over; hij had, 't was al jaren geleden, een Latijnse spraakkunst de wereld ingezonden. En op zijn oude dag kreeg hij nu zijn sedert lang verdiende loon. De leerlingen heetten hem, zijn leeftijd ten spijt, Totor. Want ook hij was klein van gestalte. In de klas, met die zoveel grotere jongens, kon hij de orde niet handhaven. Van de eerste dag af ervoer hij zijn onmacht. Ook liet hij begaan, het moest wel; beleefde hij bange uren; maar innerlijk was hij vol razernij. En als Maurisken, in een voorbereidende klas, 's middags mee naar huis ging, mocht hij, de ganse weg, achter de tram lopen waarop zijn vader zat. Dit laffe spel hadden zijn makkers gauw in de gaten en ze jouwden hém telkens uit.

Tot, op een zekere dag, hij wist toen niet waarom, zijn vader onverwacht het besluit nam hem uit zijn school te trekken en hem naar een kweekschool voor onderwijzers te sturen; het waren priesters die er les gaven; alleen de leraar in het turnen was een leek. Alles stak hem hier geweldig tegen, wie les gaf en wat hij te leren kreeg. Venijnig bespiedde hij de leraars, en als een makker de les met te veel aandacht volgde, pitste hij hem in het vet van de arm, zo scherp dat het iedere keer een schroeiende vlek werd. En hij grinnikte haast luidop, als de leraar wat hij oude wijsheid noemde, uit-kraamde. Maar na korte tijd mocht hij toch mee op het ok-saal zingen, want hij had zo'n mooie stem, een beetje zwaar doch vol zachte warmte en diepte. Hij hoorde later soms nog zijn eigen stem, die het *Tantum ergo* zong, dat het onder de kerkgewelven dreunde. En al de jongens keken naar het ok-saal op, en zochten met hun ogen waar hij stond, naast het orgel. En af en toe had zijn vader hem gevraagd, alsof hij dit een doodgewone zaak zou hebben gevonden, of hij soms geen goesting had, óók priester te worden. Maurisken kreeg dan telkens zo'n kou aan zijn hart. Waarom? 't Was toch een stiel lijk een ander. En ook: hier lieten hem de jongens met rust. Behalve dan een enkele keer, hij wist het nog vaag, dat een opgeschoten boerenzoon, met bolle rode wangen, en een stompneusje, hem bij de arm greep, hem in een cirkel rond hem deed draaien en dan brusk los liet, zodat hij plat op de grond terecht kwam; zijn gezicht schuurde langs de ste-nen. Eens was zelfs zijn gelaat vol modder, met slijk in zijn mond. En zijn kleren telkens van onder tot boven vuil. Maar geen scherpe herinnering had hij er nochtans van: of het hem 'n geweldige pijn had gedaan en of hij er ook zo nijdig om was geweest. De gewone atmosfeer was immers hier in die school zachter; precies of hier niets dan ingetogenheid en vroomheid en alles wat men deugd noemt, heersten.

Af en toe echter drong toch door die zoet-ingesloten at-mosfeer, een zure en scherpe straal, iets dat geniepig verkeerd liep, men wist niet waarom; zoals plotseling lucht uit een kel-dergat tussen uw benen; terwijl de zon gloeit, – en Mauris-ken voelde zich dan telkens weer verkwikt en opgewekt. En dan vastbesloten, elkeen hardnekkig van zich af te snauwen, die nog afkwam met die raad, priester te worden. Want zijn vader, en dat was zonderling, hij geloofde toch aan God noch gebod, had onder de leraars steun gevonden. En nu was het soms: 'Hewel, Maurisken, wanneer doet ge 't nu?' Hij werd er ongelooflijk om verlegen. En mensenschuw. Wat wilden ze toch van hem? Mensenschuw – maar even venijnig. En hoe mensenschuwer hoe venijniger.

Maurisken wist het, op dit ogenblik vooral, nu, schuin door de bomen, een zonnestraal daar zo speels over zijn onderlijf gleed; en hij wist ook dat hij, in vroegere jaren terwijl toch alles in zijn leven spaak liep, er vaak had over nagedacht: gluiperig venijnig was hij alléngs geworden. En nochtans had hij het, in die school, nu niet meer op zijn studiemakkers gemunt. Hij had ze, onverklaard, (oordeelde hij thans) steeds met vrede gelaten. Geen had hij nog geplaagd, getergd, met woorden beschimpt. Maar des te scherper was zijn nijd tegenover zijn leermeesters geworden. Geen kwaad kon aan hun adres bedacht, of hij voerde 't uit, meestal alleen, in het geniep, hardnekkig en verduldig. Had hij er vreugd aan beleefd? Neen. Alleen lachtte hij grinnikend triomfant, telkens in zijn hoekje; 't gelaat van her in een ernstige plooi, zodra iemand, wie ook, even naar hem keek. Maar blij, als de verdenking op een makker viel, gelijk een valk een duif vastgrijpt; en innerlijk opgetogen als die makker dan werd gestraft. Liefst een van de makkers waar hij bijzonder mee was bevriend en dagelijks mee omging. Hij was het – al die jaren gleden aan zijn geest voorbij, snel als een galopperende schim; en er zweefde over de blaren rondom de eenzame weidse eik, wat trillend gouden schijnsel – hij was het die, tijdens de avondklas, twee vleermuizen uit een sigarendoos had losgelaten; en al zijn makkers huilden opgewonden toen de diertjes onhandig om de gloeilampen kwamen fladderen; en de meester wist geen raad, bleek van drift. Hij was het die, een andere keer, op de oever van de Dender een waterrat, bewusteloos onder een slag van een stok, bij de huid van de nek had vastgegrepen – en toch had ze hem in de hand gebeten, 't bloed sijpelde uit de wonde – en in een val had geborgen: de witte tandjes blonken onder de omgekrulde lip;

en die ze 's avonds, toen ze wat bijgekomen was, in de klas uit de val had geschud, en de val ver had weggeworpen (ze rammelde als roeste ijzerdraad) en twee drie jongens, die de zwarte vlek van de vluchtende rat waren gewaar geworden, sprongen ijlings op hun bank en gilden; de ganse klas volgde en stond op de lessenaars te trappelen en te janken; en wie er dicht bij waren draaiden de lampen uit en in 't pikdonker klonk, en duurde een eeuwigheid, het helse lawaai: allerlei kreten, en gebrul en gefluit van dieren en vogels onder elkaar. Geen ogenblik werd hij verdacht. Doch zijn makkers, die vlak onder de luchters zaten, werden in het bijzonder zwaar gestraft. Hardvochtig lachte Maurisken er nu nog om, nu hij zich de geweldige scène herinnerde.

Hij voelde er thans diep in toch enige wroeging om. Hij zelf had later zoveel afgezien! Dat onbestemde leedwezen, Maurisken wist het, was er eerst naderhand van lieverlee bijgekomen, want herhaaldelijk had hij aan 't spektakel teruggedacht, als hij zelf voor een klas stond, klein en met zijn waterhoofd – naderhand, als hij zelf in angst en zweet het hoofd aan de opstandige klas had moeten bieden. En was 't wel wroeging? 'Ik ben inderdaad eerlijk,' meende Maurisken, en hij keek naar de lichtgouden vacht van de zilverbeuk onder de clairière; en dat goud was donkerder dan 't goud van de lichtstraal die over zijn borst gloorde; 'eerlijk,' dacht Maurisken, 'of cynisch.' Want, in waarheid, die dag voelde ik niets dan onvermengd genot, om die zware straf die mijn beste makkers trof, en ze wisten van niets af, de stumperds; maar vooral om de zure razernij van de meester, die wist dat hij onschuldigen strafte omdat hij, hoe hij als een dolle hond ook rondliep, de schuldige niet bij de kraag vatten kon. 'Misschien voelde hij ten minste berouw,' grinnikte Maurisken. 'Maar ben ik eerlijk...'

'Eerlijk? Dat is mijn laatste deugd. Ultima reliquit.. De winkelier, voorzeker had hij mijn sjofele plunje opgemerkt, vroeg me, waarom zo'n dure koord? Wat hebt ge in te pakken? Niet veel, zei ik, wat restantjes van bovenaardse goederen. Of eigenlijk wat mij nog overblijft aan eigengereide miserie: een karkas, of, literair gesproken: een rif. Nietzsche zei... Doch ik liet Nietzsches woord maar achterwege. Het rook in deze winkel naar vunzigheid. 'Zo', meende de winkelier, en met zijn rechterhand aaide hij de punt van zijn neus, 'hebt ge alleen dàt in te pakken, dan is het zonde van uw geld. Maar hier is een stuk touw, reeds gebruikt geweest, maar 't doet er niet aan; ge krijgt het van mij cadeau.' Doch ik zei bitsig: 'neen, man, de beste koord is 't die 'k moet hebben; mijn laatste luxe; de fijnste en zachtste, en die niet breekt. Mijn restantjes zijn mij die luxe waard. Geef maar op. Ik ben eerlijk...' 'Eerlijk? Ik was ongetwijfeld eerlijk! Tegenover mezelf, natuurlijk. Tegenover ànderen eerlijk zijn, heeft geen zin. Maar het is hier niet de plaats, zo luidt immers de geijkte term, om daarover verder uit te weiden. 't Wordt overigens laat. En bovendien, die 't niet begrijpt, hij ga voorbij. Juist zoals de passant, vóór het verlaten graf, in het beroemd epigram van Pausanias of van Dioscoridès...'

Er streek geen zon meer over de borst van Maurisken, waar hij daar zat, ineengestopt, aan de voet van de reusachtige eik. Doch in de kruin van de zilverbeuk over de clairière, glariede nog fris het late licht: de kruin leek een lichtgouden nevel, roerloos tegen het diepblauwe van de hemel, die zich daar vlak boven verhief. Maurisken trok zijn benen wat vaster onder zich. Als straks de zon voorgoed wegzinkt, dacht hij, wordt het zeker kil. Ik heb trouwens nooit wat anders dan miserie gekend. En – wie zou me kunnen zeggen waarom? – vooral in latere tijd, toen ik mijn eigen weg kon volgen, en Totor dood. Hij was een vrek, maar hij verteerde toch veel geld voor mij, al kreeg ik klop, want ik ging maar moeilijk vooruit. Ik was eigenzinnig; 't verveelde mij wat ik te leren kreeg, maar propte intussen mijn hoofd, mijn waterhoofd, vol met allerlei kennis, die niet tot het programma behoorde en waarmee ik nooit wat heb gedaan dan ze soms met bittere ironie ten toon te spreiden. Ik genoot, als van een zuurdesem, van de verbazing, toen ik onder het gesprek, op het ene of andere detail kon wijzen, dat niemand kende, hoe vlijtig hij ook gestudeerd had. Maar grimmig heb ik steeds elkeen van mij afgebeten, die mij zijn verbazing met een vriendelijk woord wilde betuigen. Verbazing, waarom? Wegens dat waterhoofd? En dat ik zoveel wist en kende bracht ten slotte mee dat ik in een kring van kilheid verkeerde. En van vrees. Vraag en antwoord, 't was altijd afmeten en wrang. Want ik was inmiddels toch onderwijzer geworden: Totor had waarlijk op geen geld gezien. Maar als hij stierf, liet hij geen knop na. Nooit heeft iemand geweten wat hij, in 't geniep, met zijn ander geld heeft gedaan. Maar hij is toch nooit hoofd van zijn school geworden. Wat deed Totor met dat geld?... Totor: dat is mijn vader! Maurisken giechelde geluideloos.

'Het geeft u een wonder gevoel, 't verwekt iets ijzigs in u als gij er even over nadenkt: die ontzettende gaping, die leegte tussen mijn eigen eerste schooljaren, toen ik doelloos op de schoolbanken zat, en de latere tijd toen ik zelf voor het eerst vóór een klas stond. Want van al de dagen die ik op de normaalschool heb gesleten, het is curieus, daar herinner ik mij weinig of niets van, althans niets bijzonders. Ik heb het mij meer dan eens afgevraagd, welk leven heb ik in die spanne tijds geleid; en ik kon het maar niet met enige zekerheid uitmaken. Ik heb niets op mijn geweten uit die periode; geen schelmerij meer op mijn kerfstok, en door mijn schoolmakkers werd ik ook met rust gelaten. De volkomen leegte. Alleen heb ik intussen nog her en der veel wetenschap van gering allooi opgedaan. Maar hoe, onder welke omstandigheden, heb in in die tijd Emerence gekend; waar hebben wij elkaar voor het eerst ontmoet; welke bijzonderheid, welke eigenaardigheid in haar of in mijn wezen, een houding, een gebaar, een woord, heeft ons onherroepelijk naar elkaar toe gedreven? Ik die me ken, die steeds scherp waarneem wat ik doe en waarom ik het doe, nooit heb ik het kunnen achterhalen, toen ik, opgeschrikt, op een dag ervoer dat ik het mij niet meer kon herinneren; dat daar in mijn geheugen een leegte bestond, zo iets, – laat ik romantisch zijn, want ik zit hier toch hulpeloos en moedermens alleen in een clairière in het bos, onder een koninklijke eik, omringd van een leger rijzige hemelhoge boomstammen, boven dicht kreupelhout; en de rode schijf van de zon daalt ter westerkim in tanend purper ten onder; en ik ben levensmoe – zo iets, die leegte in mijn geheugen, als een duistere holte in de ongereptheid van een eindeloos sneeuw- en ijsveld. Misschien zelfs kuiert er een ijsbeer aan of omtrent. Waarom niet? En zelfs een bruine... Romantisch? Goed, maar er zal wel een dwaas worden gevonden die wijsneuzig van, integendeel, decadentie spreekt...'

Uit dit donker gat in zijn geheugen was Maurisken zo onverhoeds, op een alleenstaande dag, voor een volle klas als onderwijzer verschenen; de kinderen gaapten hem aan; en hij woonde tegelijkertijd gewoon samen met Emerence. Het was nochtans ook een sombere kamer, zonder gezelligheid, zonder comfort zelfs. Elk meubel was er een beeld van narigheid. Uit een duistere streek was Emerence tot hem gekomen. Hoe die duistere streek eruit kon zien, hij had er niet eens aan gedacht; ze stond plots vóór hem. Haar kleren roken naar de armoe. Haar gelaat was bevreemdend bleek, met wisselende schaduwvlekken, doch 't licht van de lantaarn verscherpte de boog van haar neus tot een bliksemflits. Zó zacht waren daarnaast haar bruine ogen, maar onder te magere wenkbrauwen. Ze zei geen woord. Bitter keek Maurisken haar, boven zijn brilleglazen, aan. Hoe stond die zo onverhoeds op zijn weg? Straat in, straat uit had hij tot nu gelopen, vol nijd en nukkigheid, diep in zijn wezen gekrenkt. Des te dieper gekrenkt, dat hij zich afvroeg of hij wel die smaad, die men hem had aangedaan, inderdaad in zijn hart voelde. Of 't niet louter wrok om een teleurstelling was. Hij had gedacht dat hij, nu het de eerste dag was dat hij als nieuwbenoemde op de school was verschenen, zijn collega's na de klas zou hebben moeten trakteren. Hij had zich op die vreugde voorbereid. Doch niemand had, in de loop van de dag, gekikt; en toen de school uit was, liep elk zijn weg, naar huis toe of naar elders, – na een onverschillige handdruk. Hij stond een ogenblik onthutst; hij achtte zich bedrogen, eigenlijk bedot. En toch vol vage onzekerheid, met de knellende angst; is het misschien niet het gebruik? En dan geen smaad. Hoe scherp hij die onzekerheid in zich besefte, hij wist zich niettemin verslagen, vol onbestemde haat: begint het zó al?

Hij keek dan maar schuchter op naar de vrouw: hij was vol van zijn eigen miserie. Zij nam hem bij de arm. Hij ging enkele stappen mee. 'Zijt gij óók zo ellendig?' vroeg hij eensklaps. En meteen staken woede en nijd in hem op. 'Heb je honger?' zei hij bitsig. Zij zweeg. 'Kom mee.' Het raasde in hem van wrok. Op zijn kamer keek ze verrast. Het waren oude afgejakkerde meubels. 'Wat woont ge gezellig,' sprak ze. Er lagen enkele boeken op tafel en stoelen. Zij keek ze ontzet aan – en hem daarna, met verward ontzag. 'Zijt ge zo geleerd?' De donkere rode sprei bedekte slechts ten halve het bed in de hoek. Zij merkte het niet. Maar op het komfoortje stond een koperen moor. Daarnaast, op de tafel, een koperen koffiepot, die glom. Zij had geen handschoenen aan, noch een hoed, noch een mantel. Zij nam eenvoudig de moor, haalde water.

'Wat verse koffie,' zei ze. Hij zat op een stoel neer ineengestopen, de ellebogen op de knieën, de handen even gekruist tussen de benen; en staarde naar de grond. Gelatenheid... En hij keek eerst op toen hij het suizelen hoorde van 't kokende water in 't moortje. Het rook inderdaad al een hele tijd naar gemalen koffie.

Ze kleedde zich stil uit, zonder één nodeloos gebaar, en ging zwijgend te bed. Maurisken keek haar nochtans verwonderd aan. Ze deed net of zij hier thuis hoorde. Ze hadden, aan de tafel, naast elkaar gezeten als broer en zuster. 'Ze heeft niet eens op mijn waterhoofd gelet,' flitste 't door Mauriskens geest. Het ontroerde hem als een onverklaarde weldaad. Ook keek hij even naar haar, waar ze daar lag in zijn bed. Hij zag alleen haar bleek gelaat met puntige neus, de ogen naar de muurwand gekeerd. Haar enige koketterie: om haar donker haar had ze een handdoek gebonden, als een witte muts. Maurisken bleef zitten, op zijn stoel aan de tafel. Hij legde zijn elleboog op het tafelbord, zijn hoofd op de geheven handpalm, zijn rug vadsig tegen de rug van de stoel. Met de vrije hand draaide hij ten slotte de lamp uit. Pikdonker. Niets verroerde, geen geluid in de ontzagelijke ruimte. 'Ze zal morgen wel de gaten uit zijn,' stelde Maurisken zich gerust. Maar dat hij het inderdaad wenste, kon hij zich niet wijs maken. Wat kan het mij schelen...

'Ik heet Emerence,' zei ze 's morgens. De zon spreidde over vloer en meubels speelse gouden vlekken. 'Hier zijn uw schoenen.' Zijn pols was als gebroken, zijn hand, nu zijn hoofd er niet meer op rustte, was één blok ijzer. Het duurde niet lang vóór er weer wat leven in kwam en de pijn allengerhand eruit verdween. En weerom begon het naar verse koffie te geuren. Stoom dampte uit de moor; 't water suizelde. Maurisken rees overeind. Verbaasd keek hij rond zich in de kamer: alles stond of lag er op de gewone plaats. Er was niets veranderd. En nochtans was het hem alsof hij hier niet meer thuis hoorde, of hij hier een gast was. Een vreemde gast, schuchter en onhandig. Hij haalde uit zijn zak een bankbriefje; lei het op tafel; zocht naar zijn hoed. Zij keek naar hem op, het deed hem aan alsof haar ogen vochtig waren...

'Wat wilt ge vanmiddag eten?' vroeg ze. Maurisken besefte al op eens dat haar stem zacht was. Maar beslist toch ook, – vond hij later.

'niets,' zei hij kortaf, 'ik eet niet.' Hij ging; hij was blij, in de volle lucht te zijn. Ik kom toch vanmiddag niet thuis.

De klok luidde al twaalf, toen de studieprefect Mauriskens klas verliet; sedert een paar uur stond hij daar naast hem, binst hij les gaf. De hele morgen was het muisstil geweest. Niemand had een vin geroerd. Maurisken voelde zich opgelucht, als hij uit de school kwam, en zich weer vrij voelde. Aan de poort stond een collega: 'Ik woon in uw buurt,' zei hij. Zonder een woord ging Maurisken mee.

'Was niet Totor uw vader?' vroeg de collega plots, op de hoek van een straat.

'Ja,' antwoordde Maurisken.

'Ik ken zijn werk,' vervolgde de andere; 'en hem zelf heb ik ook goed gekend.'

'Ha zo,' beet Maurisken af – hij wist niet hoe krenkend hij sprak; 'hier woon ik,' en gaf de collega schielijk de hand. Even wachtte hij nog, alsof hij iets was vergeten en er in zijn zakken naar tastte; keerde dan eindelijk enkele stappen terug. Hij dacht er eensklaps nijdig aan, dat ze misschien al voort was gegaan, weer weg. Van her wàs hij alleen. 'Goed maar dat ze weg is,' zei hij tegelijk tot zichzelf. 'Ze durft nog al.' Hij weifelde. Zou hij nu toch naar huis gaan? Vóór de vensters hingen de gordijnen gewoon, als altijd... En treuzelend besteeg hij de smalle trap. Geen trede of ze kraakte. Plots snoof hij de warme keukenlucht door de deur heen van zijn kamer. Ze is er nog.

Naast zijn bord op de tafel lag een hoopje geld, zilver en nikkel: wat van zijn bankbriefje overbleef. Hij meende het op te rapen, en te tellen. Hij liet het liggen. Toen stond zij op van de stoel, waarop zij, in een hoek van de kamer, was gezeten en zichtbaar op hem had gewacht. Hij sprak geen woord, maar ging wat af van de tafel zitten, de benen gekruist; ten slotte boog hij echter zijn lijf, alsof hij het onwillig deed, naar voren, en at dan ook maar mee, doch, zoals hij opmerkte, alleen toch maar zo uit de verte, terwijl Emerence, gelijk het hoorde, vlak aan de tafel zat. En 't was ook niet de moeite waard, wat hij had gegeten. Neen, hij vroeg niets; hij vroeg niet vanwaar zij kwam, hoe zij haar brood verdiende. 'Ik zal huiswerk verbeteren.' Zo gaat de tijd om, en volbracht hij toch ook zijn plicht. En toen hij, zo vroeg mogelijk, weer naar de school ging, liet hij het geld, zilver en nikkel, verder liggen waar het lag, naast zijn bord op de tafel. Met een 'goe'n dag' was hij vertrokken. In elk geval zou hij niet onmiddellijk naar huis toe keren, na de klas. Zekerlijk zal ze toen weer weg zijn, voorgoed uit de gaten, meende hij; tevens bekroop hem het gevoel, dat zijn kamer dan wel stil en ongezellig zou zijn.

– Enkele trapkens op en Maurisken kwam in een herberg, waar hij vroeger al eens was geweest; de bazin was er bijzonder zwaarlijvig, met een blond-rosse grijzende haarbos. Een paar klanten speelden vogelpik. Maurisken ging in een hoek zitten. Onmiddellijk volgde hij het spel, keek van de speler naar het doel en van het doel weer naar de speler. Het spel interesseerde hem niet bijzonder; maar als hij het zó niet deed, hoe zou hij dan zijn tijd zoekmaken? 'Want moest ik onmiddellijk naar huis gaan,' dwaasde het door zijn hoofd, 'en ze zou er bij ongeluk nog zijn, wat moet ik dan uitrichten? Ik kan ze toch niet op de straat gooien.' Hij dronk zijn glas driekwart uit, in één teug. En keek verder naar het spel, of hij er al zijn aandacht aan schonk.

'Wilt ge soms niet meespelen,' vroeg ten slotte een van de klanten. 'We beginnen een nieuw spel. En ik win.'

De ander knikte aanmoedigend. Want hij had telkens verloren. Maar Maurisken schudde met het hoofd: neen. De jongste van de spelers ging nog bij de schreef staan, mikte en wierp twee pijlen, maar nu zonder veel lust. Hij haalde ze onmiddellijk uit het bord, en kwam terug. Intussen had de oudste zijn pijlen op een tafel neergelegd.

'Toe, meneer,' zei de jongste, 'één partijtje, en als ge wilt met mij alleen, voor een pint.'

'Bazin, drie pinten,' besloot plots Maurisken. 'En we spelen nog voor een ander.'

Hij stond recht. 'Waarom zou ik ze niet op straat mogen zetten,' – hij hief de schouders op en zijn lippen spanden te pletter toe – 'ik heb ze toch van de straat opgeraapt.' Hij nam zijn pijlen, beschouwde ze als een kenner, hij had haast nooit vogelpik gespeeld: maar als die twee zouden weggaan, kon hij hier toch niet alleen blijven zitten. Hij stond stijf aan de streep, keek eerst naar zijn voeten, mikte en de pijl vloog. 'Schoon punt', zei de jongste, verwonderd; want die vreemdeling had naar zijn voeten gekeken, of ze niet over de schreef stonden, hij was het spel dus niet gewend. Schoon punt. Maurisken mikte weer, de kop wat opzij, de pijl vloog.

'nog schoner,' sprak van her de jongste. Al een beetje nijdig: tot nog toe had hij altijd gewonnen. Zo kreeg Maurisken zes punten vooruit. Doch nauwelijks werd hij gewaar dat hij, als hij zo stand hield, het winnen zou, of de kansen keerden. Hij mikte wel nauwkeurig, met de zekerste zorg; maar als hij de pijl wierp, voelde hij zo wat loomheid in de arm; en de slappe pijl botste zelfs een paar keer tegen het bord af, en viel op de grond. De jongste keek vertwijfeld naar hem op.

'Wat heeft hij?' Hij loerde naar Mauriskens hand. Mijn hand is vast, beet Maurisken die blik van zich af, nijdig. Doch reeds gleed die blik over de arm, de schouder, beschouwde het hoofd. Mijn waterhoofd, grimaste Maurisken. Hij wierp zijn twee pijlen, diep in het bord, maar buiten het doel. 'Ik verlies,' zei hij plots. Hij wist het niet; maar de anderen spraken het niet tegen. 'Bazin, nog drie pinten, op het spel.' En vóór de drie glazen op de toog stonden, was hij gaan zitten. 'Gezondheid,' meenden de twee, en tikten met hun glas tegen het zijne, zo maar op de toonbank. Gezondheid! De oudste wierp nog een paar pijlen. Eén vlak in de roos, de tweede er onmiddellijk naast. 'Ja nù, als 't niet mee telt,' zeurde hij. En liet de pijlen maar in het bord steken. De twee mannen namen hun glas mee, en gingen zitten in de andere hoek. Mauriskens pint bleef alleen achter, op de toog. Er heerste een vreemde stilte in de herberg...

Straat in, straat uit dweilde Maurisken langzaam over de weg, alsof hij geen aandacht aan wat ook schonk. 'Ik ga naar huis,' en sloeg een zijweg in. Als hij dit opmerkte, 'ik ga nog niet naar huis,' besloot hij binnensmonds. En zó stond hij voor zijn deur eer hij het precies wist. De gordijnen waren voor 't raam geschoven, ordelijk zoals steeds. Neen, – hij keek scherper toe, – keuriger nog dan naar gewoonte. Tegelijk opende hij de deur, beklom de trap, een trede kraakte, eeuwig en altijd kraakt ze. Hij was zeker niet dronken, en nochtans leek zijn stap zwaar en wankel. Als zij daar niet meer is, hij weet het, hij zou er kunnen bij gaan huilen, hij wordt al een krop in de keel gewaar; maar mocht zij er nog zijn, en zijn hart jubelt meteen, hij zal zich weten in te houden en niets laten merken van zijn tevredenheid. En – want nu staat hij op de laatste trede, in het trapportaal, de sleutel in de hand, – toch voelt hij ook: hij zou er ook kunnen bij gaan juichen, mocht zij er vandoor zijn, vertrokken... en huilen van ergernis en spijt als zij er nog rond mocht lopen: maar ook dan zal hij niets van zijn razernij laten merken. Hij deed de deur open. De lamp was laag over de tafel getrokken en brandde. De tafel was gezet. Op dezelfde stoel zat Emerence, 'op mij te wachten'. Er hing een luchtje van zeepsop in de kamer. Nauwelijks: alleen wie uit de open lucht kwam kon het ruiken. Maar anders... Maurisken keek rond. In een verloren hoek, die hij nu voor het eerst opmerkte, hing linnengoed aan een gespannen touw te drogen: hemden, zakdoeken, een onderbroek met lange pijpen.

Allemaal goed van mij, prees hij. Met bitterheid voegde hij er in gedachten aan toe: maar misschien heeft zij er géén. Tegelijkertijd overkwam hem een vleugje meewarigheid, diep in zijn gemoed. En hij keek Emerence met een schrale glimlach aan.

'Hebt ge honger?' vroeg ze stil.

'neen ik,' zei hij eerst... 'Maar neen: eigenlijk toch wel'...

Hij ging zich aan de tafel zetten. Hij dacht eraan, zijn stoel wat verder achteruit te schuiven. Naast zijn bord lag een stapeltje geld. Er bleef nog vrij veel over, zilver en nikkel. Even keek hij Emerence dankbaar aan.

'Wat heb je te eten?' vroeg hij. Hij wou vriendelijk zijn. Hij zag het nochtans goed, wat er allemaal was. Hij herinnerde 't zich nu nog zo precies. Allerlei worsten en sla, boter, kaas en brood. Alles netjes op borden naast elkaar. En plotseling geurde 't weer naar koffie. De zeepsoplucht bleek geheel verdreven, spoorloos opgelost. Maurisken schoof het hoopje geld van naast zijn bord weg, greep nog een bankbriefje uit zijn portefeuille. 'Kijk,' zei hij, 'koop morgen ook wat linnengoed voor je.' Een zwakke glimlach om haar mond. 't Was al wat ze antwoordde – maar ze keek naar hem op, gedwee. Het gouden licht van de lamp was over de tafel verspreid. Het suizelde. Hij haalde een boek te voorschijn, dreef de hanglamp van haar naar omhoog, en liet zich in een zetel neer; 't leek of hij het boek las. Emerence ruimde de tafel; hij vernam wat geplas en getik. Toen weer de stilte, zonderling, nu 't gesuizel van de lamp had opgehouden... Zij zat daar weer op de stoel. 'Ga maar slapen,' sprak hij zacht... Zeg het mij, hoe zou hij haar niet begrijpen? 't Leven... En niemand ontsnapt toch aan zijn lot. 'Ik kom straks...' Hij keek weerom in zijn boek, maar hoorde hoe zij zich uitkleedde; en daarmee ook was zij in een ommezien klaar...

– Hoe heeft zich dat verder afgespeeld, ondervroeg plotseling Maurisken zichzelf. De zon, die 't laatst in de kruin van de zilverbeuk, daar vlak voor hem, had geglommen, was van lieverlede geweken; 't licht was verzwakt, verdwenen, als opgelost in teder blauw. Want effen blauw was nog steeds de hemel boven de hoge bomen: blauw en eindeloos zacht. Maurisken verroerde even zijn been: 't einde van zijn been blonk zijn voet thans bleek, matbleek. Hij keek naar de beuk. Zo, tussen licht en donker, merkte hij op, glimt de zilveren stam met een diepere, maar eenzamere gloed; hier en daar nochtans met een scherper lichtpunt als van een geschubde vis – een glimp – die zwemt. En als het straks avond wordt... lang zal 't nu wel niet meer duren, tussen 't kreupelhout sijpelt al wat duisternis, als het straks avond wordt... dàn. Mauriskens blik dwaalde over zijn voet, die naakt was en dus matbleek. 'Mijn grote teen heeft al een lijkkleur.' Het viel hem eensklaps op. Een zenuwachtige trek trilde om zijn mond. 'nu heb ik een muiltje als van een konijn dat, op zijn achterste gezeten, een graspijltje knaagt.' Maurisken zei 't met een gelaten glimlach. 'Ja, ik heb wel veel afgeleerd.' En onbewust beschouwde hij quasi diepzinnig de koord. 'Met zo'n koord heb ik vroeger gedanst; en de rést. Avant-après...' Zijn gelaten glimlach vertrok tot een snik, die toch achterwege bleef.

Ik heb nooit begrepen, waarom ik zo heb geschrokken die avond, toen ik recht van de school thuis kwam. Het vroor en er lag een dikke laag sneeuw op de straat. Ik voelde reeds op de trap de gezellige warmte van de kamer. Maar op mijn plaats, in mijn zetel, zat een jonge man. Terwijl ik in de deurpost stond, keek hij me even van terzijde aan. Ik zag het scherp. Toen ging zijn blik vlug naar Emerence – alsof hij iets verwachtte. Maar iets dat hij wel wist – al overeengekomen? Hij bleef niettemin in mijn zetel zitten. 'Mijn broer,' zei Emerence stroef, 'hij...' Haar broer? ik had er nooit van gehoord. 'Hij werkt nu al een tijd in de stad. Ik heb hem gezeid, dat hij ons af en toe moet komen bezoeken,' ging ze voort; en ze stond recht naast de tafel, met de lamp suizelend

boven haar hoofd. 'Hij heeft op zijn kamer nog geen vuur.'
Maurisken luisterde niet meer. Hoe – haar broer? Hij lijkt
evenzeer op haar als ik op... met mijn waterhoofd!... op niets.
Emerence vertelde maar door van die broer. Doch intussen
zette ze toch de tafel niet. 'Eten we niet?' vroeg Maurisken
plots kortaf. En hij? wees Emerence met haar ogen. Uw
broer? Zeker, dat uw broer mee eet. Onder 't eten sprak die
broer nu en dan een woord, maar hij zei toch niets. Om zijn
neus niet voorbij te klappen, dat verstond Maurisken wel. En
als hij goed gegeten had, maar dan goed, ging hij weg. Hij
scheen toen vreeslijk gegeneerd. Emerence liet hem toch alleen de trap af gaan. 'Kent ge de weg?' vroeg ik haar zoetjes.
't Is zo moeilijk niet,' zei Emerence nijdig. Hij kwam tenslotte haast dagelijks terug, en iedere keer nu even vóór het
avondmaal, sprak weinig of niets; en vertrok telkens nogal
vroeg. Na enkele dagen reeds stond zijn bord als vanzelf-
sprekend op tafel aan de andere kant van Emerence. Maar
een avond viel Maurisken op, dat er nu en dan geen bord
voor hem was gezet en dat hij die dag ook niet kwam. Zo...
zo... 'En ze kijken hier nogal naar mij,' ondervond op een
andere dag, kort daarop echter, Maurisken; vooral als hij
thuis kwam, en dan de sleutel in het slot stak. 'Ze zijn hier
nochtans al aan mijn waterhoofd gewoon.' Precies als de
leerlingen op de school. Want in de klas had hij geen last, het
ging zo en zo. Meer kan men niet eisen. Een namiddag waren verschillende klassen te samen op wandeling uit; een
leerling werd onpasselijk en Maurisken kreeg opdracht hem
naar huis te brengen. Wat zou hij verder met zijn vrije tijd
doen? In niets had hij trek. Naar huis dan maar. Emerence
zou verrast zijn, en blij. Toen hij vóór zijn deur stond, de
hand in de broekzak waar zijn sleutels vandaan moesten
worden gehaald, viel het hem eensklaps op, dat zijn over-
buurman, samen met zijn vrouw, ginder met al hun ogen
naar hem keken. Zo traag als hij kon, deed hij de huisdeur
open, schuurde zijn voeten aan de vloermat schoon – maar,

de deur achter zich dicht, met één ruk was hij de trap op. Of elke trede, als naar gewoonte, kraakte, – wie zou 't weten? In zijn bed Emerence, aan de overzijde een man, hij. Ze lagen er zomaar. 'Ze rusten uit.'

'Zo,' zei Maurisken, hij was ongelooflijk kalm, 'en dat met uw broer!'

Emerence kwam overeind. Ze schoof de deken van over haar weg, haar naakte voeten stonden op het plankier.

'Mijn broer? Onnozelaar... Met mijn broer of een ander, dat is toch 't zelfde.'

Ze stond recht vóór het bed. Ze had het mooie hemd, in zalmrose zijde aan, dat hij verleden week voor haar had gekocht. Het reikte even tot haar knieën. Ze trok een tabberd aan, die daar lag. Hij, van gindse kant, gleed uit het bed; even geeuwde hij, haalde een sigaret uit een zilveren koker en ontstak ze zorgvuldig. Met een gemoedelijke glimlach wendde hij zijn ogen weer naar Maurisken, terwijl hij zich boog om zijn broek aan te trekken. Hij keek nadrukkelijk naar Mauriskens hoofd. Zijn blik omvatte koesterend dat hoofd. En zijn glimlach groef zich allengs dieper, starriger op zijn lip.

'Hebt ge u aan wat anders verwacht?' vroeg hij met de handen in de broekzakken, zijn sigaret bengelde in een hoek van zijn mond, 'met een kop als dat?'

Hij slenterde langzaam naar de deur. Hij verdween door het deurportaal, langs de trap naar beneden. De straatdeur sloeg toe. Aan de overkant trokken de buurman en zijn vrouw haastig hun kop van voor 't raam terug. Het gordijntje viel weer neer, in de gewone plooi. Maurisken werd gewaar dat de tafel al voor 't avondmaal gezet was, en dat Emerence er een bord van weg nam en het zorgvuldig in de kast ging opbergen. En inderdaad, die avond kwam hij niet terug.

De lamp suizelde in de kamer, als eeuwig en altijd. Emerence at, zonder een woord. Op zijn stoel, in een hoek geschoven, bleef Maurisken halsstarrig zitten. Hij zei ook geen woord. Hij at niet. 'Ik ga slapen,' sprak Emerence na een hele tijd, want ze had haar bord afgewassen, 't zijne bleef onaangeroerd op de tafel staan. En ze kleedde zich uit, zoals ze gisteren had gedaan en zoals zij zonder twijfel morgen, en overmorgen en, dat meent ze zeker, tot in de eeuwigheid zó zal doen.

De ochtendzon gloorde in de kamer. Gauw, vooraleer de koffie was gemalen en zijn geur door de kamer zou dweilen, zei Maurisken, van op de stoel waarop hij nog steeds was gezeten, en hij kreeg pijn in zijn lenden:

'Ik wil die kerel niet meer in mijn huis zien.'

''t Is goed,' zei Emerence, 'maar meent ge dat hij nog zou willen komen?'

Ze zat aan tafel, sneed boterhammen. De koffiemolen stond gereed. Doch ijlings hief Maurisken zich van zijn stoel, gebroken en verkleumd. En verdween ook door datzelfde deurportaal, langs diezelfde trap. Maar aan de overkant was, achter het gordijntje, geen kop te zien...

Toen hij aan de herberg kwam, met het trapken op, – en het vogelpikspel, – bedacht Maurisken zich een ogenblik. En ging toch de herberg binnen. De bazin verscheen, nog half in nachtgewaad. Maurisken dronk maar één glas, doch bleef lang zitten. Hij was immers vroeger dan naar gewoonte van huis weggegaan – zeg maar 'weggelopen'. Toch stond hij eindelijk op. Hij bereikte juist de school, als de klok luidde. Zijn leerlingen stonden al in de rij.

's Middags, als de klas uit was, voelde hij zich plots ellendiger dan ooit en lamgeslagen, en nam de weg naar zijn woning; maar zwierf door de stad, zonder eten. Een ogenblik kwam hij nochtans in zijn straat terecht, precies of hij er zich wilde van vergewissen dat niets abnormaals er plaats had, en liep dan schielijk een zijstraat in, waar niemand hem kende. Te twee uur stond hij weer voor zijn leerlingen. Zijn maag was leeg. 'Ik ga regelrecht naar huis,' spookte 't de hele namiddag in zijn hoofd; 'Ja, dat doe ik'; en 't viel hem in 't geheel niet op dat de klas allengerhand rumoeriger werd en dat reeds een paar knapen, – óp en neer, – recht op hun bank waren gaan staan; en allen dan aan 't giechelen sloegen. Hij gaf intussen maar aldoor les. Gelukkig luidde 't opeens vier uur, juist bij tijds! De leerlingen begonnen inderdaad, met groot geweld, hun lessenaars open en toe te slaan. Een paar inktpotten vlogen pletsend op de grond. Maurisken liep, zo gauw hij kon, zonder omkijken weg, hij wou immers recht naar huis. En omdat hij zó liep, en niemand loopt zo vreemd als wie een waterhoofd heeft, dat zwaar naar voren hangt, stormden een paar leerlingen hem achterna. Aan de herberg, met het trapken op, stond de bazin toevallig in de deurpost. Maurisken hield plotseling op met zo hard te lopen. Stomweg ging hij nu zelfs langzaam voortschrijden. En toen hij vóór de herberg stond, daar hij toch lanterfantte, en de bazin hem bovendien toeknikte, schoof hij naar binnen. 'Ik blijf maar een ogenblik.' De twee drie leerlingen, die hem op de hielen volgden, bleven een tijd oplettend voor de herbergdeur dweilen, doch trapten het dan af. 't Zou te lang kunnen duren.

Als Maurisken thuis kwam, vond hij de tafel als altijd gezet, maar met twee borden, geen derde. Gelijk voorheen ging verder het samenleven door, doch veel woorden werden niet meer gewisseld. Elk deed zijn werk en zat in zijn hoek op zijn eentje, tot de een naar bed trok, en de andere, na lange tijd, moe en lusteloos volgde. Maar ook niet anders kon, noch verlangde, dan te volgen. Er stond nooit meer een derde bord op de tafel klaar. Het huishouden begon niettemin met de dag duurder te kosten. Er bleef al minder en minder 's avonds van het daggeld over; en nu en dan reeds had Emerence om geld gevraagd, alsof het vanzelf sprak dat zij met wat hij gaf niet rond kon komen. 'En vroeger dan?' Maar ook meer zakgeld had hij thans nodig. Want elke dag ging hij nu vroeg van honk, en trok even de herberg met het trapken op binnen. Allengerhand kon hij er niet meer buiten, 't werd hem een behoefte; het hóórde wel zo niet, maar zonder dat glas bier voelde hij zich nu onwel. De bazin, die aanvankelijk als hij kwam, daar half aangekleed rondliep, ontving hem thans steeds opgedirkt, het blondros haar keurig in een plooi. Geen enkel grijs haar meer. Maurisken zag het wel: ze wachtte op hem. Hij bleef er nochtans telkens zo maar zitten, al dronk hij nu somtijds een glas meer, omdat hij meende toch eens met haar te moeten tikken; ze stond daar zo vriendelijk voor hem, ook als hij zweeg gelijk een graf. Hij leefde toch moederziel alleen. Maar op een dag, terwijl hij haastig naar de school liep, hij had zich wat verlet en een glas meer gedronken, dat kan gebeuren, voelde hij zich achtervolgd, maar hij keek toch niet om. Toen hij op de binnenplaats van de school aankwam, de klok had al geluid, zag hij daar geen enkele leerling staan. Doch eensklaps merkte hij dat de hele klas de koer binnenstormde, als een kudde schapen, die door de hond wordt achterna gezet – allen stormden achter hem aan. Op de trap van het bureau stond de prefect.

'Ja, zo gaat het leven,' sprak Maurisken halfmonds. Hij voelde 't nu al met eens: de warmte van de dag was langzamerhand uit de hoge lucht aan 't wijken. Ten andere, boven de hoge toppen van de bomen was de westerkim thans ook effen blauw, zoals overal. Aan de voet van de eik echter, bewoog nu langzaam een dichte laag broeiende zoelte. Zij lag als een deken over zijn gestrekte benen en reikte tot zijn borst. Maurisken beschouwde de lucht, die nu eigenlijk bleek blauw was, ijzig blauw. ''t Wordt tijd,' meende hij. 'Want er komt altijd een ogenblik waarop het leven, dat tot dan toe, ook in het ongeluk, traag scheen voort te schrijden, al met eens een vaart neemt als een schimmel op hol.'

Diezelfde dag, toen Maurisken, de klok luidde precies twee uur, op de speelplaats verscheen, riep hem de prefect.

'Meester,' zei hij, 'ge ruikt naar de drank.' Alle zelfrespect verloren. Uw leerlingen: dit en dat; en ze zijn van alles op de hoogte. 'Van wat?' vroeg Maurisken onthutst. 'Van wat? Maar van alles. Alleman ziet het, alleman weet het. Was 't niet voor uw vader...' 'Totor,' onderbrak Maurisken, en hij schoot in een schaterlach. Totor! Zijn honende lach klonk over de speelplaats. 'Kijk,' zei verder de prefect, na een ogenblik, 'keer maar liever naar huis. Zo kunt ge geen klas doen. Wees nu maar verstandig. Morgen zullen we verder zien.'

'Adieu,' had Maurisken gezegd. Meer niet. En over de speelplaats heen was hij opgetrokken, gespannen, recht op zijn benen. Hij liep twee leerlingen voorbij. ''t Waterhoofd schreide; wij hebben zijn tranen gezien, zijn gezicht was nat,' vertelden ze alom na de klas.

Maurisken voelde zich verslagen, een hond die langs de straten ronddoolt. En zonder zich te bezinnen, – want had ook hij zich niet eenmaal, en zonder enige reden, goedhartig getoond? – richtte hij zijn stap huiswaarts. Al sedert tal van dagen had Emerence hem, met steeds groter nadruk en met nijd in de stem, telkens weer geld voor het huishouden afgeperst. Vanmiddag had hij vóór haar zijn zak geleegd en in de herberg had hij moeten poffen, trouwens al voor de tweede keer. Hij kon dus nu niet langs het Trapken-op lopen. Dan maar recht naar huis. In zijn kamer met de bekende meubelen en de lamp en zijn boeken, en op de tafel nog het schoolwerk van gisteren te verbeteren, zou hij veilig zijn – dit trok hem aan. En hij dacht zo weer, want hij was geheel van streek, dat Emerence ook wel eens goed voor hem zou kunnen zijn. Hij had haar nooit een strootje in de weg gelegd... Als hij de trap beklom, woog zijn lichaam loodzwaar, elke trede kraakte als altijd onder zijn voet; en dat stelde Maurisken al meer en meer gerust. Nog had hij de deur van zijn woning niet opengedaan of hij snoof de bekende lucht in: 't zeepsop. De kamer was er van her vol van. De waskuip stond daar zelfs nog in de hoek, op de drijpikkel. Op de donkere loog dobbelde wit schuim. Overal aan balken en zolder, van boven de deurpost tot de vensterknop, waren koorden gespannen en overal ook hing linnengoed te drogen. 't Ene goed hing naast het andere. Maurisken had nooit zo'n rijkdom gezien. Keek met al zijn ogen, want overigens leek de kamer verlaten. Hier en daar herkende hij intussen een hemd of een zijden lijfje; maar er was nog zoveel meer; wat had Emerence een voorraad van alles. En daaronder is ook mansondergoed, en ook veel, merkte hij plots op, en niet van hem. Hij bezat amper twee onderbroeken en twee hemden, en een ervan moest telkens worden gewassen vooraleer hij zich verschonen kon. Een massa ondergoed; en niet van hem. Maurisken ging een licht op. Het was alsof hij diep na ging denken. Hij voelde lood in zijn benen. En ook was Emerence niet thuis. Daar stond naast hem een stoel. Hij liet er zich zwaar op neer. Overal boven zijn hoofd hing de schitterwitte was.

Al opeens merkte Maurisken dat het gordijntje vóór 't venster van de overbuur opzij werd geschoven: twee koppen kwamen tegelijk in de ruimte te voorschijn. Tevens vernam hij een lichte trap op de trap. De deur ging open; daar was ze. Maurisken kon zijn ogen niet geloven. Zo opgedirkt had hij Emerence nog nooit gezien, precies splinternieuw in de kleren en een fraaie hoed, geen dienstbodenfatsoen, maar als een echte dame, op het hoofd. Hij stond verstomd. 'Ha zo,' zei hij ten laatste. 'Wat, ha zo?' sneed ze zijn stem af, 'is 't alles wat ge te zeggen hebt?' 'Zo sjiek,' steeg het uit zijn vernepen hart. 'En dan dat hier allemaal!' En hij wees met een breed onzeker gebaar naar 't linnengoed dat overal hing. 'Met mijn geld,' haar stem begon ijzig koud te worden. 'Uw geld?' Hoe gewonnen?' Een schampere lach: 'Hoe? Als gij, met zo'n kop nochtans, niet genoeg verdienen kunt om een vrouw te onderhouden, wat moest ik dan doen?' Ze keek hem aan, heel en al haat...

– Ik ben toen recht gestaan, herinnerde zich met een flits

273

Maurisken, recht gestaan. Er lag daar een boek op de tafel; ik heb het opgepakt. Ik ben met dat boek zo langs haar voortgegaan. Mijn ogen waren aan de hare vast. Ik wist niet wat, ik wist niet hoe. Ik heb de deur opengedaan. Ik keek naar haar om. Ik ben gaan lopen. Ik stond op de straat. Rechtover werd 't gordijntje met een ruk voor 't venster geschoven. De koppen sprongen achteruit. 't Spektakel was afgelopen.

Met dat boek onder de arm zwierf Maurisken straat in straat uit, uren lang. De avond viel in; hij voelde nochtans geen honger, geen dorst. Maar zijn voeten begonnen zwaar te wegen, ze schoven over de grond als twee pakken die men voortsleurt. Hij dacht er een ogenblik aan, even te gaan kijken naar die herberg met het trapken op, en de vogelpik. Maar na Emerence, zo fraai in de kleren, en al dat witte linnengoed dat boven zijn hoofd hing, kon hem dat allemaal niets meer schelen; en hij slenterde voort, – toch nog een beetje voort. Hij zou dan zien. Maar hij kwam aan een bank op de donkere laan, vlak bij het bos, in de eenzaamheid. Hij ging zitten; zat neer. Hij preste het boek tegen zijn zijde aan, onder de arm. Hij besefte 't wel: suf was hij. En kon niet meer recht. 'En waarom zou ik opstaan,' dacht hij. Eindeloos bleef hij zitten. Eindeloos ook was boven zijn hoofd de sterrenhemel.

Aan zijn voet lag 's ochtens het boek, wijd open, de rug naar boven. Maurisken voelde zijn gans lichaam verkleumd. De lucht boven hem was grijs-blauw. Wonder, hoe 's avonds en 's morgens de lucht op eenzelfde kille wijze grijs-blauw kan blinken, onverzettelijk als staal. Maurisken stond op; hij boog zich, een hand aan de bank vast, en raapte 't boek op. Toen ging hij weer zitten. De zon was doorgebroken. Een warme straal omhulde hem. Hij keek het boek even in. 't Viel nog mee, meende hij. Hij las hier en daar. Doch goed verstaan deed hij niet. Er hing nog een nevel in zijn geest. Wat zeggen de stemmen? 'Wreed is terdege Charoon. –

Oordeel eerder dat hij goedhartig is. – Hij heeft zonet een jonge man meegevoerd. – Jong ja, maar door 't verstand was die jonge man de gelijke van een oude vader. – Voor hem is geen vreugde meer weggelegd. – Maar ook geen leed meer. – Maurisken aarzelde geen ogenblik. Tot hier loopt de dialoog perfect, dacht hij. Hij vertaalde verder: 'Hij heeft het huwelijk niet gekend. – Hij kent er ook de smarten niet van.' Maurisken schoot in een luide lach. De zon blonk ginder aan de einder. Hij gooide 't boek zo ver het vliegen kon, over de weg, in de struiken. En stond van de bank op. Hij keek even naar de plek waar het boek moest liggen. Hij vond het niet onmiddellijk. En zette dan ook zijn weg maar voort. 'Ik heb vergeten te zien van wie dat stomme vers is. Zeker van de een of andere Doriër... Er een van overzee...' In de zon was het trouwens nu lekker warm. Hij stapte blijgemoed.

Hij kwam in het bos. Vogels zongen in de boomkruinen; mussen tjilpten, terwijl ze met de vleugels wroetten in 't lichte stof van de weg. Een ogenblik voelde Maurisken zich opgewekt, een stonde gelukkig. De ochtend rees voor zijn ogen. Er gutste gouden licht, dwars door de takken van de bomen heen, over de stille struiken, langs de baan. En de baan kronkelde in vreedzame bochten – daalde en steeg dan langzaam weer. Maurisken voelde de honger niet. Sedert gisteren morgen had hij nochtans niet meer gegeten. Maar de lucht was fris in de klare zon. Om hem heen, overal, het jubelende leven... Hij stapte dan ook altijd door, de ene weg die vóór hem lag, na de andere. Zo altijd door! Doch tegen de middag ondervond hij dat zijn voeten weer zwaar wogen, en hij dodelijk moe. En hij bleef plotseling dubbend staan. 'Als een oud versleten paard,' dacht hij even. Hij keek armzalig om zich heen. En op de rand van de weg, waar 't gras groen en mals leek, ging hij stronkelend zich neervlijen. Na een tijdje, stilaan wat opgeknapt, werd zijn gemoed wakker. En hij dacht er zonet aan dat hij dus niet naar school was gegaan, en de prefect vergeefs op hem nu had gewacht, want van morgen zouden ze 'zien', had hij gezegd: – en nu was 't, voorgoed en altijd 'gezien'. Nooit zou hij nog terugkeren. Met zijn waterhoofd; en, sedert zijn geboorte, Totor, zijn vader; en altijd door tegenslag, pech, wanbof. Tevergeefs ook zou hem in de herberg met het trapken op en met de vogelpik, de bazin hebben verwacht, die zich op haar pieke-best uitdoste, elke morgen, en haar haar prachtig in een krul-plooi lei – en hem met haar gele tanden toelachte – ha ha ha, van als hij op de drempel, het trapke op, verscheen: en deed precies als een begeerlijk jong meisje, ha ha ha. En Emerence, waar mag die nu zitten? ''t Is thans nog te vroeg,' voorspelde Maurisken wijsneuzig tot zichzelf, 'maar over enkele dagen betrekt mijn plaatsvervanger mijn eigen kamer, en voelt er zich thuis, die broer van haar; of verhuist ze zelf, want de trap kraakt te geweldig, en de overbuur zit maar al-tijd het gordijntje opzij te duwen, verhuist ze met pak en zak en mijn boeltje op de hoop toe, naar zijn logement.' Maurisken werd daarbij niet het minste hartzeer gewaar; hij meende alvast niet, dat hij door dit alles gebroken was; hij zou zelfs om dit avontuur hartelijk kunnen lachen: wat is 't leven ja kruwelig, maar toch bovenal komiek; – maar intus-sen, bij elke slag, onder zijn onaangetast gemoed, voelde hij toch een vlijmscherp fysisch leed, als telkens de snee van een lemmet dwars door zijn ribben heen. Hij rechtte zijn buste, flink op zijn lenden. Hij vernam tevens dat zijn buik grolde van de honger – en wist zeker dat binnenkort hoofdpijn hem nu beet zou hebben. Hij dacht langzaam na... En met zijn pennenmesje maakte hij een hoekje van de voering van zijn jas los, en haalde voorzichtig door de spleet een stukje blau-wig papier te voorschijn: een bankbriefje, heimelijk verzwe-gen, geborgen, gered. Maurisken doorvoer een heimelijke lach; hij hield hem in, alsof hij, buiten het oog van Emerence, toch nog op zijn hoede had te zijn. En zei met al de ernst die onbewust in hem zat: 'En als dàt op is, is het met koken en ook met mij gedaan.' 'Ik zou evengoed kunnen zeggen: e finita la comedia,' sprak hij verder tot zichzelf, 'maar ik zal 't maar laten: men zou soms kunnen denken dat ik geen Italiaans ken, en in eenieders mond is ten andere dit Danteske woord dagelijkse kost! Laten we dus liever eenvoudig en natuurlijk zijn – en doen.' Hij stond op.

Daar verhief zich een landherberg aan de bosrand. Hij at er, want hij had vreselijke honger. Dan haalde hij zijn pijp uit de zak; en zodra het bleek dat ze goed in brand was, trok hij verder. De twee kinderen van de kastelein keken hem vreemd aan. Anders heerste om hem heen de ruimste stilte. Doch al opeens ademde hij diep en lang. Hij voelde zich inderdaad monter. Hij rukte een tak van een boom, sneed en snekkerde hem tot een wandelstok. Maar 't was toch maar een knuppel. Op die wijze stapte hij verder door, langs heirbanen en voetpaden, uren aan een stuk. Hij was niet suf, want suf-zijn is wat anders, maar licht en leeg, volkomen leeg van elk levensdoel, elk levensinzicht. Tegen de avond bereikte hij een klein stadje. Hij zocht een logement op en vond er een. Hij at, omdat hij daar toch dat geld had; sliep op een matras, effen op de grond, – Emerence, de prij, zal wel malser liggen. En wie weet, met wie. Tegelijk voelde hij, en 't was nu wel voor 't eerst, nijd in zijn hart opwellen, nijd hem als een harde brok naar de keel stijgen. Maar sliep gelukkig zwaar in – zonder een droom.

Vóór 't krieken van de dag stond hij al weer op de baan. Bij de aanvang rees de zon, in het oosten, oranjerood te midden van een teerblauwe lucht, en tintelde het stille licht in de dauw van het gras en van de struiken; doch pas een uur later was de ganse horizon, tot hoog boven hem toe, poeder-wit; en de hitte hing overal boven de grond. Hij zag een bosselke in de verte, en richtte er zijn stap naar toe. Zijn wandelstok woog zwaar, was ook niet zeer handig, maar die knuppel kwam niettemin goed te pas. Hij kon er de vermoeienis mee trotseren. Vóór het bosselke, aan deze kant van de weg, was een winkeltje te zien, van de grond tot de nok schitterwit gekalkt, met groene luiken en huisdeur. Maurisken liep er schielijk binnen; een klein meisje sloeg op de vlucht, riep 'moeder', en een zware vrouw kwam te voorschijn. Maurisken wist dat zijn geld op moest, want na dit geld kwam er geen ander meer, en hij kocht allerlei proviand, waarmee hij zijn zakken vulde, die dan uitpuilen gingen. Maar opeens bekeek hij toch ook zijn handen – ongewassen sedert al twee dagen. En kocht een fijn stuk zeep, van de beste, die niet naar zeepsop zou ruiken. Lavendel, vroeg hij, of 'foin coupé'. ''t Is mij gelijk.' De brok die men hem gaf, stak hij, naast een half brood, in zijn binnentas, zo goed als het kon. Toen trok hij naar het bosselke. Daar was de lucht fris. Even buiten het zicht strekte hij zich op de gras- en bladerendichte grond. Weldadig die rust, en dat alleen zijn! Maar 't alleen zijn mag niet te lang duren. Maurisken heeft nooit de eenzaamheid kunnen verdragen – hoe weinig vreugde hij beleefde, telkens hij met andere mensen een tijdje vertrouwend verkeerde. Steeds liep het toch mis. Bedrogen en vernederd kwam hij er iedermaal dan uit. 't Experiment heeft nu lang genoeg geduurd. Uit met dat alles... Hij sliep zalig in.

Toen hij weer wakker werd, ging de zon al onder. De horizon was een wonder van kleurenspel: blauw, paars, safraangeel en wit onder mekaar, en één zoetheid. Tegelijk zag Maurisken, enkele meters verder, de muffe sporen van een pas verlaten padvinderskamp: enkele gekruiste stokken over een hoopje grauwe zwart-doorkeende as, van het kampvuur. Onbewust keek Maurisken eens rond de plek. Het was alsof hij aanvoelde dat hij al straatarm was, een bedelaar reeds, wie elke aalmoes de honger stilt. En naast een struik, ietwat in de schaduw, vond hij een ransel. Hij onderzocht het ding zeer nauwkeurig, van alle kanten; en vreemd genoeg, er mankeerde niets aan. Eenvoudig vergeten mee te nemen dus. Maurisken meende: wat geluk. Hij borg in de ransel al wat hij zoëven in de winkel had gekocht en thans overal in zijn zakken opgepropt stak, zodat die uitpuilden en hij zijn jas niet toe kon knopen, of hij spande ongemakkelijk in de leen. Nu, de zakken leeg, stond hij weer netjes. Maurisken gooide dan ook de ransel over de schouder en voelde: nu kan ik gerust mijn wegen gaan. En hij ging...

Waarheen ging hij? Want van terugkeren, thans ooit geen sprake meer, met die knoestige bedelaarsstok en die belachelijke kinderransel. Enkele dagen onbelemmerde vrijheid, zoals hij er in gans zijn leven geen had gekend, stonden hem voorzeker te wachten. Maar dan? Doch hij dacht niet verder na, die dag. Voor hem uit kronkelde langzaam de baan die hij volgde, gemakkelijke aardeweg, met hoge bomen aan weerskanten, – in wier stille kruinen al de vogels der aarde kwinkeleerden, duizenderlei vooizen onder elkaar, juist alsof, naar alle zijden, uit de blauwe hemel zilveren regendruppels neer zouden tuimelen in ordeloze maat. De schaduw van al die boven hem wuivende bladeren vlekte in stille roerloosheid over de grond, waar hij eenzaam ging, de rand volgende van de weg. Voor zijn oog liep een eindeloze streep gouden licht midden al de schaduwplekken – altijd voorwaarts, altijd voorwaarts. In drie sprongen kwam en verdween een eekhoorntje over de baan. Er was leven in dit bos; er was ook zang, en de onnoemlijke vreugde van een eekhoorntje dat vlucht onder de bramen en een boomstam beklimt; en de ademloze rust, die heinde en verre heerst in de eeuwigheid.

Twee dagen lang doorkruiste Maurisken het bos, en sliep telkens onder de uitgestrekte kruin van een eik. Hij vond dit een boom zo onuitsprekelijk schoon, zó vol eenvoud en zó fors, en de eikels zo wonderbaar: een vrucht, met dat aardige dopje, die aan geen andere geleek; – onder geen andere boom zou hij kunnen rusten. Als hij een bron aantrof, haalde hij uit de ransel wat brood, en sneed enkele schellen van de worst, en dronk fris water; – en liet daarna telkens de zuivere waterstraal over zijn beide voeten gutsen en stromen.

En hij keek naar zijn voeten, waarover de vloed liep, als naar ook een wonder.

De derde dag, tegen valavond, liet hij, met een ruk, het bos achter zich en volgde een eindeloze heirbaan, naar de dorpen toe, die ginder lagen. Nukkig liep hij het eerste dorp voorbij, zonder meer, en zonder om te zien. Doch vóór hij aan het tweede kwam, verrees aan de baan een herberg, waarbij weer een winkeltje hoorde, en daar kocht hij weer allerhande proviand. Hij zag wel dat zijn geld met die inkopen aardig slonk. Ik moet zuinig leven, bedacht Maurisken zich met een onnozele glimlach, anders komt het einde te vroeg. De bel van de winkeldeur rinkelde, hij stond in de gelagkamer, daar zaten in een hoek vijf vrachtvoerders; maar, zijn proviand opgeborgen, liep Maurisken gelijkmoedig naar de herbergdeur terug, zonder maar een glas te drinken: ze keken hem allen na. De bazin kwam nog op de drempel staan, de armen onder haar borsten gekruist. Toen wist Maurisken dat ook aan deze herberg een trapken was; het was hem eerst niet opgevallen. 'Die ginder zal nu reeds op mij niet meer wachten,' schoot het hem al met eens te binnen; 'en ze zal nu weer 's morgens rond lopen, half gekleed, 't haar in de war, met stekken en bekken; en heel wat blankrozig vlees aan de borst, want de knopen van haar jak waren, 't scheelde wat, niet allemaal toe.' Maurisken grinnikte: aan 't gevaar ontsnapt! Men kan nooit weten... Want, al dacht hij er niet aan, hij wist toch dat ook dat had kunnen gebeuren.

Aan een kruispunt bleef hij even staan. In een hoek verhief zich een kapelleke, met, in de nis, Sint-Rochus, met hond en bedelstaf. Aan de overkant, tot aan de horizon, die al dagen aaneen bleekblauw gloeide, strekten zich korenvelden uit, reeds hoog in de was. Een gele veldwegel liep tussen de eindeloze partijen door, half overwelfd door de rijpende halmen. Boven de akker, diep in de lucht, kwetterde een leeuwerik. Maurisken sloeg de veldwegel in. 't Koren ruiste met een gouden geruis. Tussen de partijen was het broeiend warm. Uren kuierde Maurisken rond: duizenden sterren kwinkelden ten slotte in de hemel. En hij legde zich te rusten aan de zoom van een veld, onder de neerhangende aren. Zij wuifden en suizelden over zijn hoofd heen.

Drie dagen achter elkaar liep hij zo, dwars door velden en akkers, langs kleine binnenwegen; het hoge gouden koren, en nu en dan een boomgaard met rijpende pruimen en appels, voorbij. Wel miste hij het frisse water van de bronnen en at hij zijn brood droog, en steeds langzaam. En waren zijn voeten verhit, door dit zengende gele mul op de veldpaden, waar zonder ophouden mussen in lagen te spartelen. Maar 't geluk, in de oneindige eenzaamheid onbelemmerd en vrij, alsof hij hier heer en meester was, te mogen rondwaren, heerste in gans zijn wezen, en dreef hem, in een sfeer van rustige opgewektheid, voort, en altijd weer voort, onverzadigd en toch in zijn hart dankbaar. Hij ademde, hij snoof de lucht in, en tevens al de geuren van land en bos, zijn borst was ruim, – en boven hem koepelde de hemel, van horizon tot horizon, blauw, ongelooflijk blauw, met hier en daar de dichte vacht van een witte wolk, die op zichzelf wentelde, zich weer uitstrekte, voortdurend van gedaante wisselend, en die intussen ook steeds verder afdreef, geruisloos en zacht – gelijk al wat onafwendbaar zijn weg naar het niet vervolgt.

Eenzaam, op de kant van een veld, boven op het talud, stond een eik. Maurisken keek naar hem op, klom langs de helling, en overschouwde van daaruit de oneindigheid van het heuvelende landschap. Ginder verhief zich een herbergje, met vier rijzige populieren naast elkaar, verderop groeide weer het bos. Maurisken ging op de uiterste hoek van het veld zitten, op wat mals gras; de kruin van de eik strekte zich nog juist boven zijn hoofd uit. Het brood dat nog in zijn ransel stak, een homp, meer niet, was steenhard geworden. Hij brak er een stuk af en trachtte het zorgvuldig te knauwen. Geen water in de buurt, geen van die frisse bronnen. Even beschouwde Maurisken zijn voeten: zijn schoenen waren twee klompen; ze wogen als dood gewicht; de zool van zijn voeten leek geschroeid.

Langzaam haalde hij uit zijn broekzak wat hem nog aan geld overbleef. Minachtend trok hij zijn neus op. Bijkans niets meer. Wat nikkel en wat koper. Hij stak het geld, schouderophalend, weer zo maar los in zijn zak terug – en strekte zich languit, op de rug, over de nog warme grond. Zijn ogen dwaalden over de hemel; nu gleed een asgrauwe wolk, in 't noorden, over 't uitspansel dat zuiver melkwit glariede; en beschouwden benieuwd de kruin van de eik, met al die bladeren, die takken en die fijne twijgen – en met die wondere vrucht, die een rijpende eikel is. En bleven haperen en rusten op een zware zijtak, die met een sierlijke boog naar omhoog kromde: prachtig om er schrijlings op te gaan zitten, besloot Maurisken. Als 't ook met koken uit zal zijn... sprak hij geluidloos zijn verre gedachten verzoenend tegen. Hij kwam eensklaps overeind...

Hij hield zich al opeens overtuigd, dat dit nu, van op die hoogte, van onder de kruin van de eik, het schoonste landschap was dat hij ooit in zijn leven had gezien. Een dal, eindeloos uitgestrekt van ginder aan de blauwige einder, waar zowaar een lichte nevel hing, tot diep in het westen, waar donkergroene bomen, als een hoge massale muur, rijkelijk uit de grond stegen. Aan de overkant verhieven zich, op een grillige rij, tal van heuvels, met tussen hen in weer smalle valleien, waarlangs meestal een wegelke slingerde, hetwelk leidde tot achter de heuvelrug. De gehele vallei was één veld van rijpend koren, geel en goud – maar hier en daar onderbroken door een kleine partij groene akkervruchten, een eenzame lochting, een bosje – wondere vlekken van donkerheid te midden van al dat klare goud. Geen enkel hof of huis in de gleuf van het dal; maar kleine boerderijen op de hellingen van de heuvels, met een schaliegrijs of een kareelrood dak – en telkens een boomgaard, met honderden wit-

te kippen die rondzwierven; en diep in het gras, onder pere-
laars en appelbomen, een paar grazende koeien. En
Maurisken merkte ook, op menige hoeve, de zware kruin
van de notelaar op. Gans in 't oosten, juist in een zink achter een heuvel, stak de spits uit van een kerktoren; en vlekjes rood, van enkele daken op de helling, schitterden er nog
wonderlijk in de dalende zon. Terwijl, achter de hoogste
heuvels, tegenover het sombere bos, ginder in 't westen, nu
de avond allengerhand viel, de ganse hemel in rose gloor
scheen te staan – een roos schijnsel dat hier en daar wijnrood
uitsloeg. Daar lag de grote stad. Bulkte daar ergens een koe?
In gans het landschap was man noch kraai te zien.
Onverstoorbaar heerste er de avondvrede. Alleen rechts en
links steeg uit een schoorsteen wat donkere rook, die zich
grillig in 't glashelder azuur oplossen ging...

Als zijn ogen van 't zien moe en dronken waren, dacht
Maurisken ernstig:

– Nu is 't moment aangebroken, – grijp de kans bij het
haar of zij glijdt onherroepelijk voorbij, – voor een historisch
woord. De schoonste avond, sedert mijn herwonnen liber-
teit, die ik ooit kende; het schoonste landschap dat ik ooit in
mijn leven zag – o verzadiging, nu voorgoed ingetreden verzadiging – mijn hoofd is leeg. Ten overstaan van Rome in
lichterlaaie; de Pyramiden en hun veertig eeuwen; of het
simpel menselijk woord van Cambronne te Waterloo: – ik
sta hier én ben moe. Nooit is mijn hart anders geweest dan
moe, nooit heeft het geklopt; ik heb steeds alles opgekropt,
ópgekrópt. Nu zijn lijf en ziele het beu, en moe. En leeg...

In de vallei kuierde hij nu wat verder; stronkelend bij pozen, want zijn voeten waren zwaar; en ze brandden. Het
koorn geurde echter stil en weldadig. Een greppeltje liep
langsheen de baan; mals gras groeide dicht aan de rand van
de akker, een verre groene streep. Maurisken bleef een tijd
op die rand zitten, de handen tussen de benen, de voeten in
de greppel. Onbewust trok hij op een stil ogenblik zijn

schoenen uit; hij bezag ze; de hakken afgesleten: de zolen
door, de veters kapot, met knopen. Hij stelde de schoenen
met zorg naast zich. Zijn ransel deed hij af, schoof hem wat
verder; zo voelde hij zich toch verlicht. Maar 't was stram en
loom dat hij zich op de grond uitstrekte, met zijn grenzeloos
moeë lichaam – 't hoofd op de ransel. Zijn hoed, bestoven
en beblutst, viel naast hem, over de greppel. De zon was al
weggezonken; de nacht was echter nog ver; de eenzame
lucht was heel en al helderheid. Maurisken keek naar het
wonder van die blauwe hemel. En viel, in een roes van zaligheid, in slaap, vooraleer hij het gewaar ging worden. Want
juist dacht hij na: zó is het, mijn schoonste avond heb ik thans
achter de rug. Adieu...

– Bruusk werd hij wakker. Hij had een geweldig geruis vernomen, als van 't koorn kort vóór de storm. En, daartussen
in, een hoge stem. Hij rees half recht. Hij begreep dat hij uit
een droom was gerukt, – en staarde verstompt vóór zich uit.
In die droom was Emerence tot hem gekomen, had zich daar
zo net over hem gebogen. 't Was al; de rest kon hij zich niet
herinneren. Een scherp zenuwachtige lach klonk echter wat
verder op de baan. En Maurisken keek plots zijn ogen uit.
Het koppel, dat daar voortschreed, keerde zich tegelijk om,
arm aan arm; en ze giechelden 't beiden krampachtig uit, hals
over kop voorovergebukt in een onbedaarlijk geschater.
Maurisken voelde zich bedreigd, in zijn binnenste aangetast,
en naar. Om hém lachten immers die twee daar niet! Tot
plots de vrouw hem aangaapte. Haar lach verstomde meteen.
'nu eerst monstert ze mij,' dacht Maurisken; 'nu eerst wordt
ze gewaar hóé ik er uit zie, met die vodden aan en met dit
hoofd, dat een waterhoofd is.' De jonge vrouw draaide zich
van her om, en trok zwijgend haar minnaar langs de weg
mee. En weer heerste ongerept de stilte. Maurisken stond
eindelijk recht. Hij greep naar zijn knuppel, sloeg zijn ransel
over de schouder, en boog naar zijn hoed, die daar over de

greppel lag. In de hoed blonk een zilverstuk. 'Een aalmoes,' schrok Maurisken. Daar lag 't stuk nu op de palm van zijn hand. 'n Aalmoes, ha... Hij ervoer een scherpe steek in de borst. 'n Aalmoes. Hij hief de hand in de lucht, stuipachtig gesloten om het zilverstuk – zijn vuist heerste hoog boven de gouden arenoogst. En merkte plots, dààr waar zijn hoofd gelegen had, een baan vertrappelde halmen, die diep in de akker liep. Maurisken schoot in een vreemde lach – lach en gegrinnik. Zijn arm zakte neer, de gesloten vuist langs zijn dij. 'Een aalmoes,' sprong het, als een straal water, uit zijn beklemd gemoed, '– of een offerande. De veldgod die de akkers bewaakte, – maar in welke stand hield hij de wacht! Ik sliep arm en verlept! – vereerde men rijkelijk met ooft of vruchten van de akker, met een duif of een bok; of offerde men intiemer sieraad. Mij, géld!... 't Is waar dat ik van Emerence droomde; ze boog zich goedgunstig over mij.'

Hij werd eensklaps woest, greep zijn knuppel en trok op. De avond was thans gevallen. En de eenzaamheid volkomen. In zijn samengeprangde vuist droeg hij het zilveren geldstuk. Opeens voelde hij hoe het in zijn vlees neep. En bekeek het dubbende op de open palm. Het blonk zacht onder 't licht der maan. Het leek niet vreemd in die wondere klaarte. ''t Kan dienen,' beet Maurisken op zijn lippen. Zijn hart vloeide over van nijd. En hij borg het muntstuk zorgvuldig in zijn zak, naast zijn mes en zijn pijp. En de sleutel van zijn kamer, – bemerkte Maurisken al op eens. Hij vond het kostelijk. Want hij had een plan. Zijn nijd leek inderdaad een drijfkracht te midden van de leegte, van die leegte welke hij in zijn hart, in zijn gemoed, gewaar werd en begreep. Want was Emerence een beeld dat ja in de droom eens nog verschijnt, in de werkelijkheid was zij toch maar iets, een rots als men wil, dat een enkel moment een geweldige plaats heeft ingenomen, maar dat voor altijd uit het zicht is verdwenen. Alleen de leegte, de gruwelijke leegte bleef aldus over: de leegte vanuit het begin van zijn dagen, zonder makkers, zonder een vrouw, zonder een doel in dit leven, zonder een ideaal − een ideaal, hihi! − maar niet zonder Totor, zonder Emerence, zonder begeerde, doch steeds falende genegenheid, zonder verraden goedheid, en pèch, pèch... en niet zonder dàt waterhoofd. Verworpeling in dit leven. 'Louter een gevoel, dit,' dacht Maurisken. 'Want ben ik in werkelijkheid een verworpeling?' En hij liep ijl voort langs de baan, tussen de ruisende koornvelden, − 'maar die leegte in mij, dat is werkelijkheid.' Zijn adem stokte in zijn borst, vlijmscherp in die oneindige leegte, die hij was; en in zijn lenden priemde steeds die steek, brandde die snee in zijn vlees, 't enige dat nog van hem bestond. En zijn voeten waren zware klompen, met twee onmetelijke zolen die schroeiden, in dit afgesloofd, botte schoensel, waarop hij thans onnozel keek − geleund op die knoest van een boomtak, die knuppel, ha ha zijn wandelstok − en waarop hij nu moeizaam voortstrompelde. 'Ik ben de gedaante van een mens, al heb ik alleen lompen aan,' bleef Maurisken een ogenblik dubbend staan in 't midden van de weg, 'maar ben de Bijbelse leegte van ziel en lichaam, op twee moeë benen, twee scheefgelopen laarzen, voortstrompelend − tot in de eeuwigheid. Men sterft alleen door 't inwendige,' besloot Maurisken zijn vreemd opgekomen gepeins, 'en ik: zie mijn lichaam, mager ben ik, mager als een graat, en gehuld in lompen, en toch gezond en alles behalve Job op zijn mesthoop; maar in mij, zonder smart en zonder wanhoop, heerst enkel, ik zeg het u, de leegte, de volkomen lusteloosheid. Innerlijk ben ik dus dood...'

Op de hoogte die hij had bereikt, vóór hem uit, in de onmeetlijke eenzaamheid, wemelde nu de horizon rooskleurig met soms vlekken donkerder rood en blauw. Daar lag dus de grote stad. Maurisken richtte er onbedacht zijn schreden naar heen. Toen hij er aankwam, lagen er de straten, zonder uitzondering, in het duister gedompeld, met hier en daar een brandende lantaarn. In het park echter, dat hij wel kende, liet hij zich op een bank neer. Hij was uitgeput, kon niet meer verder. En op die bank voelde hij zich veilig. Veilig, en zelfs wel. En hij zat daar zo, de ransel naast zich, de knuppel, waarop zijn beide handen samen te rusten lagen, tussen zijn knieën; zijn hoed, stoffig en beblutst op het hoofd; wonderbaar gerust en eenzaam buiten elk leven; – tot het eerste melkige licht tussen de bomen kwam dweilen, en de lucht fris ging worden, en weer een dag geboren werd. Toen stond hij langzaam op, sloeg de ransel over de schouder, vastberaden. Het was inderdaad nog vroeg. Hij liep straat in, straat uit, zonder acht te slaan op voorbijganger of meid of knecht die in de open huisdeur verschenen. En stak eindelijk en zijstraat in, en stond voor zijn eigen woning. 'Ik had het wel gedacht,' meesmuilde, met diep in de borst een snik, Maurisken. 'De vensters leeg, een geel plakkaatje, kamers te huur.' In zijn zak werd Maurisken eensklaps zijn eigen sleutel gewaar. En naast zijn sleutel, het geldstuk dat hij ook al niet had weggegooid.

'Bah, 't leven gaat zijn gang,' dacht hij machinaal. 'En indien ik nu iets ging eten? Met een lege maag verricht ten andere niemand degelijk werk. De moordenaar uitgezonderd, die uitgehongerd scherper peilt en mikt. Ofschoon ik het in de grond toch ook zó precies niet weet. Ik zou er niet durven op zweren.'

Hij wist heel goed waarheen: een vroege kroeg waar ook de marktboeren kwamen ontbijten. Het was er steeds druk en rumoerig. Maar hij deed een omweg. Vanop de straathoek bekeek hij de herberg met het trapken op, en de vogelpik. Gesloten was nog de voordeur. Het kwam hem zonderling voor. Hij meende dichterbij te gaan kijken, maar haalde de schouders op, want wat kon 't hem schelen, 't was immers nog heel vroeg op de morgen en dàn... had hij wat anders verwacht? En liep eenzamer, verlatener door.

In de kroeg, te midden van de boeren en de honden die, aan de karren vast, voor de deur blaften, zat hij te eten als een heer. Zij hoed en zijn ransel aan de kapstok; zijn handen had hij aan de pomp gewassen, zijn gelaat was opgefrist. Onder de bank waarop hij neerzat, had hij heimelijk zijn schoenen uitgetrokken; zijn blote voeten rustten op de frisse tegelvloer. En de koffie geurde... als vroegertijds toen hij nog gelukkig was; het brood geurde, vol smaak. 'Ik zet de dag goed in.' Met zijn pijp, de nutteloze sleutel van zijn kamer, haalde hij ook 't zilverstuk uit zijn broekzak te voorschijn. Hij bezag de sleutel. 'Ik gooi hem straks in het bos, waar hij vliegen wil.' Stak zijn pijp op. Betaalde achteloos met het zilverstuk. Er schoot ruim genoeg over. En hij had goed gegeten. Rustig bleef hij nog een poos zitten. Toen de laatste boerin, met haar rode hoofddoek, het had afgetrapt, en geen enkele hond buiten meer blafte en 't weer om hem heen stil en eenzaam was geworden, rees Maurisken van de bank op – de schoenen in 't geniep aangetrokken. En zo stond hij weer op de straat.

Het was al laat in de voormiddag. De zon straalde ginder boven. Maurisken zocht de schaduw op. Slenterend, waarom zou ik me haasten, begaf hij zich naar de Hoogstraat, waar hij die winkel wist. In zijn zak woog het kleingeld heel wat zwaarder dan 't zilveren muntstuk straks; 't sloeg bij elke stap tegen zijn dij aan. Maar nu en dan was het zijn pijp die hij daar voelde, of die sleutel. Vol aandacht bleef hij geruime tijd voor 't helle raam staan kijken. En kocht dan die koord, de beste uit de winkel. En scherp werd Maurisken nu eensklaps gewaar, dat het uit was met zijn eenzaamheid. Hij had zijn plan. 't Liep alles uitstekend van stapel. En hij trok op naar het bos. 'De schoonste boom die ik ken is de eik,' besliste Maurisken.

Aan de voet van de koninklijke eik, in de clairière, zat Maurisken, de rug tegen de stam van de boom. Helder was op deze open plek nog het licht. Doch ginder tussen de heesters in de omtrek en onder de kruin van de bomen, begon de duisternis te dweilen die straks stijgen zou tot eeuwige nacht, en ook over de kruin van de zilverbeuk, die daar in de eenzaamheid nog gloort. Blauwgrijs, blauwgrijs als reeds avonden aaneen, wasemde de hemel. Fris, na de hete dag, vaarde thans de dunne lucht. Maar het dichte mos, waarop Maurisken uitgestrekt lag, was nog zacht en zoel... Zó wordt de nacht geboren en loopt de stille laatste dag van elk vermoeid leven ten eind.

De blankgrauwe koord ligt als een slang op het kastanjebruin tapijt der bladeren. Maurisken staat langzaam recht. Zijn gemoed is, nu en eeuwig, dof, zonder opstandigheid. In zijn linkerzijde voelt hij de gewonde pijn, die vlijmscherp is als een verse snee. Maurisken grijpt de koord, maakt zorgvuldig en zonder haast de strop, en slingert hem over de laagste zware tak van de eik, laat de lus verder langzaam zakken, tot hij er met de gestrekte hand aan kan, en hecht het andere eind der koord om de stam van de boom vast. Alleen nu nog een voetstuk maken, hier juist onder de strop, met wat kluiten, wat zachte bladeren, en de ransel daarop. Maurisken kijkt even rond, bemerkt 't lachwekkende schoenenpaar en stopt ze toch eerst in de ransel. Dan heeft hij slechts nog voor een enkel ding te zorgen: de kop behoedzaam in de strop te steken. Een schop, en hij zelf is dan de leegte in – die andere leegte. In de nacht, die uit de bodem naar hem toe stijgt, en uit de struiken romdom sluipt naar hem toe – voor de eeuwigheid. Maurisken buigt over de grond; geen enkel leedgevoel in hem, geen wrok werkt in zijn hart na, alleen de diepe rust die nakend is en die hem reeds tot zachte overgave heeft gestemd – en hij grijpt naar de opgehoopte bladeren, die eerst krissen, maar dan verder vochtig mals zijn onder zijn hand. Hij grisselt ze met de vingers samen tot een vaste tas. Maar plots merkt hij die vuiligheid, plat geel, daar tussen 't droge gebladerte, van iemand die, misschien was 't zelfs gisteren, hier op deze plek vóór hem heeft vertoefd. Een onzinnige walg stijgt plots uit de diepte van zijn wezen op,

en grijpt hem als met een zenuwige hand vast. Maurisken
recht dan ook zijn lichaam, van over de blarenhoop; zijn
handen zijn leeg; zijn hoofd komt hoogop in de frisse lucht.
Juist onder de gereden strop. Even dubt hij – of is 't dat hij
dubde? Zijn gemoed is bitter, zijn gedachten spelemeien; hij
gnuift, hij grinnikt, hij schiet ten slotte in een onbedaarlijke
lach. 'Ik – juist boven dàt!...'

Even dacht hij na, gewichtig: 'Zou er dan toch een
Voorzienigheid zijn; ik zal er straks nog moeten in geloven.'
Maar hij huiverde bij dit vooruitzicht. En greep tegelijk zijn
ransel vast. En met zijn hele lichaam tegen de ruige stam van
de eik, haalde, uit de ransel, het paar lompe schoenen, die zo
zwaar wogen; stopt in elk van hun, zonder nadenken, een
vunzige kous; bindt de schoenen ernstig samen bij de kapot-
te nestels en gooit ze over de linkerschouder, een van voor
en een van achter. Over de andere schouder hangt reeds los
de ransel. Hij schudt nu, met de hand, al die stukjes blad en
droge pijltjes gras en mos van zijn kleren af... 'nu nog mijn
wandelstok.' Hij kijkt toe waar hij stapt; de blote voeten over
het droge bladerentapijt, dat ritselt als klatergoud. Aan de
rand van de clairière wordt zijn stap weer vaster. Hij weet
zich buiten schot. Hij ziet even om. Daar gloort de zilverbeuk thans in 't stille licht van de gerezen maan. Grauw, boven de duisterende grond, onder de kruin van de koninklijke eik, hangt de eenzame koord met de lachwekkende
nutteloze strop. Een vogel roept de nacht toe, kalm, bedaard,
roep na roep. En onmerkbaar wordt Maurisken opgenomen
in de donker, die overal elders heerst onder de boomkruinen, tussen de roerloze varens en struiken, van het stille bos...

Drie dagen later, terwijl juist een nieuwe dag in zilveren
schijnsel over de wereld opklaarde, werd Mauriskens lijk in
de vijver der Verdronken Kinderen gevonden tussen het
vadsige groene gewas en 't paddegerek, dat sedert altijd op
het roerloze water dreef. Niemand ontkomt aan het lot, dat
hem is beschoren.

JORIS VRIAMONT

Sebbedee

Hij die mij dit mal vertelsel toevertrouwde is sedert lang gestorven.

En heel wat tijd heb ik mijn geweten geraadpleegd alvorens deze burleske sproke aan rechtgelovige lezers toe te vertrouwen. Want mijn zegsman was bekeerling. In de laatste tijd naderde hij dagelijks tot de Heilige Tafel en van dan af aan stokten zijn inspiraties.

Mijn skrupulen komen u stellig verklaarbaar voor. Na dralen nochtans en op aandringen van een paar vrienden, waag ik het deze vrucht zijner oneerbiedige fantasie in het licht te zenden, de lezer mijn mening ter overweging latend, namelijk dat aardgelijke bekeringen betreurlijk te achten zijn, daar zij onze literatuur menige vermakelijke curiosa ontzeggen.

Is het gebleken dat het aantal protestaantekeningen der met reden ontstichte kerkgezinden mij niet al te veelvuldig toestromen, ✱ *dan zou ik er wel voor over te halen zijn af en toe een der menigvuldige traktaatjes van mijn vriend – ik tekende haar zorgvuldig op – aan de goegemeente over te leveren.*

Ik beijverde mij erop zijn robuuste toon te temperen en zag mij tot mijn spijt genoodzaakt tal van onhebbelijke en bovendien overbodige bijzonderheden te moeten verwerpen.

(Want, nietwaar, Mevrouw, het is toch blijkbaar dat de onvoegzaamheden hier tot een strikt minimum werden herleid?).

Moest ik mijn zegsman integraal naverteld hebben, geen twijfel of ik – o, eeuw der toasten ter ere der vrijheid van drukpers – wegens pornografische vergrijpen voor de correctionele rechtbank terecht zou staan.

En proceduur is een cultus van de vele tot dewelke ik vooralsnog geen devotie voel.

Nadrukkelijk wijs ik er dus op dat dit verhaal niet door mij werd bedacht. Ik geld hier slechts als bemiddelaar en houd van mijn reputatie, al is zij niet bijster onaanvechtbaar.

Volledigheidshalve vermeld ik dat ik noch tot de Derde Orde van Sint Fransiscus behoor noch tot Themis' Discipelen.

Brussel 1923   *J.V.*

★ Aanvankelijk was dit geschrift bestemd voor een periodiek dat thans – evenals Ninive en Babylon – de dood behoort.

> *Mais que salubre est le vent!*
> Rimbaud.

Sebbedee was molenaar te Sinte Kwintens-Lennik. Uit het loergat van zijn molen omvademde hij de uitgestrektheid en de vereenzaming had hem de betrekkelijkheid der systemen geleerd alsook het inzicht in veel dingen gegeven.

Struis als de stam van een es was hij, een man van pezen zie-je, lang niet pas geperst, gebouwd van een andere bast dan die waarvan men fluiten snijdt en het was niet hij die men uitzond met een snuifke zout om de mussen na te zetten. Zwijgen was zijn zoetste wijsheid en weinig stoorde hij zich aan kostuimen en kristallisaties welke in Kamtsjatka voor hoogste deugden werden aangeprezen en elders voor laakbaar beschouwd als staande op de zelfkant der immoraliteit, waarden die in de grond alle overeenkomst vertoonden voor een buitenstaander die ze bekeek vanuit Sirius of nog van dichterbij.

En een lustig molentje had hij, vrienden, met een huis daarnaast als een kleurige ark, het al zo flikkerend of het vers onder een stolp had gestaan. En de molen draaide aldoor en het meel reuzelde, het meel dat het brood bezorgde van tien dorpen in het rond. Want een voortreffelijke molen bezat Sebbedee, een windmolen uit de tijd der kruistochten en zijn klandizie bleef hem trouw al werd er van lieverlede met stoom gemalen. En als de weerhanen op andere nokken de kluts kwijtraakten, dan bereed die van Sebbedee nog solide de noordenwind.

Hij was als ingelijfd bij die erfmolen waarvan romp en balken eruit zagen als de kleur van een doorgerookte pijp.

Aan zijn voet spleet het land in wijde verschieten uiteen en vanuit zijn verhevenheid kon men wel twintig kerktorens tellen. Het was hem een weelde uit het ochtendwaas der vallei de klaterende dorpen één voor één te zien opduiken en tintelen als eiers in het hart van een nest. En wanneer de elementen het getimmerte doordreunden nam hij er zijn genoegen in de vergezichten in hun sneeuwuitgestrektheid te overmeten, gevierendeeld door reken populieren als had een landmeter uit Pieter Breughels tijd het afgezoomd.

Het gieren van de wieken die de schaar der winden van zoveel eeuwen staag afmaaiden, het verkeer in de heldere natuur hadden hem als opgevoerd tot de vereenzelviging met de elementen.

Hoe hem zijn bijbelse naam werd toebedeeld wist hij niet te verduidelijken, tenzij dat zijn grootvader met dezelfde was behept.

De molenaar had een wijf en veel kinders. Deze waren naar alle richtingen uitgeweken; een curieus ras en geen enkel van hen die naar de ander geleek. Met Titia alleen was hij overgebleven en uit haar had hij tot verblijding zijner grijsheid een laatkomer gewonnen. Symfoorken.

Nu, behoort gij te weten, was zo wat de tijd aangebroken waarvan de profeten hebben voorzegd dat de vrouwen die geen verwachting koesterden zich van blijheid de handen mochten kussen en dat de dagloners welke hun pakken op het land vergaten best deden niet op hun schreden terug te gaan.

Aan de mensen was het, aanvankelijk althans, niet te merken. Vanop de kansel vernam men 's zondags varianten op de globale kentering der christelijke deugden, maar in gewone tijden zelfs was dat beklag normaal latijn en aan zulke gegevens mocht men zich niet storen.

Aan de hemel was het eigenlijk begonnen. Eerst was de sjerp van de melkweg uiteengerafeld. Vervolgens gelijk bij de striptease kleren en ondergoed, zo liet de zon zich om de beurt haar stralen ontvallen totdat zij een week naderhand als een eierdooier ging ploffen in de parel van de zee. Zij waren nog niet alle aan de kim verflauwd maar het was een aldoor eendere klaarte neutraal en zonder geweld. Af en toe doofden de hemelbollen en zwommen in het ijle waar zij tegen malkander aan splinters schokten. Ook de anonieme hulpzonnen in hun proeftijd barstten uiteen alvorens hun geslachtsrijpheid te hebben bereikt.

En alle nachten herbegon hetzelfde spektakel.

De kranten waren er vol van en *De Laatste Post* verscheen op tweeëntwintig bladzijden. Nooit waren de sterrenwachten zó bestormd, want iedereen wilde zich van de verwarring van het universum vergewissen. Het gebeurde dat de sfeersintels terecht vielen in de tuinen der poëten die aldus het kosmos op hun schrijftafel lieten staan en nooit zijn er aangrijpender zangen van astrale harmonie ontstaan dan in dat glorieuze jaar der algehele onttakeling.

Bij de vleet krielden de verzen over de oerfoetus, het aards paradijs, dansende zonnen en miradoren. De literatuur maakte van de gelegenheid gebruik om onverwijld een merkwaardige verjongingskuur aan te gaan en daartoe bleek een nieuw soort van versvorm uiterst geschikt; hij werd algemeen beoefend en kende dra ongehoorde bloei, namelijk het epos in drie verzen. Verschillende categorieën kon men er onderscheiden: de decagonale, de serafische, de Vlaamse. Verder de afgrondelijk-menselijke en die van het lyrisme-te-voet.

Overal kwam het heelal bij te pas. Geen kinderop hoe idioot ook, geen libel die op de hoogste stamper de zon beloerde of het kosmos zat erin.

En dat alles was hoogernstig bedoeld. Ironie vond geen plaats en een achterlijke individualist – *horresco referens* – die zich olijk durfde uitlaten werd terstond door elektrocutie terechtgesteld.

Een ernstige tijd, een zeer ernstige tijd, zowaar.

Natuurlijk bleef de zwerm der essayisten bij die wedren niet ten achter en hij wipte om ter hoogst de ruimte in. Gewone rijmelaars leefden als op een veilig terras vanwaar zij knusjes het gedoe konden overmeten. Maar de mystiekers spanden de kroon en hadden zulke hoogten bereikt, dat zij in de navel van God-de-Vader hadden aangelegd en contrabas speelden op Dezes bil of zo. Gedurende dat zij het vesperbrood braken, hoepelden de werelden aan hun voet en dat was een spel van lustig vertoon. Te Antwerpen woonde zelfs een malle dries, welk door de regenbogen die hij over de Schelde, spande, geregeld haasje-over speelde met de Heilige Drievuldigheid.

Atomen, aardkloten, dichters, een werveldans! En daar te midden dribbelde Apollo met de Astrologie, symbolisch paarken dat tijdig een echt had gesloten om de droogstaande epiekers te vervoeren.

Zelden kende de Hindoese poëzie zulke zwang. Dagelijks werd de genialiteit bevonden bij de meest duistere fakirs, die hun bestaan sleten met hun gat op de pijnbank en door die oefening beweerden de gaai te hebben afgeschoten. In Europa golden zulke praktijken voortreffelijk geschikt om achter het eind der levensproblemen te geraken en zij vonden vurige navolgers.

De lichtbron bleek andermaal uit het hart van Azië te wellen, daar op serene hoogten de sneeuw wordt gezift en gezuiverd door de vrije vlucht der winden. De schaarse vogelsylben die de monniken der Himalaya zich lieten ontglippen

– een paar dozijnen op een mensenleven – werden devoot opgetekend door hun satellieten die haar uitzonden naar de uiterste verten van het heelal. Totaal verdraaid door de lange reis belandden zij ook in het Westen, alwaar zij door de meest argeloze poolkens werden opgevangen. Dra rezen zij er als sibyllijnse orakels waarrond de toelichtingen tot omvangrijke standaardwerken groeiden.

De Laatste Post, immer tuk op actualiteiten, besprak zelfs de zeer strijdige astrale stelsels en opende een vrije tribuun waarin tegenstrevers aan het woord kwamen en malkaar uitscholden met de meest vreemdsoortige epitheten tussen het blootleggen van hun systemen in.

Technologen, instrumentmakers en natuurkundigen hadden tijdig gezorgd voor een flinke syndicale actie. Nooit mochten zij zich om zo aanzienlijke opdrachten verheugen en de vernuftigste kijktoestellen zijn te dien tijde uitgedacht.

Almaar door knalden 's nachts de aërolieten aan stukken als ijsblokken.

Ieder dorp wilde er zijn museum op nahouden en dan is het gebleken hoeveel onbekende geleerden er in ons land voor 't grijpen waren, te oordelen naar het aantal der conservator-kandidaten.

Alle schenen van de planetaire bevlieging aangetast en geen patriciër die up to date wenste te zijn – Dunhillpijp en Negerplastiek hoorden tot het verleden –, of hij wilde het uitspansel naar zijn salon toehalen op het eind van een kijkbuis.

Zelfs de Streuvelse boeren hadden er hun patriarchale integriteit bij ingeschoten en lieten aan hun oudtestamentische hoeven observatiepostjes bijtimmeren welke zij bij valavond beklommen om de hemelkaart te peilen.

Het gouden tijdperk ging inluiden. Heden hadden de volkeren het saamhorigheidsprinciep beleden en over afzienbare tijd zouden zij de versmelting kennen in de onverstoorbare klaarten van kosmos en lichtstille harmonie...

– Wat voor een sport! meende Sebbedee en nuchter loerde hij zijn molen uit. De vier windgewesten zaten nog in hun voegen en de zon troonde in het noorden nog niet. En rustig deed de mulder voort. Zolang zij hem hier met rust lieten, konden hun kosmogonische bevindingen hem niet veel schelen. Maar men kon nooit weten: poëten en windmolens...

Hij wist desbetreffende een Spaanse historie en kon dichters noch filosofen bijster velen.

Het was inderdaad de eeuw der giganten en genieën. Genieën uit de vulhoorn. Daar waren er van ontzaglijke verhoudingen en de grootste bleken precies deze waarvan Sebbedee geen knop verstond.

Geen krantenschrijver, geen kantoorbeambte of hij hield er een oorspronkelijk receipt van wijsbegeerten op na. Stelsels waarbij die van Plato en Pythagoras verbleekten en menige kruin van Zarathoestra ongeweten, heeft getrild bij de cadansen van een simpel klerksken. Reizen in wijsbegeerten-behoeve-van-allen was een zeer profijtelijke betrekking geworden en tal van schoolmeesters wijzigden in deze zin hun loopbaan.

Het was ook het toppunt der prijskampen van Astrologie en Poëzij. Jurylid te zijn, dat was een benijdenswaardige roeping; die haar waarnamen zagen eruit als kanunniken van welstellende kapittels. Binnen een rond jaarken kon men er zijn fortuin op het dubbel brengen. Dorpspedagogen – en gij weet hun socratisch uitstralingsvermogen in Vlaanderen – vonden nooit zulk krediet bij de goegemeente en een uurwerkmaker die ietwat op zijn zaakskens paste, kon zich na enkele tijd terugtrekken op campagne. Bij ministerieel besluit was aan de zesde graad van het hoger onderwijs een cursus toegevoegd van kosmologie en verskunst; over een paar maanden was men er op het epos afgericht.

Er bestond zelfs – heb ik het gezegd? – een Ministerie van

Astrale Aangelegenheden en het werd zo druk bestormd dat men drie uren wachten moest vooraleer men er kon worden aangemeld en even zoveel nadat men het was.

Een der hoofdkenmerken dier periode was haar reactieve afkeer van al het plattegrondse en walgelijk-onreine. Alzo waren sommige diersoorten tenemaal uitgeroeid en trof men er nog bij uitzondering in de musea een prototype van aan.

Het was ook de bloeitijd der zieners. In Vlaanderen wemelde het van dezulke; de profeten waren er overigens nooit onwelkom geweest. Zij kwamen uit woestijnen waar de vrouwen in de schaduw der kemels baarden. Uit hun mond vloeide gestrenge wijsheid en hun woorden waren gemunt in het hart van die hen beluisterden. Sommige droegen ottermutsen; die hieten zich uit Oosterlanden herkomstig, maar in hun intimiteit hoorde men ze in het Spaans krakelen. Andere vertoonden patriarchale baarden en voor enige kledij bij wijze van koker een hol rietje dat met een touw om hun lenden was gesnoerd, een zicht dat de Kinderen-van-Maria met ontzetting sloeg.

Die grijze gothiekers aten schotbrood bij gebrek aan gestoofde sprinkhanen, ontbering welke hen troosteloos liet. En 's avonds wasten zij zich in het geniep, legden hun baard af – en hun rietje ook – en toen waren het kloek bedeelde jongelingen (Eremijten komen nooit te laat). Terwijl al de dakvensters opengingen om aan de hemel de metrische wetenschap af te bedelen, scholen zij samen in tingeltangels en taveernen waar zij liedjes bralden en luide klonken met schippers en rabauwen. En, gelooft mij, vrienden, van eclectische zin legden zij blijken aan de dag (en aan de nacht) toen zij in bed bij de meisjes drongen. 's Anderendaags zagen ze er weer uit als vooraf, koninklijk zwaarmoedig en als door het leven uitgediept. Verder zwerfden zij met een gezicht van boven-de-tijd en op hun rug slingerde het reiszakken met schmink (zonder het spoorboekje te vergeten).

Alleman gaf zijn werk op en het garnaal schoot bijeen om de roering der meetkunde toe te lichten.

Ook Titia was niet thuis te houden, sleurde Symfoorken aan de leiband en verlapte bij andere wijven haar schoonste tijd. Sebbedee daalde van de klautertrap en moest het hele dagen stellen met spekslagerij en verwarmde koffie.

Nu gebeurde het eenmaal, dat de markt overstroomd werd met kermislui die hun tenten kwamen opstellen. Door schreeuwerige plakkaten was hun komst aangekondigd. Iedereen had er zijn volle bekijks aan. Met een ietsje volharding en veel goede wil slaagde men er in het wondere kleurengeval te ontraadselen: '*Doktor Heliodoros komt, men zegge het voort!*'.

Sebbedee moest naar de timmerman; ook hem had de aanplakbrief staan gehouden voor het gemeentehuis, doch zulks vermocht niet hem van de wijs te brengen.

– Alweer een filosoof, zei hij en trok verder.

Enkele dagen later echter, kwamen volle wagens af met Moorkens en wilde beesten. Dat was de komst van Heliodoros. Hij reisde steden en dorpen van Vlaanderen af en in zijn tenten lokte hij kuise rekruten en melkmuilen. Ook hij kwam met een systeem voor de pinnen en vele bleken er aldra voor gewonnen. Het vergde overigens geen bijstere tucht, een verjongde leer des vleeses namelijk, het heerlijk-paganistische sinds mensenheugenis immer triomferende vlees en – verontrustende vaststelling – aan die princiepen bezweken het eerst van al de idealisten en deze welke van de drang naar vergeestelijking waren aangetast. (*Omnis caro ad te veniet*).

Die week, toen Heliodoros en zijn zigeuners hun kermiskramen optimmerden, kwam Sint Joris het dorp verkennen. Nu, zulks was geen zeldzaamheid: hemelbewoners gingen voorheen wel meer met de dorpelingen om, met de mystiekers vooral. Zij kwamen met valschermen over de gouw neergestreken. Ettelijke hunner om rond te komen, improviseerden zich als importateurs in Oosterse wijnen en vruchten, leurden met almanakken, spiegels en schoenveters rond en gingen 's avonds een partijtje jassen. Sint Stanislas Kostkakken dreef flinke zaken als makelaar in koffie, malt en als chemicaliër. Martelaars brachten hun foltertuigen mede en poseerden voor de schilders. Derwijze was de Leije een druk bezocht rendez-vous alwaar de modellen een ronde stuiver verdienen konden en geen maand ging voorbij of Sint-Elooij moest Pegaas beslaan bij Medaar. Aldus trof men heilige eierboeren, bijentelers, hoefsmeden, wagenmakers, huiddecorateurs, loodgieters en allerlei slag van ambachtslui op de baan en zo innig was dat indringerig zootje bij de oerbevolking vermengd dat zijn wezenheid uit deze niet te onderscheiden viel.

Ja, die gebenedijde lui hadden zelfs syndicaten gesticht om hun beroepsbelangen waar te nemen. Zij vonden het in Vlaanderen zeer aardig – stelt u voor hoe het Hierboven moet uitzien! – achtten het paradijs lang niet schitterend en vroegen de naturalisatie aan. Hoofdzakelijk de schrandere Joodjes die er wisselkantoren op na hielden, benijdenswaardige makelaardijen voor de Wederopbouw, speculeerden op de wereldmarktkoers der konijnenvellen of op de aardappelbeurs. Onthoofden die tastelings hun kop hadden terugbemachtigd, droegen hem als een voetbal onder de arm, kwamen op zulk fatsoen afgewandeld door de landouwen van Valerius De Saedeleer en Gustaaf van de Woestijne en begaven zich 's zondags naar de handboogschieting of de schommels.

Welnu, met of zonder kop, voor tal hunner eigenaars was zulks glad eender want die kinkels hadden blijkbaar de beatificatie aan de geestessukkels te danken, profiterend aldus van de eerste gelukzaligheid bij het Bergsermoen afgekondigd betreffende de armen-van-geest. (Mattheus V, 3). Ja, de onnozelheid had hier mirakels verwekt.

Ze legden dan hun vracht op de tafel net als voor het dertiende-eeuws banket van Heer Halewijn en toen begonnen die lichaamsdelen aan 't snateren en zwetsen als een opgemonterde radio-speaker die niet te bedaren is.

Sommige die het *ius romanus* machtig waren, staken een hand toe bij arbitrages en rechtsgedingen, kwamen op als consul of vertaler. Andere nog wijdden zichzelf aan de kwast, verdeelden het landschap op hun doeken en zulke arbeids-vruchten maakten opgeld bijzonder als het stramien van mystico-folklorieke inslag was.

De heilige Pancraas, orgelist te Balgerhoeke, was er zelfs in geslaagd een zangvereniging te stichten, alleenlijk uit meerderjarige engelen bestaande en die jaarlijks een tour-neetje aflegde in parochiezalen en begijnhoven. Te Sint-Job-in-'t-Goor gaf hij onlangs een *divertimento funerale* in mixolydische modus van eigen compositie ten gehore.

Dit optreden was een verbluffend schouwspel: het en-semble namelijk, chromatisch bij uitstek, vermocht van ge-laatskleur te wisselen zo de kameleonen plegen – en zulks naar de maatgang van melos met zielsbewogenheid gepaard. Derhalve kon men de auditie van een vijfstemmig koraal bij-wonen, die aanving in het Nijlgroen, verstreek over het oranje heen naar het scharlaken om pardoes te besluiten in het indigo. En bij wijze van besluit ging toen dat koor geza-menlijk aan het schommelen als papegaaien op hun stang. In feite betekende dit niet veel zaaks – liefhebbersoefening – glipte veelal uit op de sterke maaltijden of verlegde klakke-loos de accenten. Doch zulks bleek van luttel belang: de boe-ren kwamen voor de kleuren.

De Limburger Godfried van Melveren-bij-Sint-Truiden, geboren Coart, een der heilige martelaren van Gorkum, wiens gebeente berustte in het relikwieënschrijn ter Sint-Niklaaskerke van Brussel, tuk op hanengevechten, had zich zelfs op een zeer gewichtig probleem gebogen en desbe-treffende een aanstonds uitgeputte monografie in het licht gezonden met name *Het Vlaamse Neerhof door de Eeuwen heen*.

En de gelukzalige Chrysoloog oefende te Deurle het ambt van landmeter uit.

Die gemeenschap vergaderde bij voorkeur *In het Misver-*

stand – specialiteit: Gentse stoverij – waar men knusjes de kaart kon leggen, een aloud bierhuis waar de dubbel-ou-denaards voortreffelijk gekoeld is 'gemout ende gebrout naer oude Vlaemsche receipten', meldt een reclame.

Hier wordt de schilders een gelegenheid gebogen om hun werk aan de wand op te hangen, soms met gunstig gevolg. Bijvoorbeeld werd er onlangs een pastel betwist, te denken aan een heilige anonymus, waarvan het onderwerp luidde *De Voorloper te midden der Baadsters*.

Het was niet minder genoeglijk in *Tivoli* met zijn schietschijven, trekbiljarten en bovenal een kegelbaan waar de hemelingen in dol tumult de bal gingen slingeren. *In de Rust van Bethanië* was een restauratie uitsluitend door enge-len waargenomen en daar werden slechts blanke gerechten bediend: havermout, kip, fazant, zeekreeft en tarbot. Veel belangstelling. Noch fooi noch klederbewaringskosten: gij kunt denken! En daarenboven de benieuwdheid om die in-trigante hemelboden waarvan de doorzichtige dracht niet het minste spoor liet verraden van geslachtsvereenzelviging.

'Noch fluit noch spleet' schertste Medaar, de onbetame-lijke hoefsmid, oude vitterij der godgeleerden van Byzan-tium, tijdens Mahom II zijn muren belegerde.

Ettelijke van lagere leeftijd kwamen voor een tijdje over met vakantie als kostleerlingen, gingen met de dolfijnen dar-telen te Walcheren of Cadzand, om, met tegenzin trouwens, daar zij in hun paradijs niet te wennen schenen, terug op te wieken door regionen van licht dat nooit een blik des men-sen had geschonden.

Twee feiten waren opvallend bij deze nieuw-aangekome-nen. Geen enkel hunner was ooit bij machte een mirakel te verwekken; anderzijds de volkomen afwezigheid van heili-ge vrouwspersonen. Nimmer heeft iemand de reden kunnen achterhalen om dewelke deze een tochtje naar onze kloot werd ontzegd.

Doch op de duur werd dat volkje zo roerig en hinderend

dat het voor de landzaten een contingentering uitlokte wegens concurrentie. Steekkaarten werden ingevoerd waarop curriculum vitae, rang, krediet, titels en andere apanages waren vermeld, en zulks aan een ongenadig toezicht onderworpen.

Sint-Joris toerde een paar malen de markt rond met zijn splinternieuwe Bentley en was subtiel verdwenen.

Gij kunt vermoeden of zulks van aard was om het dorp ondersteboven te keren. De zon en de drijvende kometen, de catastrofale nieuwtjes welke de oplaag van *De Bolied* dagelijks op een paar honderdtal deed stijgen; dat alles stuurde zorgvuldig de logica in de war en daar de grenslijn tussen genialiteit en idiotie niet altoos in het klare loopt, viel het geenszins te verwonderen dat vele op slag stapelgek werden.

Aan de apocalyptische onttakeling alleen was de helft van het wufte Frankrijk bestorven. Wegens de volslagen ontreddering van het spoor en het gemis aan telegrafische aansluitingen wist men van andere landen zoveel als niets. Maar die van Vlaanderen hadden nog merg in de pijpen en hielden zich ferm. 'Kloek ras van het blonde Noorden' hadden zeer originele poëten destijds gezongen op de stonden hunner hoogste bezieling en zij schenen heden nog in hun gelijk.

Later kwamen toevallig berichten uit Holland en het scheen dat de Bataven er voorbeeldig vochten. De pacifisten hadden de wapens tegen het andere kamp opgenomen en deze welke zich buiten het geschil hielden, werden tussen de twee legers doodgedrongen. Om welke redenen wist niemand uit te wijzen.

– Theosofie, Theosofie! had de schoolmeester van Sinte Kwintens-Lennik verkondigd. Hij droeg een lens op zak en verklaarde er alles mede.

Heliodoros voer door het dorp met stralende muzieken en nodigde door luidsprekers het volk naar zijn kramen uit. En werkelijk, hij oogstte enorme aantrek. Met reden overigens, want in kijkgaten waren er dingen te zien die effenaf de stoutste verwachtingen der kanonniers overtroffen.

Dokter Heliodoros zelf pronkte op het verhoog met rok en hagelwit boordje en hij droeg een uilenbril van overzee, een glinsterend uitgedost heer. Al deed hij lijk een voornaam sinjeur, aan zijn spraak viel niettemin te merken dat hij een Brusselaar was van de zuiverste munt. Met Homeros had hij gemeen dat zeven steden elkaar de eer betwistten hem het daglicht te hebben geschonken. Hij gaf zich uit voor een chronologische afstammeling der aloude Ptolemeeën en zijn naam, in de steen geprent, besloeg de schaduw van een grote boom.

Thans kwam hij recht van het Zwartwoud klaroende hij met een bronzen stem die het marmer der graven had verwarmd. Onderweg had hij met Faust mirakels volbracht, talloze steden gebouwd en over de Rijn, een brug met dertien bogen van porfier. Naderhand bleek uit de onthullingen van een meisje met wie hij een uurtje brutaal en gelukkig was geweest, dat hij als goochelaar debuteerde in een circus. En 's avonds zat hij op de nok van zijn tent te vingeren op een ocarina om de sterren te temmen.

Diorama's toonde hij – half tarief voor militairen – met veldslagen en criminele anekdoten, merkwaardigheden als de aanslag van Barcelona, een haarlok van Maria Magdalena, de vleugels van een albatros, de opgezette vredesduif der ark van Noë, de driesteek van Nelson, de verrekijker van Napoleon en een handvol haver van het paard van Troje, de milt van Sarah Bernhardt, alsmede zakjes poeder van een rinohoorn afgeraspt en dat van nature is – naar zijn orakel althans – om u de hormonen van Herakles te bezorgen. In een renbaan evolueerden worstelaars en piassen met syfilitieke panters. Elders kon men de verborgenheden peil van Madame Zaïre *travesti avec monocle*; de pikante symmetrie van hoge girls uit de eilanden der suikerwinden omkranste haar en een rabbijn verkocht er profetische pillen voor de sabbattochten.

En 's zondags op de kansel had het de pastoor druk. Hij

was een dikke bombardon. Zijn profiel leek op de tromp van een tapier en glad kaal was zijn stugge schedel als een helm uit billenhuid. Wanneer hij at of preekte ging zijn kropgezwel aan het dansen. Zoals zulks het geval was bij vele van zijn slag, althans in deze lage landen, had hij het levenslicht gezien van achter het vee uit en mocht hij ooit geadeld worden – men mocht zich van alles verwachten in deze paradoxale tijden – dan had zijn blazoen zeer rechtmatig een koeienkont kunnen verbeelden. Sedert lang had hij gewezen op de eindelijke voltrekking. Zijn predikingen golden als modellen van kerkelijke welsprekendheid en dadelijk werden zij in college-bloemlezingen overgedrukt. Daar werden zij afgeschild en men zette er de proef door negen op. Want zijn argumentatie was zo onomstotelijk als betonzuilen. Zo betoogde hij: 'Er bestaat slechts één God en daar Hij overal is, waar zou de tweede zich wel kunnen bevinden?' Het was een man van waarde. Methodisch bewees hij wat zonneklaar was, herhaalde wat iedereen sedert lang wist en als hij bezweet van het gestoelte daalde, dacht hij gehoor werkelijk een oefening te hebben bijgewoond van verbazende opvlucht, zoals slechts zelden te bedenken zijn. Een man-van-formaat, enfin. 'Van onder de navel' gekte de cynische Sebbedee. Want hem wie het niet makkelijk viel een peer te stoven, bracht die larie het uitwerksel teweeg van een uitstekend schuifmiddel.

Die genius openbaarde thans dat Dokter Heliodoros niemand minder was dan Antikrist in hoogsteigen persoon, onthulling die al koren was op de molen van deze laatste, want iedereen vertikte het om thuis te blijven. Van heinde en ver zwermden de lobbedoe's rond de Antikrist, de langverwachte die het heil uit de hoornen des overvloeds zou doen vloeien.

En de Zonde nam toe op ontzaglijke schaal.

Sebbedee was zowat de enige outsider welke zich van die esbatementen onthield. Hij liet zich uit zijn lood niet slaan, stopte een pijp en lachte in de baard die hij niet had.

Eensklaps viel het nieuws als een steen uit de lucht: dat Christus het mensdom kwam oordelen.

De uitverkorenen waren voltallig en de profecijen zouden thans in vervulling treden.

Ziet, dat was nu een zaakje naar het hart van de pastoor; hij rolde ogen als goudstukken en liep rond alsof hij een ei moest leggen. Heliodoros was nu met het blote oog onzichtbaar; van als hij de mare in de gaten kreeg, had hij opgekraamd in de richting van Gent om nieuwe handlangers aan te werven.

Al op een schone morgen – het was vrij laat na Pinksteren en in de hoven waren pioenen en papavers nog luid aan het woord – landde op de markt een eskader van luchtboten, dat uit een dichte cumulus van glorie kwam nedergewiekt. Vlugge engelen wipten eruit en bliezen signalen op korte bronzen trompen die schromelijke sonoriteiten verwekten. Daar was een aanzienlijker menigte op de been dan om de Ronde van Frankrijk bij te wonen en meer dan één hart spleet van ontzetting in tweeën. Een uurtje nadien verschenen, met anachronistische leviathans bespannen, vijf wagens waarin zoveel duivels waren gecondenseerd als ossen in een potje Liebig (zegge achtenzeventig eenheden per kubiek centimeter luidens de recentste gegevens van de sociale zetel). Welk spektakel! Op een oogwenk hadden zij uitgespannen en liepen rond, laat ons maar zeggen: als bezetenen. Zij zagen er verkoold uit; bij elke ademtocht straalde iets als een petroolvlam uit hun bakkes zoals men merken kan op de reclame van de Thermogeen en zij hadden een vreemde wijze van likkebaarden. Erg onfatsoenlijk de meeste, met gapende voorbroek en zo meer.

'Om de kwezels te koejeneren,' grinnikte een hunner.

'Gemakkelijkheidshalve,' schertste een ander en warempel hij waterde tegen een stadhuismuur zonder dat zijn poten erbij te pas kwamen en zo viel het te bemerken met wat voor een koppel paardekloten hij begunstigd was (jee, jee,

Mevrouw) en een sexus als een suikerbiet van omvang en bovendien zo zwart als de vledermuis. Nu, van duivels kan men meer schunnige praktijken verwachten en kwajongens wezen elkaar naar de onwelvoeglijke aardigheid. En vervoerd was dat hellevolk bij het zien der lekkere deernen van Brabant; want wezenlijk deze waren fleurig als bogaards in de Meie.

Niet alle vertoonden een satanische aanblik. Sommige bleken veel gereisd te hebben, waren veeltalig en bezigden datieven af en toe. Andere hadden innocente koeiogen van versleten landsturms: zij toonden medaljons met het portret der leden van hun huishaard. Enkele nog waren muzikaal en dronken koffiefilters. Zij brachten schuifhoornen mede en stieten hun forse longen uit in sarruzofonen waarvan de hoge paviljoenen laaiden als zonnebloemen van Vincent.

Een staf omringde Lucifer die het voorkomen had van een Ethiopisch keurvorst, de Satan in zijn volle gloor, de aap Gods, naar Sint Augustinus. Op zijn buik bengelde een veldkijker en zijn opgebonden staart was met stro doorvlochten als van een bekroonde hengst.

Toen rees op de hoek van de marktplaats een ongezien licht en daar verscheen Christus, een poort van goud gelijk. Een barok gevolg vergezelde hem: Araabse ruiters die kemels bereden welke er bijster zielig uitzagen of paarden met verbloeide schabrakken; duivels met spandoeken waarop ijselijke verzen van Dante trilden; gekroonde maagden met de aseksuele morbidezza der Praeraphaëlieten, triestig bleek als de voet der Ongeschoeide Karmelieten; een brandweerbus vol glimmend gepoetste pompiertjes; kinderen die kransen en mirlitonen zwaaiden en kornaks welke hun armenische muts in de lucht slingerden.

De drie koningen zaten in een karos Louis XV; zij hadden tuiten mee met peperkoek en bananen. De zwarte liet goedjonstig zijn snuifdoos rondgaan bij de anderen en aldoor lachte hij het klavier van zijn tanden bloot. En hanenveren trilden geestig op hun tirolerhoedje en achter het gespan, ernstig als een paus, hield een postiljon zich stijf.

De praalwagen was het glanspunt van de optocht. Hij was versierd met varens en schelle bloemen; bolle tritonen verdrongen er zich naast amors lijk varkskens van massepijn zo wel te pas en die pijlen afschoten uit snoezige kokerkens.

Toen zuilden in de lucht de heroïsche galmen ener fanfaar; het was de schaar der aartsengelen en duizend zonnen bolden op hun rondassen.

De Messias van dichtbij bekeken (neem het mij niet kwalijk) en had niet veel goddelijks om het lijf, goddomme nee.

Slechts zijn albe was een kostbaar stuk. Doch, als gij weet dat de begijnen van Brugge er dertien jaar aan gewerkt hadden, zal U zulks niet verwonderen. De koorkap en de thiara waren toonbeelden van wansmaak: geen centimeter vierkant of hij stond stokstijf van valse peerlen en klatergoud.

Als nu de dorpelingen van hun eerste gevoel waren bekomen, dachten vele het op een lopen te zetten, doch de wegen waren versperd door een korps der Machten als hellebandiers uitgerust.

Enkele poetsten als hazen de plaat en nooit heeft men hen weergezien. Andere pleegden zelfmoord of liepen schuil in bakkersovens en linnenkasten; ja, een muzikant was zelfs in de schede van zijn contrabas verdwenen. Doch, wat hielp het ook?

De pastoor was druk in de weer: thans zou het blijken wie in het gelijk gesteld ging worden en zij gingen het ontgelden die tegen het heilig muurken een plasje hadden gewaagd.

De kapelaan was milder; hij dronk immer bronwater, ijverde voor de Sociale Werken en schreef verzen in het genre treurdicht als tranen zo lang en droog. In het geniep spreidde hij kwistig de absolutie uit, ten gevolge waarvan menig kwibus het gebed der stervenden spontaan aanvangen ging.

Vrekkige boerkens hadden zich tijdig op hun elf-en-dertigste gezet. Het solide dophoedje op de bukshouten kop, een kerkboek op snee verguld onder de arm, zó stapten zij parmantig aan en drongen tot de voorste rijen.

Boer Martingels die de duivel en zijn moer te leep was, dwarrelde rond de pastoor als een tol.

Het uur der Gerechtigheid!

Vergelding, vergelding! Geen giften zouden ijdel gebleken zijn, al bestonden zij dan ook jaarlijks uit een pond varkensribbekens.

– 'Haro, haro, rundvet!' hoonde Sebbedee.

Luchten kon hij dat hier niet en hij bleef hardnekkig de mening toegedaan dat hij hem eenmaal langs diens kloten zou gaan strijken en zijn hoofd vermorzelen als een omelet.

Een herrie op dat marktplein, mensen!

En de duivels die te midden der stroming tripten. Zij knipten een oogsken naar de een of ander vertrouwelijk. Dat beduidde 'tot strakskes' en gij kunt denken dat zulk blikje niet precies van nature was om het hart bemoediging te verwekken en die er zo één opving (of slechts een half), oriënteerde zich schuchter naar de zielenherder die echter voor geen biechten meer te vinden was en die rondliep als een hond in een botermolen.

– 'Zij hadden tot over de oren in de zondigheid geploeterd, zij moesten het nu maar weten.' Hij straalde van weelde in zijn processierokskens en waar hij voorbij was gegaan bleef er een reuk hangen van wierookgalm en sakristij.

Ditmaal had Sebbedee niets van het schouwspel willen ontberen, schoon de beroering hem tot heden zo koud had gelaten als een pinguïn; hij verborg zich haast ongemerkt achter een schoormuur van de kerk en trok kalm aan zijn pijpken. En lijk hij daar het vertoon volgde, ging de kerkdeur open en toe: Zeno de luider was erachter.

– Ging nu die met zijn galm de parochie nog idioter maken?

Stilaan, uit haar rust gerukt, bomde de moederklok als

voor de hoogdagen – een vertrouwde stem door de tijd van ouds gekloofd – en trok over het land de grens van haar geluid.

Het was of Sebbedee's kop aan stukken werd gehamerd. Hij stampte de deur open en steeg te vierklauwe de kerkzolder op. Zeno danste op de haal van het zeel, net een balleken op een waterstraal.

– Gaat die pret uitscheiden? riep de mulder.

Meteen greep hij het ventje met haar en pluim en zwierde hem lijk een zak meel de trap af.

Ondertussen was ginder het bedrijf volop aan de gang.

Hoornen van vier elleboog reten de lucht als een velum in tweeën en de omstanders ijsden als versteend in de angst van het komende.

Op de stond bleek al het tijdelijke, het zo genoeglijk-tijdelijke, van geen tel meer. Individualisme, democratie, astrale professoren, al de utopieën van de Rede en het Getal, het algemeen-menselijke en aardgelijke kloterij; kortom geheel het orchestraal laweit, dat lag allegaar tot op de grond vervlakt, ging weldra bedolven worden in het eindeloze en nu stond ieder voor zijn eigen in.

Enkel wat door mechanisch leven bezield was, duurde nog enkele minuten voort; treinen die hun vaart ten einde rolden, doldraaiende motoren en luchtschepen, welke tenslotte naar beneden stortten als dorre bladeren. Reeds een tijdje waren de vulkanen hun longen kwijt. En tal van anonieme donderkloten, veilig te ruste in het veld der legendarische firmamenten, wachtten op hun mandaat om in de duizel van de baaierd te gaan deinen. Hier en daar ontlook zelfs een uitgeblevene.

Minder protocolair ging het eigenlijk toe dan de visionairen hadden voorspeld: een engel legde de Messias de registers van de Burgerlijke Stand voor en het scheen nu of de lotsbestemming van het dorp in die folianten lag besloten. En toen zijn daar in een handomdraai de ooien van de bokken gescheiden naar bijbels fatsoen.

En meer dan één heeft zich over eigen bestemming mis-
rekend. Links en Rechts. Van het vagevuur geen spraak.

Hier bleek uitgeschakeld de middenweg die gulden heet.
De beaten glommen in het aureoolken dat plots hun hoofd
omkransen kwam en zij hieven om ter hoogst wijzangen aan.
De kwezels vooraf – adieu brillen en snuifdozen – stonden
in hun prille jeugd herschapen, onherkenbaar en vers als bot-
vinken. Ja, zij stalden voordelige be-mols uit waar voordien
vunzige krenten dorden. Natuurlijk was de parochieherder
met zijn rooie bellefleurensnoet erbij. Die werd zelfs niet
eenmaal geoordeeld, het sprak vanzelf dat hij in de gemeenschap der glorieuzen was opgenomen. Ook die jezuïtische
loeder van een gemeentesecretaris met zijn weidse buik en
de penningmeester van het Sint-Vincentius-Genootschap
die er met de kas vandoor was getrokken en altoos dronken
liep; dan de pezewevers van het kerkfabriek en al de barnums
van het dorp. Verder Mevrouw Toerkonje, een stichtelijke
bekeerlinge welke eertijds een satijnen bordeel had gehouden; voorbeeldige echtgenoten die hun leven lang met
kroonluchters van privaat-hoornen waren getooid, geweien
zo hoog dat de vogelen des hemels er huizing zochten: paar-
denfokkers, stamineebazen, neringdoenden, oorlogswoeke-
raars en zo meer, snellend om de rij in te halen.

En al die wereldlingen waren plots zo lichtvoetig dat zij
amper nog aan de grond kleefden. In de loop van hun gesprek, enkel krachtens hun plotselinge subtiliteit, schoten zij
overhand een paar meter in de lucht als op de wipplank.
Daarna gingen zij zo woest te werk alsof zij de stuipen kregen.

Dat was op zijn minst een aardige oefening en ditmaal
rouwde het Sebbedee dat hij zich van zijn verrekijker niet
had voorzien want hij stond verbouwereerd bij het beschouwen van het extraatje dat hem voor ogen stond.

– Wij gaan er allemaal idioot van worden, meende hij.

Aan de overkant was het percentage vrij aanzienlijk. Wat

een jammerlijke lading van al deze, die thans over dezelfde kam waren geschoren.

Gij kent de erbarmelijke tucht van leeuwen en tijgers die in kermistenten staan gekooid. Ook hier ging de handtastelijke herleiding en de grootste pochhansen lieten zich gedwee ringeloren net als deemoedig gedierte.

Werkelijk een aangrijpend schouwspel. Zogende wijven huilden daar zij het laatste zog uit haar lichaam voelden gaan en de vloeken ratelden van de mannen die beroepsstakers waren geweest. Dwaze maagden bevonden zich daartussen en andere lui wie het aan ernst had ontbroken. Maar tenslotte waren de meest beruchte brani's van het dorp er gebundeld en dat was geen magere troost. Voor deze gold het een avontuur dat meer dan één variante besloten hield en zij vertrokken opgewekt als voor een bal. Van de temperatuur der eindelijke fornuis bleken zij geen benul te hebben en staken hun pijp op alvorens haar aan Maarten te geven. Anderen vonden het lang niet zo grappig en liepen lijdzaam als bij een begrafenis.

En alzo was, gedeeltelijk althans, een voorzegging van de Mechelse catechismus bewaarheid:

— *Hoe zullen de verdoemden er uitzien?*

— *Zwaar, grof, duister en vuil en heel gesteld om te lijden.*

— Het ziet er gul uit met de gerechtigheid, oordeelde de molenaar. Ik ben niet weinig benieuwd wat voor plaats men mij zal toebedelen.

Nu eens had hij de hemel verdiend, dan de hel, soms beide tegelijk.

En zijn wijf? Ja, heus, die zou haar plan wel trekken. Hij wist ervan te vertellen.

En Kornalijntje uit *De Wonderhoren*? In deze stelde hij minstens zoveel belang.

— Waar zou ze zijn? vroeg hij zich af.

Haar naam had hij niet horen afkondigen, haar naam die smaakte als een konfijt in zijn mond.

Daar bestond op de gemeente geen heester zo prachtig. Doorstroomd van rode globulen zou zij het vuur hebben ontstoken aan zon en sneeuw, immer klaar om de korrel in de voor aan te halen. Geen schors van fijner vezelen waarachter het sap zo woelig tintelde. Welig georkestreerd in de toonaard van be-mol. Zij was blank en blauw gelijk de melk in de schaduw en haar klare lijf geurde naar vers geitenblad als zij de armen uitrok. Voor haar constellaties had menig wiskundige zijn postulaten opgegeven en niet minder dan vijf poëten hebben haar onvolprezen tors bezongen. Hij, Sebbedee, had haar bemind als zijn oogappel. Van zijn liefde was zij gezwollen en alzo geworden tot een dubbel probleem waarvan één alras in het reine werd getrokken, want haar vrucht was een vroegtijdige roodvonk bestorven. Zulke gedraging lag in zijn trant. Ook Titia, alvorens met haar in de echt te treden, had hij een pand zijner teerhartigheid geschonken en Pasen geplaatst vóór Palmenzondag. In het gedrang had hij schielijk de brandheldere trui van Kornalijn ontdekt in het kamp der verworpenen. Zijn hart zonk in zijn klompen.

– Is het niet jammer! kloeg hij.

Hij wenkte voortdurend, maar bedolven in de vloed zag zij het niet.

Hoe dikwijls had zij hem al niet gegeven wat zij maar kon. De hemel had hij er toen in gezien en kijk precies derhalve moest zij de andere richting uit...

Onderwijl had Sebbedee niet bemerkt dat Hij die van alle eeuwigheid is zijn in-folio dichtsloot en doorgaf aan een gevleugelde luitenant.

Het Laatste Oordeel was werkelijk afgelopen, de opperste omega uitgesproken en de mulder vergeten alsof hij er niet bij hoorde.

Noch rechtspraak, noch lotsbeduiding, noch hiernamaals. Hij kon zijn ogen niet geloven aan dat verzuim, wist niet of hij er blij om moest zijn of droef en hield zich achter de hoek van de kerkmuur verborgen.

Vooruit! De trommen kletterden. Achter de wagen zette de stoeterij aan naar het naburige dorp en de hemelse wachters sloten hem af.

Toen gingen de hobooien aan 't pijpen, de trompetten aan 't toeteren en ritornellen vluchtten uit lieftallige fluiten. Kinderen zonder tal liepen mede met lampions op een stok en in hun frêle vingeren hielden de vrouwen papierleliën, juichend in verrukkingstonen. Kreupelen zwaaiden hun krukken in het rond, rukten de jubel uit hun harmonica of begonnen te turnen. Twee leprozen zagen er thans uit als versgeschoren en doofstommen kwamen rad ter tonge om hun jarenlange achterblijving in te halen. Vaders die hun wicht op de schouder droegen tripten als lijsters in het rond. En boven het rumoer vlamden tal van lichte wimpelen en de banieren van andrinopel voor de grote ommegangen.

Het was voor Sebbedee geen kleine alteratie toen hij Titia met Symfoorken herkende. Hij wilde zijn wijf toeroepen; doch zij scheen aan haar mystieke Bruidegom genoeg te hebben en zong luidkeels de psalmen mede.

– Foert! gromde de mulder, ik heb schijt aan de hele boel.

Maar toen brak de huls van zijn hart als hij de drom voorbij zag trekken met de Zoon des Mensen vooraan, in zijn verpletterende majesteit en stralend als een haard van zonnegensters zodat de gevels gloeiden ervan. En de rij draaide de hoek om t'einde der straat, op weg voor het hemelse Jeruzalem.

Daar hurkte hij naar zijn wijkplaats terug, want stappen naderden in zijn nabijheid. Hij loerde omzichtig en merkte de koster die uit de kerk kwam. De deur trok hij dicht en stak de sleutel in zijn mouw. Punctum. Die liquidatie was een afgedane zaak en de benen liep hij zich van het lijf die vrome sakristijn met zijn harsfakkel om het gevolg in te halen.

Deze trok nu naar het noord-westen en verder Vlaanderen

in tot aan de zee waar de escadrillen wachtten die de uitgelezen moesten brengen aan de eeuwige Poorten.

De markt was een pandemonium van ijselijkheden; het hellevolk laadde zijn buit in beestenkarren en hardop!

Van nu af aan waren de lijdende en de strijdende Kerken ter ziele en de zegevierende zwaaide de vlag.

De zon duisterde bij graden, de zon die het dagelijks zo druk had sinds lang verleden eeuwen. Sebbedee zag voor de opperste keer de goudkop van Kornalijntje wegdoezelen in de verte. In de verte. Verdwenen, voor altoos als een tekening die in de wieling van het orkest verdwaalt.

Bij benden volgden de demonen thans en raasden rond het stadhuis, smoordronken als Moskovieten. Luchters droegen zij mee, spiegels en stoopkens schiedam en het gebral hunner liedjes overstemden de kreten der uitgestotenen. En heel aan het slot van het gevolg: een hond en nog een paar schimmige gestalten die hij niet te vereenzelvigen wist.

– 'Vaarwel, Kornalijntje, veel te fijn voor deze wereld, likeur van mijn hart, kinkhoorn vol wellustigheid, gouden wesp, tover in mijn bloed gegoten, o folij!'

Het was of Sebbedee de helft van zichzelf voelde doodgaan. Zijn hart kwam bloot als een wonde die leegbloedt.

De wagens ratelden weg en een minuscuul duiveltje besloot de aftocht. Dra waren hij en zijn gongslag in de schemer verzwonden.

Wat zou er met mijn kinders zijn gebeurd? bedacht de molenaar.

Zij waren de wereld in getrokken, elk zijns weegs. Hij had gaarne geweten of zij te gaar zouden zijn.

Nu dacht hij zijn verschansing te verlaten daar het laweit verstreek, toen hij plots stampen hoorde op de kasseikoppen. Hij keek aandachtig toe en schrok terug, want daar kwam een zonderling individu naar hem toe. Deze droeg een republikeinse commissarishoed op zijn kalkkop en glimwormen lichtten in zijn oogputten. Suizelend naderde hij, zodat

Sebbedee de gewrichten hoorde kraken onder het plunje van stadssergeant, en aldoor blies hij op een mergpijp.

– Nu ben ik eraan, peinsde hij en wachtte het slot af.

Neen, de ontijdige quidam had zich aan geuzenlambik te goed gedaan en hij passeerde de mulder voorbij lijk de Schelde vóór Antwerpen.

Sebbedee zat lijk versteend en dorst van benauwdheid niet verroeren.

– Hij zal vast weerkeren, dacht hij.

Hij kwam niet terug en ook zijn stap schudde de lucht voor het laatst.

Het marktterrein stond thans leeg, alle luiken en deuren dicht en daarover koepelde de nacht onheilspellend. Het leek of de Heiland het licht op zak had gestoken en daar bleef Sebbedee over, moederziel alleen, de zelfs door god vergetene.

– Hoe zou het zo al staan met de primordiale wateren? Zou de Schelde nu wassen? En de pompeuze tekens van de Apocalyps, waren zij alle vijftien aanwezig? Ging de brand nu laaien naar de voorspellingen der grootste ondergangen en het universum middendoor klieven?

– Ik ga hier nog rare dingen ervaren, giste hij, en aan afwisseling zal het niet ontbreken; maar wat zal er met mij geworden te midden dier tornooien?

Waarom rijmden dan die voorzeggingen over de opstanding? En de terugreis van vader Elia? Bekenden van hem die van ouds de geest gaven had hij nergens aangetroffen. Zijn overleden bestaanden zouden immers voor hun eerste loopje met de deur in huis zijn gevallen. Hij was het kerkhof langsgelopen.

De naamloze doden bleven verpulverd onder het mos, dat de spleten der stenen invreet. Alles bleef er in de rust gegoten als voorheen.

'Allemaal flauwekul; eens te meer' meende Sebbedee, 'was mij dat de zo geduchte Oordeelsdag?'

En aan het einde der aarde, wat zou er daar wel mogen gebeuren?

En de dieren van de voorwereld, gingen deze herrijzen en herwaarts hun aantocht beginnen?

En de overval der gletsjers kon hij ogenschijnlijk nog beleven. Dan kwam hij wellicht aan zijn eind, versteend als een otarie geklonken in een ijsblok.

Of andersom, indien de boel ging roosteren lijk een beuling, ging hij met de gassen vervluchtigen. Zulks was om zo te zeggen een subtiele oplossing. Hij moest er zelf om lachen en wachtte gelaten. Alle rumoer was nu verstomd. De koude doorrilde zijn lijf en hij besloot maar op te ruimen toen hij opeens een holle klank vernam.

— Nu gaat het beginnen, berekende hij.

Maar het begon niet.

Enkel een paar boliden die als waagschalen tegen elkaar tinkelden. Gelijk sissers spatten de vonken uiteen en de fragmenten gingen zwalken in het verschiet.

Thans kwam hij pas uit zijn schans, bedachtzaam als een kraanreiger. Die verstilling was desolaat en plechtig. Het heelal scheen inderdaad vergalmd. Hij was er de enkele eenheid in, de ultieme pool aan de zoom des levens.

Dáár rees nu de kerk van bruine ijzersteen als een ontzaglijke rijve granitisch uit de verstarde eeuwen en waarvan de grondvesten lagen gedompeld in de diepe nacht der Merovingers. Uit de toren hing verlept een nationale vlag als een symbool dat zijn functie overleeft, iets als het uithangbord van een uitverkochte winkel. Nooit ging de zon, vader der schilders, onder of zij had die kerk globaal omschreven zodat de beelden op het timpaan zich dagelijks konden verwarmen aan haar gloed, een paar heiligen door de Beeldenstormerij ontzien, enig overblijfsel der Twaalf Apostelen die het goede Woord hadden verspreid aan de uiteinden der aarde tot in de eeuwen der eeuwen. (Amen).

Sebbedee slenterde naar zijn woonstee langs een nachtelijke binnenweg. Hoe graag kwam hij hier te wijle op de heuveling bij zomeravonduur. De rust was slechts gebroken door het stampen van een ploegdier of paardengerinkel, het suizen van de wind in de beuken, de verre fanfaar van verliefde kikkers, nachtegalen van het goor, of het fluiten ener verre locomotief.

Geen geloei meer. Het demonenbroed had de stallen geruimd. Noch hondengeblaf noch beurtzang der hanen. Alleenlijk het knerpen van zijn klompen in het zand. Alles tot de stilte herleid.

Hij drukte het oor tegen een telegraafpaal zoals hij van lieverlede placht. De stem was uitgezongen en stom voortaan de draden die weleer de stage vloed der internationale tijdingen overbrachten.

De molenaar gaf het op. Zijn ogen werden vochtig. Op de brink van het huis gekomen vond hij het lijk van zijn hond. Hij dolf een put en stopte hem erin en dat was de laatste begrafenis door mensenhanden volbracht. Een schamele uitvaart bij het flikkeren der laatste bleke bliksems.

– Ik ga licht opsteken, besloot hij.

En meteen herrees uit de schemer de innige gloed der oudbejaarde meubelen, die steekvlam welke binnen hun hart schuilt en er tevens de ziel en bedekking van is.

Ook de kachel stak hij aan daar nu de algehele guurheid was ingetreden.

Nu was al het leven saamgedrongen in de beslotenheid van dit vertrek en te midden der duisternissen leek het huis een eiland, een flikkerlichtje aan het uiterste van het plein der eeuwen.

En Sebbedee de *omega* van Adams geslacht!

De mulder kookte aardappels, hieuw brood en ham af, doch het eten beviel hem niet. In de laaggebalkte keuken scheen alles hoe vertrouwd ook thans zo ongewoon en de klaartekring anders. Wat had hij niet gegeven om de ratel te horen van Titia en het kraaien van zijn kinders!

318

De klok telde de uren met vaste slag of zij de eeuwigheid ging meten en Sebbedee overschouwde de vanouds bekende dingen waarvan hij het zieltje wist neuriën. Het kopergerei was onveranderd en even uitnodigend de zitting der stoelen. En toch heerste er in die atmosfeer iets onbepaalbaars, als van het voorbije en dat reeds niet meer tot deze wereld leek te behoren.

Het omringende kwam hem zowaar onwennig dat het hem toeleek of hij sedert lange tijd in een ver land had vertoefd.

Blijkbaar nochtans was alles bij het oude gebleven. Op de mahoniehouten meubels rezen de kamerplanten en de vensterbank vertoonde fuchsia's, asters, en ook geraniums waarvan hij graag het blad verkreukelde om er de seksuele reuk van te besnuiven. De plavuizen waren immer met zand bestrooid en in de vliering bleef de geur ingegroeid van vruchtengelei, rijpende tomaten en komkommers middelerwijl dat die der linde welgevallig golfde in het vertrek, maar het bijengegons en was er niet meer. Aan de wand der zitplaats het diploma van een duivenprijskamp en een ordeband dat de molenaar bekwam om het redden van een drenkeling. Verder in een gulden lijstje het verschoten portret van zijn grootvader Sebbedee, eveneens molenaar, die het onderspit dolf vóór Castelfidardo en waarvan het ouderwets snelvuurgeweer een ereplaats bekleedde. Op de haardmantel een opgezette specht, het koperen kruisbeeld met verdorde bukstakjes, een gestolpte Lieve Vrouw in porselein tussen kandelaars en kunstmatige bloemen in opaalvazen en ook een gips van St. Donans, vorst des donders die de bliksem van de molens afweert.

En meewarig liep die man te stommelen van de ene plaats naar de andere in barre ledigheid, ging zijn bed bewerken, de tegels afdweilen, de kachel opvullen en overal scharrelen. Dan alweer beproeven te eten: bokking of een ei, jam, sardijntjes en zo. Maar tevergeefs. Toen haalde hij een kruikje jenever voor de proppen.

Af en toe waagde hij zich even buiten en legde er een rondeken af. In de omtrek stond alles immer overeind.

Statu quo. Wel, wel! Voor welke datum was dan de *dies magna et amara valde* bepaald? *Teste David cum Sibylla?*

Soms ging hij voor de spiegel staan en luidop spreken om er zich van te vergewissen of hij de gaaf van het woord nog niet kwijt was. Nooit voortaan zou hij woorden van een andere mensenstem vernemen. Zijn geluid viel kil en als verdonkerd in de onbewogenheid.

Bij wijlen schrok hij: lichtte daar iemand de klink?

Op de watersteen wachtte de afwas van een paar koffiekoppen waaruit hij en zijn vrouw hadden gedronken. Hij had ze voor jaren op haar feestdag gekocht en in gouden letters was er haar voornaam met primaire rozen doorvlochten. Sebbedee bevingerde ze als een relikwie.

Nu pas bleek hij te beseffen hoe onbewust de binnenatmosfeer hem sterk verwant was geworden. Hij voelde zich organisch vastgegroeid met al hetgeen zich voordien slechts vertoonde als achteloos-beminnenswaardig.

Hij was ermee verbonden gelijk de navelstreng van een pasgeborene aan het ingewand zijner moeder.

– Ik mocht Titia niet laten vertrekken, verweet hij zich. Maar wat zou ze hier uitvoeren met hem alleen? Het was maar goed zo; een man bleek beter tegen de roering bestand.

Hij hoorde zijn holle maag orgelen.

– Verhongeren zal ik hier, duchtte hij.

Drie broden waren nog voorradig en de laatste hesp had hij aangesneden.

Hij wachtte op de verheffing der winden, maar vernam geen kik. Wachten, almaardoor wachten. Waarop? En de kalender bleef onmeetbaar.

Sporadisch verliet een uitgediende planeet haar omvaart, ging voor eigen rekening aan het wentelen en vlood op haar eentje naar het Noorden heen. Dat kon nog heel wat aanlopen en naar zijn zin bleven de sulferbollen en vuurvogels der profecijen al te lang uit. Immer heerste dezelfde feodale rust en niets viel er nu nog te zeggen.

De oorsprong was aan het einde gelijk zonder dat men ertussen het gebeurde kon omspannen.

– Nu zou ik mij makkelijk kunnen zelfmoorden, bedacht hij. Hij hield er echter niet van de laatste blunder te begaan.

Vermoedelijk ging alles van meet af aan herinneringen en liep hij, Sebbedee, straks met een beschonken hart en verschrompen tenen als Adam in de dauw?

Hij wou toch even buiten om te verkennen wat er aan de hand was.

In het verschiet waarden tragisch-rode schijnsels als was daar een grote brand uitgebroken.

De wereld was haar hart verloren; geen tocht, geen kabbeling die het gestolde zwijgen verbrak. De tuin scheen uitgedoofd. De rozenslingers, hoog langs het latwerk geschaard, hingen ontsluierd. Het zag er naar uit of het gekwinkeleer der vogels nooit had bestaan. Volstrekt bladstil. De weleer zo muzikale populieren, het was al tot de geruisloosheid herbracht, het preludium van de wondervreemde, vloeibare eeuwigheid.

Men had een foetus kunnen horen hoesten, verschrompeld binnen de baarmoeder. En Sebbedee, sedert dagen ongeschoren, voelde zijn baard als hondsgras op zijn kaken knetteren. Het was Augustus nochtans en zo ver het oog kon reiken wachtte het koren op de maaiers welke nimmermeer opdagen gingen.

De maalder besteeg de molentrap. Hij herinnerde zich hoe hij vorige week die weelde had bewonderd en zich verkneukeld om de zware belofte van de zomer.

– Ik zal mijn werk hebben dit jaar! had hij zijn wijf gezegd.

Nu was de luister dier dagen vergaan en thans lag heel de rijkdom aan de kamp der elementen overgelaten. Hij loerde uit het kijkgat en kon de donkerte niet peilen. Daar ergens lag het dorp en de toren en ginder op schotsafstand van de hegge woonde de oude imker Pauwelijn. Wat voor een lot zou deze beschoren zijn?

Het kwam hem voor of hij zijn buur in het gewriemel had bemerkt tenzij ook hij al duttend gedoken lag in de vergetelheid zijner geluidloze kluis.

In de laatste tijd was hij zijn korven gaan verwaarlozen voor de hoenderfokkerij en duivenkweek, passie waaraan hij zich begaf met de ijverzucht der neofieten. 'Moest ik de duif van de Heilige Geest buit maken, dan diende ik haar een purgeermiddel toe en dank zij een door mij veroverd octrooi een uitbroedsel gewinnen minstens van vijf kuikens, heerlijke schijterij van allegaar goddelijke Paracleetjes bestemd voor de pasteikost. Heb je 't vast?' knipoogde hij.

Verkeert hij thans in Abrahams schoot, meende de mulder dan zal hij ongetwijfeld tijd te over hebben om zijn onbekookte nooddruft te stillen.

De streek leek uitgemoord en de barre verlatenheid woog erover.

– Zou ik niet eenmaal de molen weer aan de gang drijven, vroeg hij zich af, al ware het slechts voor Die van de Paus?

Doch pas had hij in dit voornemen een paar treden beklommen of bij nader bedenken achtte hij zichzelf bespottelijk.

Aan de wieken hingen de zeilen slap, de wieken die voormaals een cirkel beschreven van 24 m. diameter en verder nooit meer roeren zouden.

En de winden waren immers onherroepelijk leeggewaaid; de onheuglijke Vlaamse winden hadden wezenlijk hun laatste dienstjaren voldongen, waren langs blinde banen uitgevaren om te gaan toeven in veiliger bestek.

Adieu het leutige snorren dat de molen doorschokte op de cadans van een gevaarte. Hier lagen de volle zakken voor de maalbeurt. Duidelijk wist hij nog wie zij toebehoorden en de laatste lollekens welke hij verteld had aan de boeren die hem het graan aanvoerden. En thans bestonden die bekende mensen aleens niet meer...

Hoe vaak had hij Symfoorken de molentrappen niet helpen opklauteren en de deur dicht getrokken achter Kornalijntje die hem het graan te malen bracht. Wat had hij niet gestoeid met haar en met meel haar gelaat bestoven dat zij eruit zag als de geschminkte dames uit de stad.

Als de middag hoog over het land regeerde, kwam hij hier een uiltje vangen of een uil en zijn ogen vingen de malse glooiingen waarop de wentelgang der seizoenen vervloeiden. En na het maal placht hij daar een pijpken te trekken. Het was er zo stemmig op die uitkijk als vormen en kleuren uit de nevelfloers opglansden of wanneer vochtig en dun de prille hoornen wiessen van de maan. Vanaf deze hoogte leek het leven een menigvuldig en overheerlijk ding van waarde.

Dat alles wachtte nu op de overgang om in de chaos te gaan tuimelen. Het bleef nacht, grondeloze nacht zwart en zacht als fluweel en de heugenis van het licht was er zelfs bij vergaan over geheel de uitgestrektheid.

Achtereenvolgens waren de laatste sterren uitgestorven, de trouwe sterren die de waak hadden gehouden over de eeuwige rust van zijn voorzaten.

De molen was een monolitische klomp, nauwelijks te herkennen in de donkerte. Sebbedee grendelde de deur en keerde naar de keuken terug.

Hem leek ver de tijd dat het land lag ingesneeuwd lijk in het hart van Noorwegen, dat de koffiekan suisde als de echo van een lang vergeten liedje en de wafels geurden twee mijlen in de wind! In die keuken ronkte toen de Leuvense kachel als een kater en de hele bent van kinders zat er deugdelijk rond in koesterende gezelligheid, net een vertelsel.

En alzo overzag Sebbedee de jaren die als uit de donkerheid welden en vertederd leken alsof zij zelf niet zonder hem hadden vermocht op te groeien. Doch thans schenen ruimte en tijd ingekort. De man rakelde het vuur op; het was uit-gestorven en daar heerste thans een koude als bij vriesweer.

Aan de kim waarde de weerschijn van een rosse brand-gloed. Bij pozen verrommelde een donder in de vallei waar-uit de reuk steeg als van een bakoven en vers gehakt hout.

Meteen viel het hem op dat de slinger slap hing. Het uur was zijn oppermacht kwijt voortaan en zweeg voor de eeuwigheid zonder barst noch breking, als een laatste walm van een lamp. En zijn woord in het vervolg was aan de plaat nooit meer te lezen. De Tijd, vader van alle dingen, de gaan-de Tijd had uitgeleefd en de aarde draaide naar haar laatste ronde met majestatische traagheid.

Sebbedee ging naar de kleerkast en nam er zijn winterjas uit. Hij merkte aan de wand een schort van Titia en zijn hart begaf hem eindelijk.

Toen is die man van sta-vast in de hoek van de haard gaan zitten en heeft er gesnikt als een kind.

De petroleumvoorraad was geslonken; de lamp doofde stilaan met korte snokken en het huis werd zo duister als het hol van Pluto. De mulder keerde in het hoofd een zwerm van suizende herinneringen en het beeld van Kornalijntje zwom in zijn oog als een zeemeermin. Hij droomde weg, zelfverloren...

Dáár bij de dode kachel, hokvast, met opgehaalde kraag en verkleumd van de koude, heeft de uitgemergelde Sebbedee zijn laatste pijpen gerookt in afwachting der bij-belse verwoesting. Tot de hopeloosheid herleid en met het verduisterde en onbruikbare hart. Aan zulk wachten is hij bestorven en zijn hoofd zonk achterover in het verleden. En van die aflijvigheid is geen de minste notitie gehouden.

Zó stierf de laatste van allen, Sebbedee, de man die geen bestemming had.

GERARD WALSCHAP

Genezing door aspirine

Van kleins af had ik keelpijn, twee à driemaal 's jaars gedurende veertien dagen drie weken. In de tussentijden voelde ik, ofwel nog iets van de vorige, ofwel de volgende aankomen. Werd ik bij toeval eens helemaal niets gewaar, dan moest men mij maar in de rug aanroepen, zodat ik vlug omkeek. De stijve kraag van mijn jas duwde dan onder mijn kin tegen een gezwel dat pijn deed, een amandel. Maar wat wist ik toen van amandelen?

Ziek zat ik aan de stoof of het venster, omwonden met een dikke sjaal, magerkes, bleekskes, en wat een ogen had ik toen! Voor een cent trok ik ze wijd open en liet ze bliksemen van woede. Geen oom, tante, kozijn, nicht, die er die cent niet voor overhad, want zij hadden zulke ogen, zeiden zij, nog nooit gezien. Ik zelf keek er dikwijls naar in de spiegel als ik alleen was. Steeds tot ik moest weggaan, want zij maakten mij ongerust en ik zocht gejaagd naar iets dat mij geheel in beslag nam, om ze te kunnen vergeten. Thans zie ik in de spiegel dat zij uitgeblust zijn, overtogen. Zacht is hun blik. Ik vraag ze: wat hebt ge, wat doet u pijn? Alles.

Ik dierf niet slikken, maar gorgelen en eten moest ik. Dat was zoveel als met schuurpapier wrijven op rauw vlees. Daarbij dan de hoofdpijn, de rillende koorts en heel dat gevoel van het zieke dier dat zich oprolt en wegkruipt. Toch verdroeg ik dat alles graag, zelfs dapper, omdat ik veertien dagen kon zwijgen, lezen, fantaseren, in mijzelf alleen zijn.

En ook om de grotere toegenegenheid die mij slechts dan betoond werd in een mate, waarop ik gezond meende recht te hebben.

Later ben ik die keelpijn kwijtgeraakt. Ik moest levertraan drinken, ik voelde mij een stinkdier. Mijn adem was levertraan. Telkens als een makker mij te dicht naderde en walgend achteruitweek, lachte ik, maar van pijn. In de klas rispte de levertraan op, walgelijk en zuur. Ik rook zelfs niets anders. Ik meende dat men mijn nadering al van verre rook en gaf al wat ik maar weggeven kon aan de makkers rond mij in de klas, omdat zij mijn stank verdroegen. En om hun uitbarsting te voorkomen, waarop ik elk ogenblik bedacht was: hij stinkt!

En nu is de keelpijn teruggekomen. Heeft het lichaam zijn bloeijaren al achter de rug, – hervalt het tot de zwakke staat der kinderjaren, de afbraak, de onttakeling? Boet ik mijn steeds met dubbel verbruik leven al in, ben ik vóór de jaren versleten? Mon Mulder stierf op zijn tweeëndertigste, volgens de dokter zo versleten als een man van negentig. Of noem ik uit gewoonte nog altijd keelpijn, wat ditmaal heel wat anders is, het zacht en kwaadaardig gezwel van kanker? Om het even. Ik heb geen tijd meer om ziek te zijn. Marie en de drie kinderen kan ik nauwelijks in het leven houden door me bestendig een neurasthenie te werken. Ik heb ze nooit, zij mij bijna; ik houd ze juist op een halve meter afstand, mits elke vijf minuten te besteden aan een koerswandeling, met veel koud water te plassen en 'rationeel' te eten, ik en rationeel! Tot zulk petieterig leven ben ik verdoemd door de beschikking des Heren, die geeft en neemt. De grootste held bezwijkt eronder, ik niet.

Niet zo gauw komt het welbekende op, of ik ben erbij met de onovertrefbare aspirine. Ik neem er twee en de angst van Marie, dat ik veertien dagen niets zal kunnen doen, gaat over. Ik heb haar honderdmaal verzekerd dat geen keelpijn ter wereld mij zal beletten te werken. Zij weet wel dat mijn wilskracht iets onmenselijk wreeds is, maar kommer om den brode is nooit gerust: armemensenangst, genadeloos dwanggevoel! Onlangs was ik er te laat bij. Eén vage duizeling bij het opstaan scheen mij niet genoeg voor twee aspirines. Ik had een onderhoud aangevraagd bij... wie ik zijn steun ging vragen voor... ik hoor schaterlachen tot hier! Drie dagen was ik woest geweest, omdat ik mezelf bevolen had: gaan zult ge. 's Middags rilde ik als een hond van koorts, maar dacht aan geen aspirine meer. Ik stond voor mijn eigen besluit, moest vertrekken en hield mijzelve dan maar voor de aap. Marie wilde na het eten wat rusten en praten, ik had nog een kwartier tijd. Ik kon niet zitten, stond met de rug naar haar toe te trampelen; en zwijgen kon ik ook al niet.

Ik zal dus tot die geleerde en machtige man gaan, Marie, zei ik, en hem zeggen: Heer, help mij. Hij zal mij op mijn schouders slaan, mij een sigaar aanbieden en een zetel. Het is een ware vreugde, het een arme eens goed te laten hebben. Hij zal zich neerzetten in de zetel zijner macht en heerlijkheid en mij aanmoedigen tot het openhartig en vrijmoedig formuleren van mijn verzoek. Ik zal, Marie, mijn driften bedwingend, mijn hovaardige gedachten verdrijvend, denken aan u en de kinderen en een bescheiden, sympathieke indruk maken. Ik zal niet denken: gij verdommese stommerik, gij omhooggekropen slak, gij pretentieuze, vuile intrigant, ik verga liever tot niespoeder dan u iets te vragen. Neen, Marie, voor ogen zal ik houden dat alle gezag van God komt, dewelke zich van de nederigste werktuigen weet te bedienen. Zeer geliefde, mij bedreigt slechts één gevaar. Gedachten zijn er niet in dat gezagvol hoofd, maar ik zou mij kunnen inbeelden dat hij denkt: Hier zit de hovaardige die halsstarrig zijn hopeloze weg gaat, hoe klein is hij tenslotte in zijn kommer om het aardse; hier zit de held en beeft om een broodje. Marie, wat zal dan met mij geschieden of met hem? Verdrijven wij evenwel deze sombere voorgevoelens en laten wij tezamen, eerbiedig rechtstaande, in de geest ons vernederend, de bede herhalen die ik heden nog tot hem richten zal. Sta achter mij op, Marie, en spreek mij langzaam na: Heer, ik heb slechts hersenen – Heer, ik heb slechts hersenen – en de nederigheid gebiedt mij te zeggen dat zij niet veel waard zijn. Gij Heer, hebt slechts macht, en de nederigheid gebiedt mij te zeggen dat zij van God komt en groot is. Indien dit alles ware, zou ik kunnen verhongeren zoals het mij betaamt – zou ik kunnen verhongeren zoals het mij betaamt. Want ik heb er tot hier van, spreek mij na, Marie, want ik heb er tot hier van. Want ik ben een keellijder van geboorte. Eten en drinken doet mij pijn – eten en drinken doet mij pijn. En nu zelfs ook ademen, ik stik. Schreeuw, Maria, ik stik. Edoch ik heb vrouw en kinderen. Tremolo: Edoch, ik heb vrouw en kinderen. Tremolissimo: En voor hen, Heer...

Ik knielde voor die Heer. Ik had niet vermoed dat Marie stillekes had zitten schreien. Zij weet bij ondervinding dat zulke monologen mij verlichten en kalmeren en hoort daarom verduldig het vreselijkste aan. Zij beschouwt het, dunkt mij, als zenuwachtigheid en schijnt het niet belangrijker te vinden dan praat van een stomdronkene. Maar nu wierp ze zich letterlijk op mij, snikkend. Ze wilde niet meer dat ik ging. Ze had het zelf altijd zo gevoeld, maar mij dit verborgen omdat ik het anders scheen op te vatten en zo stil en kalm geweest was. Nu begreep ze wat ik leed, ze had mij liever om mijn trots, zo moest haar man zijn, enzovoort, ik geraakte bijna niet meer los. Maar toch deed ik de deur nog eens open toen ik ze toe gekregen had: Heer, zal ik hem zeggen, brood voor vijf personen en voor vier wat saucisson de Boulogne. Door haar tranen heen lachte Marie, wat te hoog en te schril. Van de aspirines was natuurlijk geen kwestie meer geweest.

Om zes uur was ik terug. Marie vroeg maar halfjes hoe het gegaan was. Goed. Geen nadere vraag, om mij niet te doen herkauwen. Ik was haar held, enzovoort. Al die uren had ze aan mij gedacht, iets groots had haar opgericht in fierheid en moed. Ze zag er inderdaad heroïsch uit. Maar toen ik me niet liet kussen, omdat ik het weer op het lijf had, zonk ze plots in: de armemensenangst was er weer.

Zenuwachtig begon zij door het huis te lopen. Eerst bracht ze mij aspirine. Dan 'bleu de méthylène'. De derde keer schoot ze binnen om mij dadelijk naar bed te jagen en het water stond al op, zei ze, voor een warme grog. Voortdurend klom haar angst. Een vierde jacht bracht een flesje op, dat we van vrienden gekregen hadden, een specialiteit die binnen het uur genas. De vijfde keer had ze niets meer kunnen vinden of uitdenken. Gejaagd stond ze vóór mij en vroeg hulpeloos met angstogen: wat gaan we nú doen? Kalm en beslist stond ik op. Ze had slechts te wachten tot aan het souper: ik zou een paar aspirines nemen en op de slaapkamer wat in de morriszetel zitten. Na anderhalf uur zou ik opgeknapt zijn, mee eten, het gewone wandeltoertje doen en weer aan het werk gaan met de fles Hulstkamp naast me. Morgen zou alles vergeten zijn.

Ze leefde op van die mannentaal, ik was haar taai en dapper ventje. Terwijl ik naar boven ging met de aspirine, hield ze mij de drie kinderen van het lijf, die weten dat ik met hen speel als ik niet werk.

Ik nam vier aspirines, zette me neer, stond op en in een woestheid nam ik er nog twee. Spoedig voelde ik me behaaglijk. De straat en het huis waren rustig, ik kwam aan het zweven tussen waken en slaap, goede herinneringen daagden op. Ik toonde de hele serie tekeningen, die ik als vrijwerkende jongen gemaakt had vóór ik verdoemd werd tot reclametekenen. Velen stonden bewonderend rond mij. Ik sprak hun over mijn kunst. Ik kon opeens in klare eenvoudige woorden uitspreken welk een genot zij voor mij was, hoe de tekening in mij was en ik, mij gewijd voelend, een voorname houding aannam; hoe al de lijnen in mijn hand zaten en er gratie was in mijn pols, zodat ik hem eens gekust

heb. Daarna was ik thuis en allen waren daar, ook de over-
ledenen. Mijn kinderen speelden rustig met een voetbankje.
Mijn moeder glimlachte en zei dat we nog eens allemaal samen waren. Ik rookte mijn pijp en zag klaar het werk dat ik
nog te maken heb. Ik was gelukkig en rustig. Maar vader die
hier zit, dacht ik, is toch dood, ik zit hier toch op de slaapkamer om wat te rusten. Dit kwam mij onbelangrijk voor en
ik bracht vader op een vertelsel uit zijn jeugd, dat ik als kind
altijd graag gehoord had. Hij vertelde het. Met zeven zaten
wij met onze voeten op de stoof. Ik begon nu mijn werk
voor de toekomst te ordenen, terwijl vaders vertelsel geza-
pig vorderde. Daarna was ik in het huis van mijn jongste, het
nu driejarige Elsje. Zij was een prachtige vrouw, had twee
mooie kindertjes. Zij was groot, had een gebreid wit wollen
kleed aan, draaide zich plotseling om naar mij en zei: ik ben
gelukkig. Mij sprongen de tranen uit de ogen. Ik wilde zeggen dat ik slechts daarop gewacht had, slechts daarvoor geleefd, maar het geluk verlamde mij, ik kon niets uitbrengen
en kreeg een steek vlak in het hart.

Ik was wakker en kon noch roepen, noch bewegen. Mijn
ogen verdonkerden. Nog tweemaal kort na elkaar werd ik
in het hart gestoken. Ik wist dat dit het einde was. In de familie sterven wij allemaal zo. Wij hebben wat griep, voelen
ons moe worden, glimlachen en ons hart begeeft. Wij sterven vriendelijk en wars van vertoon. Mijn tante vroeg te
drinken, werkte zich wat recht, zei merci vóór zij gedronken had, zonk terug, glimlachte, stierf. Mijn oom zat met wat
griep achter de stoof. Een buurman bracht hem in volle winter een handvol prachtige appelen. Eén ervan rolde van de
tafel. Mijn oom raapte hem op, bracht de hand aan het hart,
fluisterde, glimlachte en stierf. Mijn vaders grote goede handen lagen weerszijden van het bed. Hij keerde ze om met de
palmen naar boven, zodat moeder en ik er elk een namen alsof hij ze aanbood. Hij proefde tweemaal alsof hij een fijne
smaak op de lippen kreeg en stierf.

Ik hoorde beneden Marie en de kinderen. Gruwelijke angst greep mij aan. Nog een paar seconden. Ik wilde opstaan en kon niet. Stamp op de vloer, dacht ik, en deed het niet, ik bleef achterover liggen. Ik zag de angstige ogen van Marie, toen zij de rekeningen van mijn begrafenis kreeg. Zij kon ze niet betalen en dierf het niemand bekennen. Dit alles kan slechts een ogenblik geduurd hebben, waarschijnlijk niet langer dan het steken zelf. Daarna lag ik kalm te wachten op de laatste kramp die mij zou doden.

Nabijer dan zo kan de dood niet komen. In een trein bijvoorbeeld of een auto, bij een ongeluk, werken de instincten geheel anders. Het menselijke dier voelt zich gezond en begrijpt in een bliksemschicht zijn kansen in dat kort, brutaal hazardspel van niet meer te beheersen geweld. Een verstikking door gas is banaal. De bedwelming is ogenblikkelijk. Men controleert nauwelijks het begin der zwijmeling en van het sterven voelt men niets.

Pikanter doodsaanrakingen zijn nog zachter dan wat ik beschrijf. Bijvoorbeeld in de nanacht langs het park staan gehouden worden door een dikke schoelie, die op gezag van een revolver geld of leven eist. Alles voelen oprispen, grijpen naar de zeldzame kans, hem het geld reiken en vragen: maar schiet mij nu ook dood, hier naast mijn vinger. Hij kijkt om, geprikkeld door een demonische lust, of hij nog veilig zal uit de voeten geraken. In dat ene ogenblik is er wel nabijheid. Doe het zelf, zegt hij. Geef dan hier. Dan ben ik, zegt hij, g.v.d. mijn revolver kwijt, zot.

Ofwel een ander voorbeeld: bij het slapengaan op de onderste traptree een krant vinden, ze tien treden hoog meenemen en onnozelweg lezen dat volgens een geleerde elk ogenblik op aarde een zo ontzaglijke meteoor te verwachten is, dat reeds zijn nadering ons tot op het gebeente zal verschroeien, de zeeën doen koken en het vasteland vloeibaar maken. Grimlachen, de krant over de leuning naar beneden werpen, gedachteloos inslapen en plotseling wakker schieten, rillend en zwetend van een panische dierenangst. Zelfs dan is de dood niet zo nabij.

Nu was zij in mij, de punt van haar stilet stond op mijn hart. Zij verrichtte haar werk met dezelfde noodzakelijkheid als mijn organen het hunne; ik kon haar evenmin beletten toe te tasten, als ik bijvoorbeeld mijn lever beletten kon bloed te verwerken. Ik had slechts te wachten op het volgende ogenblik. Nu begon ik mij rekenschap te geven van de toestand. Beneden Marie en de kinderen, ik lag hier te sterven. Marie zou mij straks door de oudste laten roepen voor het souper. De bengel zou mij niet wakker krijgen, beneden zeggen dat ik zo vast sliep en Marie zou antwoorden: Laat vader dan maar slapen. En zou een uurtje later de kleinste naar bed brengen, het licht aanknippen en mij dood vinden. Mocht ik haar zoiets aandoen? Moest ik niet op de grond stampen tot zij de trappen opstormde? Maar wat dan? Wat kon ik haar zeggen als ik tenminste spreken kon: Marie, ik laat u zitten en voor u weet ik geen uitkomst. Eigenlijk had ik maar één behoefte; te zeggen: Marie ik dank u, en voor eeuwig de ogen te sluiten. Maar nu ging overal een geweldige schaterlach op en ik zag, snel achter elkaar, drie vier filmbeelden met koppen die proestten en gierden, zoals men in de film vaak de uitwerking op het publiek toont, van door Charlie of anderen uitgehaalde fratsen. Ik dank u Marie, voor tafel en bed en voor de kinderen, alles was even lekker en nu ga ik. Zonder levensverzekering, zonder pensioen, zonder fortuin. Trek uw plan, salut. Ik zat onthutst over deze bespotting van een diep en plechtig dankgevoel, maar ik had de geestkracht niet om ze te weerleggen en ik bekende, zwak en ziek, dat ik Marie maar wilde roepen om niet als een hond alleen te moeten sterven. Het zou haar pijn slechts verlengen, ik verzaakte. De gedachte aan wat zij vanaf deze avond zou te lijden hebben, verloor haar greep op mij; ik zag mij voor het eerst zoals ik werkelijk ben, misschien ik alleen, misschien allen.

Welhoe, kunt gij sterven zonder afscheid te nemen, hebt gij tenminste geen behoefte om uw drie kinderkes nog eens te zien? Mijn verontwaardiging beschaamde mij en ik dierf eerst voor de waarheid niet uitkomen. Maar spoedig nam een wrede oprechtheid haar rechten, de leugen vluchtte voor de naderende dood.

Ik erkende dat ik altijd eenzaam geweest ben in een eenzaamheid zo absoluut, dat woorden en beeldspraak er slap op afschampen. Ik heb nooit van iemand gehouden, ik heb nooit in iets geloofd. Verbaasd staarde ik in mijzelf - een zachte vrede streek over mij neer – ik zag dat ik eindelijk mijzelf gevonden had. Als kind werd ik opgevoed en een verborgen stem zei mij dat dit alles onzin was. Maar ik zag hoe andere kinderen erin geloofden, hun ouders liefhadden, verdriet hadden wanneer zij stierven, vroom baden, moed, zelfopoffering, eerbied, wellevendheid op prijs stelden en nastreefden en ik vermocht innerlijk niets tegen dat alles en zei: het hoort dus zo, het moet dus zo, het zal dus wel zo zijn, ik alleen ben slecht. Ik heb dat gareel op mij genomen, maar het nooit met oprechte overtuiging gedragen. Andere begrippen werden mij bijgebracht, 'hogere'. Toen ik ze eerst hoorde, nam ik ze niet eens ernstig op. Ik herinner mij dat zij mij voorkwamen als lessen die men leren moest voor de concours en daarna weer mocht vergeten. Een soort onderlinge afspraken, zoals die van de wellevendheid, die ook niet te vereisen te zijn en te denken zoals men zich voordoet. Ik had vaak het gevoel dat dit alles mij niet aanging.

Ik vroeg mij af of ik dan alleen verstandig was, wierp soms brandend van drift een scherp woord in het gezelschap en keek in het kalk der ogen. Maar ik zag niets dan ergernis en trok mij terug in een bitter vermoeden van mijn slechtheid. Gedurig zag ik de klare bewijzen dat allen rondom mij deze dingen pijnlijk ernstig opnamen en ik heb ook dat gareel op mij genomen. Zelfs de dingen die ingeboren heten, de natuurnoodzakelijke gevoelens, heb ik niet gekend en steeds moeten veinzen. Ik heb verdriet, vreugde en liefde geuit, zoals ik anderen dat zag doen, of vernomen had, of gelezen dat zij het deden. Altijd, altijd. Eens was mijn vrouw in levensgevaar, de dokter deed mij met een recept naar de apotheker ijlen. Halfweg op het trottoir verrolde opeens mijn bloed van angst dat ik haar verliezen zou en toen heb ik geweend van geluk en hardop gekermd: ik heb lief, ik heb lief! Twee jaar later brak mijn zoontje Eric zijn arm. Hij had een blauw en wit gebreid lijfje aan. Toen wij hem dat uittrokken, voorzichtig, wisten wij nog niet dat de beensplinters door de huid staken. Een splinter haperde in de blauwe saai en mijn kind liet een schreeuw, zoals een wolf, denk ik, moet huilen als het wolfijzer zijn poten kraakt. Die schreeuw is door mijn ruggemerg gereden, ik heb al de pijn van mijn kind gevoeld, ik heb mijn kind snikkend gekust, ik was onuitsprekelijk gelukkig, mijn eenzaamheid was opgeheven. Tweemaal in een heel leven. Hoe heb ik gegrijnsd als dichters zich eenzaam noemden, omdat hun buurlui de zonsondergang niet zo mooi vonden als zij. Of intellectuelen omdat zij niet met iedereen over hun liefhebberij kunnen praten. Of kolonialen omdat zij tussen zwarten leefden. Ik heb tussen mensen geleefd en ben geen mens, indien zij zijn wat zij beweren.

Soms overviel mij de doodsangst van in een geheime krankzinnigheid te leven. Maandenlang tobde ik mij af met een vertwijfeld onderzoek van mijn hersens. Ik wantrouwde een moeiteloos dwars door de dingen heen zien en onderwierp mijn geest aan de logica, die volgens de normalen criterium is van gezond denken. Ik onderzocht de begrippen en de leringen met strenge stelselmatigheid, ontleedde geschriften van 'grote geesten' en ondervond dat mijn intuïtie mij van kleins af secuur had geleid. Zo ben ik trots geworden, onmenselijk hard, spotziek, cynisch, sarcastisch.

Van kleins af verschuwd en hopeloos bedeesd door een besef van morele minderwaardigheid, werd ik nu nog vreemder en onverklaarder voor allen, die onder deze 'nederigheid' mijn 'mateloze pretentie' ontdekten. Als ik dronken ben, raas ik over mijn verstand. Mijn gedachten beginnen eerst, zeg ik dan, waar die van u allen eindigen. Na nog twee glazen sta ik bleek van woede recht, sla op de tafel en beweer mij niet meer te laten wijsmaken dat ik alleen geen mens ben. Gij allen zijt huichelaars in uw doen en idioten in uw denken. Ik alleen, ik gans alleen tegen allen, ben mens. Dan beweeg ik mij vrij en mannelijk en wend mij vriendelijk tot de anders gevreesde vrouwen, mij verbeeldend dat zij mij allen zullen ter wille zijn op een koel bevel. Maar na de roes zie ik verschrikte ogen mij onderzoekend aankijken en ik ben eenzamer dan ooit. En ik bedrink mij alleen en schrei. En ik moet met kleine kinderkes kunnen spelen, dan bestaat de realiteit niet.

Ik zou aan deze eenzaamheid ten onder gegaan zijn. Op een van de talloze dagen dat ik het liegen en veinzen beu was, zou ik me neergeschoten hebben als een hond. Zonder enig geloof in iets dat de boeken schrijven, de gelovigen leraren, de mensen erkennen als waardevol, of gebruiken tot estimatie van alle dingen, zou ik tenslotte het slachtoffer van mijn lafheid geworden zijn. Ik zou geloofd hebben dat ik een monster was en mijzelf hebben vernietigd, maar iets anders heeft de voltrekking belet van dat fatum, elke dag dieper onder te dompelen in mijn eenzaamheid en de nutteloosheid van alles: een fanatiek gevoel voor 'recht'. Het onrecht van deze wereld heeft mij wakker gehouden, mij razend doen opspringen van een lusteloos bed, waarop ik anders liever voor eeuwig zou ingeslapen zijn. Of het aan mij of anderen gepleegd werd, aan mens of dier, het heeft mij geraakt, gefolterd, verbitterd, het heeft mij doen wrokken en vechten, vertwijfeld en zonder genade. Aan de smeerlapperij heb ik mijn voortbestaan te 'danken', zij hield altruïsme in mij brandend, al deed zij mijn verachting groeien voor een vuile horde, die met al haar edels, waaraan ik nooit geloven kon, laffer en gemener was dan ik, onmens, ook maar durfde denken.

Donquichotesk heb ik ertegen gevochten. Nu is dit ten einde.

Ik glimlachte. Een laatste maal had ik dus uit gewoonte willen veinzen, omdat ik gelezen had en gehoord dat men fatsoenlijk sterft met het verlangen vrouw en kinderen een laatste maal te zien en afscheid te nemen. Nu bekende ik dat het mij onverschillig liet. Zij zouden treuren en gebrek lijden, het ging mij niet aan. Ik crepeerde. Goed. Punt.

De twee oudsten waren in alle stilte de trap op geslopen. Aan de deur van de slaapkamer vergaten ze dat ze moesten stil zijn om door moeder niet gehoord te worden. Ze gunden elkaar het voorrecht niet de deur te openen, rolden vechtend over het trapvloertje en vielen opeens binnen, elkaar bij de haren snokkend en wegduwend. Toen zagen ze mij in de zetel liggen en naderden bedeesd, meende ik, geslagen door een vaag gevoel van doods aanwezigheid. Maar opeens gilden zij aan weerskanten vreselijk in mijn oren om mij verschrikt te doen wakker schieten. Genoeg om een gezonde via een geelzucht aan zijn graf te helpen. Ik gunde hun dat genoegen. Het gaf zeer juist aan hoe eenzaam ik lag te sterven, zoals ik geleefd had. Toen zij zagen dat ik kalm liggen bleef, begonnen zij over mij heen fluisterend te twisten. Zij verweten elkander mij niet rustig te laten slapen, vermaanden elkander nu weer weg te gaan, wilden geen van beiden de eerste stap doen en met een 'wacht, manneke, tot op de trap' verlieten zij mij. De deur was nauwelijks toe als ik ze alweer hoorde rollen. Het was waarschijnlijk de onderligger die de deur bombardeerde met zijn hielen, tot Marie hun afwezigheid bemerkte en ze naar beneden riep.

Mijn hoofd wordt ijl en helder. Alles weergalmt erin zoals stappen in de nacht, alle beelden staan in strak licht van een vriesnachtmaan. Een postbode draagt mijn doodsbericht uit, de busklepjes kletteren. Ik zie één voor één mijn vijanden de brief openen. Zij zijn talrijk, ik ben er fier op, ik heb het er ook naar gemaakt. Er zijn er die mij nooit gezien hebben, maar zij hebben bestendig het gevoel gehad dat ik hen doorzag en verachtte. Ik ben trots op hen. De eerste ontstelt en wordt plotseling heel blij. Hij heeft mij in de duik gehaat en gevreesd. Van pure blijdschap komt hij 's middags bellen, om zo mogelijk de eerste te zijn en ridderlijk te doen. Ik zie Marie vóór hem staan, hoor zijn stem beven. Meningsverschillen, temperament, maar hij heeft mij altijd gewaardeerd, ja, mevrouw, gij zoudt het niet geloven, hij heeft mij zelfs in zijn hart gedragen. Nog verheldert mijn hoofd tot een soort alomtegenwoordigheid. Ik zie ze in één beeld allen tegelijk in hun verschillende woningen en vertrekken de brief openen, verbleken. Eén beeldt zich in schuld te hebben aan mijn dood, omdat een historie met hem mij destijds ziek gemaakt heeft. Hij bestrijdt die gedachte en erkent vroom de vinger Gods. Alhoewel wij Gods raadsbesluiten nooit kunnen doorgronden, is het hem duidelijk dat mijn schielijke dood de enige oplossing was. Hij weet dat op mijn lippen geheimen verzegeld werden en dankt de Heer, die alles ten beste weet te schikken. En bidt voor mijn ziel.

Een ander treurt op staande voet, zoekt zijn vrienden op en bejammert mijn dood met doffe stem en zuchten. Hij werpt wat aarde op mijn kist, keert zich om; een gevoel van veiligheid maakt zich van hem meester en hij schaamt zich niet meer.

Ik zie ze uit hun huizen aanrukken voor mijn begrafenis: het koor der verheugden. Een zware, malse, zalvende stem spreekt aan mijn open graf. Het is die van een koster uit een Kempens dorp. Ik kwam daar vroeger eenmaal 's jaars op dezelfde dag, dronk een pint in zijn herberg tegenover de kerk en hij presenteerde mij een snuifje. Ik zie de verheugden luisteren en nu bevangt mij woede. Ik kan vijanden niet verlaten, ik wil ze vernietigen.

Jachtig hijg ik. Fatsoenlijk sterft men met een vergiffenis. Ik ben lang genoeg fatsoenlijk geweest, stervend wil ik mezelf zijn. Ik wil dit gespuis van mijn kist weghouden, hun het plezier van het huichelen vooraf bederven. Maar het gaat mij zoals daareven Marie, toen zij flesjes en pillen aandroeg: als ik alles bedacht heb voel ik mij machteloos. Dan maak ik koelbloedig het besluit hun namen op een brief te schrijven en daaronder te zetten dat zij mij gedood hebben.

Waarom denkt gij dat ik het niet gedaan heb, gij die 'het nobele in mijn karakter' hebt geprezen, gij die mij zoudt verontschuldigd hebben omdat mijn vulkanische aard mij een laatste poets had gespeeld? Ik heb het niet gedaan, enkel en alleen omdat niemand het feit zelf zou geloofd hebben, niemand geloofde dat ik zo iets bij volle kennis had uitgehaald. Want gij zijt door dik en dun edel, gij kent per force de maat der menselijkheid en wat ze overschrijdt is abnormaal. En de verheugden zouden met des te lichtere tred gekomen zijn en slechts edeler en vergevensgezinder rond mijn graf hebben gestaan. Het godslasterlijkste schoot nu te kort. Ik begreep wat ik nooit wilde begrijpen: mijn machteloosheid. Ik leefde niet, ik werd geleefd, deed niet, maar werd gedaan. Ik droeg mijn huichelarij als een verdoemde lafheid en wist niet dat het mij onmogelijk was mezelf te zijn. Had ik als kind mijn banden verbroken, men zou mij opgesloten hebben bij de abnormalen-vanaf-hun-geboorte. Had ik het later gedaan, men zou uitgemaakt hebben dat ik plotseling schizofreen geworden was. Nu schrijf ik het u zwart op wit. Men zal het literatuur noemen. De vijanden, die deze woorden ernstig opnemen, zullen mij gek of ziek verklaren, de anderen mij verdedigen, volhoudend dat het werkelijk literatuur is. Dat is dus literatuur. Het is mij onmogelijk ernstig genomen te worden. Het wezen dat ik ben heeft geen bestaansrecht, dus bestaat het voor u ook niet.

Kom nu, siste ik tussen mijn tanden, kom nu. Het was geen poëtisch doodsverlangen van een zeer gezond dichter, maar een passie, geil en onstuimig als naar een vrouw. Ik duwde mijn borst naar de punt van de dolk die op mijn hartvlies geprikt had. Stoot nu toch, verdoemde complimentenmaker.

Ik zat recht en staarde verdwaasd in de kamer. Hoelang had ik nu gewacht? Moest ik wel sterven? Ik vroeg mij af of een zo hartstochtelijk doodsverlangen niet een verhevigde levensdrang was en zie, ik begon inderdaad aan mijn werk te denken. En weer met de kinderlijke illusie van vroeger: het werk om den brode zo snel te kunnen maken, dat mij tijd zou resten voor mijn kunst. Het kwam mij weerom voor alsof ik meer gedroomd en tijd verspild had dan gewerkt. En dat voor reclametekeningen! Ik geloofde weer vast in de 'rationele werkwijze' waarmee ik de helft van de tijd zou uitsparen voor mijn kunst. Ik zei luidop: mijn kunst. Het was alsof ik vervoerd een kus gaf. Zelfs Marie gelooft niet meer dat ik ooit een enkel kunstwerk zal kunnen voortbrengen. In de slavernij van het broodwerk oud worden en sterven indien ik hier niet sterf.

Langzaam vat mij een bevangenheid, een kilte in de maagstreek. Zij stijgt hoger naar de longen, mijn adem is beklemd. Dus komt de dood langzaam en zal mij wurgen. Ik zie Lodderoog vlak voor mij, een leraar uit de humaniorajaren; een valser, hersenlozer wezen heb ik nooit ontmoet. Hij kijkt mij aan uit de hoeken van zijn gezwollen ogen en peutert aan een grote zwarte tand met een rood lucifertje. Hij zegt niets maar kijkt mij zo gemeen en tergend aan dat ik hem begrijp. Uw kunst, wil hij zeggen, leer uw Griekse les, maak uw werk van mathematieken. Sinds zoveel jaren zit ge in mijn klas en heb ik u in de gaten. Uw kunstwerken zouden toch ook maar leugens zijn, werk zoals wij mensen het mooi vinden en waarin mensen als wij zich uitspreken zoals zij zijn. Dat kan uw kunst niet zijn, ge hebt het nu zelf bekend, gij zijt immers niet als wij, gij zijt een ander wezen.

Ik voel dat hij gelijk heeft. Hij grinnikt zoals hij dat deed toen hij mij in volle klas sarde tot ik bleek en groen werd. Hij steekt zijn vinger in zijn neus, haalt de vuile rode snuifzakdoek boven, waarvan ik altijd zo walgde, snuit, rochelt erin en zet zijn les voort: Wij mensen...

Hij heeft gelijk. Ik heb laf en huichelachtig van een conventionele kunst gedroomd, de kunst die mijn wezen zou uitspreken zou geen kunst zijn. Misschien doen de mieren ook aan kunst, maar wat heeft de mens daaraan.

Toen ben ik met een ruk rechtgesprongen. Ik was absoluut zeker dat een zo woeste beweging mij doden moest. Ik zou zwijmelen, neervallen en vallend mijn mond in een brede lach trekken, opdat iedereen zien zou en erkennen: hoe blij was hij toen hij voelde dat het gedaan was.

Maar ik zwijmelde niet en begon integendeel energiek door de kamer te stappen. Het was een uitdaging van wie niets meer te verliezen heeft. Mijn stap was jeugdbondachtig blij en sterk. Ik telde luchthartig op mijn vingeren hoe ver ik al was. De wijsvinger: gehechtheid aan vrouw, kinderen, vrienden. Wijsvinger neer. De middelvinger: gehechtheid aan vijanden. Middelvinger neer. De ringvinger: gehechtheid aan mijn werk. Ringvinger neer. De pink. Soms nog iets voor de pink? De pink neer. Ik sprak luid als een speaker in een grote vergadering: thans zullen wij overgaan tot de lichaamsoefeningen. Ik begon een woeste kamergymnastiek. Mijn bewegingen waren lenig en krachtig. Zij gaven mij een zonderling genot.

Mijn bengels hadden de deur niet in de klink gesloten. De kleinste duwde ze open, stak haar kopje binnen en deed piep. In mijn leven heeft ze niet anders dan piep gedaan, ik doe ook nog even piep, kom hier. Ik pakte haar op en zette mijn oefeningen voort, verzwaard met haar gewicht, maar wel bedacht om haar bij de eerste zwijmeling tegen mij aan te drukken, zodat zij op mij zou vallen en zich geen pijn zou doen.

Toen Marie mij kwam roepen voor het avondeten stond ik al in broek en hemd en zo wild en rood als de kleine. Zij lachte met mijn rust. Ik at weer zoals doorgaans: rap, veel en gulzig en zonder spreken. De angst van Marie was geweken, haar liefde was groot. Dan sloot ik mij op met de Hulstkamp en werkte licht en vurig.

Maar de volgende morgen ontwaakte ik, met ontzetting vaststellend dat ik nu verder moest leven. Zonder liefde, zonder geloof, zonder vijanden, zonder kunst. En zie ik leef voort en ik verzeker u: niet zo maar. Neen, jong en sterk en alle dagen lach ik. Uit volle borst, ongedwongen, joviaal en onaanraakbaar lach ik. De lach trekt mij aan, waar ik hem hoor ga ik ernaartoe. Lachend kijk ik de lachers recht in hun ogen en dan worden wij een seconde ernstig en dan is er iets dat wij van elkander verstaan hebben. Ik ben tóch een mens.

De boer die sterft

Een oude boer lag te sterven. Op de voutkamer, in de zure lucht, stond zijn bed. De dag ging al naar de avond, en die boer lag, uit de diepte van zijn kafzak, onder de sargie die grauw en groezelig was, te kijken. In de sargie haakten zijne donkere knekelvingeren, en hij merkte het een ogenblikje, en dacht: 'Daar-zie, ik maak al mijnen pak.' Maar hij keek, de vlakke glazerigheid zijner ogen boven de geel-gespannen huid zijner jukbeenderen, en niets bewoog over zijn voorhoofd of aan de zwarte inzakking van zijn mond. Hij zag de hoge sponde, en daarachter zijn geel kasken met de Lieve-Vrouw erop en de kommekens. De muren waren blauwgevlekt van zilt en de rode tegels van de grond vochtig in hunne hoeken. Hij had allang geen vrouw meer, en zijn kinderen waren allen weg. Nu kwam er van tijd een oud wijf. Daar dacht hij óók aan, terwijl hij naar zijn kasken keek en dan naar de stoel. 'De stoel staat scheef,' dacht hij. Hij zag dat het late licht in richelkens lag over de biezen der zate. Toen voelde hij wat koude aan zijn schouder. Waar bleef het wijf nu? Hij deed geen moeite om wat dieper onder de deken te komen. Hij wist wel dat hij te sterven lag.

De avond werd grauwer en grauwer. Weldra was er zelfs geen glimpje licht meer aan het porseleinen wijwatervat. Dat zag hij ook. Hij zag daarnaast de prente van zijn Bertha hare eerste communie. Daar was nog een glansken over. Wat stond er weer op die prent? Hij zocht er een tijdje naar in zijn hoofd. Hij wist alleen nog: zijn Bertha had nu al elf jongens. Daar was ook zijn Domien, maar die was in Amerika. Maar hij was toch getrouwd met een meisje van het dorp. Zij heette Felicita. Zij stond aan zijn bed: 'Hoe is het nu met u, vader?' – 'Wel,' antwoordde hij, 'een beetje beter dan van de duivel bezeten.' Dat was lastig om te zeggen: zijn mond wilde niet goed meer open. Hij keek een keer opzij, dáár waar Felicita moest staan. Maar zij stond daar niet. – ''t Is waar ook,' zei hij, zich bezinnend. Hij keerde zich moeilijk op zijn linkerkant, naar de muur toe. De sponde kriepte. Hij haalde zijn arm onder de sargie, want hij kreeg werkelijk kou. Hij smekte met zijne lippen, want ze waren zeer droog.

Toen keek hij tussen de muur en zijn bed. Dáár was het al goed duister. Er lag een lijn stof op de kant van de zijplank van zijn bed, en dat was haast wit. Hij gevoelde zich góed liggen nu. Zijn ene knie rustte zwaar op zijne andere. – 'Treeze zou mij wat zoete melk moeten geven,' dacht hij. ''t Zal straks te late gaan zijn om nog te komen, de dwaze-konte.' Hij meende dat hij de klink hoorde van de achterdeur. Hij wachtte een tijd met zijne oren. – ''t Zal zíj niet geweest zijn,' zei hij halfluid, en luisterde nóg een tijd, tot hij er moe van werd in zijne borst. Dan dacht hij: ''t Zal niemand zijn geweest.' Toen hoorde hij, onder het raampje, gefoefel als van een snoet in hard gras. – ''t Zal zíj zijn met haar geite,' stelde hij zich ditmaal gerust. Maar daar kwam niemand binnen. – ''k Ligge hier toch wel verlaten,' dacht hij daarop.

Hij liet zijn hoofd naar de andere kant rollen, en verlei, pijnlijk, zijne leden. 't Was hem nu weer klaarder, maar 't was toch al heel donker. Zijn bed was klaar-geel in de donkere. En hij zag ook zijn klakke die hing aan de stoel. Ja, 't was zijn klakke. Maar het kon hem niet schelen. Zijn hoofd was zo hol van binnen, en zo groot. Waar dacht hij ineens aan? Hij wist het niet meer, maar zijne lippen plakten. – 'Wat ligge ik hier toch allene!' zuchtte hij. Hij was een beetje kwaad, als indertijd op zijn vrouw. – 'Hoe lang is zij nu al

344

dood?' vroeg hij zich af, en hij begon te tellen. Maar het ging niet. ''t Is al te donker,' suste hij zichzelf. Hij deed zijne ogen toe, en lag nu in een grote, ronde ruimte waar hij niets in zag dan een dubbele gele wemeling. Hij wilde nu voortdenken. Maar het wilde niet meer mee. – 'Ik zal maar slapen,' zei hij in zijn eigen, en hij lei zich góed om te slapen. Hij lag diep en zoel, en voelde niet waar hij in lag. Het wemelende donker in zijne ogen werd blauw en daar rolden gele en groene bollen in. Het werd warm in zijn hoofd. Hij bewoog eens zijn tong tegen zijn tandvlees, en zij was nu zo droog niet meer. En zijn dikke knieën waren óok warm, en in zijn buik. – 'Maar ik zal toch niet kunnen slapen,' zei hij weer in zijn binnenst, en 't was alsof hij nodig had zich ongelukkig te vinden. – 'Ik ligge hier toch veel te allene.' En hij dacht daarna: 'En ik ben al zolang allene'... Hij had nu geen pijn, en goed warm overal, maar het was of hij ging lust krijgen te wenen. Er kwam geen verzet op, maar iets als een koppigheid, dat hij alleen, alléén lag. Vroeger was hij kwaad, als hij van 't werk kwam, en hij zag heel zijn nest jongens. Nu voelde hij zijne zieke eenzaamheid. Hij dacht er weer ineens aan, dat hij op sterven lag. En het drensde nu in hem. 'Ik zal toch nooit mijnen wél hebben...'

Hij deed een beetje zijne ogen open, maar het was hetzelfde 'of hij ze niet opendeed: diezelfde blauwe donkerte, en de fluwelen bollen. Hij deed weer zijne ogen toe, die al moe waren van dat beetje open te zijn. Zijne ogen waren nu ook warm en zelfs zijne borst. Hij voelde zich niet meer liggen. Waar was hij ergens? Daar was weer zijne vrouw. Neen, 't was Bertha, de oudste. Zij hadden eens een klein wit hondje gehad met krullekens. Die bollen in het donker, zij rolden als hondjes met witte krullekens... Maar het weende weer in hem: 'Ik zal toch nooit mijnen wél hebben.'

Nu werd dat donker wit, als melk is wanneer het donker wordt. Neen, 't was dát niet: zijn hoofd was nu wit gelijk melk, van binnen. Daar was nog als een ver voorzeken: 'Ik...

345

zal... toch... nooit...' – Maar dat wit, dat ronde wit, en dat niet blonk, begon een beetje zacht te bewegen. – 'Ik... zal... toch... nooit... mijnen... wél...': het was nu alsof zij zongen om hem te doen slapen. – ''t Zal zeker Bertha zijn?' en hij zag in 't wiegelend bewegen iemand staan, met een blauwe schort in dat wit. – 'Maar ik zal toch niet kunnen slapen. Ik heb toch nooit mijnen wél gehad. Ik ben toch...'

Toen zag hij zeer duidelijk, dat het zijn dochter Bertha níet was.

Het was een jong meisje met een blauwe schorte. Zij had schoon blond haar, dat glad en bruin was van de boter; zij had een zuiver aangezicht dat blonk als een appel, en bleek-blauwe ogen als van een kalf. Zij was danig proper aangedaan met een katoenen jakke en een schorte die, pas uit de vouwen, gewafeld lag over haren buik. 't Was of hare handen uit de waskuip kwamen. Zij rook naar niets. Zij zag er helder uit gelijk de lente na een malse uchtendvlaag.

– 'Bah zó, bah zó, Nand, gij hebt gij nooit uwen wél gehad,' zei ze. Haar mond was wak en rood: – 'Bah zó!' En haar mond bleef een beetje open, en hare ogen lachten ook.

– 'Die komt hier nu met mij de zot houden!' dacht Nand wrevelig. En hij meende dat hij het haar zegde, maar hij zei het haar niet.

– 'Bah zóo,' sprak het meisje weer, alsof zij hem niet gehoord had. En toen zweeg zij een beetje. Maar toen lachte zij niet meer, en zij sprak: 'Nand, herkent ge mij niet meer? Ik ben uwe Ogen. Ik ben nochtans altijd bij u geweest, vermits ik uwe Ogen ben. Maar gij wordt oud, mens, en daarom vergeet gij mij. En gij zegt daarom, dat gij nooit uwen wél hebt gehad, Nand. – Nand, weet gij dan niet meer? Gij zijt maar een klein boerke geweest, een koehouderke met één beeste, en 't is nu al vijf jaar dat gij geen beesten meer hebt, omdat gij in de heerd zit met uwe pijpe en geen land meer hebt. Maar gij zijt altijd een goede boer geweest. Te weke zaagt gij niet veel, niets dan uw plekke werk en uw schotel eten, en gij moest peinzen op wat te doen was. Maar 's zondags na de Hoogmis, dan gingt gij niet, gelijk de anderen, bollen in de rolbanen en druppels drinken op het spel; maar gij gingt uw land eens rond en gij hadt er plezier van. Gij zaagt de lucht, en, was zij blauw, daar waart gij blij om, als het niet te lang had gedroogd. Maar als de droogte te lang had geduurd, dan waart gij blij zo de lucht een smak regen beloofde. Dat hebt gij de zondag gezien; want in de week werkt men. 't Is de zondag dat gij de scha hebt gezien van de hagel in de boomgaard; maar een wijze boer verkoopt zijn fruit als 't nog in de bloem staat, en daarom hebt gij er u niet veel om bekommerd. Dondertorens in de lucht zijn het teken van een onweer; maar als het graan niet te hoog staat, kan het daartegen. Ter contrarie, 't is er goed voor...

'Maar 't is vooral uw land dat gij gezien hebt, de zondag. Het lag rond en hoog, maar dat is goed voor de afloop van 't water. Ter vroege lente ziet gij de aarde nog tussen de sprietjes van 't graan; maar te meie komt er, slap, het aar al in en gij zijt voldaan. 't Koolzaad bloeit dan, en het is zo geel dat het uwe ogen zeer doet; en in de nacht zijn de fruitbomen nog witter dan in de dag, met al hun bloemen. Maar het is triestig als gij de kop van de aardappels zwartgebrand ziet van de vorst, in dat seizoen; maar het is nog vroeg in het seizoen, en zij kunnen nog weer in nieuwe scheuten uitlopen... Als dan de zomer komt, dan is 't weer wat anders dat gij ziet. De zondagochtend wandelt gij tussen de korenstukken. Gij ziet dat de rogge geel is en als een pisse; maar de tarwe is, een beetje later, rood gelijk bier. 't Groen van de klaver is zeer groen, maar de dikke bellen zijn al zo schoon als rooskens. De aardappels staan ook in bloem, wit of gelijk de malven die in natte hoeken groeien. Op die tijd ziet gij het water ook, omdat het effen is, en blinkt. Want het is de tijd dat niets zich voor de zon kan wegsteken. Het is de tijd van de zonnebloemen bij de mesthoop, en, aan de achterdeur, de dahlia's zo groot als kinderhoofden... In de komende herfst kapt

men de aardappels; de zondag, na 't lof, komen daar de koeiers in hun eerste-communiekleren, en ze maken vuurkens
van het loof, om er pataters in te braden. De rook dan gaat
liggen in lange slierten over het land. Dat ziet gij tegen de
avond zo, als ge een partijtje gaat jassen... Daarna wordt er
geploegd, en 's Zondags ziet gij het werk van het grote paard,
en de aarde die in vette, purperen schellen gekeerd ligt. En
dan hebt gij gezaaid met uwe zaaischorte aan, met wijze gre-
pe en brede zwaai, en de vaste stap van wie zijn eigen land
bezaait. Gij hebt het zelfs de zondag gedaan, want men moet
de tijd nemen als hij komt, en 't werk dat men geerne doet...
  'Worden nu de bieten gerooid, dan staat de winter voor
de deur. Gij hebt het dikwijls genoeg gezien, van de bomen
die zwart stonden van de natte, en van de kraaien die roeien
door de lucht, en op het wepele land aan 't azen. En dan is 't
sneeuw, de grote, brede sneeuw op de aarde en aan de daken. Een boerenmens heeft dan geen werk meer dan een
beetje in huis en in de schuur. Maar door het venster ziet gij
de sneeuw onder de loden lucht, de witte sneeuw die gelijk
blauw wordt van achteren...
  'En Nand, gij hebt nog zoveel andere dingen gezien. Gij
hebt de stad gezien, en vele herbergen, als gij naar de markt
gingt om uwe kalvers te verkopen met hun hoge poten, en
de naakte ronde plekke op hun voorhoofd als een heilige
hostie. Gij hadt altijd van die kleine, Bretonse koetjes, en gij
ziet ze nog staan op uwe stal, of als uw jongens ze leidden
langs de grachtkant. Op de markt hebt ge eens een trekhond
gekocht. Het was een machtig beest, een gele gelijk bij de
beenhouwers. Op weg naar huis sleurde hij zó aan de koor-
de, dat gij al de tijd hebt moeten draven. Gij zaagt toen, die
zomermiddag, hoe het stuiven kan als men loopt. Al de lo-
verkens wiebelden aan de Canada's langs de baan. En gij zijt
niet eens kunnen binnen gaan in 'Halfwege' om een pinte te
stekken, zó hard trok die hond... – Herinner u, in stad hebt
ge twee burgershuizen gezien, waar uwe dochters dienden.

Men is er maar op zijn gemak in de keuken. En gij hebt ook de expositie van Brussel gezien, en gij weet het nog heel goed, van de duizel in uw hoofd en de moeite in uw benen...

'En dan, – hebt gij het dan vergeten, Nand? Gij hebt toch uw wijf gehad, uw Wanne. Ge waart gij nog niet lang weer van de troep. Uw vader leefde nog. Op 'nen ochtend in het voorjaar hebt gij ze eens gezien, dat ze afkwam. Er was zo maar een frisse wind. Al heur haar vloog weg op haar voorhoofd, want zij had allemaal van die fijne krullekens. Op haar lijf en op hare benen deed de wind haar kleren naar achteren waaien. Zij lachte gelijk; zij was rood gelijk een kool. Dan zijt gij gelijk begonnen met haar gaarne te zien. Gij zijt er mee getrouwd. Zij heeft u kinderen gegeven als pioenen. En zij is altijd toch een goed wijf geweest... – Bah zó, Nand, gij hebt nooit uwen wél gehad? Vergeet gij dan Wanne-devrouw? En de kinderen dan? Gij hebt ze allemaal zien groeien. Het waren gelijk bloemen, gelijk pioenen. 't Zijn brave kinderen geweest, en zij hebben toch voor hun ouders gewerkt. Domien is een beetje te vroeg getrouwd, maar hij is toch devorig. Hij is in Amerika. Zijn kinderen hebt gij niet gezien. Maar de kinderen van Bertha kent gij allemaal. Zij is een proper wijf, en ze is óók devoorig met hare elf kinderen. Gij weet toch wel dat het oudste Nandje heet?...'

– Het jong vrouwmens zweeg op deze vraag. En Nand zei bij zichzelf dat hij het wist, van Nandje. 't Was precies Bertha als ze klein was, maar 't was een manneke. Hij glimlachte. Bertha was nog altijd bezorgd om hem, van alle weken nog eiers te brengen voor hem. Zij had veel kippen. Haar man prutste aan het kippenhok de zondag. In de week werkte hij in de stad. Men wint er toch veel meer dan op den boer. Hij was brave. Maar Bertha was óók brave. Was dat nu Bertha die bij hem stond, of was het Nandje? Ja, van zijn kinderen had hij geen klagen gehad. Van zijn wijf ook niet, bijlange niet. Een mens mag niet pochen, maar 't was hem altijd toch nogal meegegaan, met de beesten en met het land.

Alleen maar... 't En is maar dat een mens toch nooit... Niet-
waar, Bertha, gij weet het toch, nietwaar, kind? Bertha?
Nietwaar, Bertha?... Bertha, waarom antwoordt gij mij niet?
Bertha...

Hij wilde zich een beetje omdraaien. Maar hij moest niet.
Hij zag zónder zich om te draaien. Het was Bertha niet. En
't was 't meisje ook niet met de verse schorte. Maar daar
stond nu weer een ander vrouwmens.

''t Is waar, mens, 't is waar...'

En zij deed met deftigheid hare ogen open en toe gaan.
Haar aangezicht was heel wit, maar gij zaagt niet hoe het er
uit zag. Maar dat geeft er niet aan. Zij was geheel in het zwart
gekleed, gelijk Marie Burgemeesters als zij 's middags achter
't gordijntje zit van de koele voorkamer, met een hand-
werkje. Men ziet haar niet zitten als men het niet weet. Zij
is niet jong meer, en zeer deftig. Déze hier zag men ook niet
goed, met haar kleed zonder schort. Maar men hoorde haar
spreken met een diepe stem, gelijk het orgel in de kerk als
het stillekens speelt met zo een béverik.

– ''t Is waar, mens,' zei ze; met het plezier van zijne ogen
alleen zou een mens geen vette soepe koken.'

Zij sprak met een klein mondje, gelijk de pachterdochters
die in 't pensionaat hebben gelegen. Zij deed altijd hare ogen
open en toe: altijd een wit plekje en een donker plekje, 'dat
het Nand begon te vermoeien. Hij deed zijne ogen óók toe,
en 't was nu alleen nog het schone blauwe duister. Hij moest
er een beetje bij lachen. 't Is of hij aan die Marie Burgemeesters een poets gespeeld had. – 'Laat ze nu maar praten!' dacht
hij... Maar hij moest tóch luisteren, omdat het deftig was wat
ze zei, en schoon gelijk een bevend orgel onder de conse-
cratie. En ze zei:

– 'Met uwe ogen zoudt gij niets zijn, als gij uwe oren niet
had: Nand, man, ik ben uwe Oren. Ik ben dat altijd geweest,
al wist gij het niet. Maar ik neem u dat niet kwalijk, omdat
gij uw gehoor toch altijd goed hebt gebruikt. En gij hebt er
plezier van gehad, doet gij niet?

'Peins er 'ne keer op: ge mocht gij oud of jong zijn, ge laagt gij allang wakker te luisteren of de haan nog niet ging kraaien, dat gij óp moest voor 't werk. En 't en is maar de maandagochtend, als uw hoofd nog wat zwaar was van de pinten bier, dat gij níet te luisteren laagt, en 's winters, als gij niet vóor de klaren op moest, en de haan putten kraait in de nacht: toen bleeft gij, wakker, nog wat liggen, en gij zeid 't: 'Loop naar de weerlicht!'; maar de beesten hoordet gij, die aan 't roeren gingen in de stal en in de kotten, en gij stondt tóch op, met kippenvel van de kou aan uwe kuiten. 'dat het haar er van recht kwam... Maar als gij zo, in 't voorjaar, te wachten laagt naar 't gekraai van de haan, dan was daar al één vogelke dat u van zingen wakker hield. 't Is 't vogelke dat altijd iets vragen moet, zou men zeggen; ofwel, bij regenweer, 't watervogelke dat piept als een pompe. – Goed, gij zijt op. Nu zijn ze daar met honderd vogels aan 't vechten en roefelen in de bomen, terwijl de dauw eruit neerpletst. Uw wijf haar rokken slaan rond haar. Terwijl ze koffie zet zijt ge al op 't hof. De koe trampelt in haar stro; de geite schuurt haar huid aan de stalmuur; de snuit van het zwijn heeft een nat gesnork onderaan de halve deure. Gij gaat weer naar huis toe. Uw wijf staat in het deurgat en zij roept: 'Tie! ti-ti-ti-ti,' en al de hennen overstappen zich van het kakelende lopen, terwijl de deftiggaande haan die hoog de poten opheft, als achterdochtig 'Kok, kok, kok' doet. En gij hoort dat allemaal, en gij hebt er deugd van, omdat alles zo goed gaat. In de zomertijd is op dat uur al iedereen naar het werk. Van bij slijttijd tot na de haveroogst moet gij vroeg op de been zijn. En op de baan hoort gij hun galmende stoet, van de werklie, terwijl het nog duister is in de huizen. Zij blijven bij wijle staan, en 't is een lange schone roep om, onderweg, de makkers te vermanen die nog niet buiten gekomen zijn. En waar zij gaan in de wegels, daar suizelt het vlas, of doen zij van hunne handen het graan hard ruisen en schudden. En 't lijdt geen tijd, of daar ploft zingend de pikke; gij luistert hoe de zetsteen zindert alover het staal, en van verre het plezierige hamerke klopt. – Bij bamisweer, dan is 't in een latere vroegte, dat aan uw vensterke de regen tokkelt. Gij hebt zo'n haast niet, al heeft de haan een tijdeke gekraaid. – 'De haan wordt gelijk schor van dat weer,' meent gij, en gij trekt uw broek aan. Gij kunt nu wat later in huis blijven, en gij lanterfant. Nu hoort gij beter de geruchten van binnenhuize: de kinders die snateren of schreeuwen voor zij naar school gaan; de afwas van de vrouw in 't klotsend water. Zij vertelt iets. Dan gaat gij in uw schure dorsen, en de vlegel ploft matelijk en met een blij geweld. Of er moet gewand, of, door de zeef die aan de zolder hangt, gezeefd; en dan hoort gij de graankorrels hagelen op de zeildoek. In 't kot daarnaast snorkt zuchtend het varken. Op de dilte zitten, achter hun schot, de duiven, die trappelen en roekedekoeën. – En nietwaar, in de winter heeft de uchtend als géén gerucht, en de sneeuw hóórt gij niet...

'Maar 's noens! – Als gij, te meie, 's noens naar huis keert: horkt hoe van verre uwe vrouw zingt bij 't slaan van de karnstang. Aan tafel wordt niet veel gezeid, omdat men eet. Maar 't is mei, en daarom komen kinderen, of het zijn oude dompelaars, en zij dragen de meiboom met de papieren bloemen en de eiermande, en zij zingen van 'Jezus den Mei-boom schone'. Zij komen te noene, omdat de boer dan óók thuis is. En is het liedeken 't einde, dan krijgen ze hunne twee eiers. – Na den eten is het uur van laveien. Maar 't is maar nadat het hooi gestapeld is, dat de laveitijd komt. Gij ligt op uw buik in 't koude gras; op uw buik vanwege de hommels. Zij snorren aan uw oor dat het wreed is. Gij kunt er eerst niet van slapen, maar ten leste snorren zij u in slaap. En dan hoort gij het snorken niet meer van de anderen, die daar liggen in de boomgaard, maar gij snorkt zelf zó luid, dat gij ervan wakker schiet. – Weet gij 't nog? in 't naderende najaar hoort gij, onder 't middageten, dat de appelen met een zoete plof uit de stille boom vallen in het malse gras. Wat later gaan de jongens met gaffels slaan, of met lange bonenstaken peuteren in de notelaar, 'dat het dicht gebladert er geweldig van reuzelt, en de noten neertuimelen als bolketten. En 't zal de tijd gaan worden dat, als gij eet, op stal de koe om eten zal staan beurelen. Want de beesten zullen nu binnen zijn, om de natte, en dat het winter wordt. – En in de winter, als gij thuiskomt, 's noens, dan is het uw wijf niet die gij hoort zingen van verre: het is het Kerstzwijn dat gilt en rochelt onder het grote mes van de slachter. Gij zijt er gauw bij; gij hoort het haar afroosteren; gij hoort de harde schrobber over de huid; gij hoort het vele pletsen van water. Als 't open beest aan de ladder hangt, moogt gij gaan eten, en morgen zondag zullen het karbonaden zijn.

'En tegen de avond.... – Weet gij nog, weet gij nog, Nand-mens, wat het is, als het zo al stillekens naar de zomer gaat, 's avonds, en gij al wat aan de deur kunt zitten met uw pijpe? Evarist kwam al voor uw Bertha. Gij kondt hem goed verdragen. Hij was metsersknape, in de stad, maar hij dronk niet. De drank, daar moet alles van kapot; een druppel na de Hoogmis 's zondags, en 's avonds een paar pinten onder 't jassen: dat is genoeg. Als gij jong zijt, dan is dat wat anders: dan is het 't recht van al ne keer zat te zijn: maar gij moet het in tijds kunnen laten. Evarist dronk niet. Met de avond kwam hij uit stad, in de verte wit van kalk, op zijn velo die zachtekens naderratelde. Hij ging dan wat hurken tegen een appelaar. Bertha breide naast het deurgat dat de priemen ervan knetterden tegeneen. Zij koutten heel zoetekes. De lucht vezelde. Bertha lachte 'ne keer, dat het gelijk een klaarte was. En de koeien kwamen terug uit de weide, stil al beurelende... Gij, gij kroopt de varkenstal in. Wanne, uw wijf was er al; zij had óók al de zeug horen kriepen, zuchten en klagen. Gij staakt de bollantaren aan: het baren was nog niet aan de gang. Maar gij zijt met Wanne gebleven, en gij hebt zelfs fluisterend een partijtje kaart gespeeld, zo in het stro. Dan heeft de liggende zeug, met hare toeë ogen waar water uit kwam gelopen, wat harder gekermd, en ineens een luide 'ach!' uitgestoten: het was het eerste biggetje. Dan is verder alles goed verlopen; zij heeft nog wat korte gilletjes gehad; haar voorpoten deden stampend het stro kraken; toen heeft zij alleen nog wat gegrold, en hare jongens snuffelend met hare natte snoet betast. Zij had er veertien. Wanne is nog wat bij haar gebleven om te zien of zij niet kwaad werd. Gij zijt buiten gegaan. Heel de hemel zong luide van een nachtegaal, waar gij wel heel uw leven zoudt naar luisteren... Maar 't is vooral de latere zomer toe dat de avond luide is. Al de vijvers van 't kasteel krijsen van vorsen; 't is of die beesten gaarne bij rijke mensen wonen. Bij de armen is het de krekel, de klap- perende krekel, die al niet ver meer van zijn winterwoonste toeft. Maar 't zijn de slijters, die in de late verte het schoon- ste galmen, als 't stuk áf is, en ze blijde op het werk zingen onder de maneschijn, en ze gezamen de vraag van 'Zullen wij den slijtpap eten?' met een lange, hoge 'Ja!' ten hemel toe bevestigen. Te Sint-Jan kraaien de kinderen als jonge hanen. En later, al het graan gepikt: als 't volk van de akkers komt, heel de rode avondzon op 't blinkend zweet van hunne blo- te borst, dan hoort ge ze aankomen op hunne grove blok- ken, en zij zingen als koper: 'En d'er is nog ólie ólie in!'... Nu zwermen al de fijne muggen, de muggen als een vliem. 't Is teken dat de avond weldra gaat stil worden. – Maar in het najaar is het níet stil. Gij zit binnenhuis, in de naderende donker, en de nijdige wind blaast onder de deur tot tegen de pijpen van uw broek. Gij hoort hem kolken in de schouw en schudden aan de staldeuren. Hij kan jammeren als een vrouw in de pijnen, en razen gelijk de champetter als hij zat is. En hij is niet nog 'ne keer zat!... En de kinderen luisteren. Maar zij stellen zich gerust met schoolke te spelen. Gij hoort dat zij 'Masœur' moeten zeggen tegen Bertha. Gij hoort dat Bertha matelijk slaat met een stok op de achterdeur, waarop de anderen zeggen: 'Ba, be, bi, bo, bu'. Maar gij hoort uw vrouw die zegt: 'Ik ga maar de lamp aansteken; wij zullen zo de wind niet horen.' – Zó komt de winter in het land, die verdrietig is omdat gij hem altijd zo hoort regenen. Ik weet het wel, dat kan geen kwaad, en alles is binnen. Maar als gij bij de beesten moet zijn, die onrustig worden vanwege de avondkost, dan moet gij een baalzak over uw veste leggen, en uw klompen hoort gij soppend kletsen. Maar de schone tijd dan van zang, vanaf Kerstavond tot Driekoningen! 'O ster, o ster, waar zullen wij gaan?'; en als het liedje uit was, was het ineens heel stil. En dan: 'Driekoningen uit Oriënten'... Ik zie het, Nand, aan uw mond: 't is of gij er bij waart...

'Want nietwaar, Nand, peins er 'ne keer op, mens: gij hebt gij daar toch allemaal deugd van gehad. Ik weet het wel, gij zijt gij gene grote boer geweest, maar een mens is een mens, en hij heeft toch plezier van zijn oren. Gij zijt gij wel niet meer dan een koehouderke geweest, maar...'

– 'Gaat die dwazekonte daar haast gaan ophouden?' begon het in Nand zijn hoofd te wriemelen. Met al haar woorden van mijn oren is 't gelijk een spinnenkop, die in mijn hoofd zou rondlopen. 't Is precies alsof ik anders niet had dan mijn oren. Ja, 't is precies alsof ik niets anders dan mijne oren had, is het precies alsof ik niets anders dan mijne ooren had. Is het niet precies alsof ik...?' – Het ging nu aldoor, aldoor, als een spoele, als een spoele die speelt over de weefstoel. 'Is het niet precies alsof 'ne mens niets anders...' Het werd een gehaspel in zijn moe hoofd van altijd diezelfde woorden, die altijd door malkaar gingen lopen. Hij probeerde er orde in te brengen. Hij wilde het met zorg zeggen tussen zijne eigen lippen. Gij hoorde die Marie Burgemeesters niet meer. Hij moest met aandacht zeggen: 'Precies alsof ik potferflakmij niet anders dan...'

Dan schrikte ik ineens op door een luide lach.

Maar zijn schrik was al even gauw opgelost in een soort van klaarte. Hij moest zijne oogen niet opendoen om heel goed te zien. – ''t Is gemakkelijk,' vond hij. Maar wat hij zag maakte hem weer wrevelig. Was dat die kleine smotse niet van aan de boskant? – Van die Marie Burgemeesters wist hij al niet meer. Maar daar lag nu half over hem, dat het zijn klaarte haast benam, die slonzige dochter van de schoenlapper aan de boskant, die ook klompen snijdt uit sappig hout, en in de winter Kruis-Lieveheerkens maakt in apothekersflesjes. Maar gij moet hem zelf de flesjes brengen. – In zijn zwart kot, dat vast zit als een slakkenhuis in de heuvelwand van het woud, riekt het naar beschimmeld pek en nat-getaste herfstbladeren. – 'Ja maar,' dacht nu Nand, 'die vent moet allang dood zijn!' Hij was nog met zijn slonse van een dochter in het bos geweest, 's avonds. Maar, dat mocht hij zeggen: hij was toen nog jong; hij moest aan niemand rekening geven. En nu moest hij erom lachen... Waar kon ze nu wel zijn, vuile Zulma van aan de boskant? Maar zij lag daar half over hem, en haar kleren vol aarde aan haar lijf geschoten, twee droge bladeren in haar stoffig vlashaar, hare twee handen aan weerskanten van zijn warm hoofd, en die rood waren als vlees. Zij rook in haar rokken naar pek en natte bosgrond en de beulingen van wilde konijntjes. En dat rees in Nand zijne neus, dat hij moest zeggen: 'Gij kunt wel rieken dat gíj het zijt! kleine slonse!'

Maar hij moest het niet zeggen. Want zij rechtte zich, en hij zag de volle klaarte van haar gelaat en de klaarte rondom haar gelaat, dat olijk was; en zij lachte weer gelijk een kalkoen, en zij antwoordde al:

– 'Ha, daar is geen perikelen van, Nand, dat gij het niet zoudt kunnen gerieken! Ben ik uwe Neus niet, dan? Ja, Nand jongen, uwe Neus, dat ben ik. Ha! wij hebben vieze dingen gedaan in ons leven! En gij kunt gij niet zeggen dat wij geen plezier hebben gehad!' Zij lachte nog eens, maar stiller en gelijk van binnen. Ze zei: ''t Is al begonnen, Nand, van als gij ene kleine broek-volbillen waart.' Nand moest nu gelijk ook 'ne keer lachen. – ''t Is waar,' dacht hij, ''t is

waar.' Al wist hij niet goed, wàt waar was. Maar hij luisterde met welgevallen naar die zotte Zulma die vertelde:

– 'Gij weet het nog wel: 't is begonnen in het hondenkot.
Gij waart gij zeker nog geen drie jaar oud. De hond had
jongskens, en gij hebt dat eens willen zien. De hond was weg
met uw vader, aale voeren in een vat, onder een zijpende
dweil. Gij zijt in het kot gekropen, en gij weet nog hoe het
daar rook, heet en reeuws als van opgestapelde ossenhuiden
in de schuur van grote boeren, en zuur ook als van oude
melk. Dat wist gij toen nog niet, maar gij rookt het, en nú
weet gij het. Gij zaagt de hondenjongens niet liggen; maar
gij zat in dat warm en donker kot, op 't korte, stofferige stro
van de teef, en dat walmig geurde. Gij vondt het daar goed,
en gij hebt u een beetje neergelegd. Toen is daar in dat hok
een woeling gekomen, en er is iets dat u week bij uwe neus
heeft gegrepen, en eraan begonnen zuigen is. 't Waren de
jonge hondjes. Gij zijt bang geworden; gij zijt naar buiten
gekropen. De hondjes al slepend op hunne buik, zijn u gevolgd. Aan de ingang van het kot zijn zij blijven liggen, op
de vette flank, de ogen toe, de mondjes naar lucht happend.
– Gij weet gij het nog, uit de tijd dat gij klein waart, van de
geur van 't hete brood, als gij bij uw moeder mocht zitten
in 't ovenbuur; en van de appelen op de voutkamer, waar
gij niet aan kunt omdat zij op de kast liggen; en van de geweldige adem van uw vader, die pruimde, als hij u 's zondags, na een borrel of twee, om de lolle een baardje zette met
zijn rasperige kin.

'Van als gij naar school gingt, weet gij nog het haar van de
meester. Hij had een wit papsmoel, maar de zondag deed hij
pommade aan zijn haar. Hij leidde de kinderen naar de
Hoogmis. In de kerk zat gij naast hem. Gij zaagt zijn haar,
dat blonk. Het rook gelijk naar rooskens en naar azijn. – Gij
riekt nog de wastobbe van Fientje van de secretaris, als de
meester u de boodschap deed doen dat hij daar 's avonds zou
komen kaarten. Op 't kerkhof was er een hoekske; 't was de

tijd van uw eerste communie; 't is in dat hoekske dat gij altijd kwaamt met uw makkers, om te fezelen en te konkelfoezen; er groeide daar een dichte foefeling van paardebloemen, die 's avonds stonken als kattepis.

'En, weet gij het nog, Nand? We hebben wij samen onze eerste communie gedaan. Ge zat gij altijd naar mij te kijken onder de lering, alsof gij kwaad waart op mij. Gij hebt eens op mijn rokken geslagen met uwe kloef.

De pastoor rook naar snuif en de kerk naar koele karnemelk en naar kaarsen. – Toen hebben wij in geen vier jaar elkander nog bezien. Maar op een avond hebben wij elkander ontmoet aan de boskant. Wij zijn er ingegaan. Het bos rook naar terpentijn, om de stoven mee te kuisen. Wij hebben ons gelegd. De varens roken naar peper. Daar liepen rond ons wel duizend beestjes op de grond, en die roken naar meikevers, als gij er goed aan riekt. En Nand, gij rookt, gij, gelijk naar kaas... Als gij naar de boer zijt teruggekeerd, waar gij koeier waart, zijt gij maar dadelijk naar uwe polk gegaan, in de stal, zonder goênavond te zeggen. Gij waart ijl in uw hoofd en uw hart dwaalde een beetje. De koeien geurden log. Gij hebt gedacht aan mij, en gij hebt niet kunnen vinden naar wat ik rook.

'En dan hebt gij Wanne gevrijd, Nand. Gij hebt wel een beetje boven uwe stand gekeken, maar gij kwaamt van de troep terug, en gij waart geen lelijke jongen. 's Avonds gingt gij uit vrijen, met uw veste aan. In 't voorjaar gingt gij langs de omgeploegde stukken; daar stond te wachten op de andere dag de tonne met beer, die rook gelijk een bruine bezie. Wat later in 't jaar waren het de linden, die geuren zuur en zoet; het was aan ieder arme-mensen-huizeke de vlierstruik die gelijk ademt; het was, bij dat al, het hooi dat walmt gelijk een pijpe goede tabak vanuit de stad. Wanne haar moeder kookte de koeketel, waar de aardappelschillen te allen seizoenen dezelfde geur hebben. En Wanne rook niet dan naar room. Maar als het kermis was, en heel het dorp

rook naar wafels en warm bier en naar feestelijke karbonaden, dan gingt gij dansen met haar in de tente, en dan bedwelmde u de geur van het zoete zweet van Wanne.
'Gij zijt getrouwd, en zo gaat de tijd voorbij, mens. Ge hebt
gij hard moeten labeuren. Gij hebt gehangen met uw heet
hoofd in 't gloeiende koren, geweldig aan het pikken, en uw
brandend hoofd geurde als een zeer groot roggebrood. Gij
hebt uw rugge dan gerecht in de lucht, om 'ne keer te drinken, en 't koele water heeft door uwe mond gevloeid als
munte. De zatte hommels sloegen uw naakte en blinkende
borst aan, en ze geurden naar van alles, en 't was ook gelijk
naar warm roggebrood. – Kwaamt gij dan 's avonds late naar
huis, dan at gij de aardappels met de ajuinsaus. Ajuinsaus riekt
gelijk ajuinsaus, die veel zuurder zou zijn. Gij naamt uw
jongste op de schoot, die rook gelijk boterdoeken. De anderen roken naar zure appelen, naar de mesthoop of naar de
duiventil, al naar zij gespeeld hadden. Toen zij groter werden, was daar uwe Triphon. Hij heeft nooit goed willen deu-
gen. Als hij vijftien jaar oud was, droomde hij van niets anders dan van ene velo. Hij was op stiel bij de smid. Hij rook
toen naar lijnolie en wagensmeer. Maar Bertha heeft altijd
fris naar de zeep geroken... Gij gingt toen nog een beetje buiten zitten, Nand. Ge zat gij in de lelies, en zij gingen rieken
gelijk uw pijpe; maar uw pijpe rook gelijk een beetje naar de
lelies. En als de kinderen dan naar bed waren, en ook Wanne
zou gaan slapen, en hare armen roken nog naar de afwas, en
haar jakke rook altijd gelijk naar gist: dan hebt gij wat ge-
talmd, of gij niet mee zoudt gaan slapen. Maar gij hebt u opgepakt, en uit het kot uw sleepnet gelangd, en uwe klakke
opgezet. Gij zijt in uwe ponte gaan zitten, die ligt op de Leie.
Gij hebt uw net geworpen en gewacht. Het water walmde.
Daarboven was een windeke, dat naar de koude bomen
geurde uit de over-Leise boomgaarden. Maar in de ponte, zo
dicht bij het water, dan geurde het van ene zwoele en klei-
terige rotheid die gelijk op uw huid blijft plakken. En ge

359

moet daar niet al te lang blijven zitten, op dat water, want een mens krijgt er pijn van in zijn kop, van al de drassen die gij mee ophaalt en die rieken naar modder. En wat haalt gij dan nog op? Wat pierkens van alen; een grondelinkske nu en dan; en zit er al 'ne keer een baars tussen, dan hoort gij hem al weer in 't water plonzen nog vóór het net geheel boven is...

'En zo wordt een mens oud, Nand, mijne vent. De kinderen waren groot en gij moest gij al niet veel meer van uw hof gaan. En daarom kond't gij zo goed niet meer slapen, binst de nacht, dan in de tijd van 't labeuren. En dan, en dan, de muggen kwamen u stekken, nietwaar? Maar gij streekt uw wezen en uw handen vol petrol, en zo bleven zij van uw lijf; maar dan was het Wanne die u wakker hield, omdat zij wakker werd van de stank, en morde. – Of in de winter kroopt gij in bed met uw aale-vest aan, voor de warmte, want met jaren wordt een mens kouwelijker, maar dan ronkte zij weer omdat het stonk. Alsof gij ooit hadd't opgespeeld omdat zij zodanig kon zweten, 's nachts, dat heel het bed er van rook. Maar gij zeid't gij niets; gij schooft gij eenvoudig wat op...'

En Zulma lachte weer, stillekens. Maar Nand dacht niet aan Zulma. Hij dacht aan Wanne. Wanne was gestorven. Hij weet het nog heel goed: zij rook toen vreemd naar was. Neen: naar de droge, papieren polk van muizen, die hij eens op de dilte gevonden had. Neen: zij rook, zij rook naar...'

– 'Laat mij gerust!' pruttelde daar iets tegen in Nand. 'Altijd van dat rieken naar dít, en van dat rieken naar dát! Altijd maar van riek en 'n proef niet!'... – Nand had schik. 'Ja, ja!' stemde hij in, 'van riek en 'n proef niet, van riek en 'n proef niet!'

– 'Wat durft gij daar zeggen?' klonk plots een niet-toegeeflijk verwijt.

Nand verschoot daar niet bij: ze was zij zo, ze was zij altijd zo, Boldina van de pastor. Want het was Boldina van de pastor: dat moest gij niet vragen. Daarbij, Nand lag te goed nu, om zich over iets te verwonderen. Hij lag heel stil, diep en warm. Hij voelde zich zalig. – Moest hij geen goedendag zeggen aan Boldina? Maar neen: hij sliep immers. Neen, hij sliep niet. Maar ze moest zij maar peinzen dat hij sliep; niet waar, als een mens ziek is... Was hij dan werkelijk ziek? Hij wist het bijkans niet meer. Maar ja, hij was ziek; hij lag zelfs op sterven, en ze bracht hem iets vanwege Mijnheer de pastor, om op te eten. Zou hij zijne ogen opendoen? Het duurde lang, vóór hij zich kon voorstellen dat hij misschien goed zou doen, zijne ogen te openen. Intussen stond ze daar naast hem. Hij wist het. Hij moest ze daarom niet zien. Zij had haren caraco aan met franjes. Er lag gelijk snuif tussen de plooitjes van de platte strik op haar peerlen mutse. Zij had weer grote rode vlekken op haar stroef gezicht, vandaag. Zij had weer hare jeneverneus ook, vandaag. Zij had altijd een medicijnflesje met jenever in haar zak: dat wist iedereen. Zij spuwde daar niet naar, naar jenever. Ze zei:

– 'G'hebt gij nooit naar 'ne druppel gespuwd, Nand.'

Maar Nand roerde niet, noch sprak dat tegen. Hij moest niet tonen dat hij niet sliep. Als ze iets mee had om op te eten, dan zou zij het wel zeggen. Hij had nu wel de smaak van warme pannekoeken in zijn mond, met appels, maar dat geeft er niet aan. Ze moest zij dat niet weten. Ja, een druppel, dat kan geen kwaad. In de winter verwarmt het en in de zomer doet het uw zweet indrogen. Maar gij moet er niet te veel van drinken... – ''t Is precies alsof ik een druppel zou gedronken hebben,' dacht Nand nu, want hij zweette een beetje langs binnen, en hij moest eens blazen...

– 'G'hebt gij gelijk,' zei Boldina, 'een mens moet zijn zinnen eens verzetten. Het pikt op de tong en het doet deugd. Ge weet gij dat zeker niet, Nand?: ik ben uwe Smaak. Een druppel van tijd tot tijd, een pijpje tabak, en rond Kerstdag, als gij uwe pacht gaat betalen, een sigaar van de baron...'

Nand vond: 'Ja, ja dat zijn goede dingen.' Hij proefde na,

maar met een mond die te droog was. Hij vond: 'Er zijn, van eten en van drinken wegens, nóg veel dingen, die goed zijn.' En zijn mond werd van een klein beetje speeksel wat natter. Hij moest zwelgen. 't Was nogal lastig en riep hem terug tot de pijn in zijne knieën. Maar dat duurde heel kort: hij zonk weer in zijn zaligheid. Want daar sprak iets; hij wist niet of het Boldina was, de meid van de pastor, dan of hij het zelf was. Het kon hem ook niet schelen. Het sprak: – 'Ja, er zijn veel goede dingen, van eten en van drinken wegens. De maandag staat gij op, en gij hebt in uw mond een smaak die slecht is: van hout of van koper, gelijk gij wilt. Maar gij hebt gij koffie, hete koffie, en dat spoelt door. Koffie is altijd goed, zelfs als gij bij ongeluk uw pruim tabak ingezwolgen hebt, en hij smaakt de maandag 't beste. Gij drinkt hem met uwe stuiten, al gaat de appetijt niet, 's maandags. 't Is daarom dat een sneetje vet vlees goed is, die dag, 's noens, en zout smaakt bij uwe aardappels. De aardappels moeten niet al te veel bloemen: als zij zijn gelijk eiers, dan smaken zij haast gelijk eiers, nietwaar. En als gij 's winters niet werkt en 's noens niets dan aardappels krijgt, dan moeten zij goed zijn, maar dan worden zij al slecht. Maar g'hebt gij uwe pap en die is altijd goed: 't is gemakkelijk. En 's avonds hebt gij uwe aardappels, met wat sala daarin gesneden en de zure saus met kaantjes. Heel 't dorp riekt ervan, 's avonds, en gij zoudt gij niet moegewerkt zijn, dat gij er nóg honger zoudt van krijgen.

'De dinsdag is dat hetzelfde haast. Maar gij zult gij misschien geen spek hebben 's noens. Maar dan hebt gij, naar 't seizoen, prinsessen, stampsel met kool, of rode kool ook al eens. De rijke mensen eten sala zonder zure saus; maar daar moet gij een kop voor op hebben! Sala is flauwe kost. Erwten, ja, dat is beter, maar de beste gaan naar de stad, voor de rijke mensen, en een boerenmens moet zich kontent stellen met de dikke. Maar rode kool is het beste; dat is zuur, en gij gevoelt het lang op de maag.

'De woensdag, hawel, dat is weer hetzelfde, nietwaar; en de donderdag ook. Maar gij eet aleens een appel ook. De aardbeziën gaan naar de markt. Aalbeziën en stekelbeziën zijn bucht voor de kinderen. En al de andere vruchten worden op de boom verkocht, en de vruchten van de vlierstruik aan Mijnheer de pastor; daar maakt Boldina siroop van voor zijne hoest, zegt zij. Maar een mens heeft allicht een appel. Te noenstonde vliegt, om iedere appel van de boom, in geweldige vaart, een appelbie. En 's avonds hangen zij in een kleed van dansende muggen. En zij zijn goed zuur, tegen de dorst.

'De vrijdag is het marktdag. Gij gaat naar de stad. Gij drinkt een koele druppel; dat is geen misbruik, als gij er maar twee drinkt. En gij drinkt ook een kapperke bier. 's Middags eet gij zoetemelkpap met brokken, en gij krijgt een ei bij uw aardappels. En de reste van de dag deugt gij voor niets meer. En 's avonds eet gij een natte haring, die zout is.

'De zaterdagochtend is het brood zo droog als een schorse. Gij smaakt beter dat het naar gruis smaakt. Maar de zaterdagavond eet gij van 't verse brood, dat heel het huis overeind zet van zijn geur. En 't blijft goed op de maag liggen gelijk een wafel, en het slaat al 'ne keer zuur op.

'En zo komt de zondag. Er zijn er die al druppels stekken van vóór de Hoogmis. Maar dat hebt gij nooit gedaan; gij hebt gewacht tot nà de Hoogmis, omdat gij goed stond met de pastor. De anderen zijn van de andere klieke, en zij blijven langs achteren staan in de kerk. Maar gij zit langs voren, en gij wacht tot de secretaris buiten is, om óók buiten te gaan. En dan gaat gij, nietwaar, een druppel drinken in de 'Doopvonte', niet méér dan ene tegelijk, tenzij als gij gelijk een worm hebt in uw maag: dan drinkt gij een druppel rabarber: dat is bitter gelijk beer, die gij ook moet proeven vóór gij hem koopt. Maar 't is goed voor de worm, en voor alles. – Gij zijt nooit een grote liefhebber geweest van het bolspel. En jassen, de zondagmorgen, dat gaat gelijk niet: zij blijven allen recht staan, en ge kunt gij op uw gemak niet zitten, en op uw gemak niet peinzen op uw kaarten. Wat doet gij dan? Ha, ge drinkt gij nóg een druppel. En dan gaat gij eens op uw land rond, en gij ziet de grote boeren hun land rondgaan met een spaadje; en zij houden zich recht, maar de kleine boerkens houden zich krom van het werken. – Maar de lucht hangt al vol van gebraden vlees. Gij gaat naar huis; 't is zondag; men eet al 'ne keer soep, van pareien of zo; maar dat is goed voor 't vrouwvolk. Men eet van 't eigen vlees, uit de kuipe, men heeft al 'ne keer een bokje uitgeslacht, of 't is de koe die te wege was de plaag te krijgen. 't Is een verlies, maar de rijke mensen kopen toch elk een stuk, en zo brengt het nog iets op. Maar gij hebt gij gelijk toch nog liever varkensvlees... – Ge gaat gij een beetje op uw bed liggen, omdat de zondagnamiddag zo lang is. Als gij opstaat gaat gij in uw witte hemdsmouwen eens uwe koten rond, en gij rookt een goede pijpe. Maar gij peinst dat gij straks wel eens van de hesp zult eten. De hesp heeft hare tijd in de zoutkuip gezeten, gedrupt met wat citroenkruid en wat venkel; ze heeft dan hare tijd gedroogd en men heeft ze gerookt; ze hangt, nu, in de heerdkap, en er is geen beter eten... – Alzo verloopt de namiddag. Tegen avond, dan gaat gij, al langs uw land, naar de 'Bosch-keete' gaan jassen. Gij drinkt pinten op het spel. Gij drinkt voor 't afscheid een slaapmutske. En ge weet gij wel dat gij morgen geen appetijt zult hebben. Maar wat wilt gij daaraan doen?... dat is zo de kontoer van de wereld... 'Maar 't is te Kermis dat er gegeten en gedronken wordt! De zaterdag al riekt het naar de vladen, de witte van room, en de bruine van peperkoek. Als gij 's avonds van 't land komt, gaan de wijven u voorbij met de appeltaarten groot als wagenwielen naar de bakker toe. En de zondag is het bouilli met wortelkens en karbonaden van 't zomerzwijn, en dan rijstepap om de gaatjes te doen vollopen, en om te eindigen een boterham, want zonder dat heeft een mens niet gegeten. Heel de namiddag is het tractatie van wafels en vladen en taarten voor de vrouwen. De mannen gaan danig veel pinten pakken, en als zij geen bier meer kunnen drinken, stekken zij een druppel, en na de druppel nemen zij een glazeken Leuvens, tegen de gespannenheid van de blaze. En 's avonds is het hesp men kan niet meer. En tegen naar bed gaan, zijt gij zo dik gegeten en gedronken, dat gij niet weet hoe gij niet berst. – En de maandag loopt gij nog altijd met uw wit hemd; in de nanoen is het koffiebal met suikerbollen, peperkoek en een halveken zoete. En ge doet gij mee, omdat gij daags te voren gelijk zat geweest zijt. Maar 's avonds gaat gij toch weer een druppel drinken, want gij hebt dorst. En gij jast gij een partijtje, en gij wint een pinte Audenaards...'

– Nand wist dat allemaal, en hij voelde zich warm en gelukkig. Terwijl hij onroerend lag, kwam een kleine vertedering in hem bij de gedachte: 'Ja, ik heb dat gehad; ik heb dat Goddank allemaal gehad.' En zijn gedachte ging verder, en naarmate rees zijne vertedering. Hij dacht aan de ronde doopfeesten en de meter die stillekens aan dronken wordt van de halvekens anijs, munte en meetjeskonte; hij dacht aan de witte eerste-communiefeesten en dat men chocolademelk drinkt en daarna een druppel, en dat Bertha, zijn geliefde Bertha, zulke schone stijve krullekens had. Op trouwfeesten is het van eten en drinken nog geweldiger dan op de kermis, maar 't is iedere keer een verlies; 't één kind trekt langs hier, 't andere trekt langs daar. Zat zijn Domien niet in Amerika? En zij lieten hun oude vader alleen met de last van het land en de beesten... – Nand krees er haast van. Er kwam gelijk warm water in zijne krop, vanuit de donkerte van zijn binnenst; er kwam gelijk een hitte in zijne neus en in zijne ogen. God, God, zij hadden hem allen alléén gelaten... En toen hij ging denken aan het begrafenismaal van Wanne, van zijn Wanne; en dat hij toen ineens geheel alleen, zo moedermens alleen bleef; en dat hij hier nu zélf... Want ja, hij lag nu toch óók te sterven, nietwaar? Hij lag hier toch; hij lag hij hier toch ook zo moedermens verlaten en alleen... Hij lag hij...

– Toen, toen...

Maar hij krees niet. Ene grote duistere gestalte stond gebogen over hem, ene gestalte in al de plooien van hare kapmantel. Met magere handen die beefden en zijn deken deden beven, dekte zij hem toe, duffelde zij hem in, vetroetelde zij hem, gelijk toen hij een kleine jongen was, en eens ziek was geweest. Hij was al getroost; nog niet geheel; maar haast. Hij lag goed. Hij lag om te slapen. Een zoele adem woog matelijk op zijn oogleden en naar die adem ging zijn eigen adem ademen. Hij lag diep, diep. Zijn hoofd voelde hij heel diep in de kussens liggen. Hij lag met geheel zijn lijf onder ene hoge zachte stapeling van dekens, als 't ware. En hij ging gelijk weg in zijn hoofd, als sliep hij al een beetje...

– Maar hij had geen wrevel, noch kende de spijt van een wederontwaken, toen de gestalte hem, zeer warm en stil, aan zijn oor vroeg:

– 'Herkent gij mij? Herkent gij mij?'

Maar hij moest ze niet herkennen, want het was zijne moeder...

Zij nam de stoel waar de klakke aan hing. Hij dacht als in een diepe verte: 'Moeder zal mijn klakke toch zeker wel op het kaske leggen?' Maar ze had ze er al op gelegd. Zij zette zich naast zijn bed: Hij voelde het. Hij hoorde de kleine beierkens van hare paternoster. Zij ging hare paternoster bidden. Hij hoorde haar de woorden mummelen in de donker. Het donker was zacht en warm als zwarte panne. Zij mummelde hare paternoster. Hij hoorde 't. Maar 't was, in de dommel waar hij lager en lager in zonk, of hij hoorde:

– 'Ge ligt gij goed nu, gij ligt gij warm zo, nu ik u heb toegedekt, mijn jongen. Nietwaar dat gij nu góed ligt? Een arme mens heeft maar de warmte van zijn lijf om hem te genezen, en van de koude komt de dood. Maar nu ligt gij warm, mijn jongen, en gij kunt gij rústen...

'Ach, wat ziet anders een arm mens niet af van de koude! Ja, als gij jong zijt jaagt de koude van vorst of wind uw bloed op, omdat gij de leute kent van uwe armen en benen uit te slaan, zodat gij gaat zinderen van gloed tot in de toppen van uw vingeren en van uw tenen. De kinderen lachen zich warm van te smijten met sneeuwballen. En als de jonge meisjes de sneeuwvlokken voelen die traag aan hun wang komen zitten, of zelfs de ongenadige naalden van de ijzel, dan giechelen zij, omdat het zijn als kille maar hete zoentjes. Maar liggen zij in hun bed en hebben zij geen goede sargie, dan bibberen zij van kou; de kinderen schreien dan van kou, en 't zijn maar de koeiers en boevers, die in de nachten van de harde winter, gedoken in de diepten van het hooi, warm genoeg hebben om te dromen van liefde. Want de arme heeft geen rijkdom dan zijn warmte. Het is een zegening van de huwelijken staat, dat gij van met twee te slapen warm hebt. En niets is triestig als de koude der weduwnaars.

'Maar als gij warm hebt, hebt gij couragie. Gij hebt nu goed warm, nietwaar, Nand? Dan kunt gij denken aan uw jonge tijd, toen gij u in 't zweet kond 't spelen op het erf, of al meegingt met de pikkers, en gij u, onder het pikken, in 't binnenst van uw lijf heter voeldet dan de zonne zelve. Maar kwam dan de verfrissing, dat gij met uw blote benen gingt lopen door de beke, of 't kille water stroelde uit de kruike naar de kelders van uw keel, dan waart gij der hitte dankbaar, dat zij u de verfrissing bezorgde. En als gij getrouwd zijt: zijn de zoele nachten niet schoon voor getrouwde mensen? En als gij oud zijt geworden: gevoelt gij niet dat het van de warmte is alleen, dat gij nog bewegen kunt, dat gij nog uw gedachten hebt, en dat gij nog kunt spreken? Want de koude maakt u broos en hard als glas, in uw hoofd gelijk in uw benen...

'Maar ge ligt gij nu warm, Nand, in uw goed bedde. Daar zijn geen weren meer aan uw vingeren, van het werken. Zo kunt gij voelen over uw maag de zachte versletenheid van

uw katoenen hemd, en, waar gij ligt, aan uwe dijen de kor-
reling van uwe goede lijnwaden lakens. En dat is wel niet
veel, van 't plezier dat gij eraan hebt, maar het geeft toch ene
gerustheid. Gij voelt, aan weerskanten van uw hoofd, de ge-
ruststellende aaiing van uw wollen peluw. En hebt gij een
koelere streling over uw voorhoofd, 't is goed tegen de ijle
gloeiing van uw hoofd. – Voelt gij wat koelte over uw voorhoofd, Nand? Dan kunt gij nog denken aan uwe kinderen
en aan uwe vrouw, dan kunt gij nog denken aan heel uwe
doening'...

En ja: Nand kón er nog aan denken; hij kon er nog aan
denken in de schemering van de zoete slaap, waar hij wel
wist dat hij nu in lag. Want hij wist dat hij niet meer wakker
lag. Waarom, zou hij nog wakker zijn?: het was zo góed, zó...
En 't mummelde verder in hem: 'Nand, 't vleesken van bo-
relingskens is 't zachtste om voelen van de gehele wereld. 't
Is bijkans niet meer, zoudt gij zeggen, dan een geur, dan de
geur van een bloem of van een koek. Maar worden de kinderen groter, dan geven ze u bekommernis, als gij voelt dat
zij heet zijn in de vouwen van hunne ledematen. Want gij
weet dat het de ziekte betekent, Nand. – Maar de zorgen
deelt gij met uwe vrouw. Gij kent ze al lang nu, vermits gij
samen kinderen hebt die ziek zijn. Gij staat met haar over
hun beddeke geboge. Hare armen zijn bloot. Als gij samen
uit vrijen gingt, waren hare armen koel en glad als spoelen.
En dan tasttet gij met een blijde trots aan uwe eigen armen,
die van macht hard en vol bulten waren. En gij staat hier nu
naast haar, in de angsten. En gij denkt aan hare heupen die
breed, vet en warm zijn, en dat gij als onpasselijk zijt geworden, de eerste keer dat gij er uw hand op gelegd hebt...

'Ge zijt gij geen grote boer geweest, Nand, maar toch een
wijze boer. Ge hebt van uwe hand de ploegstaart gepolijst en
de steel der spade er lengerhande minder rasperig onder voelen worden. Na 't gedane werk, ging uwe vrede over de
ruigheid van uw hond, De gladde huid uwer koeien heeft u

met vrede vervuld. En hebt gij onder de oksels der kalveren de hitte gevoeld der koorts, ge wist er tegen remedie, beter dan voor uwe kinderen. – Gij kendet, als het ware, bij blikken alléén de korrelige kilte der teilen, de gleuvige droogheid van de boterkeern, de ijzige nijdigheid der zeisen. Uwe natte handen over uwe geribde pannenbroek, Nand, en de raspe van uw huid onder het scheermes...

'Zo zijt gij oud geworden, Nand. Gij hebt de stramheid gevoeld van uwe dikke vierkante knieën. En gij hebt, Nand, gij hebt...'

– Nand wist wel wat zij zeggen wilde. Zie, hij wist het niet goed, omdat hij hier zo zalig-diep en -goed en warm lag, en omdat hij het niet goed dorst te weten. Maar hij wist toch wat het was, dat hij nog wist. 't Was gelijk een klein lichtje, dat brandde in hem: en hij mocht niet blazen, hij mocht niet ademen, of het zou uitgaan, het zou dood gaan, het zou weg zijn, en hij zou het nooit meer zien. Het was, het was dat laatste in hem, dat hij zou willen hebben blijven bezitten; het was het laatste van hem; het was het laatste van zijn leven: het was – dat hij met zijn duim en zijn wijsvinger de ogen had gesloten van Wanne, zijn vrouw, toen Wanne gestorven was, en dat hij het in zijn duim en in zijn wijsvinger nog altijd gevoelde...

En nu lag Nand daar ineens vol triestige angst, omdat hij vreesde dat het ging uit gaan, dat het ging weg zijn, die laatste herinnering, en dat hij ging sterven met al de droefheid van dat verlies. Ha, wat zou het allemaal geweest zijn, al wat hij mocht genieten van ogen en van oren, van rieken en van smaken, en van gevoelen met zijn handen, en van gevoelen met zijn hart, als hij moest heengaan met de pijn van dàt te hebben verlaten, – dàt, hetwelk hem nog belette te sterven?...

En Nand lag in de diepte van dat ongeluk, dat nu ging woelen door heel zijn lijf, dat stokte in zijn keel, dat priemde door polsen en knieën. Hij wilde zich roeren; hij wilde beletten dat het voorvallen zou; hij wilde zeggen, zeggen dat... Maar hij kon niet meer spreken; hij wrong zijn tong die niet meer los wilde; hij trok met geweld zijne ogen open, als wilde hij smeken om hulp...

– En zie, daar werd hij plots heel rustig. Hij had zijne ogen opengedaan. De kamer lag heel zindelijk in zoete avond-klaarte. Hij zag alles heel goed op zijne plaats staan: het kas-ke met de Onze-Lieve-Vrouw; zijn oude klakke aan de bie-zen stoel. En hij zag nog wat anders: hij zag Wanne, zijn oude Wanne, compassielijk naast zijn bed staan...

Maar het was Wanne niet: het was zijne ontwakende Ziel... Maar het was Wanne tóch...

– En hij zag dat Wanne hem vredig tegenlachte. Stuk voor stuk deed zij traag hare kleren uit, die ze proper op-plooide en lei op de stoel, bij zijn klakke. Ze ging zij ook te bedde komen, zag hij. En nu had hij de zekerheid dat zij voortaan altijd bij hem zou wezen...

Hij zag dat zij zich op hare knieën zette, voor haar gebed. Hij deed zijne ogen toe. In zijn hoofd bad hij mee: 'Onze Vader, die in de hemelen zijt...'

En toen hij gedaan had, wachtte hij een beetje. Hij wacht-te tot Wanne iets zeggen zou. Maar ze zei niets. Toen wilde hijzelf iets zeggen. Wat zou hij zeggen, dat...? Hij wachtte nóg een beetje. Maar toen begon hij olijk te glimlachen. Hij wist nu wat hij zeggen moest. Hij wist; o, hij wist...

En hij deed zijn mond open, zijn zwarte mond. Maar hij zei niets.

Want hij was dood.

LODE ZIELENS

Antoinette, onze moeder

Hoe is het mogelijk: nauwkeuriger dan het gelaat van mijn vader en moeder herinner ik mij, uit mijn jonge jaren het gelaat van een tante! Waarschijnlijk heeft mijn herinnering haar gelaat, haar gestalte, haar stem beter bewaard omdat ik, iedere keer, met een gevoel van onbehagen, ja van vrees, deze tante ontmoette. Soms kwam zij opgewonden bij ons thuis vertellen wat haar overkomen was; zij sprak rauw en hees en het is herhaaldelijk voorgekomen, dat haar gelaat de sporen droeg van een worsteling met haar man. En deze sporen kwam zij dan tonen, alsof zij mijn ouders aansprakelijk wilde stellen voor de brutaliteit van mijn oom.

Ik nu, ik was minder bevreesd voor deze oom dan voor de tante, wier wezenstrekken al te zeer de sporen droegen van een ruw, maar diep ontgoocheld leven.

Zij was klein van gestalte; haar bruine, overvloedige lokken droeg zij hoog. Haar gelaat was bijna vierkantig, de neus breed opgezwollen, de lippen dik en rood. Voornamelijk de grote, opgezwollen, vaak al te blauw omrande ogen van mijn tante stel ik mij nog goed voor. De handen hield zij verborgen onder een zwarte sjaal. Zij ging haastig en onzeker, als bedacht op een haar bedreigend onheil. En ik hoor nog haar stem: schor, zonder enige innigheid; een stem, gebroken door ellende en verdriet.

Als deze tante bij moeder kwam, ging moeder zachter praten; vader wist niet welke houding zich te geven. Ik voelde

371

mij ongelukkig; ik was bevreesd. Niet dat deze tante mij enig kwaad zou doen: zij gleed soms over mijn hoofd en ik, ik rilde daarbij. Ik rilde voor de ellende, ik voelde mij bevreesd voor het duistere en wanhopige, dat zij met zich droeg.

Mijn oom was nog een kind toen zijn ouders stierven. Ook hij was door een zuster 'grootgebracht', verloren in de hoop van haar eigen kinderen en zorgen. Te vroeg had hij op eigen benen moeten staan. Hij had zichzelf een weg doorheen het leven moeten slaan en had over te vele zijpaden gedoold. Vele stielen had hij aangepakt, in geen enkele had hij zich bekwaamd. Het geluk was niet met hem. Hij bezat geen eigen zedelijk gezag, geen houvast; hij leefde er maar op los, van dag tot dag; soms, van nacht tot nacht. Hij moest geleid worden; maar niemand ontfermde zich over hem. Iedere boosheid van harte was hem nochtans vreemd; hij meende het goed, maar de wil was hem vreemd om zijn ondernemingen tot een goed einde te brengen: te graag liet hij zich afleiden. Zulk iemand moest niet trouwen; natuurlijk deed hij het toch; over het algemeen gaan wij niets zo roekeloos aan als het huwelijk... De zelftucht, die het huwelijk oplegt, was niets voor hem. Met onverkwikkelijke verbetenheid zocht hij op alle mogelijke paden naar levensgeluk; hij vond weinig anders dan een bitter levensgenot, waarvoor anderen en hijzelf te hoge prijs moesten betalen. Zijn jonge vrouw kwam tegen zijn loszinnigheid in opstand en ook zij ging op hare wijze, op dezelfde bittere, verbitterde wijze, op zoek naar de vreugde. Of wat zij daarvoor hield.

Op zondagmorgen kwam hun oudste dochter bij ons. Zij deed niet als mijn andere neven en nichten, goedendag zeggen, de 'zondagse cent' in ontvangst nemen en dan de trappen afhollen. Zij bleef zitten praten met vader en moeder; vader dacht er niet aan te doen, wat hij met de anderen deed: hen moeilijke namen en woorden laten uitspreken, want die zondagse cent moest verdiend worden.

Antoinette heette zij.

En voor deze Antoinette voelde ik een bijzondere genegenheid. Had ik haar niet eens, zichzelf verloren, zien kijken naar het uitstalraam van een speelgoedwinkel?

Zij deed mij aan Maria herinneren; toch was zij heel anders dan het meisje, waarvan ik nu wist, dat ik haar nooit meer zou terugzien. Zij was ouder dan Maria, ouder ook dan ik, groter dan een van ons beiden, kloeker gebouwd. Haar ogen waren even zacht van treurnis en haar stem klonk dof, gesmoord, ingehouden. In haar tegenwoordigheid ging men stiller praten, zoals men dat ook deed tegenover haar moeder.

Op zulke zondagmorgen daalden wij eens samen de trappen af. Aan haar zijde overviel mij toen zulk warm gevoel van innigheid, dat ik met haar de straat opstapte en naar haar eigen woninkje ging, naar die povere kamertjes, waar ik anders met zulke heftige afschuw kwam. De jongere broeders van Antoinette speelden op straat, haar ouders waren uit. Ik zette mij naast de kachel, bij de wieg van het jongste kind, Antoinette begon het eten te geven, onderwijl praatte zij lustig en vrolijk.

Zo vaak ik kon keerde ik naar haar terug. Er ontstond een vertrouwelijkheid tussen ons, die mij gelukkig stemde. Ik bewonderde Antoinette. In haar aanwezigheid voelde ik mij vertederd, bekoord. Het vleide mij, dat zij mij in vertrouwen nam en mij inwijdde in wat de zorgen en lasten van een gezin moesten zijn. Zij sprak als een vrouw, gebukt onder de moeilijkheden van een huishouden.

Had ik met Maria als een kind gespeeld, in de tegenwoordigheid van Antoinette voelde ik mij 'groot', ernstiger, niet meer een kind, maar als iemand, die deel heeft aan de moeilijkheden van het bestaan en de ernst daarvan kent! Wij speelden voor grote mensen, voor man en vrouw! Maar bij Antoinette was dat toch niet helemaal spel. Wat zou er van het gezin van oom en tante geworden zijn, indien Antoinette er niet was en haar degelijkheid? Haar te vroege rijpheid?

Haar te vroege ernst? Ik weet niet of zij ooit met poppen heeft gespeeld of met een huishoudentje, ik weet, dat het spel der meisjes bij haar heel vroeg een noodzakelijkheid is geweest: zij was het moedertje voor haar broertjes. Steeds heb ik haar als een zorgenmoedertje gekend, maar zij was daar zeer gelukkig om!

Wonderlijk: zij hield van haar moeder; haar vader verachtte zij. Kinderen kiezen altijd onvoorwaardelijk partij; zij laten zich gaan op hun instinct. Antoinettes genegenheid voor haar moeder was eigenlijk niets anders dan een andere vorm van afschuw voor haar vader.

Rond die tijd beproefde haar vader iets nieuws: hij wilde zich als variétézanger laten gelden. Een van mijn ooms schreef voor hem de teksten van een paar kluchtliederen, mijn vader de muziek. Antoinettes vader was erin gelukt een proef te mogen afleggen in een bioscoop van de wijk. Zijn familie, zijn vrienden, Antoinette en ik waren in de zaal, maar niet tante; de vrienden zouden de claque zijn om oom erdoor te halen.

Antoinette zat naast mij. Zij zag heel bleek en zei geen woord. Misschien hoopte zij op een mislukking! Er werden eindeloze films vertoond, die wij, ondanks de commentaar van de spreker, niet konden volgen. De lange en smalle zaal werd als een broeikast; op de duur, belette ons de rook duidelijk de filmbeelden te zien.

Tegen het eind van het programma, toen wij moe en vakerig waren geworden, klonken drie harde kloppen achter het toneel.

En daar verscheen oom dan voor het voetlicht. Hij was nog kleiner en onaanzienlijker dan gewoonte. Ik porde Antoinette aan, zij zette zich rechtop en sloot de ogen. Zij trilde toen haar vader aan het zingen ging. Of poogde te zingen. Zijn stem klonk schraal en benepen als worstelde hij tegen iets. De pianist trommelde er maar op los, ik hoorde vader zeggen: 'Hij speelt niet wat er staat, hij speelt te hard, hij valt te laat in, hij neemt de rustpozen niet in acht.'

Antoinette kreeg zenuwschokken. En ik, ik herinnerde me plotseling deze man nog eens te hebben gehoord, niet zo heel lang geleden. Met vader en moeder voorbij een kroegje komende was deze stem ons tegemoet gedreven. Vader en moeder waren blijven staan; moeder zei mij te bukken en onder het houten deurtje door te kijken of ik de zanger soms niet kon zie? Ik had het niet gekund, toen waren zij gaan twijfelen of zij wel goed hadden gehoord. Maar ik wist nu beslist: het was mijn oom geweest, die daar had gezongen, in dat vunzige kroegje, midden rook en stank van verzuurd bier. En terwijl hij daar te zingen stond, waren vrouw en kinderen alleen op de gore kamertjes, weer alleen...

Ik applaudiseerde wat ik kon; Antoinette trok mij aan de arm. Oom zette een tweede liedje in. Hij had, helaas, niet herhaald met zijn claque; zijn vrienden begonnen te huilen, te tieren en te roepen op een bis, nog vooraleer het liedje ten einde was, zodat oom zijn zingen afbrak om stilte te verzoeken. Dat namen de vrienden hem waarschijnlijk kwalijk, zij applaudiseerden in het geheel niet meer en te midden de grootste onverschilligheid eindigde oom en verdween hij tussen de coulissen en het witte doek.

Toen wij de bioscoop verlieten en de nachtlucht ons als een koude adem in het gelaat drong, trad, uit het duister, tante op vader toe. Hoe het geweest was, vroeg zij. Mijn vader draalde met zijn antwoord, maar zij begreep dat oom mislukt was: 'voor niets goed', zei ze. Wij wachtten op oom; maar hij kwam niet bij zijn vrouw, niet bij zijn familie; hij ging zijn vrienden vervoegen.

Zijn fiasco moet hem tot enige bezinning hebben gebracht: de volgende avonden trof ik hem thuis. En hij werkte. Hij sneed diamant, zoals dat in die tijd nog moest geschieden: met de hand. Hij zat voorover aan een kleine bak; vóór hem stonden de petroleumlamp en een spiegel, die het licht moest weerkaatsten op de diamant in de stekken, door mijn oom in de hand gehouden en tegen elkaar gewreven met alle macht, die in hem was. Tante breide en Antoinette, ach Antoinette was er diep ongelukkig aan toe; zij deed niets, zij had niets te doen, haar moeder had haar het werk uit de handen genomen.

Na een poosje werd oom dat werken moede. Hij haalde de harmonica van de kast, door hem gekocht met het geld, dat hij als kluchtzanger zou verdienen en begon drensige wijsjes te spelen, die mij met grote weemoed vervulden. En het ongelooflijke gebeurde: Antoinette kwam recht en danste, danste al wilder en woester. Zij sprong het kamertje op en neer, zij greep haar moeder vast en beiden, bestaan en wereld vergeten, walsten op en neer. Hun schaduw gleed schimmig en fantastisch over muren en zoldering. Oom vuurde ze aan, op de wijze zoals dat in vulgaire kroegen en balzalen gewoonte is; zijn harde, ophitsende kreten schalden als korte, vinnige zweepslagen boven harmonicageneuzel en danslawaai uit. Mijn tante, gilde, loeide. In hun baldadige vreugde voelde ik mij eenzaam en ook door Antoinette verlaten. Bedroefd wendde ik mijn blikken af van dat zotte geweld.

Toen vielen tante en Antoinette tegen de tafel aan, waarop de lamp brandde. Een korte slag; verschervelend glas; een hoge vlam... Oom sprong erop. De stilte, na het lawaai van zoëven, de angst, de beklemming, het herkennen van het gevaar, maar vooral de stilte, waarin mijn oren klopten, verbijsterden mij. Dan in het duister aarzelende voetstappen, tastende handen en ineens het gedreun van harde, rauwe stemmen, opgelucht na de ontzetting. Oom ontstak een lucifertje; ik zag genoeg om haastig weg te gaan.

Kort daarop was het Sint-Niklaasmorgen.

Ik had een treintje ontvangen, dat mij helemaal niet beviel; ik houd niet van mechanische dingen. Tegen het middaguur wandelde ik naar Antoinette: wat zou zij hebben gekregen?

Niets had de Sint haar gebracht en ook haar broertjes waren door de heilige man voorbijgegaan. Ik kon moeilijk mijn treintje aan Antoinette schenken en ik hield te weinig van haar broers om het hun te geven.

Toen, verstoord en grommend, mijn tante zich even verwijderd had, vertelde Antoinette mij, dat haar vader in de laatste dagen niet meer was thuisgekomen. Hij had zelfs Sint-Niklaasdag vergeten. De stem van Antoinette klonk schor en bitter. Zij zei dat, vanmorgen bij het ontwaken van de kinderen, tante in schreien was uitgebroken. Niemand had haar nog willen borgen.

Daar hoorde ik gerucht van schelden en twisten op de trap: oom en tante kwamen naar boven. Ik hoorde nog, dat oom riep dat hij diezelfde avond, een feest zou geven aan zijn kinderen, zoals er nooit voor de kinderen in zijn familie een feest gegeven was...

Maar de volgende namiddag, stond hij, onbeholpen in het midden van onze kamer, hij wilde niet gaan zitten en beet op zijn pet. Hij zocht naar woorden om te zeggen: 'Ze heeft zich verdaan, in de vijver van het Park. En haar jongste bussel heeft zij medegenomen. Zij is erin gewandeld, daar waar de vijver het diepst is; gewandeld tot het water haar boven het hoofd steeg. En verstaat gij het? Ik had koekebakken gebakken en harmonica gespeeld, dien eigensten avond. Ze is er van door gegaan, zonder dat ik het goed ophad. Ze zei van nog efkens naar de winkel te moeten en'...

Moeder zette koffie.

Ik liep naar Antoinette.

Toen zij mij zag, vulden haar ogen zich met tranen. Ik wist niet wat ik haar moest zeggen en keek aldoor de kamer rond.

Op de kast bevond zich de harmonica, waarop oom de vorige avond had zitten spelen toen zijn vrouw doolde in een donker en verlaten winterpark, met op haar arm een kindje, bevend van kou. Op de stoel, nabij de kachel, hing de mantel te drogen. Op de schouw zag ik de trouwring, in het dodenhuisje door oom herkend en medegebracht. Al die dingen kregen nu een mysterieuze betekenis. Zij lieten mij inniger aan tante denken, dat ik het ooit had gedaan. De nog vochtige mantel vooral stootte mij af en trok mij aan. Ik kon er mijn ogen niet van wenden.

Antoinette en ik waren alleen. Het huis leek als uitgestorven. Het schemerde. Van grijsheid en droefnis werd de kamer gevuld.

Dan stond Antoinette op, ging in de zak van vaders overjas, haalde er een sleutel uit en sloot de deur langs binnen af. Ik werd bevreesd van haar. Wat moest ik ervan denken, dat zij den mantel van haar moeder begon te strelen? Het was zo donker geworden, dat ik haar te nauwernood zag. Ik wilde naar huis; ik dorst niet bij haar blijven. En waar waren de andere kinderen? Waarom moest de deur dicht? Ik kreeg het zo benauwd, dat ik geen woord kon zeggen. Wat gebeurde er met Antoinette? Ik zat op de vloer, met mijn rug tegen de muur, zo leek Antoinette nog groter dan zij was. De stilte van het huis werd ondragelijk, onverdragelijk. Antoinette kwam naast mij zitten, nabij de kachel, nabij de mantel en ademde zwaar.

Wij hoorden gestommel op de trap. Antoinette deed teken mij stil te houden.

De stappen hielden op voor de deur; oom greep naar de klink, wilde de deur openen. Wij hoorden hoe hij in de zak naar zijn sleutel zocht, nog eens de klink vastgreep om de deur open te maken en zich dan verwonderd, in zichzelf pratend verwijderde.

Dan kwam Antoinette recht, opende de deur, ging op het portaal en riep naar beneden:

– Beest!

Ik ging heen, vol schrik en ontzetting.

Want nu had de dood weer een tante genomen. Ik zag hem niet meer en toch was hij aldoor rond mij. Ik moest nu weer voor hem gaan oppassen.

Maar ik liep terug naar Antoinette. Ik mocht haar niet alleen laten. Want stel u voor, dat hij haar zou hebben genomen in plaats van haar moeder; stel u voor, Antoinette weg en hàar kleedje te drogen hangend voor de kachel!

VERANTWOORDING

In de bundel *Klassieke verhalen uit Vlaanderen* zijn 18 verhalen opgenomen die voor het eerst zijn verschenen tussen 1890 en 1945. Deze verhalen kunnen 'klassiek' worden genoemd omdat ze behoren tot het beste werk van belangrijke auteurs. Aan hun kwaliteit danken een aantal van die verhalen ook hun bekendheid. Naast het criterium bekendheid heeft ook de leesbaarheid voor de hedendaagse lezer bij de keuze een rol gespeeld. Er werd gezocht naar werk dat - om het maar 'klassiek' te zeggen - de tand des tijds heeft doorstaan. Daardoor zal de lezer misschien vergeefs zoeken naar auteurs die vroeger als verhalenschrijvers ruime weerklank hadden maar intussen toch verouderd aandoen, zoals August van Cauwelaert, Marcel Matthijs, Maurits Sabbe of Gustaaf Vermeersch. Van Marnix Gijsen is het belangrijkste verhalend werk na de oorlog verschenen. Anderzijds duiken tussen de bekende en verwachte namen als Cyriel Buysse, Ernest Claes, Maurice Gilliams... ook wel verrassingen op, zoals de lange tijd verwaarloosde Joris Vriamont met het opmerkelijke 'Sebbedee'.

De teksten zijn afgedrukt naar het verzameld werk van de auteur, indien dit beschikbaar is, zoniet naar de laatste door de auteur geziene editie. Evidente spel- en zetfouten werden gecorrigeerd, de spelling werd gemoderniseerd, behalve in het geval van Van Ostaijen, waar de Kollewijnspelling werd bewaard omdat dit om een ideologische keuze ging.

In de bibliografische notities, die per auteur in alfabetische volgorde zijn afgedrukt, wordt eerst de editie vermeld waaruit het verhaal werd overgenomen, vervolgens de eerste boekuitgave waarin het verhaal verscheen en eventueel tussen haakjes een nog eerdere tijdschriftpublicatie. Waar de afgedrukte tekst afwijkt van de allereerste uitgave, wordt dit in de notities vermeld.

LODE BAEKELMANS (1879-1965)
De papegaai
uit: *De nuchtere minnaar en andere verhalen,* Antwerpen/ Amsterdam, De Sikkel/Wereldbibliotheek, 1954^2; oorspronkelijk verschenen in: *Het gemoedelijk leven,* Amster-dam, Meulenhoff, 1919

RAYMOND BRULEZ (1895-1972)
De projectielantaarn 'Aladin'
uit: *Sheherazade of Literatuur als Losprijs,* Antwerpen, Nederlandsche Boekhandel, 1946; oorspronkelijk verschenen in 1932 bij Steenlandt te Kortrijk

GASTON BURSSENS (1896-1965)
De eeuwige brief
uit: *Verzameld proza,* Antwerpen/Amsterdam, Elsevier/Manteau, oorspronkelijk verschenen in: *Fabula Rasa,* 1945 (versie in *Verzameld proza* is nagenoeg identiek met de tekst in de tweede druk van *Fabula Rasa,* Amsterdam/Antwerpen, Bezige Bij/Ontwikkeling, 1964)

CYRIEL BUYSSE (1859-1932)
De biezenstekker
uit: *Verzameld Werk,* deel IV, Brussel, Manteau, 1974; oorspronkelijk verschenen in: *Te Lande,* Amsterdam,

H.J.W. Becht, 1900 (de eerste versie verscheen in: *De Nieuwe Gids,* 1890 en werd voor opname in de bundel *Te Lande* door de auteur grondig gecorrigeerd en herschreven)

ERNEST CLAES (1885-1968)
Wannes Raps
uit: *Claes-omnibus 2,* Antwerpen, Standaard-Boekhandel, 1964; oorspronkelijk verschenen onder de titel *Wannes Raps* in 1926 bij Standaard N.V. te Brussel/Antwerpen/Leuven

MAURICE GILLIAMS (1900-1982)
Monsieur Albéric
uit: *Vita brevis I,* Amsterdam, Brugge/Den Haag, Orion/Scheltens & Giltay, 1975; oorspronkelijk verschenen in: *Oefentocht in het luchtledige,* Antwerpen, privé-druk, 1933

KAREL JONCKHEERE (1906-1993)
De verwachte
uit: *Steekspel met dubbelgangers,* Antwerpen, De Galge, 1972; oorspronkelijk verschenen in 1944 bij Snoeck-Ducaju te Gent

PAUL VAN OSTAIJEN (1896-1928)
Het gevang in de hemel
uit: *Verzameld Werk, Proza I,* Amsterdam, Bert Bakker, 1979; oorspronkelijk verschenen in: *Vogelvrij,* Antwerpen, De Witte raaf, 1927 (eerder verschenen als tijdschriftpublicatie in: *Opstanding,* 1921)

FILIP DE PILLECIJN (1891-1962)
Monsieur Hawarden
uit: *Verzameld werk,* deel I, Leuven, De Clauwaert, 1959; oorspronkelijk verschenen in 1935 bij De Spieghel/Het

Kompas te Mechelen/Amsterdam (eerder verschenen als tijdschriftpublicatie in: *Forum*, 1934)

MAURICE ROELANTS (1895-1966)
De jazzspeler
uit: *De Jazzspeler en andere verhalen*, Brussel, Manteau, 1967; oorspronkelijk verschenen in 1928 bij Stols te Brussel

STIJN STREUVELS (1871-1969)
Het einde
uit: *Volledig Werk,* deel I, Orion/Desclée de Brouwer, 1971; oorspronkelijk verschenen in: *Lenteleven*, Victor de Lille, Maldeghem, 1899 (Duimpjesuitgave)

HERMAN TEIRLINCK (1879-1967)
Het Japans masker
uit: *Verzameld Werk*, deel IV, Brussel, Manteau, 1955; oorspronkelijk verschenen in: *Het lied van Peer Lobbe*, Antwerpen S.V. Lectura, 1923 (ook exemplaren met op het omslag: Uitgave van C.A.J. van Dishoeck te Bussum)

FELIX TIMMERMANS (1887-1949)
Het masker
uit: *Bij de Krabbekoker en andere verhalen*, Leuven, Davidsfonds, 1989; oorspronkelijk verschenen in: *Het keersken in de lanteern*, Amsterdam, P.N. Van Kampen & Zoon N.V. [1924]

F.V. TOUSSAINT VAN BOELAERE (1885-1947)
De doode die zich niet verhing
uit: *De dode die zich niet verhing en andere verhalen*, Maastricht, Stols 1937

JORIS VRIAMONT (1896-1961)
Sebbedee
uit: *Verzameld proza,* 's Gravenhage, A.A.M. Stols, 1963; door de auteur gewijzigde en aangevulde versie van de oorspronkelijke versie uit 1926, uitgegeven bij Stols te Maastricht

GERARD WALSCHAP (1898-1989)
Genezing door aspirine
uit: *Verzameld Werk,* deel III, Antwerpen, Manteau, 1990; oorspronkelijk verschenen in 1943 bij Snoeck-Ducaju te Gent

KAREL VAN DE WOESTIJNE (1878-1929)
De boer die sterft
uit: *Verzameld Werk,* Deel III, 1948, oorspronkelijk verschenen in: *De Bestendige Aanwezigheid,* Bussum, C.A.J. Van Dishoeck, 1918 (eerder verschenen als tijdschriftpublicatie in: *Elsevier,* 1915)

LODE ZIELENS (1901-1944)
Antoinette, onze moeder
uit: *Herinneringen van toen... Vertellingen,* Antwerpen, De Nederlandsche Boekhandel, 1943; oorspronkelijk verschenen in: *Het jonge leven,* Amsterdam/Antwerpen, Regenboog, 1927

C.I.P. KONINKLIJKE BIBLIOTHEEK ALBERT I

Klassieke verhalen uit Vlaanderen

Klassieke verhalen uit Vlaanderen; samengesteld door Lut
Missinne en ingeleid door Anne Marie Musschoot. - Antwerpen:
Manteau; Amsterdam: Meulenhoff, 1995. - 388 p.;
22 cm.
Voor België: ISBN 90-223-1396-4
Voor Nederland: ISBN 90-290-6010-7
Doelgroep: Proza
NUGI 300